# TOUTES les matières

1re et 2e années

# MCO

Management Commercial Opérationnel

# Objectif BTS




**DÉVELOPPEMENT DE LA RELATION CLIENT ET VENTE CONSEIL**

**ANIMATION ET DYNAMISATION DE L'OFFRE COMMERCIALE**

Armelle LIARD

Séverine SÉGUY-MASSON

**GESTION OPÉRATIONNELLE MANAGEMENT DE L'ÉQUIPE COMMERCIALE**

Nicolas BLOCH

**CULTURE ÉCONOMIQUE, JURIDIQUE ET MANAGÉRIALE**

Bruno BONNEFOUS

Marc GÉRONIMI

David LECCIA

**CULTURE GÉNÉRALE ET EXPRESSION**

Émilie DHÉRIN

**ANGLAIS**

Corinne DENIS


hachette ÉDUCATION

**Crédits photographiques**
p. 71 (haut) : © Ruth Black/Shutterstock.com
p. 71 (bas) : © Ink Drop/Shutterstock.com.
p. 344 : © Picture Alliance/Rue des Archives
p. 345 : © Aisa/Leemage
p. 351 : © Bridgeman Images/Leemage
p. 362 : © By courtesy of Julian Hartnoll/Bridgeman Images
p. 367 : © Shutterstock
p. 368 : © Tarker/Bridgeman Images
p. 370 : © Everett Collection/Bridgeman Images
p. 373 : © Nicku/Shutterstock

**Réalisation**
**Mise en pages et schémas :** Ma petite FaB
**Schémas (partie CEJM) :** CB Defretin
**Couverture :** Stéphanie Benoit
**Édition :** Justine Massel


ISBN : 978-2-01-711956-2
www.parascolaire.hachette-education.com



Achevé d'imprimer en juin 2020 en Espagne par Macrolibros - Dépôt légal : juillet 2020 - Édition 01 - 17/0888/8

# Sommaire

| TABLEAU « RÈGLEMENT D'EXAMEN » DU BTS MCO | | | | | | | | |
|---|---|---|---|---|---|---|---|---|
| Intitulés et coefficients des épreuves et unités | | | Voie scolaire dans un établissement public ou privé sous contrat, CFA ou section d'apprentissage habilité. Formation professionnelle continue dans les établissements publics habilités | | Formation professionnelle continue dans les établissements publics habilités à pratiquer le CCF étendu | | Voie scolaire dans un établissement privé, CFA ou section d'apprentissage non habilité. Formation professionnelle continue dans les établissements publics non habilités ou en établissement privé, enseignement à distance, candidats justifiant de 3 ans d'expérience professionnelle | |
| **Épreuves** | **Unité** | **Coef.** | **Forme** | **Durée** | **Forme** | **Durée** | **Forme** | **Durée** |
| **E1 Culture générale et expression** | U1 | 3 | Ponctuelle écrite | 4 h | CCF 3 situations d'évaluation | | Ponctuelle écrite | 4 h |
| **E2 Communication en langue vivante étrangère** | U2 | 3 | | | | | | |
| **Sous-épreuve E21 : Compréhension de l'écrit et expression écrite** | U21 | 1,5 | Ponctuelle écrite | 2 h | CCF 2 situations d'évaluation | | Ponctuelle écrite | 2 h |
| **Sous-épreuve E22 : Compréhension de l'oral, production orale en continu et en interaction** | U22 | 1,5 | CCF | 20 min. (* 20 min.) | CCF 1 situation d'évaluation | | Ponctuelle orale | 20 min. (* 20 min.) |
| **E3 Culture économique, juridique et managériale** | U3 | 3 | Ponctuelle écrite | 4 h | CCF 2 situations d'évaluation | | Ponctuelle écrite | 4 h |
| **E4 Développement de la relation client et vente conseil et Animation, dynamisation de l'offre commerciale** | U4 | 6 | | | | | | |
| **Sous-épreuve E41 : Développement de la relation client et vente conseil** | U41 | 3 | CCF | | CCF | | Ponctuelle orale | 30 min. |
| **Sous-épreuve E42 : Animation et dynamisation de l'offre commerciale** | U42 | 3 | CCF | | CCF | | Ponctuelle orale | 30 min. |
| **E5 Gestion opérationnelle** | U5 | 3 | Ponctuelle écrite | 3 h | Ponctuelle écrite | | Ponctuelle écrite | 3 h |
| **E6 Management de l'équipe commerciale** | U6 | 3 | CCF | | CCF | | Ponctuelle écrite | 2 h 30 min. |
| **EF1 Communication en Langue vivante (**)** | UF1 | | Ponctuelle orale | 20 min. (* 20 min.) | Oral | 20 min. (* 20 min.) | Ponctuelle orale | 20 min. (* 20 min.) |
| **EF2 Parcours de professionnalisation à l'étranger** | UF2 | | Ponctuelle orale | 20 min. | Oral | 20 min. | Ponctuelle orale | 20 min. |
| **EF3 Entrepreneuriat** | UF3 | | Ponctuelle orale | 20 min. | Oral | 20 min. | Ponctuelle orale | 20 min. |

(*) Temps de préparation.

(**) La langue vivante étrangère choisie au titre de l'épreuve facultative est obligatoirement différente de celle choisie au titre de l'épreuve obligatoire. Seuls les points au-dessus de la moyenne peuvent être pris en compte.

# Introduction aux épreuves ADOC et DRCV

COMPRENDRE EN VIDÉO Retrouvez tous nos tutos vidéos sur notre chaîne YouTube « Objectif BTS Hachette ».

# 1 Quel stage professionnel réaliser en unité commerciale ?

Le choix du lieu de stage constitue un enjeu très important dans la réussite à l'examen dans la mesure où c'est le lieu de stage qui va vous permettre de valider toutes les compétences attendues au BTS MCO.

## 1 L'importance de décrocher un bon stage

COMPRENDRE EN VIDÉO — *Le savoir-être en entreprise*

- Le stage constitue le support des deux épreuves orales professionnelles du BTS MCO :
– l'épreuve de DRCV (Développement de la relation client et vente conseil) ;
– l'épreuve de ADOC (Animation et dynamisation de l'offre commerciale).

***N.B.*** **: chacune de ces épreuves a un coefficient 3, d'où l'enjeu important pour vous de performer lors de ces épreuves orales !**

- Si vous préparez le BTS en formation initiale dans un lycée public ou privé sous contrat avec l'État, vous serez évalué(e) en CCF (contrôle en cours de formation) tout au long de vos deux années de BTS. Si vous préparez le BTS en contrat de professionnalisation ou dans un centre de formation, vous serez évalué(e) à la fin de votre deuxième année de BTS en contrôle ponctuel.

- Quelles que soient les modalités d'évaluation, il s'agira pour vous de réaliser votre stage (ou votre contrat de professionnalisation) au sein d'une unité commerciale dans laquelle vous pourrez :
– mettre en place les activités vous permettant de valider les compétences visées par ces épreuves ;
– entretenir de bonnes relations avec votre tuteur afin de pouvoir disposer des informations nécessaires à l'élaboration des dossiers supports de ces épreuves.

## 2 Où réaliser son stage en BTS MCO ?

- Vous devez réaliser votre stage ou votre contrat dans une unité commerciale physique (ex. : un magasin) ou virtuelle (ex. : un site Internet) où le client potentiel peut accéder à une offre de biens ou de services (en magasin, en showroom ou bien sur la page du site Internet). **Vous ne devez pas choisir une unité commerciale dont l'activité principale est de prospecter le client par téléphone, par courrier ou en porte-à-porte.**

**Astuce**

Avant de signer une convention de stage ou un contrat de professionnalisation, demandez un entretien à votre tuteur/tutrice afin de vous assurer que vous pourrez mener des activités validant les compétences visées, et que vous pourrez également en obtenir des preuves.

• Cette unité commerciale peut être indépendante (ex. : magasin indépendant de prêt-à-porter de votre ville) ou bien faire partie d'un réseau (ex. : magasin Etam de votre ville) ; elle peut appartenir à n'importe quel secteur d'activité.

**Exemples d'unités commerciales**

| | |
|---|---|
| **Grande distribution** | Hypermarché Auchan, supermarché Carrefour Market, supérette Monoprix. |
| **Grande surface spécialisée** | Leroy Merlin, Decathlon, Kiabi, Gémo, Norauto, King Jouet, Boulanger. |
| **Petite surface spécialisée** | Jules, Sephora, Grain de malice, Swatch, magasin indépendant de décoration. |
| **Services** | Agence de la Société Générale, cabinet d'assurances AXA, agence de location Avis. |

• Le stage peut avoir lieu dans une ou deux unités commerciales proposant des biens et/ou des services à une clientèle de particuliers ou de professionnels (utilisateurs, prescripteurs, revendeurs) et d'une taille suffisante (minimum une personne) pour justifier le recours à un technicien supérieur. Il peut se dérouler partiellement ou totalement à l'étranger.

## 3 Objectifs et compétences visés par les épreuves orales

| | DRCV | ADOC |
|---|---|---|
| **Objectifs** | • Avoir une bonne connaissance de l'unité commerciale au sein de son réseau.<br>• Être opérationnel à l'issue du stage en tant qu'assistant du manager.<br>• Prendre en responsabilité des activités courantes au sein de l'unité commerciale.<br>• Interroger et exploiter le système d'information commerciale (collecte, mise à jour ou exploitation de données). | |
| **Compétences visées** | • Assurer la veille informationnelle.<br>• Réaliser des études commerciales.<br>• Vendre.<br>• Entretenir la relation client. | • Élaborer et adapter en continu l'offre de produits et de services.<br>• Organiser l'espace commercial.<br>• Développer les performances de l'espace commercial.<br>• Mettre en place la communication commerciale.<br>• Évaluer l'action commerciale. |
| **Support de l'épreuve** | Un dossier composé :<br>• de fiches activités couvrant les compétences de l'épreuve ;<br>• d'annexes illustratives (documents internes de l'unité commerciale, productions personnelles). | |

**• Pour ces deux épreuves, l'information recueillie sur l'unité commerciale, sur son réseau, sur la place de l'unité commerciale au sein de son réseau et sur ses performances est ESSENTIELLE. Vous vous engagez à ne pas les divulguer.**

**• Des rencontres régulières avec votre tuteur vous permettront de renseigner le dossier.**

# 2 Quel est l'esprit des épreuves orales professionnelles ?

Les épreuves orales professionnelles (DRCV et ADOC) prennent appui sur le(s) stage(s) réalisé(s) en entreprise et sur les observations de situations professionnelles. Il faut bien comprendre l'esprit de ces épreuves à fort coefficient (3 pour chacune) pour les réussir.

## 1 L'importance de bien rédiger les fiches d'activité

Voir p. 10

• Chaque compétence validée sera présentée dans une **fiche d'activité** dont la méthodologie générale est expliquée dans cette même partie. Des exemples sont ensuite donnés pour illustrer cette méthodologie dans les parties DRCV et ADOC.

• Ces fiches, **sous forme numérique**, seront regroupées dans un dossier DRCV et dans un dossier ADOC puis envoyées au service des examens quelques semaines avant les épreuves. Elles seront ensuite consultées par le jury avant votre arrivée pour l'oral.

**Attention**

Il est donc très important de respecter une méthodologie rigoureuse et structurée.

## 2 L'illustration des méthodologies avec des annexes

• La présentation d'annexes lors des épreuves orales professionnelles n'est pas obligatoire mais fortement **recommandée**.

• Vos annexes devront être **présentées de manière claire et professionnelle**. Elles vous permettront, par ailleurs, d'animer votre oral et d'illustrer vos propos.

## 3 Une même structure dans le déroulement des deux épreuves orales

Les épreuves orales de DRCV et ADOC suivent exactement le même déroulement en forme ponctuelle : une première partie de présentation du ou des contextes des activités (10 minutes) et une seconde partie d'entretien avec le jury (20 minutes). La seule différence entre ces deux épreuves porte sur les compétences à valider.

## 4 La présentation d'un diaporama pour la première partie de l'oral

Votre diaporama de présentation devra décrire **le ou les contextes d'activités (unités commerciales) ainsi que l'activité réalisée ou observée pour chacune des compétences à valider.**

## 5 La mise en évidence du digital

La digitalisation faisant partie intégrante du programme du BTS MCO, vous devrez **insister dans vos méthodologies sur les outils digitaux mobilisés** : logiciels internes, stratégie omnicanale de l'unité commerciale, réseaux sociaux, etc.

# 3 Comment constituer ses dossiers professionnels ?



Les dossiers professionnels constituent le support de vos deux épreuves orales professionnelles. Ils vont permettre au jury de valider chacune des compétences attendues au travers des fiches de situations professionnelles. La qualité de rédaction de ces fiches sera mesurée en fonction de la richesse des activités conduites mais aussi de votre rigueur dans la méthodologie suivie.

## 1 Le contenu des dossiers professionnels

• Les dossiers professionnels sont constitués de l'ensemble des fiches de situations professionnelles vécues ou observées, en unités commerciales ou en établissement de formation.

• Ces dossiers doivent être obligatoirement sous une forme numérique et seront remis au jury sous cette forme lors des épreuves.

**Remarque**

Le nombre de pages de chaque dossier n'est pas imposé. En revanche, aucune annexe ne doit y figurer. Les annexes seront apportées le jour de l'examen.

## 2 Ce qui est attendu

• Chaque fiche de situation professionnelle doit rendre compte des éléments suivants :

– la (ou les) compétence(s) mobilisée(s) ;

**Exemple** Bloc 1 DRCV « Assurer la veille informationnelle »

– la date et la durée de l'activité ;

**Exemple** Activité menée le 10 janvier 202N, pendant 3 heures.

– le contexte professionnel ;

**Exemple** L'enseigne HEMI est une enseigne britannique proposant des produits du quotidien à bas prix. L'offre est répartie en plusieurs univers tels que Décoration, Enfant et Alimentation. Mon unité commerciale évolue sur un marché très concurrentiel et afin de maintenir sa compétitivité, elle doit régulièrement procéder à une veille de son marché et de ses concurrents.

– les objectifs que vous souhaitiez atteindre. Attention à bien décrire les objectifs quantitatifs mais aussi qualitatifs ;

– la méthodologie que vous avez utilisée pour les atteindre. Pensez à décrire chacune des étapes précisément et associez autant que possible les outils numériques utilisés ;

– les moyens et les techniques mis en œuvre. Récapitulez les différents outils que vous avez utilisés (numériques ou autres) mais aussi les techniques maîtrisées et liées aux deux blocs de compétences DRCV et ADOC ;

– les résultats que vous avez obtenus. N'oubliez pas de faire le lien avec les objectifs énoncés plus haut et de montrer les écarts entre objectifs et résultats.

• Toutes ces fiches devront être accessibles par le jury sous forme numérique, ce qui suppose que vous vous rendiez aux épreuves avec un outil numérique (ordinateur ou tablette).

**Conseil**

Vous trouverez la description de chacune de ces fiches dans les pages suivantes de l'ouvrage.

# 4 Comment construire une fiche de situation professionnelle ?

Cette maquette est la forme que vous devez respecter pour présenter vos fiches de situations professionnelles. Il est nécessaire que vos fiches soient uniformes.

| | |
|---|---|
| **LYCÉE ............................. – BTS MCO – SESSION 20xx**<br>**Épreuve E41 OU E42**<br>**FICHE DE SITUATION PROFESSIONNELLE** *(recto-verso)*<br>*Les numéros des fiches doivent suivre l'ordre des compétences de vos deux blocs.* | |
| **Nom et prénom de l'étudiant :** *Vous devez choisir un titre qui correspond à l'activité réalisée et non à celui de la compétence.* | **N° de la fiche :** |
| **Intitulé précis de l'activité :** | |
| **COMPÉTENCES DÉCLARÉES PAR L'ÉTUDIANT**<br>*Vous devez lister la ou les sous-compétence(s) mobilisées dans le cadre de la situation professionnelle, sans forcément viser la totalité des sous-compétences.* | |
| **RECOURS AUX OUTILS NUMÉRIQUES**<br>*Vous devez lister les outils numériques professionnels utilisés et préciser à quelles occasions vous y avez eu recours.* | |

Vous devez ensuite présenter les informations suivantes :

– **Date et durée de l'activité :** vous devez indiquer la date et la durée précises de l'activité (en intégrant les phases de préparation, de déroulement et de suivi).

– **Contexte professionnel de l'activité :** après avoir rappelé rapidement (en 2 lignes maximum) le contexte de la situation (unité commerciale, établissement de formation ou autre), vous devez décrire le cadre dans lequel s'est déroulée votre activité (à savoir tous les éléments qui peuvent justifier cette activité).

**Exemples** Une baisse du flux clients, l'arrivée d'un nouveau concurrent, une opération commerciale, l'absence d'un membre de l'équipe, la période de l'année, etc.

– **Objectifs poursuivis :** il est important d'utiliser des verbes d'action pour décrire des objectifs précis.

• **Objectifs qualitatifs :** ici, tous les objectifs sont non chiffrés.

**Exemples** Améliorer la satisfaction de la clientèle, proposer un produit répondant au besoin du client, rendre un rayon plus attractif, etc.

• **Objectifs quantitatifs :** ici, tous les objectifs sont chiffrés.

**Exemples** Augmenter le degré de satisfaction de la clientèle de 10 %, accroître le chiffre d'affaires de 3 % par rapport à N – 1, atteindre un taux de transformation de 53 %, etc.

– **Degré d'autonomie :** il peut être total ou partiel. S'il est total, vous avez mené l'activité de A à Z ; s'il est partiel, vous avez reçu l'assistance de votre manager ou de son adjoint.

**Exemple** Pour réaliser cette activité, j'ai construit le questionnaire de satisfaction en autonomie mais j'ai reçu l'aide de collaborateurs pour l'administration et le traitement de l'enquête.

**Astuce**
Pour plus de clarté, le déroulement de l'activité peut être décrit à l'aide d'un tableau.

– **Déroulement de l'activité :**

| La méthodologie utilisée | Les moyens et techniques mis en œuvre | Annexes envisagées (lister les supports visuels de présentation) |
|---|---|---|
| *Vous décrirez ici les différentes étapes de votre activité en prenant soin de détailler la préparation, l'exécution et le suivi.* | *Il s'agit de décrire précisément les méthodes utilisées. Vous devez montrer que votre activité a été menée avec méthodologie et que vous maîtrisez les notions de DRCV ou d'ADOC nécessaires à l'activité.* | *Vous préciserez ici quelles annexes vous prévoyez de montrer lors de votre oral afin d'illustrer les différentes étapes méthodologiques. Indiquez un numéro et un titre pour chaque annexe.* |
| **1 Préparation de l'activité** | | |
| | | |
| **2 Exécution de l'activité** | | |
| | | |
| **3 Suivi de l'activité** | | |
| | | |

**Astuce**
Prévoyez autant de lignes que d'étapes dans l'activité.

– **Moyens et techniques mis en œuvre :** vous devez lister les différents outils créés ou utilisés durant cette activité.

**Exemples** Utilisation de Google Forms pour l'administration et le traitement de l'enquête, consultation du *book merchandising*, création d'une base de données clients.

– **Résultats obtenus :** ici, il s'agit de relier les résultats obtenus aux objectifs fixés et indiqués en haut de la fiche.

• **Résultats quantitatifs.**

**Exemple** Le chiffre d'affaires a augmenté de 2 %, soit un écart de – 1 point par rapport à l'objectif fixé de 3 %.

• **Résultats qualitatifs.**

**Exemple** Le produit proposé répondait aux attentes du client en termes de budget et de caractéristiques techniques.

# 5 Où trouver l'information pour enrichir ses dossiers professionnels ?

La richesse de vos dossiers repose, en grande partie, sur la qualité des informations qui les composent. Cette information devra donc être **actualisée et de source fiable**. Certaines informations présentées pourront être **brutes**, c'est-à-dire directement issues de l'unité commerciale. D'autres informations pourront être **traitées** par vos soins puis présentées dans des documents de synthèse issus de votre production personnelle.

## 1 Les sources et les types d'informations

| | Types d'informations | Sources d'informations |
|---|---|---|
| Groupe d'appartenance | • Historique du groupe.<br>• Organisation du groupe.<br>• Implantation.<br>• Stratégie, etc. | • Tuteur.<br>• Directeur régional.<br>• Site institutionnel du groupe.<br>• Presse économique (*Le Monde*, *Les Echos*, *Le Figaro*, etc.).<br>• Presse spécialisée (*Capital*, *Management*, *Stratégies*, etc.).<br>• Sites Internet d'information. |
| Réseau de l'unité commerciale | • Activité, organisation, taille du réseau.<br>• Implantation nationale/internationale.<br>• Clientèle ciblée : professionnelle et/ou particulière.<br>• Positionnement du réseau.<br>• Communication/culture d'entreprise. | • Site institutionnel du réseau.<br>• Site intranet du réseau.<br>• Rapport d'activité.<br>• Presse professionnelle spécialisée (*LSA*, *Points de Vente*, *Marketing magazine*, etc.).<br>• Magazine interne du réseau, etc. |
| Unité commerciale | • Localisation géographique/attractivité de l'unité commerciale.<br>• Zone de chalandise/profil des habitants de la zone (voir l'Outil d'aide à la création d'entreprise – Odil de l'Insee –, www.insee.fr/fr/information/1401383).<br>• Politique de produit : offre de produits et de services, politique de marque, etc.<br>• Politique de prix (stratégie, promotions, etc.).<br>• Politique de distribution (canal, méthode de vente, etc.<br>• Politique de communication (communication nationale/communication locale ; programme de fidélisation, etc.).<br>• Étude des concurrents directs et indirects (cartographie des concurrents, relevés de prix, positionnement, etc.). | • Tuteur.<br>• Entretiens avec le directeur régional.<br>• Entretiens avec les membres de l'équipe.<br>• Observation sur le terrain.<br>• Relevés de prix.<br>• Étude de la concurrence.<br>• Étude du profil de la clientèle potentielle (site Insee, onglet Odil pour recueillir des informations sur les caractéristiques des habitants de la zone).<br>• Zone de chalandise : www.creer-zone-de-chalandise.fr ou www.oalley.fr<br>• Étude de satisfaction de la clientèle (réalisée par le réseau ou par vos soins). |

| | Types d'informations | Sources d'informations |
|---|---|---|
| Unité commerciale | • Étude de la clientèle (profil, motivations et freins, segmentation de la clientèle, etc.).<br>• Étude des performances commerciales :<br>– en distribution : étude des tableaux de bord (CA, panier moyen, taux de transformation, indice de vente, etc.) ;<br>– en banque : étude des tableaux de bord (PNB global, PNB par produit, par conseiller ou par segment client, etc.).<br>– à comparer avec la moyenne du réseau, les objectifs, l'année N – 1, etc. | • Tableaux de bord et diverses informations à disposition (salle de pause, etc.). |

Lors de vos périodes en entreprise, munissez-vous d'un carnet et pensez à noter toutes les informations que vous jugerez importantes.

**Astuce**

Votre téléphone vous permettra également de recueillir des preuves de vos activités à **condition que vous ayez l'autorisation par votre tuteur de l'utiliser à cette fin.**

## 2 Les outils numériques au service de votre veille

• Votre évaluation aux épreuves d'ADOC et de DRCV portera également sur votre utilisation régulière des outils numériques pour mener vos activités et pour réaliser votre veille informationnelle sur votre réseau et/ou votre unité commerciale.

• Pour mener celle-ci, plusieurs outils s'offrent à vous :

– **les alertes sur Internet : Google ou Alerti**. Google Alerts est un service qui envoie un e-mail ou une alerte lorsqu'une nouvelle page Web, correspondant aux mots-clés que l'on a choisis, apparaît dans les résultats Google. Pour savoir comment créer une alerte Google, n'hésitez pas à chercher des tutoriels. Certains sont bien expliqués (exemple : vidéo « Créer une alerte Google » sur la chaîne YouTube Exaprint) ;

– **les agrégateurs de flux RSS : Netvibes ou Feedly :** un **agrégateur de flux RSS**, aussi appelé un lecteur de flux (ou *reader*), est soit une application Web, soit un logiciel, soit un module intégré à une messagerie qui permet d'afficher sur une page Web personnalisable les nouveautés des sites/blogs sur lesquels on fait de la veille ;

– **les outils de curation comme Pearltrees ou Scoop-it :** la curation est une activité qui consiste à identifier des sources de contenus (sites, blogs, médias sociaux), à en extraire les contenus les plus pertinents et à les présenter sous la forme d'une agrégation thématique sur un média Web distinct des sources d'origine. Des tutoriels existent afin de savoir comment bien utiliser ces outils de curation ;

– **les newsletters, les réseaux sociaux, les sites d'avis en ligne.** Ces outils complémentaires permettent d'enrichir votre veille informationnelle en collectant principalement les retours clients.

# 6 Comment se préparer aux dix premières minutes des épreuves orales ?

Vous trouverez ci-après un tableau qui vous permettra de ne rien oublier lors des dix premières minutes de présentation des épreuves orales et de proposer au jury une présentation animée par des annexes.
À votre arrivée, le jury ne dispose que de votre dossier numérique composé de l'ensemble des fiches d'activités. À vous d'animer votre oral !

**Grille de lecture du tableau :**

- **Colonne « Je dis » :** les éléments que vous devez dire à l'oral. **Attention :** cette colonne est à compléter par vos soins de manière à adapter votre discours à votre contexte professionnel ;
- **Colonne « Je montre » :** l'ensemble des documents que vous pouvez produire pour illustrer votre discours (liste non-exhaustive).

COMPRENDRE EN VIDÉO – *Comment réaliser un bon Powerpoint*

| Les différentes parties de votre dossier | Je dis | Je montre | Annexes numérotées |
|---|---|---|---|
| | Bonjour<br>Je me présente | Je lance ma présentation animée sur mon ordinateur (Powerpoint, Prezi, etc.) avec la photo de la vitrine de mon unité commerciale. | Annexe 1 |
| **Introduction** | Je dis le nom de mon unité commerciale, de mon réseau, où elle se trouve, et dans quel univers/rayon j'ai travaillé. | Photo de mon univers ou de mon rayon<br><br>Plaquette de l'entreprise | Annexe 2<br><br>Annexe 3 |
| **I Les contextes géographique et organisationnel de mon unité commerciale** | | | |
| • **Le contexte géographique** | Mon UC se situe à :<br>• Ville<br>• Axes routiers, moyens de transport, etc.<br>• Zone de chalandise : zone primaire, secondaire, tertiaire et méthode de construction (isochrone ou isométrique). | Présentation carte géographique avec localisation de mon UC et ses moyens d'accès.<br>Zone de chalandise permettant de visualiser l'UC.<br>COMPRENDRE EN VIDÉO – *La zone de chalandise* | Annexe 4<br><br>Annexe 5 |
| • **L'organisation matérielle de l'UC** | • Les horaires sont.... Nous ouvrons le dimanche car nous sommes en zone touristique et nos jours d'ouverture sont...<br>• Nous disposons de nombreux facteurs d'ambiance comme... Le réseau nous impose des CD musicaux et un certain nombre de visuels...<br>• L'agencement de notre UC respecte les codes de l'enseigne (couleurs, mobilier, etc.). | Photo<br><br>Photo des éléments communs aux UC du réseau.<br><br>Plan de masse du point de vente avec sens de circulation de la clientèle. | Annexe 6<br><br>Annexe 7<br><br>Annexe 8 |

| Les différentes parties de votre dossier | Je dis | Je montre | Annexes numérotées |
|---|---|---|---|
| • **L'organisation matérielle de l'UC (suite)** | • Notre surface de vente se répartit sur x m² et de la manière suivante : …<br>Nous pouvons constater les zones chaudes et les zones froides qui se localisent ainsi… | Plan de masse avec zones chaudes et froides | Annexe 9 |
| **II Le contexte commercial** | | | |
| • **La clientèle** | • Le profil type de la clientèle est… | Présentation du profil du client et/ou de la segmentation des clients. | Annexe 10 |
| | • La clientèle se répartit de la façon suivante : … | Tableau ou graphique avec la part de chaque catégorie de clientèle en % (diagramme circulaire). | Annexe 11 |
| • **L'offre de l'UC** | • Nous proposons un assortiment (**large, étroit, profond ou peu profond**) et notre positionnement est (**spécialiste, généraliste**). | Catalogue de l'UC | Annexe 12 |
| | • Nous offrons également des services associés au produit principal, comme…. | Tableau ou graphique avec les types de produits (et/ou services), leur part dans le CA. | Annexe 13 |
| • **Les concurrents** | • Nos concurrents sont nombreux, ou peu nombreux sur notre zone de chalandise, et principalement dans la zone primaire. | Présentation de la zone de chalandise en situant les principaux concurrents directs, voire indirects | Annexe 14 |
| | • Leurs assortiments sont similaires au nôtre, ou se distinguent comme vous pourrez le constater, par leurs catalogues. | Catalogues + tableau synthétique des concurrents étudiés sur différents aspects. | Annexe 15 |
| **III Les différentes activités professionnelles** | Je vais maintenant vous présenter succinctement les différentes activités que j'ai menées. | Les différentes fiches d'activités professionnelles (FAP) | Ne présenter aucune annexe lors des « dix minutes » |

# 7 Quelles sont les questions du jury sur le réseau et l'unité commerciale ?

Vous trouverez ci-dessous une liste de questions fréquemment posées par le jury. Cette liste n'étant pas exhaustive, elle balaye néanmoins un grand nombre de thèmes pouvant faire l'objet de questions.

## 1 Les questions sur le réseau

| Questions du jury | Éléments de réponses |
|---|---|
| 1 Quels liens votre unité commerciale a-t-elle avec son réseau ? | Liens au niveau de l'assortiment, de la communication, du recrutement, des performances à réaliser, etc. |
| 2 Quelle est la forme de commerce de votre réseau ? | Il peut s'agir d'un réseau intégré, d'un réseau associé, d'un réseau mixte. |
| 3 Quel est le positionnement de votre réseau ? | Le positionnement peut être haut de gamme, moyen de gamme, bas de gamme. |
| 4 Quelle est l'autonomie de votre unité commerciale face au réseau ? | L'autonomie peut être totale, partielle ou nulle. |
| 5 Quel rang votre unité commerciale occupe-t-elle dans son réseau ? | Le rang peut être calculé en terme de chiffre d'affaires sur le secteur, la région et la France. |
| 6 Quelle est la stratégie de prix adoptée par votre réseau ? | Le réseau peut avoir adopté une politique d'alignement, d'écrémage ou de pénétration. |
| 7 Quelle est la stratégie de distribution de votre réseau ? | La stratégie de distribution peut être intensive, sélective ou exclusive. |
| 8 Quelle est la politique de communication de votre réseau ? | La communication peut être média et/ou hors média. |

## 2 Les questions sur l'unité commerciale

| Questions du jury | Éléments de réponses |
|---|---|
| 1 Quelle a été votre méthode de construction de la zone de chalandise ? | • Construction à partir des codes postaux des clients lors de leurs passages en caisse.<br>• Construction à partir de courbes isométriques (distance) ou à partir de courbes isochrones (temps).<br>• Distinction entre les trois zones : zone primaire, zone secondaire, zone tertiaire. |

| Questions du jury | Éléments de réponses |
| --- | --- |
| 2 Caractérisez la concurrence de votre unité commerciale. | • Concurrence directe (mêmes biens et services que l'UC).<br>• Concurrence indirecte (biens ou services de substitution).<br>***N.B.*** : la concurrence peut être interne (unité commerciale du même réseau). |
| 3 Caractérisez la clientèle de votre unité commerciale. | • Segmentation de la clientèle.<br>• Profil de la clientèle (sexe, âge, lieu d'habitation, etc.).<br>• Motivations et freins de la clientèle.<br>• Comportement d'achat (**exemple avec la méthode RFM** : Récence, Fréquence, Montant). |
| 4 Caractérisez l'offre de votre unité commerciale. | • Assortiment (largeur, profondeur).<br>• Politique de marque (marques nationales, marques distributeurs, etc.).<br>• Services associés.<br>• Marchandisage (organisation, gestion, séduction). |
| 5 Quelle est la politique de prix de votre unité commerciale ? | • Stratégie de prix (pénétration, alignement, écrémage).<br>• Politique promotionnelle de l'unité commerciale. |
| 6 Quelle est la politique de distribution de votre unité commerciale ? | • Unité commerciale physique et/ou virtuelle.<br>• Existence d'un site marchand (particularité des UC *click and mortar*).<br>• Méthode de vente : libre-service, libre-service assisté, vente conseil, vente à distance. |
| 7 Quelle est la stratégie de communication de votre unité commerciale ? | • Communication du réseau (média et hors média).<br>• Communication locale de l'unité commerciale.<br>• Programme de fidélisation de la clientèle. |
| 8 Quelle est la politique d'approvisionnement de votre unité commerciale ? | • Elle s'appuie sur une centrale d'achats, des producteurs locaux, les deux. |
| 9 Quelle est la politique digitale de votre unité commerciale ? | • La politique digitale de l'unité commerciale fait appel au *click and collect*, aux tablettes en magasins. |

# 8 La « *To do list* » pour réussir ses épreuves orales professionnelles

Votre réussite aux épreuves orales professionnelles est subordonnée à une bonne préparation matérielle et personnelle. Cette liste est un allié précieux pour vous !

## 1 La préparation matérielle : que mettre dans mon sac ?

1. Ma convocation et une pièce d'identité en cours de validité.

2. Mon support informatique : ordinateur portable, tablette.

• **Conseil 1 :** classer les fichiers par dossier pour bien les retrouver lors de l'oral.

> **Exemple** Un dossier DRCV et un dossier ADOC avec, à l'intérieur de chaque dossier, un dossier par compétence.

• **Conseil 2 :** enregistrer votre dossier sur le disque dur de votre support numérique **ET** sur une clé USB en cas de problème informatique.

• **Conseil 3 :** présenter un support informatique « professionnel » (pas de photo de vacances ou de votre chien en fond d'écran).

• **Conseil 4 :** prendre un support numérique que vous avez l'habitude d'utiliser car le jury sera amené à vous faire manipuler cet outil lors de l'oral.

**Attention**

La batterie de votre support numérique doit être chargée avant votre oral (pas de possibilité de se relier à une prise de courant lors de l'examen).

3. Mon dossier complet imprimé et toutes les annexes papier que vous jugerez utiles.

• **Conseil 5 :** imprimer l'intégralité du dossier pour en disposer en cas de problème informatique : support du Powerpoint, annexes classées par dossier, etc.

4. Une trousse et une calculette : le jury peut être amené à vous demander de procéder à un calcul lors de l'oral.

## 2 La préparation personnelle : comment se détendre sans perdre d'énergie ?

• **Conseil 6 :** bien repérer les détails pratiques liés à l'épreuve : le lieu de l'examen, la durée du trajet, le moyen de transport adéquat, l'heure de départ (prévoir d'arriver 30 minutes avant l'heure de convocation), etc.

• **Conseil 7 :** opter pour une tenue professionnelle, propre et soignée : tenue vestimentaire, coiffure, rasage, ongles, etc.

• **Conseil 8 :** se détendre la veille au soir et juste avant l'examen avec des exercices de respiration ventrale et se répéter une phrase motivante que vous aurez choisie pour vous préparer au mieux physiquement à cette épreuve orale.

**Astuce**

Dans certaines régions et particulièrement en Île-de-France, il faudra prévoir les aléas liés aux embouteillages et aux retards dans les transports en commun, éventuellement arriver la veille de l'examen en cas de lieu d'examen trop éloigné du domicile.

> **Exemples de phrases**
>
> « Il faut toujours viser la lune car même en cas d'échec, on atterrit dans les étoiles. » (Oscar Wilde)
>
> « Ils ne savaient pas que c'était impossible alors ils l'ont fait. » (Mark Twain)

# Développement de la relation client et vente conseil

Présentation de l'épreuve E41

# Développement de la relation client et vente conseil (DRCV)

**Dossier numérique et personnel + entretien**
Coefficient : 3

## 1 Les objectifs de l'épreuve

• Cette épreuve est une sous-épreuve de l'épreuve E4.

• La sous-épreuve E41 a pour objectif d'évaluer les compétences du bloc n° 1 « Développer la relation client et assurer la vente conseil » :
– assurer la veille informationnelle ;
– réaliser des études commerciales ;
– vendre ;
– entretenir la relation client.

## 2 Les modalités de l'épreuve

Toutes les candidates et tous les candidats ne sont pas évalués de la même façon.

### A Le contrôle en cours de formation (CCF)

• Si vous êtes dans un établissement habilité à valider l'épreuve en **CCF**, vous la passerez de cette manière.

• **La sous-épreuve s'appuie sur un dossier faisant référence aux situations professionnelles que vous avez vécues ou observées au cours de votre formation**, y compris en milieu professionnel. Ce dossier, **numérique**, vous est personnel. Vous devez l'avoir rédigé et constitué. Chaque compte rendu d'activité présent dans le dossier est accompagné de l'évaluation qui a été faite par votre ou vos professeurs.

• Une commission d'évaluation est chargée d'apprécier le degré de maîtrise des compétences relevant du bloc n° 1. Cette commission est composée d'un professeur de Développement de la relation client et vente conseil et ayant en charge votre suivi pendant vos activités professionnelles et d'un professionnel.

• L'évaluation donne lieu à une **note sur 20**.

### B La forme ponctuelle

• Si vous passez cette épreuve sous la **forme ponctuelle, elle se déroulera à l'oral** et durera **30 minutes**.

• La sous-épreuve comprendra **deux temps** :
– pendant 10 minutes maximum, vous présenterez le ou les contexte(s) des activités professionnelles que vous avez réalisées et les compétences mobilisées dans ce cadre, sans être interrompu(e). Vous devrez, à cette occasion, **nécessairement utiliser une présentation numérique** ;
– pendant le temps restant, la commission d'évaluation vous interrogera sur chacune des compétences du bloc n° 1.

• La commission d'évaluation est composée d'un professeur en charge d'enseignements professionnels en STS Management Commercial Opérationnel et d'un professionnel.

• La sous-épreuve repose sur un **dossier numérique personnel** rédigé et constitué par vos soins.

• Le dossier est remis au jury **en format numérique**. L'ensemble des comptes-rendus des activités réalisées devra être accessible par le jury lors de l'épreuve. Vous vous présentez à l'épreuve **avec l'équipement numérique permettant d'accéder au dossier et de le consulter**. En dehors du dossier fourni au jury avant l'épreuve, vous pouvez apporter le jour de l'épreuve **tout document que vous estimez pouvoir venir en appui de votre prestation**.

• L'évaluation donne lieu à une **note sur 20 points**.

## 3 Le dossier numérique

• L'épreuve nécessite que vous rédigiez un **dossier numérique devant comporter les descriptifs de situations professionnelles** vécues en unité commerciale ou au cours de votre formation.

• Il rend compte, **pour chaque activité réalisée**, des éléments suivants :
– la (ou les) compétence(s) mobilisée(s) ;
– la date et la durée ;
– le contexte professionnel ;
– les objectifs poursuivis ;
– la méthodologie utilisée ;
– les moyens et les techniques mis en œuvre ;
– les résultats obtenus.

## 4 Les critères d'évaluation

• Les techniques et outils de la veille commerciale sont appropriés.

• L'information produite est fiable et pertinente pour la prise de décision.

• Les méthodologies d'études sont adaptées au contexte.

• Les résultats des études sont exploitables.

• La démarche de vente conseil est pertinente

• Les attentes du client et leurs évolutions sont prises en compte.

• Les techniques de fidélisation mises en œuvre sont adaptées.

• Les objectifs de vente, de fidélisation et d'accroissement de la valeur client sont atteints.

• La communication est mise en œuvre au service de l'efficacité relationnelle.

# 1 Assurer la veille informationnelle

## Activité gagnante : l'analyse d'un marché

L'analyse d'un marché consiste à rechercher, analyser et exploiter les informations liées à ce dernier avec l'enjeu majeur d'y rester compétitif.

## 1 Le déroulement de l'activité

**Attention**

Vous prendrez modèle sur la **fiche 4 de la partie introductive aux deux épreuves** (→ p. 10).

• **Vous devez donner un nom précis à votre activité** en précisant la nature du marché.

**Exemple**

Analyse du marché des objets de décoration.

• **La date et la durée de l'activité.** Vous devez indiquer précisément la date et la durée de l'activité, en intégrant la collecte et le traitement des informations, l'analyse, etc.

**Exemple**

J'ai réalisé l'analyse du marché du 10 au 28 février N.

• **Le contexte professionnel de l'activité.** Vous devez décrire précisément le cadre et les circonstances de cette activité : vous réalisez votre stage au sein de l'unité commerciale X. Cette unité commerciale dépend du marché Y. Vous êtes amené à réaliser une analyse du marché Y en termes d'offre, de demande et d'environnement afin de mieux connaître ce marché.

**Exemple**

L'enseigne HEMI est une enseigne britannique proposant des produits du quotidien à bas prix. L'offre est répartie en plusieurs univers tels que Décoration, Enfant et Alimentation. Pour pouvoir mettre en œuvre la compétence « Assurer la veille informationnelle », j'ai été amené(e) à réaliser une analyse du marché représentatif de l'offre de mon unité commerciale, à savoir les objets de décoration.

• **Les objectifs poursuivis.** Vous distinguerez les objectifs qualitatifs et les objectifs quantitatifs que vous présenterez avec *des* verbes d'action.

– **Objectifs qualitatifs** : dans cette activité, les objectifs qualitatifs sont de trois ordres : le comportement d'achat de la clientèle, la connaissance de la structure de l'offre et les caractéristiques de l'environnement du marché.

**Exemples**

- Caractériser le comportement des consommateurs sur le marché (motivations, freins, moments et lieux d'achat, etc.).
- Caractériser la structure de l'offre (producteurs, distributeurs).
- Identifier les éléments de l'environnement ayant une influence sur le marché.

– **Objectifs quantitatifs** : les objectifs quantitatifs sont exclusivement des objectifs chiffrés. Dans cette activité, les objectifs sont liés à l'évolution du marché en termes d'offre et de demande.

**Exemples**

- Mesurer l'évolution du marché en termes de demande (dépenses des consommateurs, etc.).
- Mesurer l'évolution du marché en termes d'offre (parts de marché, ventes en volume, etc.).

• **Le degré d'autonomie.** Votre autonomie peut être totale si vous n'avez pas été assisté au cours de votre activité, ou partielle si vous avez été assisté lors de certaines étapes de l'activité.

**Exemple**

Dans cette activité, mon degré d'autonomie a été total, de la collecte d'informations à l'élaboration du rapport d'étude.

| La méthodologie utilisée | Les moyens et techniques mis en œuvre | Les annexes à présenter |
|---|---|---|
| **1 Préparation de l'activité** | | |
| **Recherche des informations utiles** | Vous devez décrire précisément votre mode d'organisation pour collecter les informations : outils numériques de collecte (Google, Google Alerts, Netvibes, Pearltrees, etc.), autres sources documentaires (site Web du syndicat professionnel du marché concerné, presse spécialisée, etc.). | **Annexe 1** : le tableau de recherche des informations avec les liens Web |
| **Sélection et hiérarchisation des informations** | • Vous devez expliquer à partir de quels critères vous avez sélectionné et hiérarchisé les informations collectées.<br>• Vous pourrez choisir trois critères de classement : la fiabilité, la pertinence et la récence de l'information, puis vous établirez un *scoring* pour aboutir à un tableau des informations structuré par composante (offre, demande et environnement). | **Annexe 2** : le tableau de classement des informations par composante du marché |
| **2 Déroulement de l'activité** | | |
| **Analyse de l'offre** | • Vous expliquerez ici la manière dont vous avez structuré votre analyse de l'offre.<br>• Vous analyserez pour cette composante : les produits et services, les producteurs, les distributeurs, les concurrents, etc. | **Annexe 3** : la synthèse structurée de l'analyse de l'offre |
| **Analyse de la demande** | • Vous décrirez précisément comment vous avez organisé votre analyse de la demande.<br>• Vous structurerez votre travail en deux axes : l'axe qualitatif (comportement d'achat du consommateur) et l'axe quantitatif (quantités achetées, progression de la demande, etc.). | **Annexe 4** : la synthèse structurée de l'analyse de la demande |
| **Analyse de l'environnement** | • Vous devez analyser les éléments de l'environnement ayant une influence sur votre marché.<br>• Vous pourrez réaliser cette analyse à partir du modèle PESTEL. | **Annexe 5** : la synthèse structurée de l'analyse de l'environnement selon le modèle PESTEL |
| **3 Suivi de l'activité** | | |
| **Élaboration du diagnostic Opportunités/Menaces du marché** | Vous expliquerez ici comment vous procédez à l'élaboration du diagnostic Opportunités/Menaces à partir des synthèses élaborées précédemment. | **Annexe 6 :** le diagnostic des opportunités et des menaces |

| La méthodologie utilisée | Les moyens et techniques mis en œuvre | Les annexes à présenter |
|---|---|---|
| **Rédaction d'une synthèse sur le marché** | Il s'agit ici de mettre en évidence dans une synthèse les éléments les plus significatifs de l'analyse du marché. Cette synthèse précisera l'état de santé du marché et ses perspectives d'avenir. | **Annexe 7 :** la synthèse sur l'analyse du marché |
| **Élaboration du dossier d'analyse de marché et remise au tuteur** | Vous préciserez ici sous quelle forme vous avez rendu compte de votre travail auprès de votre tuteur : remise d'un dossier d'étude, animation d'un debriefing lors d'une réunion, etc. | **Annexe 8 :** le plan du rapport d'étude |

• **Les résultats obtenus.** Vous reprendrez ici les éléments clés de votre analyse du marché en termes d'offre, de demande et d'environnement. Vous conclurez avec votre synthèse sur cette analyse du marché.

## 2 Les méthodologies de l'activité

### A L'annexe 1 : le tableau de recherche des informations avec les liens Web

| Sources | Offre | Demande | Environnement |
|---|---|---|---|
| **Internet** (navigateur, alerte ou flux RSS, site institutionnel, etc.) | | | |
| **Documents** (documents internes, presse spécialisée, etc.) | | | |

**Remarque**

Vous préciserez les sources avec les liens Web ou les noms des supports, des titres, etc.

## B L'annexe 2 : le tableau de classement des informations par composante du marché

| **Informations collectées sur…** *(préciser ici le sujet de l'information et sa source)* | **Fiabilité de l'information** *(apprécier si l'information collectée est issue d'une source fiable)* | **Pertinence de l'information** *(apprécier si l'information collectée est utile pour le thème d'étude)* | **Actualité de l'information** *(apprécier si l'information collectée est actualisée)* |
|---|---|---|---|
| **Thème** | **Origine de la source** | **Intérêt du contenu** | **Date de l'information** |
| **Exemple**<br>Les parts de marché par circuit de distribution sur le marché du prêt-à-porter. | Source : *LSA* (magazine spécialisé reconnu par la profession).<br>*** | Cette information permet de mettre en évidence l'importance des différents circuits de distribution.<br>*** | Septembre 2015<br>L'information n'est pas très récente.<br>** |
| | | **OFFRE** | |
| | | | |
| | | **DEMANDE** | |
| | | ***Au niveau qualitatif*** | |
| | | | |
| | | ***Au niveau quantitatif*** | |
| | | | |
| | | **ENVIRONNEMENT** | |
| | | | |

**Remarque**

Vous pourrez dans chaque case « noter » l'information par un système de scoring : */**/*** ou 1/2/3.

## C L'annexe 3 : la synthèse structurée de l'analyse de l'offre

L'analyse de l'offre doit être structurée en **quatre parties** :

1. les produits et les services ;
2. les producteurs : combien ? Qui ? Quelle part de marché (en volume et en valeur, absolue et relative) ?
3. les distributeurs (canaux utilisés, etc.) ;
4. les concurrents directs/indirects (leur positionnement, leur part de marché, etc.).

## D L'annexe 4 : la synthèse structurée de l'analyse de la demande

L'analyse de la demande est structurée en **deux parties** :
– **sous l'angle quantitatif :** quantités achetées, panier moyen, etc. ;
– **sous l'angle qualitatif :**
- le profil du consommateur (âge, revenu, lieux de consommation, etc.) ;
- le comportement d'achat (fréquence, moment d'achat, etc.) ;
- le parcours client ;
- les facteurs d'influence : prescripteurs, influenceurs, etc.

## E L'annexe 5 : la synthèse structurée de l'analyse de l'environnement

L'analyse de l'environnement est réalisée **à l'aide de la grille d'analyse PESTEL** :
– **Politique** : politique fiscale, aides et subventions, décisions politiques, etc. ;
– **Économique** : cycles économiques, inflation, taux de chômage, etc. ;
– **Social** : démographie, culture, niveau d'étude, etc. ;
– **Technologique** : nouvelles découvertes, dépenses publiques en R&D, etc. ;
– **Écologique** : traitement des déchets, protection de l'environnement, etc. ;
– **Légal** : normes et sécurité, lois, droit du travail, etc.

## F L'annexe 6 : le diagnostic des opportunités et des menaces

Le diagnostic peut être réalisé à l'aide de la grille suivante :

| | Opportunités | Menaces |
|---|---|---|
| Offre | | |
| Demande | | |
| Environnement | | |

## G L'annexe 7 : la synthèse sur l'analyse du marché

- Vous rédigerez une synthèse structurée par composante du marché.
- Vous conclurez par les perspectives d'évolution du marché.

## H L'annexe 8 : le plan du rapport d'étude

- Vous remettrez un rapport d'étude à votre tuteur.
- Il comprendra :

– une page de garde avec l'intitulé de votre analyse de marché, le nom de l'unité commerciale, vos nom et prénom, les dates de réalisation ;
– un sommaire du rapport avec la pagination de chaque partie ;
– l'analyse de l'offre selon le plan de l'annexe 3 ;
– l'analyse de la demande selon le plan de l'annexe 4 ;

– l'analyse de l'environnement selon le plan de l'annexe 5 ;
– le diagnostic des opportunités et des menaces du marché ;
– votre synthèse sur le marché ;
– les annexes : tableaux de collecte et de sélection de l'information, sources, etc.

## 3 Les questions du jury les plus courantes concernant la compétence « Assurer la veille informationnelle »

| Questions | Éléments de réponses |
|---|---|
| ① En quoi les critères de fiabilité, de pertinence et d'actualité de l'information sont-ils justifiés pour sélectionner l'information ? | Ces trois critères constituent les qualités fondamentales d'une information. La fiabilité témoigne de la qualité de la source choisie. La pertinence vérifie si l'information répond exactement à la question posée. L'actualité nous incite à utiliser une information datée et actualisée. |
| ② Connaissez-vous d'autres critères de qualité de l'information ? | • **L'accessibilité** : ce critère vérifie si l'information est facilement exploitable, si son accès est libre et éthique.<br>• **L'économie** : il convient de vérifier si l'information est gratuite ou payante. |
| ③ En matière de collecte d'informations, l'unité commerciale est confrontée à une nouvelle loi relative au RGPD. Quels sont les objectifs de cette loi ? | La loi sur le RGPD (Règlement général de protection des données) du 25 mai 2018 s'inscrit dans la continuité de la loi Informatique et Libertés de 1978. Le RGPD a **trois objectifs principaux** :<br>• renforcer le droit des personnes ;<br>• responsabiliser les acteurs traitant les données ;<br>• crédibiliser le RGPD en renforçant la coopération entre les autorités européennes de protection des données. |
| ④ Concrètement, quelles sont les obligations du responsable de l'unité commerciale en matière de RGPD ? | **Le responsable a quatre obligations :**<br>• constituer un registre de traitement des données (une fiche par activité recensée) ;<br>• trier les données en vérifiant leur réelle nécessité ;<br>• respecter le droit des personnes en les informant sur l'usage fait des données ;<br>• sécuriser les données collectées. |

## 4 Les autres activités « valeurs sûres »

Si vous n'avez pas la possibilité de mettre en place une analyse de marché pour valider la compétence « Assurer la veille informationnelle », d'autres activités vous sont proposées ci-dessous :
– une veille concurrentielle sur la zone de chalandise ;
– un relevé de prix de la concurrence ;
– la création/la mise à jour d'une fiche client de la base de données ;
– une veille informationnelle.

# 2 Réaliser et exploiter des études commerciales

### Activité gagnante : l'étude de la concurrence

L'étude de la concurrence consiste à procéder à une veille de vos concurrents afin de mettre en place des actions qui permettront à votre unité commerciale de rester compétitive sur son marché local.

## 1 Le déroulement de l'activité

**Attention**

Vous prendrez modèle sur la fiche 4 **de la partie introductive aux deux épreuves** (→ p. 10).

• **Vous devez donner un nom précis à votre activité.** Il ne s'agit pas de parler d'étude sans dire précisément de quelle étude il s'agit.

**Exemple**

L'étude de concurrence de l'unité commerciale HEMI.

• **La date et la durée de l'activité.** Vous devez indiquer précisément la date et la durée de l'activité.

**Exemple**

L'activité s'est déroulée du 20 mars 2020 au 15 avril 2020.

• **Le contexte professionnel de l'activité.** Ici, le contexte professionnel doit être décrit avec précision et il doit correspondre à l'activité. Il ne s'agit pas seulement de décrire l'unité commerciale et son contexte mais aussi de décrire le contexte de l'activité « Étude de la concurrence ».

**Exemple**

L'enseigne HEMI est une enseigne britannique proposant des produits du quotidien à bas prix. L'offre est répartie en plusieurs univers tels que Décoration, Enfant et Alimentation. Mon unité commerciale évolue sur un marché très concurrentiel et, afin de maintenir sa compétitivité, elle doit régulièrement procéder à des études de la concurrence. Mon tuteur m'a chargé de cette étude.

• **Les objectifs poursuivis.** Vous devez préciser ici les objectifs que vous souhaitez atteindre grâce à cette activité. Les objectifs sont de deux types : qualitatifs et quantitatifs.

– **Objectifs qualitatifs :** dans cette activité, les objectifs qualitatifs sont pour l'essentiel des objectifs de connaissance des concurrents. Cette connaissance se fera par le biais d'observations.

**Exemple**

Mieux connaître mes concurrents afin de maintenir un avantage concurrentiel sur eux.

– **Objectifs quantitatifs :** Les objectifs quantitatifs sont **exclusivement** des objectifs chiffrés. Dans cette activité, les objectifs quantitatifs correspondent au nombre de concurrents étudiés.

**Exemple**

Étudier 6 concurrents directs et 3 concurrents indirects dans ma zone de chalandise primaire.

• **Le degré d'autonomie.** Votre autonomie peut être totale si vous n'avez pas été assisté au cours de cette étude par votre manager (ou son adjoint) ou partielle si vous avez été assisté lors de certaines étapes.

**Exemple**

Autonomie totale : l'étude a été menée par mes soins depuis la définition des objectifs jusqu'à la rédaction et la présentation du rapport d'étude à mon tuteur et à l'équipe de vente.

| La méthodologie utilisée | Les moyens et techniques mis en œuvre | Les annexes à présenter |
|---|---|---|
| | **1 Avant l'étude** | |
| **Définition des objectifs et des modalités de l'étude** | • Vous devez décrire ici la méthodologie que vous avez suivie pour définir les objectifs et les modalités de l'étude.<br>Vous avez peut-être consulté votre tuteur pour cela. N'hésitez pas à faire un compte-rendu de votre rendez-vous. Les objectifs d'une étude de la concurrence sont doubles :<br>– délimiter précisément la concurrence directe et indirecte de l'unité commerciale ;<br>– évaluer les forces et les faiblesses de la concurrence afin d'en tirer des enseignements et des améliorations possibles pour notre unité commerciale. | **Annexe 1** : le compte-rendu du rendez-vous tuteur (objectifs et modalités de l'étude) |
| **Identification des concurrents directs et indirects sur ma zone de chalandise** | • Vous devez répertorier l'ensemble des concurrents directs et indirects sur votre zone de chalandise.<br>• Vous déterminerez précisément leur activité (types de clients ciblés, offre proposée, zone géographique touchée). | **Annexe 2** : la carte de la zone de chalandise avec la localisation des différents concurrents ainsi que votre UC<br>**Annexe 3** : la fiche d'identité de chaque concurrent |
| **Construction d'une grille d'analyse de la concurrence** | • Il s'agit ici de construire une grille multicritères qui vous permettra de visiter les points de vente concurrents et de les comparer à partir de critères identiques. Vous confronterez ces analyses avec l'analyse que vous ferez à l'aide de la même grille de votre propre unité commerciale.<br>• Vous expliquerez ici :<br>– quels critères vous avez retenus ;<br>– quel système de *scoring* (notation) vous avez choisi. | **Annexe 4 :** la grille d'analyse de la concurrence vierge |
| | **2 Pendant l'étude** | |
| **Visites des différents concurrents** | • Vous décrirez ici comment vous avez procédé pour effectuer les différentes visites.<br>**Astuce !** La technique du client-mystère est la meilleure pour ce genre d'étude. En effet, ne sachant pas qui vous êtes, l'équipe de vente du point de vente concurrent se comporte le plus naturellement possible. De la même façon, faites visiter votre point de vente par quelqu'un de votre entourage qui n'est pas connu de votre équipe de vente. | **Annexe 5** : les différentes grilles d'analyse renseignées après l'observation des concurrents **ET** de votre UC |

| La méthodologie utilisée | Les moyens et techniques mis en œuvre | Les annexes à présenter |
|---|---|---|
| | ③ **Après l'étude** | |
| **Construction du rapport d'étude** | • Vous décrirez ici votre méthodologie de construction du rapport de l'étude que vous remettrez à votre tuteur.<br>• Vous conclurez en précisant quel est le concurrent le plus dangereux en indiquant son score. | **Annexe 6 :** le rapport d'étude de la concurrence |
| **Présentation à l'équipe des conclusions** | • Vous présenterez votre compte-rendu à l'équipe.<br>• Ici, vous expliquerez comment vous avez choisi une date, un créneau horaire pour réunir l'équipe, comment vous vous êtes assuré de la disponibilité de tous.<br>**Astuce !** C'est le moment de montrer que vous utilisez les TIC. Vous pouvez utiliser Doodle (agenda partagé) pour organiser la réunion – www.doodle.com.<br>• Vous vous assurerez également à cette étape de la disponibilité d'une salle de réunion. | **Annexe 7 :** le compte-rendu à l'équipe<br>**Annexe 8 :** le mail à l'équipe<br>**Annexe 9 :** l'impression écran du Doodle |

• **Les résultats obtenus.** Vous distinguerez ici les résultats quantitatifs et les résultats qualitatifs. Vous les comparerez aux objectifs poursuivis et indiqués au début de la fiche. Vous calculerez, le cas échéant, les écarts.

## 2 Les méthodologies de l'activité

### A L'annexe 1 : la définition des modalités de l'étude et le repérage des contraintes éventuelles

Vous préciserez dans un document les différents éléments liés aux modalités de l'enquête :
– **les objectifs de cette étude :** pourquoi menez-vous cette enquête ?
– **les lieux de l'étude :** à l'intérieur du magasin, devant le magasin, etc. ;
– **la durée de l'étude et les moments de visite des concurrents :** moment de la semaine, moment de la journée, etc. ;
– **l'équipe d'observateurs :** êtes-vous seul à visiter ou avez-vous des collaborateurs ?
– **le mode de l'étude :** client-mystère ou autre.

### B L'annexe 2 : la carte de la zone de chalandise

• Vous présenterez la zone de chalandise de votre UC et positionnerez dessus les différents concurrents directs et indirects.

• Vous pouvez utiliser des logiciels spécifiques comme oalley.fr.

## C L'annexe 3 : la fiche d'identité des concurrents (à dupliquer autant de fois que de concurrents)

| NOM DU CONCURRENT : | |
|---|---|
| Adresse : | |
| Jours et heures d'ouverture : | |
| Offre proposée : | |
| Type de clients ciblés : | |
| Concurrent direct ou indirect : | |

## D L'annexe 4 : la grille d'analyse des concurrents

Vous devez construire une grille qui permette d'évaluer la dangerosité des concurrents à différents niveaux (accueil, offre produits, offre services, aménagement du point de vente, etc.).

**Exemple de grille**

| CRITÈRES | ITEMS | NOTATION | POINTS | TOTAL |
|---|---|---|---|---|
| Facilité d'accès | Balisage | Oui<br>Non | 1<br>0 | |
| | Embouteillage fréquent à proximité | Oui<br>Non | 1<br>0 | |
| | Transports en commun | Oui<br>Non | 1<br>0 | |
| | | | TOTAL SUR | |
| Emplacement | Facilité de stationnement | Parking du magasin<br>À proximité<br>Difficultés | 2<br>1<br>0 | |
| | Présence d'une locomotive (magasin qui attire la clientèle comme un hyper) | 100 à 500 m<br>500 à 1 km<br>+ 1 km | 2<br>1<br>0 | |
| | | | TOTAL SUR | |
| | | | TOTAL GLOBAL | |

## E L'annexe 5 : le rapport d'étude de la concurrence

Le rapport d'étude doit respecter la structure suivante :

– **Page 1 : Partie 1 Méthodologie**

A) Identification des concurrents directs et indirects

B) Localisation sur la zone de chalandise (= carte)

C) Méthode de récolte des informations (face-à-face, téléphone, client mystère, etc.)

D) Critères de comparaison retenus et justification de la notation

– **Page 2 : Partie 2 La grille d'analyse vierge**

– **Page 3 et suivantes : Les grilles complétées d'analyse de la concurrence** (une par concurrent)

– **Dernière page : Synthèse**

| Points forts des concurrents | Points faibles des concurrents |
|---|---|
| | |

| Atouts de notre UC par rapport aux concurrents | Faiblesses de notre UC par rapport aux concurrents |
|---|---|
| | |

**Scores obtenus par les différents concurrents**
**X :** **Y :** **Z :** etc.
**Conclusion**
Le plus dangereux et son score

**Remarque**
Il n'y a pas de méthodologie spécifique pour les annexes 7, 8 et 9.

## 3 Les questions du jury sur l'activité

| Questions | Éléments de réponses |
|---|---|
| 1 Comment avez-vous délimité votre zone de chalandise ? | • À l'aide du fichier clients, à l'aide des clients encartés.<br>• Techniquement, à l'aide du site Oalley par exemple.<br>• J'ai utilisé des courbes isochrones (en fonction du temps de trajet) ou isométriques (en fonction de la distance). |
| 2 Comment avez-vous construit votre grille d'analyse de la concurrence ? | • J'ai défini certains critères qui me semblaient importants à évaluer pour mesurer la dangerosité des concurrents.<br>• J'ai affecté à ces critères des points de façon à pouvoir calculer un score pour chaque concurrent et identifier le plus dangereux. |
| 3 Comment avez-vous mené votre tournée de visites ? | • **En marguerite** : dans ce type de tournée, l'UC est au centre de la zone des concurrents à visiter. La zone est divisée en secteurs (pétales) dans lesquels sont planifiées les tournées.<br>• **En spirale** : le point de départ de la tournée escargot (ou spirale) est l'UC. Le client-mystère organise ses visites en suivant le tracé d'une spirale.<br>• **En zigzag** : le client-mystère organise sa tournée autour d'un axe central. Il commence par le concurrent le plus éloigné de son UC pour terminer par le plus proche. |

## 4 Les autres activités « valeurs sûres »

D'autres activités peuvent également être menées pour valider cette compétence comme :
– effectuer un relevé de prix auprès de la concurrence ;
– réaliser une analyse de la zone de chalandise ;
– étudier la demande sur le marché ;
– étudier l'offre sur le marché ;
– analyser des outils de communication de la concurrence ;
– réaliser une veille commerciale sur un produit ou un service.

# 3 Vendre dans un contexte omnicanal

**Activité gagnante : la vente d'un produit ou d'un service dans un contexte omnicanal**

La vente dans un contexte omnicanal est caractérisée par les différentes possibilités qui s'offrent au client pour réaliser son achat. Le magasin physique n'est plus le seul lieu d'achat mais d'autres lieux de vente prennent de plus en plus d'essor (Internet, téléphone, réseaux sociaux, etc.).

## 1 Le déroulement de l'activité

**Attention !**

Vous prendrez modèle sur la fiche 4 **de la partie introductive aux deux épreuves** (→ p. 10).

• **Vous devez donner un nom précis à votre activité.** Il ne s'agit pas de parler de vente sans dire précisément de quelle vente il s'agit.

**Exemple** La vente du produit X.

• **La date et la durée de l'activité.** Vous devez indiquer précisément la date et la durée de l'activité.

**Exemple** L'activité s'est déroulée le 20 mars 2020 et a duré 2 heures, de 13 heures à 15 heures.

• **Le contexte professionnel de l'activité.** Il ne s'agit pas seulement de décrire l'unité commerciale et son contexte mais aussi de détailler le contexte de l'activité « Vente ».

**Exemple** L'enseigne HEMI est une enseigne britannique proposant des produits du quotidien à bas prix. L'offre est répartie en plusieurs univers tels que Décoration, Enfant et Alimentation. Dans mon unité commerciale située dans le centre commercial Beausoleil, la vente est en libre-service. Pour pouvoir mettre en œuvre la compétence « Vendre dans un contexte omnicanal », j'ai profité d'une opération commerciale imposée par le réseau.

• **Les objectifs poursuivis.**

– **Objectifs qualitatifs :** dans cette activité, les objectifs qualitatifs sont pour l'essentiel des objectifs de satisfaction client. Cette satisfaction découlera d'une prise en charge efficace du client grâce au respect des différentes phases de l'entretien de vente et à la mise en œuvre d'outils d'aide à la vente. Cette satisfaction pourra également passer par l'omnicanalité de la vente (commande *via* le smartphone).

**Exemple** Satisfaire le client en découvrant ses besoins et son profil, en lui proposant un produit et/ou un service adapté et en réfutant les objections opposées, en l'accompagnant sur le site Internet via son smartphone si la vente n'est pas possible de manière physique (**ex.** : taille manquante en point de vente).

– **Objectifs quantitatifs :** dans cette activité, les objectifs de vente peuvent se mesurer en chiffre d'affaires à atteindre, en nombre de ventes à effectuer sur une période donnée.

**Exemple** Réaliser plus de ventes que l'année précédente, le même jour, sur la même tranche horaire, soit au moins 2 produits de plus et un objectif de CA de 200 € en deux heures.

• **Le degré d'autonomie.** Votre autonomie peut être totale si vous n'avez pas été assisté au cours de votre vente par votre manager (ou son adjoint) ou partielle si vous avez été assisté lors de certaines phases de la vente.

**Exemple** Autonomie totale : la vente a été menée par mes soins depuis l'accueil du client jusqu'à la conclusion de la vente.

| La méthodologie utilisée | Les moyens et techniques mis en œuvre | Les annexes à présenter |
|---|---|---|
| **1 Avant la vente : la construction des Outils d'Aide à la Vente (OAV)** | | |
| **Construction de la fiche produit** | • Vous devez expliquer quelle a été votre méthode pour construire une fiche caractéristique du produit à vendre.<br>• Où avez-vous trouvé les informations sur le produit ?<br>• Comment les avez-vous sélectionnées et comment les avez-vous structurées dans une fiche produit ? | **Annexe 1** : la fiche produit |
| **Préparation d'un plan de découverte** | • Vous devez expliquer comment vous avez construit cet outil d'aide à la vente.<br>• Ce plan de découverte doit vous permettre de découvrir à la fois le client et ses mobiles d'achat, mais également ses besoins.<br>• Il doit donc impérativement faire apparaitre les questions au client selon la technique de l'entonnoir (des questions les plus larges aux questions les plus précises).<br>**Attention !** Vous en êtes au stade de la construction des Outils d'Aide à la Vente. Vous ne pouvez pas encore le compléter avec les réponses du client puisque la vente n'a pas encore eu lieu. | **Annexe 2** : le plan de découverte « vierge » |
| **Construction d'un argumentaire de vente** | • Cet argumentaire doit permettre de lister les différents arguments de vente du produit que vous souhaitez proposer.<br>• Il doit être structuré selon la méthode Caractéristiques/Avantages /Preuves et chaque argument doit être rattaché à un profil client de la typologie SONCAS. | **Annexe 3** : l'argumentaire de vente du produit |
| **Préparation de l'objectionnaire** | Vous devez préparer, en amont de la vente, les différentes objections que le client peut vous opposer. Y réfléchir et les identifier permet de mieux les réfuter. En conséquence, vous devez prévoir dans cet outil les objections et également les réfutations, en fonction des différents profils de clients. | **Annexe 4** : le guide de traitement des objections |

| La méthodologie utilisée | Les moyens et techniques mis en œuvre | Les annexes à présenter |
|---|---|---|
| | **2 Pendant la vente** | |
| **L'accueil du client** | Il doit se faire à l'aide de techniques. Cette étape est importante car elle doit permettre de créer un climat favorable pour la vente. Elle doit respecter quatre étapes :<br>– regarder le client afin de lui montrer l'intérêt qu'on lui porte ;<br>– lui sourire en guise de bienvenue ;<br>– le saluer, c'est un signe de politesse ;<br>– le prendre en charge en lui demandant en quoi vous pouvez l'aider. | |
| **La découverte du client** | • À l'aide du plan de découverte préparé en amont de la vente, vous devez découvrir le profil du client et ses besoins.<br>• Il s'agit ici d'utiliser le plan de découverte vierge et de le compléter avec les réponses du client. Vous prendrez soin de mettre les réponses et mots-clés correspondant aux besoins et au profil du client, en surbrillance. De cette façon, vous conclurez cette phase (preuves à l'appui) par le profil client et les besoins de votre client.<br>**Exemple** À l'issue de la phase de découverte, j'ai pu déterminer que mon client avait un profil « Argent » grâce aux mots prononcés. Il a d'autre part exprimé ses besoins qui sont… | **Annexe 5 :** le plan de découverte renseigné des réponses du client |
| **L'argumentation** | Vous devez ici proposer le produit qui correspond le mieux aux besoins du client en argumentant sur les caractéristiques du produit qui sont les *plus* proches du profil client.<br>**Exemple** Un client au profil « Argent » sera sensible à l'argument « Prix ». | **Annexe 6 :** l'argumentaire réduit aux arguments correspondant à votre client |
| **Le traitement des objections** | Vous traiterez ici les objections qui vous sont opposées par votre client. | **Annexe 7 :** le guide de traitement des objections réduit aux objections opposées par votre client |
| **La proposition d'un produit/service complémentaire et la conclusion de la vente** | Une fois toutes les objections traitées, vous proposerez un produit complémentaire et vous conclurez la vente lorsque vous aurez repéré les signaux verbaux (le client pose des questions de détail, par exemple) et non verbaux (il sourit, il se détend). | **Annexe 8 :** la facture ou le ticket de caisse, par exemple |
| | **3 Après la vente** | |
| **Le suivi des ventes** | D'un point de vue quantitatif, vous rendrez compte de la performance des ventes (CA) à l'aide d'un tableau de bord. | **Annexe 9 :** le tableau de bord des performances commerciales |

• **Les résultats obtenus.** Vous distinguerez ici les résultats quantitatifs et les résultats qualitatifs.

## 2 Les méthodologies de l'activité

### A L'annexe 1 : la fiche produit

**Une fiche produit doit reprendre les caractéristiques techniques et commerciales du produit.** Vous pouvez la construire en distinguant, dans deux colonnes, ces deux types de caractéristiques. Vous pouvez également ajouter une photo du produit.

Photo

**PRODUIT X / Référence ACV1679**

| **Caractéristiques techniques** | **Caractéristiques commerciales** |
|---|---|
| | |

### B L'annexe 2 : le plan de découverte

**Il s'agit d'un outil qui permet de découvrir les besoins du client et son profil.** Il se construit à partir d'un questionnement respectant la technique de l'entonnoir. Les questions vont du plus général au plus précis et doivent être courtes et claires.

– Listez toutes les questions qui vous semblent pertinentes pour mieux connaître votre client.

– Regroupez les questions par thème de questionnement.

– Variez les types de questions posées (exemples ci-dessous) :

| **Pourquoi ? Les objectifs** | **Comment ?** | |
|---|---|---|
| | **Type de question** | **Exemples** |
| Pour s'informer | Ouverte | Qu'est-ce que… ?<br>Quel est votre avis ?<br>Pourquoi ? |
| | Fermée | Est-ce que… ?<br>Êtes-vous… ?<br>Avez-vous… ?<br>Qui ?<br>Combien ? |
| Pour approfondir | Miroir-écho | Est-ce désagréable ? |
| | Relais | Qu'en pensez-vous M./Mme G. ? |
| | Ricochet | C'est-à-dire ?<br>Et alors ? |
| | Reformulation, résumé (contrôle) | S je comprends bien, vous recherchez… ?<br>En fait pour vous… |

| Pourquoi ? Les objectifs | Comment ? | |
|---|---|---|
| | Type de question | Exemples |
| Pour orienter | Suggestive | Ne pensez- vous pas que… ? |
| | Contre-question | Comment fonctionne cet appareil ? |
| | Polémique | Croyez-vous vraiment cela ? |
| | Alternative | Préférez-vous un rendez-vous le matin ou l'après-midi ? |
| Pour conclure | Ouverte ou fermée appelant une réponse positive | Cela vous rendrait-il des services ? |

## C L'annexe 3 : l'argumentaire de vente

- Listez l'ensemble des **caractéristiques** du produit/service.
- Transformez ces caractéristiques en **avantages**.
- Traduisez ces avantages en **bénéfices** pour le client.
- Apportez une **preuve**.

**Exemple**

Argumentaire de vente renseigné pour la caractéristique « argent ».

| SONCAS | Caractéristiques | Avantages | Preuves |
|---|---|---|---|
| Sécurité | | | |
| Orgueil | | | |
| Nouveauté | | | |
| Confort | | | |
| Argent | 9,99 € | Moins coûteux que chez notre principal concurrent | Relevé de prix |
| Sympathie | | | |

## D L'annexe 4 : le guide de traitement des objections

- Listez l'ensemble des objections possibles.
- Identifiez les réponses possibles pour chacune d'entre elles.

| Listing des objections potentielles | Réponses possibles |
|---|---|
| • Prix trop élevé. | • Rappel de la qualité de la prestation/geste commercial. |
| • Proposition concurrente meilleure. | |
| • Pas convaincu. | • Rappel des avantages. |
| | • Rassurer/revoir les avantages principaux. |
| • Besoin d'un délai de réflexion. | • Offre exclusive à durée limitée. |
| • Pas ma taille. | • Omnicanal/possibilité de commander sur le site en direct *via* votre smartphone. |

## E L'annexe 9 : le tableau de bord des performances commerciales

Il vous permettra de comparer non seulement les performances dans le temps mais aussi par rapport aux objectifs que vous vous étiez fixés.

**Tableau de bord des performances commerciales du produit X**

| CA N−1 | Objectif N | CA N | Écart N/N−1 | Taux de réalisation de l'objectif | Nombre de produits vendus N−1 | Objectif N | Nombre de produits vendus N | Écart N/N−1 | Taux de réalisation de l'objectif |
|---|---|---|---|---|---|---|---|---|---|
| | | | | | | | | | |

## 3 Les questions du jury sur l'activité « gagnante »

| Questions | Éléments de réponses |
|---|---|
| ❶ Quelles sont les différentes phases de la relation commerciale ? | • La prise de contact.<br>• La découverte du client.<br>• L'argumentation.<br>• Le traitement des objections.<br>• La conclusion et la prise de congé. |
| ❷ Quels outils d'aide à la vente avez-vous créés ou utilisés ? | • Une fiche produit.<br>• Un plan de découverte.<br>• Un argumentaire.<br>• Un guide de traitement des objections. |
| ❸ Quelle typologie de clients connaissez-vous ? | La typologie SONCAS (Sécurité, Orgueil, Nouveauté, Confort, Argent, Sympathie) |
| ❹ À quoi sert la phase de découverte du client ? | Elle sert :<br>– à découvrir son profil ;<br>– à découvrir ses besoins. |
| ❺ Comment construit-on un plan de découverte ? | On le construit en entonnoir, grâce à des questions générales puis de plus en plus précises. |
| ❻ Qu'est-ce qu'un argument de vente ? | Un argument commercial est une phrase ou une proposition destinée à convaincre un acheteur de l'intérêt d'une offre ou d'un produit. Il permet de transformer une caractéristique produit parfois peu parlante en un avantage tangible pour le client. |
| ❼ Comment est construit un argument de vente ? | Les caractéristiques du produit sont transformées en avantages, puis traduites en bénéfices pour le client à qui on apporte une preuve de ces bénéfices. |

## 4 Les autres activités « valeurs sûres »

D'autres activités peuvent également être menées pour valider cette compétence comme :
– la vente à distance par téléphone d'un produit ou d'un service ;
– la vente à distance par e-mailing d'un produit ou d'un service ;
– l'incitation à la souscription d'une carte de fidélité ;
– la vente d'un rendez-vous en milieu banque/assurance ;
– la vente d'un produit ou d'un service lors d'un salon.

# 4 Entretenir la relation client

## Activité gagnante : l'étude de satisfaction de la clientèle

La compétence « Entretenir la relation client » consiste à suivre les évolutions des attentes de la clientèle, à évaluer l'expérience client et à accompagner la clientèle afin de la fidéliser.

## 1 Le déroulement de l'activité

**Attention**

Vous prendrez modèle sur la fiche 4 **de la partie introductive aux deux épreuves** (→ p. 10).

• **Vous devez donner un nom précis à votre activité** en précisant le type d'étude.

**Exemple** Étude de satisfaction de la clientèle.

• **La date et la durée de l'activité.** Vous devez indiquer précisément la date et la durée de l'activité, en intégrant la préparation du questionnaire, son administration et son traitement.

**Exemple** L'activité s'est déroulée du 2 au 31 janvier N.

• **Le contexte professionnel de l'activité.** Ici, le contexte professionnel doit être décrit avec précision et doit correspondre à l'activité. Il ne s'agit pas seulement de détailler l'unité commerciale et son contexte mais aussi de décrire le contexte de l'activité « Étude de satisfaction de la clientèle ».

**Exemple** L'enseigne HEMI est une enseigne britannique proposant des produits du quotidien à bas prix. L'offre est répartie en plusieurs univers tels que Décoration, Enfant et Alimentation. Le réseau n'a jamais mis en place d'études de satisfaction de la clientèle ou d'enquêtes clients mystères. Mon tuteur s'inquiète de la baisse des performances commerciales de l'unité commerciale depuis quelques mois et souhaite mesurer la satisfaction de la clientèle en termes d'offre, d'équipe commerciale, etc.

• **Les objectifs poursuivis.** Vous devez préciser ici les objectifs que vous souhaitez atteindre grâce à cette activité. Les objectifs sont de deux types : les objectifs qualitatifs et les objectifs quantitatifs.

– **Objectifs qualitatifs** : dans cette activité, les objectifs qualitatifs sont de deux ordres : la connaissance de la clientèle et la satisfaction de la clientèle.

**Exemples** Identifier les freins et les motivations de la clientèle, caractériser le profil client de l'unité commerciale, etc.

– **Objectifs quantitatifs** : les objectifs quantitatifs sont **exclusivement** des objectifs chiffrés. Dans cette activité, les objectifs sont liés au niveau attendu de satisfaction de la clientèle.

**Exemple** Mesurer la satisfaction de la clientèle en termes d'assortiment, de prix, d'équipe commerciale, etc.

• **Le degré d'autonomie.** Votre autonomie peut être totale si vous avez mis en place l'étude, de la création du questionnaire jusqu'aux préconisations, ou partielle, si vous avez été assisté lors de certaines phases de l'activité (ex. : lors de l'analyse des résultats).

**Exemple** Mon autonomie a été totale dans cette activité, de l'élaboration du questionnaire à l'analyse des résultats. Cependant, j'ai dû attendre la validation du questionnaire par mon tuteur avant de pouvoir l'administrer.

| La méthodologie utilisée | Les moyens et techniques mis en œuvre | Les annexes à présenter |
|---|---|---|
| | **1 Préparation de l'étude** | |
| **Entretien avec mon tuteur : définition des modalités de l'étude et repérage des contraintes éventuelles** | Il s'agit ici de montrer qu'une étude de satisfaction de la clientèle répond avant tout à une demande émanant du directeur de l'unité commerciale ou du réseau et qu'elle prend donc en compte un certain nombre de contraintes fixées par le tuteur (thèmes, conditions d'administration, durée, lieu, échantillon, etc.).<br>***N.B.*** : la pratique en BTS MCO est d'administrer **100 questionnaires**. | **Annexe 1** : la définition des modalités de l'étude |
| **Élaboration du questionnaire et validation par mon tuteur** | Vous devez expliquer comment vous avez construit votre questionnaire : le choix des thèmes, la forme des questions choisies, l'ordre des questions, etc.<br>***N.B.*** : un questionnaire se limite en pratique à **15 questions**. | **Annexe 2** : le(s) questionnaire(s) vierge(s) avec les différentes étapes de validation |
| **Test du questionnaire, corrections éventuelles, validation du questionnaire définitif et impression des questionnaires** | Vous préciserez ici si vous avez testé votre questionnaire, auprès de quel échantillon, et si vous avez dû faire quelques corrections après le test.<br>***N.B.*** : le test est réalisé auprès de **10 % de l'échantillon**. | **Annexe 3 :** le questionnaire test avec la mise en évidence des erreurs<br>**Annexe 4 :** le questionnaire définitif validé par le tuteur |
| | **2 Déroulement de l'étude** | |
| **Planning d'administration de l'étude et administration de l'enquête** | Vous expliquerez ici les modalités de l'administration : lieu, nombre de questionnaires administrés par jour, etc. Vous pourrez utiliser la méthode des quotas au prorata du chiffre d'affaires réalisé par jour. | **Annexe 5** : le tableau d'administration des questionnaires<br>**Annexe 6** : les exemplaires des questionnaires administrés (environ 10) |
| **Paramétrage de l'enquête sur un logiciel de dépouillement d'enquête** | Vous décrirez précisément comment vous réalisez le paramétrage du questionnaire sur le logiciel de dépouillement d'enquête afin de mettre en évidence votre maîtrise du logiciel. | **Annexe 7** : le paramétrage du questionnaire sur le logiciel de dépouillement d'enquête (Ethnos, Sphinx, Google Forms, etc.) |
| **Saisie des réponses** | Vous devez expliquer ici comment vous saisissez les réponses des différents questionnaires sur le logiciel, en précisant les précautions à prendre pour limiter les erreurs (numérotation des questionnaires, etc.). | **Annexe 8** : un exemple de page de saisie du questionnaire |
| | **3 Suivi de l'étude** | |
| **Analyse des résultats de l'étude : analyse des tris à plat et des tris croisés** | Vous expliquerez ici comment vous procédez à l'analyse des résultats : choix des tris à plat, choix des tris croisés pertinents, choix des graphiques représentatifs des résultats, analyse des résultats par question, etc. | **Annexe 9** : les tris à plat et les tris croisés |

| La méthodologie utilisée | Les moyens et techniques mis en œuvre | Les annexes à présenter |
|---|---|---|
| **Rédaction d'une synthèse et des préconisations** | Il s'agit ici de mettre en évidence dans un document de synthèse les éléments les plus significatifs de l'étude, en distinguant les points forts et les points faibles révélés. Cette synthèse sera suivie des préconisations à mettre en place. | **Annexe 10** : la synthèse de l'étude et les préconisations |
| **Élaboration du rapport d'étude et remise au tuteur** | Vous préciserez ici sous quelle forme vous avez rendu compte de votre travail auprès de votre tuteur : remise d'un rapport d'étude, animation d'un debriefing lors d'une réunion, etc. Le plus souvent, il vous sera demandé d'élaborer un rapport d'étude. | **Annexe 11 :** le plan du rapport d'étude |

• **Les résultats obtenus.** Vous distinguerez ici les résultats quantitatifs et les résultats qualitatifs. Vous les comparerez aux objectifs poursuivis et indiqués au début de la fiche en calculant les écarts entre les résultats attendus et les résultats obtenus. Vous pourrez formuler ici des préconisations afin d'améliorer la satisfaction de la clientèle.

# 2 Les méthodologies de l'activité

## A L'annexe 1 : la définition des modalités de l'étude

Vous renseignerez dans cette annexe les différents items ci-dessous :
– les objectifs de l'étude (qualitatifs et quantitatifs) ;
– les thèmes à aborder dans l'étude ;
– la taille de l'échantillon et sa justification ;
– le lieu d'administration ;
– le mode d'administration (en face-à-face, par auto-administration, par téléphone, etc.) ;
– le planning d'administration prévu ;
– les noms des enquêteurs ;
– la durée prévisionnelle de l'étude ;
– les autres éléments que vous jugerez utiles.

## B Les annexes 2, 3, 4 et 6 : le questionnaire

• Il s'agit, ici, de présenter les différentes étapes d'élaboration de votre questionnaire, du premier jet au questionnaire final en mettant en évidence les différents éléments corrigés.

• Un bon questionnaire présente :
– un titre ;
– une introduction ;
– des thèmes (dont celui de la signalétique) ;
– des types de questions variés : questions fermées, questions à choix multiple, au moins une question ouverte ;
– une conclusion.

• Le questionnaire sera idéalement présenté sur une page recto-verso maximum.

**Astuce**
Pour faciliter l'administration de votre questionnaire, vous pourrez rassembler certaines questions dans un tableau.

**Exemple**

Donnez votre appréciation sur les items suivants :

| | – – | – | + | ++ |
|---|---|---|---|---|
| Accueil | | | | |
| Présentation des produits | | | | |
| Choix des marques | | | | |
| Disponibilité des vendeurs | | | | |
| Qualité des conseils | | | | |

## C L'annexe 5 : le tableau d'administration des questionnaires

**Exemple de planning d'administration des questionnaires selon la méthode des quotas**

Le nombre de questionnaires à administrer par jour et par moment d'administration (ex. : matin, après-midi) sera calculé au prorata du chiffre d'affaires généré par l'unité commerciale.

| | Lun | | Mar | | Mer | | Jeu | | Ven | | Sam | |
|---|---|---|---|---|---|---|---|---|---|---|---|---|
| % de CA | | | | | | | | | | | | |
| Nombre de questionnaires | | | | | | | | | | | | |
| Moments d'administration | | | | | | | | | | | | |

## D L'annexe 7 : le paramétrage du questionnaire sur le logiciel de dépouillement d'enquête

Vous présenterez ici une édition du masque de paramétrage de votre questionnaire sur le logiciel de dépouillement utilisé.

## E L'annexe 8 : un exemple de page de saisie du questionnaire sur le logiciel de dépouillement d'enquête

Il s'agit ici de mettre à la disposition du jury un exemple de saisie des réponses à votre questionnaire sur le logiciel de dépouillement d'enquête.

## F L'annexe 9 (sur plusieurs pages) : les tris à plat et les tris croisés

• Chaque question fera l'objet d'un tri à plat, c'est-à-dire que le résultat statistique lié à cette question suite à l'administration de votre questionnaire sera fourni.

• Vous présenterez également des tris croisés, à savoir les résultats statistiques du croisement de deux questions. Le choix des questions devra s'effectuer en tenant compte des objectifs de votre enquête. L'usage est de présenter entre un et trois tris croisés pertinents.

**Exemple de tri croisé**

Q1 : Avez-vous la carte de fidélité ?

Q2 : En moyenne, quelle dépense faites-vous lors d'une visite dans notre magasin ?

**Astuce**

Vous présenterez l'analyse de vos résultats à raison d'une page par tri en incluant l'intitulé de la question, le tableau et/ou le graphique des résultats du tri et une phrase d'analyse de ces résultats.

## G L'annexe 10 : la synthèse de l'étude et les préconisations

• À l'issue de la phase d'analyse des résultats, vous rédigerez une synthèse structurée par thème reprenant les éléments les plus pertinents de vos analyses de tris à plat et tris croisés.

**Exemples de thèmes**

Comportement d'achat, satisfaction par rapport aux services proposés, profil du client, etc.

• Vous conclurez votre synthèse par des préconisations argumentées qui pourront répondre aux problématiques soulevées dans votre analyse.

## H L'annexe 11 : le plan du rapport d'étude

Vous remettrez un rapport d'étude à votre commanditaire. Vous présenterez les résultats de votre étude de satisfaction dans un dossier relié et structuré comme suit :

– **une page de garde avec l'intitulé de votre étude,** le nom de l'unité commerciale, vos nom et prénom, les dates de réalisation de votre étude ;

– **un sommaire du rapport** avec la pagination de chaque partie ;

– une introduction présentant l'éventuel problème à résoudre (dans le contexte de l'unité commerciale ou plus globalement) ;

– **la méthodologie de votre étude :**
  - le rappel des objectifs ;
  - l'utilisation du logiciel (Ethnos, Sphinx ou étude en ligne) ;
  - la justification des choix concernant la population mère, la taille de l'échantillon et son mode de calcul ;
  - les contraintes : coût, délai, personnel, etc. ;
  - les modalités : lieu, mode et dates d'administration (présentation des différentes étapes dans un planning).

– **les résultats :** présentation des analyses illustrées (tableaux, graphiques), des tris à plat de toutes les questions et des tris croisés (environ 4) ;

– **la synthèse de votre étude structurée par thèmes :**
  - bilan (points positifs/points négatifs) compte tenu des objectifs et du problème posé ;
  - difficultés rencontrées ;
  - préconisations/recommandations argumentées et budgétées.

– **les annexes :**
  - le questionnaire d'enquête vierge ;
  - les questionnaires administrés ;
  - tous les éléments chiffrés en lien avec la démarche méthodologique, avec l'analyse des tris et, enfin, avec les recommandations effectuées en synthèse.

## 3 Les questions du jury sur l'activité « gagnante »

| Questions | Éléments de réponses |
| --- | --- |
| 1 Comment avez-vous constitué votre échantillon en termes de taille et de caractéristiques ? | • J'ai choisi d'utiliser une méthode d'échantillonnage non probabiliste car je ne connaissais pas la liste exhaustive des individus constituant ma population mère. Pour des contraintes de temps, mon tuteur et moi avons décidé d'interroger 100 personnes.<br>• Afin de reproduire au mieux les caractéristiques de ma clientèle en termes d'âge et de sexe, j'ai choisi d'utiliser la méthode des quotas. |
| 2 Quel mode d'administration avez-vous choisi et pourquoi ? Connaissez-vous d'autres modes d'administration ? | • J'ai choisi le mode d'administration en face-à-face car il permet un contact direct avec la personne interrogée et, ainsi, de recueillir ses impressions.<br>• Il existe d'autres modes d'administration qui n'étaient pas appropriés à ma situation : par téléphone, par mail, en auto-administration, par courrier, etc. |
| 3 Quels sont les différents types de questions que l'on peut retrouver dans votre questionnaire ? Justifiez leur choix. | • Il existe 4 principaux types de questions dans un questionnaire :<br>– la question fermée : collecte simple, réponses sincères ;<br>– la question à choix multiple : administration fluide ;<br>– la question à échelle : réponse précise si besoin de mesurer un item ;<br>– la question ouverte : permet à la personne interrogée de dire ce qu'elle n'a pas encore eu l'occasion de préciser lors de l'administration. |
| 4 Comment avez-vous procédé à l'analyse des réponses de votre questionnaire ? | J'ai d'abord procédé à leur analyse par le biais de tris à plat, c'est-à-dire à l'analyse question par question. Puis, j'ai réfléchi aux tris croisés possibles (croisement de deux questions) en fonction des objectifs de mon enquête. Enfin, j'ai rédigé une analyse des résultats de mon étude par thème que j'ai illustrée grâce à des tableaux et graphiques adaptés. |
| 5 Comment avez-vous identifié les préconisations présentes dans votre rapport d'étude ? | J'ai choisi les préconisations à partir de l'analyse de mon étude que j'ai mise en lien avec mes objectifs de départ. Chacune de mes préconisations est en lien direct avec un objectif. |

## 4 Les autres activités « valeurs sûres »

Si vous n'avez pas la possibilité de mettre en place une étude de satisfaction de la clientèle pour valider la compétence « Entretenir la relation client », d'autres activités vous sont proposées ci-dessous :

– la prise en charge d'un client insatisfait ;
– l'étude des programmes de fidélité de la concurrence ;
– le traitement d'un échange de produits ;
– la participation à un rendez-vous client (en banque/assurance) ;
– l'élaboration d'un devis ;
– l'évaluation du programme de fidélisation de l'unité commerciale ;
– la mise en place d'outils de collecte de suggestions de la clientèle (boîte à idées, etc.) ;
– la relance téléphonique après une proposition commerciale ;
– l'analyse des résultats d'une opération de marketing direct (mailing, phoning, etc.).

# Animation et dynamisation de l'offre commerciale



COMPRENDRE EN VIDÉO Retrouvez tous nos tutos vidéos sur notre chaîne YouTube « Objectif BTS Hachette ».

Présentation de l'épreuve E42

# Animation et dynamisation de l'offre commerciale (ADOC)

**Dossier numérique et personnel + entretien**
Coefficient : 3

## 1 Les objectifs de l'épreuve

- Cette épreuve est une sous-épreuve de l'épreuve E4.
- La sous-épreuve E42 a pour objectif d'évaluer les compétences du bloc n° 2 « Animer et dynamiser l'offre commerciale » (ADOC) :

– élaborer et adapter en continu l'offre de produits et de services ;
– organiser l'espace commercial ;
– développer les performances de l'espace commercial ;
– mettre en place la communication commerciale ;
– évaluer l'action commerciale.

## 2 Les modalités de l'épreuve

Toutes les candidates et tous les candidats ne sont pas évalués de la même façon.

### A Le contrôle en cours de formation (CCF)

- Si vous êtes dans un établissement habilité à valider l'épreuve en **CCF**, vous la passerez de cette manière.
- **La sous-épreuve s'appuie sur un dossier faisant référence aux situations professionnelles que vous avez vécues ou observées au cours de votre formation**, y compris en milieu professionnel. Ce dossier, **numérique**, vous est personnel. Vous devez l'avoir rédigé et constitué. Chaque compte rendu d'activité présent dans le dossier est accompagné de l'évaluation qui a été faite par votre ou vos professeurs.
- Une commission d'évaluation est chargée d'apprécier le degré de maîtrise des compétences relevant du bloc n° 2. Cette commission est composée d'un professeur de Animer et dynamiser l'offre commerciale et ayant en charge votre suivi pendant vos activités professionnelles et d'un professionnel.
- L'évaluation donne lieu à une **note sur 20**.

### B La forme ponctuelle

- Si vous passez cette épreuve sous la **forme ponctuelle, elle se déroulera à l'oral** et durera **30 minutes**.
- La sous-épreuve comprendra **deux temps** :

– pendant 10 minutes maximum, vous présenterez le ou les contexte(s) des activités professionnelles que vous avez réalisées et les compétences mobilisées dans ce cadre, sans être interrompu(e). Vous devrez, à cette occasion, **nécessairement utiliser une présentation numérique** ;
– pendant le temps restant, la commission d'évaluation vous interrogera sur chacune des compétences du bloc n° 2.

• La commission d'évaluation est composée d'un professeur en charge d'enseignements professionnels en STS Management commercial opérationnel et d'un professionnel.

• La sous-épreuve repose sur un **dossier numérique personnel** rédigé et constitué par vos soins.

• Le dossier est remis au jury **en format numérique**. L'ensemble des comptes rendus des activités réalisées devra être accessible par le jury lors de l'épreuve. Vous vous présentez à l'épreuve avec l'équipement numérique permettant d'accéder au dossier et de le consulter. En dehors du dossier fourni au jury avant l'épreuve, vous pouvez apporter le jour de l'épreuve **tout document que vous estimez pouvoir venir en appui de votre prestation**.

• L'évaluation donne lieu à une **note sur 20 points**.

## 3 Le dossier numérique

• L'épreuve nécessite que vous rédigiez un **dossier numérique devant comporter les descriptifs de situations professionnelles** vécues en unité commerciale ou au cours de votre formation.

• Il rend compte, **pour chaque activité réalisée**, des éléments suivants :
– la (ou les) compétence(s) mobilisée(s) ;
– la date et la durée ;
– le contexte professionnel ;
– les objectifs poursuivis ;
– la méthodologie utilisée ;
– les moyens et les techniques mis en œuvre ;
– les résultats obtenus.

## 4 Les critères d'évaluation

• L'analyse de la demande et de l'offre est pertinente.

• L'offre proposée est adaptée aux caractéristiques locales et est cohérente avec la politique commerciale de l'enseigne.

• Les achats des clients sont facilités par des linéaires bien approvisionnés et vendeurs.

• L'agencement de l'espace commercial facilite le travail du personnel et contribue au confort d'achat des clients.

• La réglementation, les règles d'hygiène et de sécurité sont respectées.

• Les principes d'agencement de l'enseigne sont mis en œuvre.

• Les propositions d'animations et d'opérations promotionnelles sont cohérentes avec le contexte local et avec la politique commerciale de l'enseigne.

• Le choix des outils et des messages de communication est approprié.

• Les retombées de la communication commerciale sont analysées.

• Les performances d'implantation sont analysées.

• Les propositions d'axes d'amélioration ou de développement tiennent compte des réalités locales et, le cas échéant, nationales.

# 1 Élaborer et adapter en continu l'offre de produits et de services

Activité gagnante : l'analyse de l'offre de l'unité commerciale ou d'un univers/rayon

Cette fiche d'activité permet de présenter une activité visant à analyser l'offre de votre univers de vente ou de votre rayon.

## 1 Le déroulement de l'activité

**Attention**

Vous prendrez modèle sur la **fiche 4 de la partie introductive aux deux épreuves** (→ p. 10).

• **Vous devez donner un nom précis à votre activité** en précisant le rayon ou l'univers concerné.

**Exemple**

Analyse de l'offre de produits de l'univers « Alimentation ».

• **La date et la durée de l'activité.** Vous devez indiquer la date et la durée de l'activité.

**Exemple**

L'activité s'est déroulée du 27 février au 15 mars N.

• **Le contexte professionnel de l'activité.** Il s'agit ici de décrire le contexte de l'activité « Analyse de l'offre de l'univers Alimentation ».

**Exemple**

L'enseigne HEMI est une enseigne britannique proposant des produits du quotidien à bas prix. L'offre est répartie en plusieurs univers tels que Décoration, Enfant et Alimentation. Régulièrement, mon unité commerciale analyse son offre, à travers ses performances, afin de l'adapter en continu. Ma tutrice m'a chargé(e) de réaliser un diagnostic de l'offre.

• **Les objectifs poursuivis.**

– **Objectifs qualitatifs** : dans cette activité, les objectifs qualitatifs sont de deux ordres : analyser la concurrence locale et les opportunités et menaces de l'environnement et analyser les produits vendus par notre unité commerciale et leurs spécificités.

**Exemple**

Connaître la concurrence locale de mon unité commerciale HEMI, située dans le centre commercial Les 5 Temps, et analyser l'offre de produits de mon univers Alimentation et ses caractéristiques.

– **Objectifs quantitatifs** : dans cette activité, les objectifs sont liés aux performances commerciales générées par l'offre de produits de mon unité commerciale ou de mon univers.

**Exemple**

Mesurer les performances commerciales des produits et/ou familles de produits de mon univers Alimentation.

• **Le degré d'autonomie.** Votre autonomie peut être totale si vous avez mené cette activité de la préparation jusqu'aux préconisations, ou partielle si vous avez été assisté lors de certaines phases de l'activité (ex. : lors de la visite des concurrents).

**Exemple**

Après un entretien avec ma tutrice, mon autonomie a été totale de la préparation des outils jusqu'à l'analyse des résultats et la présentation des préconisations à l'équipe et à ma tutrice.

| La méthodologie utilisée | Les moyens et techniques mis en œuvre | Les annexes à présenter |
|---|---|---|
| | **1 Préparation des outils** | |
| **Entretien avec ma tutrice/ mon tuteur** | • Il s'agit de montrer qu'une analyse de l'offre comporte plusieurs phases et ne se résume pas à l'analyse de chiffres de performance.<br>• L'analyse de l'offre concurrente ainsi que les menaces et opportunités du marché local sont à prendre en compte pour faire des préconisations d'amélioration. | **Annexe 1 :** le compte-rendu d'entretien avec la tutrice/ le tuteur (modalités) |
| **Préparation des outils permettant le diagnostic** | Vous devez expliquer comment vous préparez les outils vous permettant de mener ce diagnostic complet (grille d'analyse de l'offre concurrente, grille d'analyse de l'offre de votre unité commerciale au niveau qualitatif, tableau de bord des performances de son offre, mesure des indices de sensibilité à la marge et au chiffre d'affaires). | **Annexe 2** : la grille d'analyse de l'offre concurrente vierge<br>**Annexe 3** : la grille d'analyse qualitative de notre offre vierge<br>**Annexe 4** : le tableau de bord des performances de notre offre vierge<br>**Annexe 5** : la mesure des indices de sensibilité vierge |
| | **2 Déroulement de l'activité** | |
| **Visite des concurrents** | Vous expliquerez ici comment vous avez procédé pour visiter vos concurrents :<br>– modalités (horaires, jours) ;<br>– type de visite : client – mystère ou non ;<br>– concurrents directs et indirects visités. | **Annexe 6** : les modalités de la veille<br>**Annexe 7** : les différentes grilles renseignées |
| **Analyse qualitative de mon offre produits** | Vous décrirez précisément comment vous avez réalisé le diagnostic de l'offre de votre unité commerciale ou de votre univers sur le plan qualitatif (caractéristiques des produits, positionnement des produits, rôle des différents produits joué dans la gamme de l'unité commerciale ou du rayon/univers). | **Annexe 8** : l'analyse qualitative de mon offre de produits renseignée |
| **Analyse des performances commerciales de mon offre produits** | Vous expliquerez comment vous avez procédé pour compléter votre tableau de bord et quelle analyse vous faites des performances des différents produits et/ou failles ainsi que la place que chaque produit et/ou famille occupe dans le rayon et/ou l'univers. | **Annexe 9** : le tableau de bord des performances de mon offre renseigné et analysé<br>**Annexe 10** : le tableau des indices de sensibilité calculés et l'interprétation |
| **Analyse de l'environnement local** | Il s'agit de montrer que l'environnement local comporte des caractéristiques qui peuvent se transformer en opportunités et en menaces concernant la construction de l'offre de l'unité commerciale (ex. : une population jeune imposera à l'UC de s'adresser à ce segment en proposant une offre adaptée à ses attentes). | **Annexe 11 :** le tableau des opportunités et des menaces de l'environnement local |

| La méthodologie utilisée | Les moyens et techniques mis en œuvre | Les annexes à présenter |
|---|---|---|
| | ③ Suivi de l'activité | |
| **Analyse de la satisfaction de la clientèle** | Vous indiquerez ici, si vous avez la possibilité de vous les procurer, les résultats de l'étude de satisfaction sur l'offre de votre UC réalisée soit par le réseau, soit par vos soins. | **Annexe 12 :** le tableau de résultat de l'étude de satisfaction |

• **Les résultats obtenus.** Vous distinguerez ici les résultats quantitatifs et les résultats qualitatifs. Vous les comparerez aux objectifs poursuivis et indiqués au début de la fiche.

# 2 Les méthodologies de l'activité

## A L'annexe 1 : le compte-rendu d'entretien

| Compte-rendu d'entretien |
|---|
| **Objectifs de l'entretien**<br>Il s'agit de la réponse à la question : « Pourquoi s'être réunis ? »<br>**Date de la rencontre**<br>**Liste des présents**<br>Ajoutez éventuellement leur service si vous êtes dans une grande structure.<br>**Sujets abordés**<br>**Conclusions et décisions**<br>**Actions** |

## B L'annexe 2 : la grille d'analyse de l'offre concurrente

• Vous devez construire une grille qui reprend l'ensemble des thèmes à évaluer chez les concurrents (produits, prix, mise en valeur de l'offre, profondeur, largeur, longueur de la gamme).

• D'autre part, chaque item doit être évalué et doit se voir attribuer un score afin de déterminer, *in fine*, les points forts de l'offre et les axes d'amélioration.

**Exemple**

| Critères | 🙂 | 😐 | 🙁 |
|---|---|---|---|
| Taille de la gamme | | | |
| Offre proposée | | | |
| Prix pratiqués | | | |
| Etc. | | | |

## C L'annexe 3 : la grille d'analyse qualitative de notre offre

| Critères |  |  |  |
|---|---|---|---|
| Caractéristiques de nos produits | | | |
| Positionnement | | | |
| Rôle des différents produits dans la gamme (leader, d'avenir, tactique, d'appel, régulateur, contributeur)[1] | | | |
| Etc. | | | |

1. **Produit leader :** génère le chiffre d'affaires le plus important.
**Produit d'avenir :** permet de renouveler la gamme (lancement).
**Produit tactique :** destiné à stimuler les ventes.
**Produit d'appel :** attire le client du fait de son prix peu élevé.
**Produit régulateur :** assure un chiffre d'affaires régulier (produit « vache à lait »).
**Produit contributeur :** dégage de fortes marges.

## D L'annexe 4 : le tableau de bord des performances de notre offre

• Construisez un tableau de bord faisant apparaître les performances commerciales de l'offre ou de chaque produit et/ou de chaque famille de produits de votre univers.

• Comparez ces indicateurs dans le temps (ex. : entre N et N – 1).

| | Chiffre d'affaires | | | Quantités vendues | | | Objectif de CA | Taux de réalisation de l'objectif |
|---|---|---|---|---|---|---|---|---|
| | CA N – 1 | CA N | Taux d'évolution | Quantités N – 1 | Quantités N | Taux d'évolution | | |
| **Réf. 1** | | | | | | | | |
| **Réf. 2** | | | | | | | | |
| **…** | | | | | | | | |
| **Total** | | | | | | | | |

## E L'annexe 5 : la mesure des indices de sensibilité

• Construisez un outil qui vous permettra de mesurer les indices de sensibilité à la marge ainsi qu'au chiffre d'affaires.

• Vous commencerez toujours par analyser chaque famille de produits avant de procéder à l'analyse par référence. Cette dernière est beaucoup plus fastidieuse car il existe jusqu'à 500 références dans un rayon. Il est possible toutefois de se limiter à l'analyse par famille mais elle sera moins précise. Vous présenterez votre travail dans des tableaux de calculs d'indices.

**Exemple**

| Famille | CA réalisé | Marge brute (MB) | MLD[1] | % CA[2] | % MB[3] | % MLD[4] | IS/CA[5] | IS/MB[6] |
|---|---|---|---|---|---|---|---|---|
| Famille 1 | 8 703 | 650 | 25,58 | 78,7 | 23,7 | 80,7 | 0,98 | 0,29 |
| Famille 2 | 1 686 | 1 083 | 4,08 | 15,2 | 39,4 | 12,9 | 1,18 | 3,05 |
| Famille 3 | 670 | 1 012 | 2,04 | 6,1 | 36,9 | 6,4 | 0,95 | 5,77 |
| Total | **11 059** | **2 745** | **31,70** | **100** | **100** | **100** | | |

**1.** Mètre linéaire développé ou MLD (nombre de mètres occupés par la famille × nombre de niveaux)

**2.** % CA = (chiffre d'affaires de la famille/chiffre d'affaires total) × 100

**3.** % MB = (marge brute de la famille/marge brute totale) × 100

**4.** % MLD = (MLD occupé par la famille/MLD total) × 100

**5.** Indice de sensibilité sur le chiffre d'affaires (IS/CA). Il compare les ventes de la famille avec la surface qu'elle occupe dans le rayon. On peut aussi travailler sur les quantités vendues à la place du chiffre d'affaires.

$$\frac{\%\ CA}{\%\ MLD}$$

**6.** Indice de sensibilité sur la marge brute (IS/MB). Il compare la marge dégagée par une famille de produits et la place qu'elle occupe dans le rayon.

$$\frac{\%\ MB}{\%\ MLD}$$

## F L'annexe 10 : l'interprétation des indices de sensibilité

- L'indice de sensibilité doit être au moins égal à 1 pour être performant.

- S'il est supérieur à 1, cela signifie qu'il est très performant et que la famille ou la référence concernée est sous-représentée. Il faut donc augmenter sa place dans le linéaire.

- Au contraire, si l'indice est inférieur à 1, cela signifie qu'il est peu performant et que la famille ou la référence concernée est sur-représentée. Il faut donc réduire sa place dans le linéaire.

**Tableau d'aide à l'interprétation des résultats**

| | $\frac{IS}{CA} < 1$ | $\frac{IS}{CA} > 1$ |
|---|---|---|
| $\frac{IS}{MB} < 1$ | La famille de produits est sur représentée. La place accordée à la famille est trop importante par rapport à son efficacité. Il faut réduire la part de linéaire accordée, voire supprimer la famille. | Le CA réalisé est important mais la marge est insuffisante. Il faut augmenter la marge (augmentation du prix de vente ou baisse du prix d'achat) si cela est possible. Ces familles ne doivent pas être mises en valeur dans le linéaire. |
| $\frac{IS}{MB} > 1$ | La marge réalisée sur cette famille est bonne mais les ventes réalisées sont insuffisantes. Il faut se demander si, en les changeant d'emplacement, il serait possible d'augmenter les ventes. | La famille est sous-représentée. Le comportement de cette famille est très bon en termes de CA et de marge générés. Cette famille mérite qu'on lui accorde une plus grande part de linéaire. |

## 3 Les questions du jury les plus courantes concernant la compétence « Élaborer et adapter en continu l'offre de produits et de services »

| Questions | Éléments de réponses |
|---|---|
| 1 Comment avez-vous construit votre grille d'analyse des concurrents ? | Citez les critères étudiés chez les concurrents et la méthode d'observation (ex. : client-mystère). |
| 2 Quels indicateurs du tableau de bord avez-vous choisis et pourquoi ? | Citez les indicateurs et dites pourquoi vous les avez choisis. |
| 3 Comment interprétez-vous les résultats de vos indices de sensibilité ? | Référez-vous à l'annexe 10. |

## 4 Les autres activités « valeurs sûres »

Si vous n'avez pas la possibilité d'analyser l'offre de l'unité commerciale ou d'un univers/rayon pour valider la compétence « Élaborer et adapter en continu l'offre de produits et services », d'autres activités vous sont proposées ci-dessous :

- analyser la demande ;
- analyser l'offre du marché ;
- proposer une nouvelle offre de produits ;
- proposer un nouveau service.

# 2 Organiser l'espace commercial

## Activité gagnante : l'implantation du merchandising d'un univers

L'implantation du merchandising d'un univers consiste à mettre en valeur les produits de l'univers afin de maximiser les ventes ou les marges.

## 1 Le déroulement de l'activité

**Attention**

Vous prendrez modèle sur la fiche 4 **de la partie introductive aux deux épreuves** (→ p. 10).

• **Vous devez donner un nom précis à votre activité** en précisant le rayon ou l'univers concerné.

**Exemple**

Implantation de la nouvelle collection Mugs.

• **La date et la durée de l'activité.** Vous devez indiquer précisément la date et la durée de l'activité.

**Exemple**

L'activité s'est déroulée le 28 février N et a duré 7 heures.

• **Le contexte professionnel de l'activité.** Il s'agit ici de décrire le contexte de l'activité « Implantation de la nouvelle collection Mugs ».

**Exemple**

L'enseigne HEMI est une enseigne britannique proposant des produits du quotidien à bas prix. L'offre est répartie en plusieurs univers tels que Décoration, Enfant et Alimentation. Chaque mois, le réseau développe une nouvelle collection par univers et envoie à ses unités commerciales le book merchandising intégrant toutes les préconisations de mise en place de cette nouvelle offre. Ma tutrice a reçu le plan merchandising de la nouvelle collection « Mugs » et me charge de procéder à son implantation.

• **Les objectifs poursuivis.**

– **Objectifs qualitatifs** : dans cette activité, les objectifs qualitatifs sont de deux ordres : le respect des consignes du réseau et la satisfaction de la clientèle.

**Exemples**

Implanter une collection en respectant les préconisations du réseau, proposer un merchandising attractif à la clientèle, améliorer le repérage des produits au sein du linéaire, etc.

– **Objectifs quantitatifs** : dans cette activité, les objectifs sont liés aux performances commerciales générées par cette nouvelle collection et au niveau de satisfaction de la clientèle évalué par le réseau.

**Exemples**

Augmenter le chiffre d'affaires de la collection de 10 % par rapport à N-1, atteindre l'objectif de vente de 150 mugs fixé par le réseau, atteindre un niveau de satisfaction de 85 % sur le pôle merchandising lors du prochain baromètre de satisfaction du réseau.

• **Le degré d'autonomie.** Votre autonomie peut être totale si vous avez mis en place l'implantation depuis sa préparation jusqu'aux préconisations, ou partielle si vous avez été assisté lors de certaines phases de l'activité (ex. : lors de la préparation de l'offre).

**Exemple**

Après avoir lu le plan merchandising avec ma tutrice et reçu ses conseils, mon autonomie a été totale de la préparation de l'implantation jusqu'à la théâtralisation du rayon. L'analyse des résultats a été réalisée en autonomie partielle avec l'aide de ma tutrice.

| La méthodologie utilisée | Les moyens et techniques mis en œuvre | Les annexes à présenter |
|---|---|---|
| **1 Préparation avant l'implantation** | | |
| **Entretien avec ma tutrice : lecture du plan merchandising de la collection Mugs et repérage des contraintes** | • Il s'agit de montrer qu'une activité de merchandising se prépare en amont et ne se résume pas à la simple mise en place des produits dans le linéaire.<br>• Vous devez donc expliquer comment vous vous préparez à cette implantation et quelles sont les contraintes à respecter par le réseau et/ou l'unité commerciale. | **Annexe 1** : le plan merchandising de la collection à implanter (envoyé par le réseau ou créé par vos soins si l'UC est indépendante)<br>**Annexe 2** : la charte du réseau sur le merchandising ou le compte-rendu d'entretien avec la tutrice (modalités) |
| **Préparation des nouveaux produits à implanter** | Vous devez expliquer comment vous préparez la nouvelle collection à implanter selon les méthodes d'organisation de votre UC (traitement de la réception de la marchandise, manipulations informatiques, étiquetage, etc.). | **Annexe 3** : le bon de livraison (photocopie ou photographie)<br>**Annexe 4** : la photographie du plan de travail en réserve |
| **2 Déroulement de l'implantation** | | |
| **Désimplantation de l'ancienne collection** | Vous expliquerez ici la manière dont vous traiterez les produits de l'ancienne collection si la nouvelle collection vient remplacer une ancienne collection (déplacement des produits, mise en réserve, réimplantation, etc.). | **Annexe 5** : le plan de masse de l'UC<br>**Annexe 6** : la photographie de désimplantation et de réimplantation éventuelle de l'ancienne collection |
| **Préparation du squelette du rayon** | Vous décrirez précisément comment vous réalisez le squelette du rayon conformément au plan merchandising du réseau (réaménagement des étagères, mise en place de broches, etc.). | **Annexe 7** : la photographie du squelette du rayon |
| **Implantation de la nouvelle collection et de l'information sur le lieu de vente** | Vous expliquerez comment vous avez procédé à l'implantation de la nouvelle collection en précisant les contraintes liées au réseau (clés d'entrée, logique d'implantation, etc.). | **Annexe 8** : la photographie de la nouvelle implantation |
| **Validation de l'implantation par ma tutrice** | Il s'agit de montrer que chacune de vos activités doit être validée par votre tutrice. | |
| **3 Suivi de l'implantation** | | |
| **Réassort de la collection** | Vous préciserez ici la nécessité de procéder au réassort régulier des linéaires afin d'offrir un rayon attractif à la clientèle. | |

| La méthodologie utilisée | Les moyens et techniques mis en œuvre | Les annexes à présenter |
|---|---|---|
| **Analyse des performances commerciales** | Il s'agit ici de mettre en évidence les performances commerciales liées à la nouvelle implantation en prenant soin de faire le lien entre les objectifs fixés et les résultats obtenus (résultats, calcul des écarts par rapport à N – 1 et aux objectifs, etc.). | **Annexe 9 :** le tableau de bord des performances commerciales du rayon |
| **Analyse de la satisfaction de la clientèle** | Vous indiquerez ici, si vous avez la possibilité de vous les procurer, les résultats de l'étude de satisfaction réalisée soit par le réseau, soit par vos soins. | **Annexe 10 :** le tableau de résultat de l'étude de satisfaction |

• **Les résultats obtenus.** Vous distinguerez ici les résultats quantitatifs et les résultats qualitatifs. Vous les comparerez aux objectifs poursuivis et indiqués au début de la fiche en calculant les écarts entre les résultats attendus et les résultats obtenus. Vous pourrez formuler des axes d'amélioration pour une prochaine implantation.

## 2 Les méthodologies de l'activité

### A L'annexe 1 : le plan merchandising de la collection à implanter

Pour présenter cette annexe, il vous suffit de vous procurer le plan merchandising envoyé par le réseau ; en général, les unités commerciales le fournissent aux étudiants. Si ce n'est pas le cas ou si vous êtes dans une unité commerciale indépendante, vous devrez alors élaborer vous-même le planogramme en justifiant vos choix.

**Exemple**

| | | |
|---|---|---|
| **Niveau des yeux** |  | Ex. : produit à forte marge placé sur un niveau très vendeur. |
| **Niveau des mains** |  Etc. | |
| **Niveau des pieds** | | |

### B L'annexe 2 : la charte du réseau sur le merchandising

Si cette charte existe, vous présenterez en annexe la totalité ou un extrait de cette charte. Sinon, vous recenserez dans un document les différentes règles de merchandising observées dans votre unité commerciale.

**Exemple** Les règles de merchandising dans mon unité commerciale

- Respecter un colorama du plus clair au plus foncé (dans le sens de circulation du rayon).
- Positionner les produits à forte marge au niveau des yeux.
- Développer le cross merchandising sur le linéaire.
- Etc.

## C L'annexe 3 : la photocopie ou photographie du bon de livraison

• La photocopie ou photographie du bon de livraison vous permettra, lors de votre oral, de présenter une preuve du traitement de la réception des marchandises.

• Par ailleurs, ce document sera un support intéressant pour que le jury comprenne l'organisation des livraisons dans votre unité commerciale (traitement manuel et /ou informatique, etc.).

## D Les annexes 4, 6, 7 et 8 : les photographies des différentes étapes de l'implantation

Afin de dynamiser votre oral et toujours dans l'esprit de mieux guider le jury dans votre activité, vous présenterez des photos du linéaire implanté pour montrer la démarche que vous avez conduite.

**Astuce**

Les photographies ne peuvent pas constituer à elles seules les annexes représentatives d'une activité de merchandising mais elles permettront au jury de se situer dans votre unité commerciale et donc de mieux comprendre le contexte de votre activité.

## E L'annexe 5 : le plan de masse de l'unité commerciale

• Il est impératif de présenter un plan de l'unité commerciale pour cette activité.

• S'il n'existe pas dans l'unité commerciale, alors vous devrez le construire en prenant soin de bien mettre en évidence les sens de circulation dans le magasin, ainsi que les zones chaudes et froides.

**Exemple**

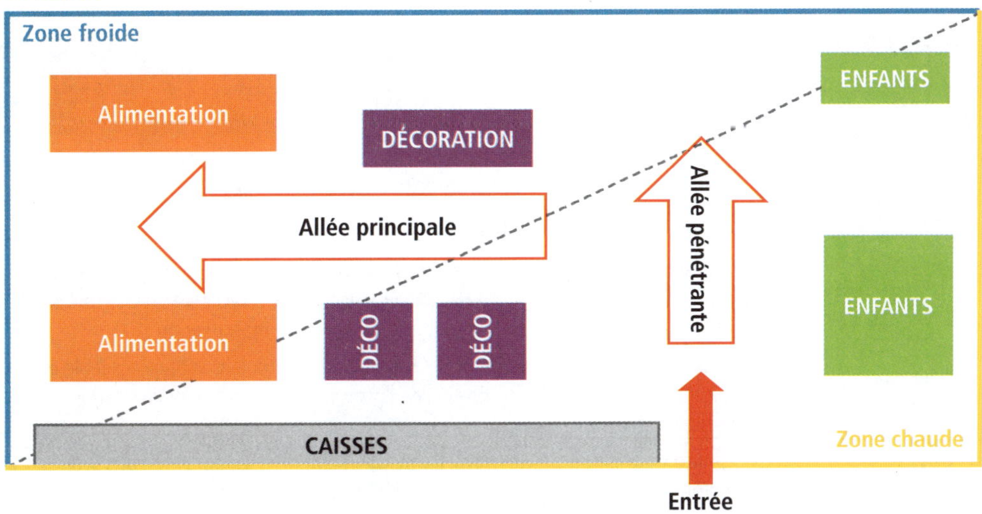

## F L'annexe 9 : le tableau de bord des performances commerciales

| | Chiffre d'affaires | | | Quantités vendues | | | Objectif de CA | Taux de réalisation de l'objectif |
|---|---|---|---|---|---|---|---|---|
| | CA N−1 | CA N | Taux d'évolution | Quantités N−1 | Quantités N | Taux d'évolution | | |
| **Réf. 1** | | | | | | | | |
| **Réf. 2** | | | | | | | | |
| **…** | | | | | | | | |
| **Total** | | | | | | | | |

**Conseil**

Vous utiliserez les indicateurs qui vous semblent les plus pertinents : chiffre d'affaires, quantités vendues, marge, contribution au chiffre d'affaires du rayon, rotation des stocks, etc.

## G L'annexe 10 : les résultats de l'étude de satisfaction de la clientèle

Il s'agira ici de présenter les résultats de l'étude de satisfaction du réseau sur l'item « merchandising » ; ces résultats d'étude ont, en général, une fréquence trimestrielle.

**Astuce**

Si vous avez réalisé vous-même une étude de satisfaction avant et après l'implantation de la nouvelle collection, vous pouvez présenter en annexe les résultats de cette étude en précisant l'évolution des taux de satisfaction après l'implantation.

# 3 Les questions du jury les plus courantes concernant la compétence « Organiser l'espace commercial »

| Questions | Éléments de réponses |
|---|---|
| 1 Quel est le type de marchandisage utilisé par votre unité commerciale pour mettre en valeur son offre ? Quels autres types de marchandisage connaissez-vous ? | Il existe trois types de marchandisage :<br>• **le marchandisage d'organisation** : il concerne l'organisation générale de l'unité commerciale mais aussi le détail des linéaires. Il consiste à faciliter la recherche des produits par le client mais aussi à optimiser le travail de manutention ;<br>• **le marchandisage de séduction** : il consiste à créer une ambiance agréable et propice à l'achat par la théâtralisation de l'offre, les lumières, l'ambiance sonore, la musique, etc. ;<br>• **le marchandisage de gestion** : il consiste à optimiser la rentabilité du rayon et du point de vente en général. Son principe repose sur des méthodes quantitatives d'allocation du linéaire. |
| 2 Quels sont les enjeux d'une bonne présentation de son offre dans les linéaires ? | Les enjeux du merchandising sont de **trois ordres** :<br>• **pour le consommateur** : se repérer dans l'unité commerciale et trouver facilement les produits qu'il recherche ;<br>• **pour le distributeur** : proposer une offre qui réponde aux besoins de la clientèle ;<br>• **pour le producteur** : avoir une bonne représentation de sa gamme dans le linéaire. |

| Questions | Éléments de réponses |
|---|---|
| 3 Quelle différence faites-vous entre une implantation verticale et une implantation horizontale ? | • **L'implantation verticale** : les produits d'une même famille sont disposés les uns au-dessus des autres sur les linéaires. Cette présentation est la plus courante car elle permet un effet de masse dans le linéaire.<br>• **L'implantation en tête de gondole** : la tête de gondole sert le plus souvent à présenter des produits en promotion. Elle permet de doubler, voire de tripler les ventes.<br>• **L'implantation horizontale** : une étagère est dédiée à un produit pour favoriser les produits que l'on veut vendre.<br>• Il existe également :<br>– la présentation en panneaux : chaque panneau présente des produits complémentaires à l'offre principale ;<br>– la présentation avec des cloisons : les familles sont séparées par des cloisons dans le linéaire. |
| 4 Comment mesure-t-on la place accordée à une famille ou à une référence dans un rayon ? Utilisez-vous dans votre unité commerciale une méthode de calcul d'allocation du linéaire pour chaque référence ? Expliquez la notion d'indices de sensibilité. | • On mesure la place accordée à une famille ou à une référence en calculant le linéaire au sol (nombre de mètres au sol occupés par la famille) et en calculant le linéaire développé (nombre de mètres au sol occupés par la famille × nombre de niveaux d'exposition).<br>• Dans mon unité commerciale, on calcule l'allocation accordée à une produit ou à une famille de produits en prenant en compte sa contribution au chiffre d'affaires du rayon.<br>• Le calcul des indices de sensibilité permet de vérifier si la place accordée à une famille de produits correspond au niveau de chiffre d'affaires et de marge générés par cette famille de produits. On calcule ces indices **à partir de trois éléments** : la part de chiffre d'affaires, la part de marge et la part de linéaire occupé par la famille. À partir de ces indices de sensibilité, on pourra vérifier la bonne représentativité de la famille de produits dans le linéaire. Ces calculs permettent donc aussi de réimplanter un rayon avec une bonne allocation de l'espace afin d'optimiser le chiffre d'affaires et la marge. |
| 5 En dehors des indicateurs de performances commerciales, comment auriez-vous pu analyser l'attractivité de votre rayon ? | J'aurais pu mettre en place une étude d'attractivité du rayon : elle consiste à suivre le trajet en magasin d'un échantillon de clients. À partir de ce suivi, on peut calculer un certain nombre d'indices : indice de passage, indice d'achat, indice d'attractivité, indice d'attention et indice de manipulation. |

## 4 Les autres activités « valeurs sûres »

Si vous n'avez pas la possibilité de mettre en place l'implantation complète d'un univers pour valider la compétence « Organiser l'espace commercial », d'autres activités vous sont proposées ci-dessous :

– l'implantation d'une tête de gondole ou d'un *corner* ;
– la réorganisation d'un rayon ou d'un univers ;
– l'aménagement d'une vitrine à partir du book réseau ;
– la mise en place d'un *showroom* ;
– le réaménagement de l'espace « Attente clients » en banque/assurance ;
– l'optimisation de l'espace réserve ;
– la création d'un site Internet (même fictif).

# 3 Développer les performances de l'espace commercial

Activité gagnante : la mise en place et le suivi d'une opération commerciale

La mise en place et le suivi d'une opération commerciale consistent à préparer une opération, coordonner son organisation et évaluer ses résultats.

## 1 Le déroulement de l'activité

**Attention**

Vous prendrez modèle sur la fiche 4 **de la partie introductive aux deux épreuves** (→ p. 10).

• **Vous devez donner un nom précis à votre activité.** Vous préciserez **la nature de l'opération commerciale**.

**Exemple** Mise en place et suivi de l'opération « Fête des mères ».

• **La date et la durée de l'activité.** Vous devez indiquer précisément la date et la durée de l'activité.

**Exemple** L'activité s'est déroulée du 15 mai au 10 juin N.

• **Le contexte professionnel de l'activité**. Ici, le contexte professionnel doit être décrit avec précision et doit correspondre à l'activité. Il ne s'agit pas seulement de décrire l'unité commerciale et son contexte mais bien aussi de décrire le contexte de l'activité « Mise en place et suivi de l'opération Fête des mères ».

**Exemple** L'enseigne HEMI est une enseigne britannique proposant des produits du quotidien à bas prix. L'offre est répartie dans plusieurs univers tels que Décoration, Enfant et Alimentation. Chaque année, le réseau met en place une opération sur le thème de la fête des mères. Cette opération est relayée par une vaste campagne de communication par le biais de prospectus distribués dans la zone de chalandise. Je suis chargé(e) de la mettre en place dans l'univers décoration et d'organiser un challenge interne sur des « *Beauty Box* ».

• **Les objectifs poursuivis.** Vous devez préciser ici les objectifs que vous souhaitez atteindre grâce à cette activité. Les objectifs sont de deux types : les objectifs qualitatifs et les objectifs quantitatifs.

– **Objectifs qualitatifs** : dans cette activité, les objectifs qualitatifs sont de deux ordres : le respect des consignes du réseau et la fidélisation de la clientèle.

**Exemples** Proposer une offre attractive à la clientèle, respecter les préconisations du réseau, fidéliser la clientèle, développer la cohésion d'équipe.

– **Objectifs quantitatifs** : les objectifs quantitatifs sont **exclusivement** des objectifs chiffrés. Dans cette activité, les objectifs sont liés aux performances commerciales générées par cette opération commerciale et au niveau de satisfaction de la clientèle évalué par le réseau.

**Exemples** Augmenter le chiffre d'affaires de 10 % par rapport à N-1, atteindre un indice de vente de 3 articles par panier, augmenter le panier moyen de 8 % pour atteindre 27 euros, vendre 100 beauty box sur la période (challenge interne).

• **Le degré d'autonomie**. Votre autonomie peut être totale si vous avez mis en place l'opération depuis sa préparation jusqu'aux préconisations, ou partielle si vous avez assisté lors de certaines phases de l'activité (ex. : lors de l'analyse des résultats).

| La méthodologie utilisée | Les moyens et techniques mis en œuvre | Les annexes à présenter |
|---|---|---|
| | **1 Préparation de l'opération** | |
| **Réunion de briefing d'équipe avec ma tutrice : prise de connaissance de l'opération « Fête des mères » du réseau** | Il s'agit ici de montrer qu'une opération commerciale se prépare en amont et que sa réussite repose sur sa bonne organisation (préparation de l'opération, contraintes du réseau, contraintes de l'UC, objectifs, etc.). | **Annexe 1** : la copie du mail d'information sur l'opération « Fête des mères » organisée par le réseau<br>**Annexe 2 :** le compte-rendu de la réunion d'équipe |
| **Définition des modalités du challenge interne « Beauty Box »** | Vous devez expliquer précisément les modalités du challenge organisé dans l'unité commerciale : dates, durée, objectifs, collaborateurs concernés, récompense, etc. | **Annexe 3** : le règlement du challenge<br>**Annexe 4** : la fiche produit « Beauty Box » |
| **Réception des produits à implanter et du kit de théâtralisation et étude du plan merchandising préconisé par le réseau** | Vous devez expliquer ici comment vous vous organisez pour préparer l'opération au niveau matériel : commande éventuelle des produits (si non automatique), réception de la marchandise, etc. | **Annexe 5 :** le bon de livraison (photocopie ou photographie)<br>**Annexe 6 :** le plan merchandising de l'opération commerciale (ou préconisations du réseau) |
| **Élaboration d'un rétroplanning de l'opération « Fête des mères »** | Il s'agit ici de mettre en évidence votre capacité à créer des outils de pilotage pour l'organisation de cette opération. | **Annexe 7** : le rétroplanning de l'opération commerciale |
| | **2 Déroulement de l'opération** | |
| **Implantation des produits dans l'univers Décoration** | • Vous devez expliquer ici comment vous implantez les produits en insistant bien sur les règles d'implantation adoptées par le réseau et/ou l'unité commerciale.<br>• Vous préciserez également votre marge de manœuvre par rapport aux contraintes imposées par le réseau et les difficultés éventuelles rencontrées. | **Annexe 8** : le plan de l'unité commerciale<br>**Annexe 9** : la photographie des linéaires implantés (rayons, vitrine, etc.) |
| **Élaboration de la tête de gondole « beauty box »** | Vous décrirez précisément comment vous réalisez le squelette de la tête de gondole en respectant le plan merchandising du réseau. | **Annexe 10** : la photographie de la tête de gondole |
| **Théâtralisation de l'espace de vente** | Vous expliquerez ici comment vous avez su rendre attractif votre espace de vente (thème, décoration, etc.). | **Annexe 11 :** les photographies des univers |
| **Validation de l'implantation par ma tutrice** | Il s'agit ici de montrer que chacune de vos activités a reçu la validation de votre tuteur. | |

| La méthodologie utilisée | Les moyens et techniques mis en œuvre | Les annexes à présenter |
|---|---|---|
| | **3 Suivi de l'opération** | |
| **Analyse des performances commerciales** | Vous mettrez en évidence les performances commerciales liées à l'opération du réseau et au challenge interne en faisant le lien entre les objectifs fixés et les résultats obtenus. | **Annexe 12 :** le tableau de bord des performances commerciales de l'opération<br>**Annexe 13 :** les résultats du challenge |
| **Bilan de l'opération commerciale « Fête des mères »** | • Dans ce bilan, vous dresserez une analyse des résultats quantitatifs et qualitatifs pour l'opération commerciale ainsi que pour le challenge interne.<br>• Vous conclurez ce bilan avec vos préconisations pour la mise en place d'une future opération. | **Annexe 14 :** le compte-rendu de l'opération commerciale |

• **Les résultats obtenus.** Vous distinguerez ici les résultats quantitatifs et les résultats qualitatifs. Vous les comparerez aux objectifs poursuivis et indiqués au début de la fiche en calculant les écarts entre les résultats attendus et les résultats obtenus. Vous pourrez ici formuler des axes d'amélioration pour une prochaine opération.

## 2 Les méthodologies de l'activité

### A L'annexe 1 : la copie du mail d'information sur l'opération commerciale

Vous devez vous procurer la preuve de la mise en place de cette opération commerciale par le réseau (copie du mail ou de la lettre explicative).

**Astuce**

Si cette opération est relayée par une campagne de communication, vous pourrez présenter au jury un support de communication : prospectus, mail, carte d'invitation, photographie d'une affiche, etc.

### B L'annexe 3 : le règlement du challenge

Le règlement du challenge est un document synthétique et structuré qui reprend les modalités du challenge : durée, collaborateurs concernés, objectifs, récompense, etc. Il est composé d'articles.

**Exemple**

**Règlement du challenge « Beauty Box Fête des mères »**

**Article 1 : Objet et nature du challenge**
Le challenge consiste à vendre un maximum de beauty box à l'occasion de l'opération commerciale Fête des mères. Ce challenge s'inscrit dans le cadre d'une opération nationale mais est indépendant du réseau.

**Article 2 : Date et durée du challenge**
Le challenge se déroulera du 15 mai au 10 juin N, soit 23 jours ouvrés.

**Article 3 : Personnes concernées**
Le challenge concerne tous les membres de l'équipe commerciale, à savoir : Anatole C, Baptiste V, Thibaut P, Astrid H et Amaya M.

## C L'annexe 4 : la fiche produit « beauty box » (→ Fiche 3, fiche produit p. 36)

## D L'annexe 6 : le plan merchandising de l'opération commerciale (→ Fiche 2, plan merchandising p. 58)

## E L'annexe 7 : le rétroplanning de l'opération commerciale

Le rétroplanning est un document synoptique dans lequel vous présentez l'organisation dans le temps de toute l'opération commerciale, de sa préparation à son suivi en précisant la répartition des tâches entre les collaborateurs.

**Exemple**

| Tâches | J – 15 | J – 7 | J – 1 | Opération | J + 1 | J + 7 |
|---|---|---|---|---|---|---|
| Réunion briefing | Ma tutrice et toute l'équipe | | | | | |
| Rédaction du règlement du challenge | | Anatole C | | | | |
| Réception des marchandises | | | Baptiste V Astrid H | | | |
| Etc. | | | | | | |

**Astuce**

Le rétroplanning peut être réalisé sur un traitement de texte ou un tableur. Toutefois, il existe également des logiciels de gestion des tâches téléchargeables gratuitement sur internet (ex. : Gantt Project).

## F L'annexe 8 : le plan de l'unité commerciale (→ Fiche 2, plan de l'unité commerciale p. 59)

## G Les annexes 9, 10 et 11 : les photographies de l'opération commerciale

Afin de dynamiser votre oral et toujours dans l'esprit de mieux guider le jury dans votre activité, vous présenterez des photographies de l'opération commerciale pour montrer la démarche que vous avez conduite.

**Exemples** Photographies des linéaires implantés, photographie d'une tête de gondole, photographie de la vitrine, photographie d'un collaborateur lors d'une animation, etc.

## H L'annexe 12 : le tableau de bord des performances commerciales de l'opération (→ Fiche 2, tableau de bord p. 60)

**Conseil**

Vous utiliserez les indicateurs les plus pertinents pour analyser les performances. Le jury appréciera, bien sûr, votre maîtrise du tableur pour réaliser ce tableau de bord (mise en place de formules de calculs).

## I L'annexe 13 : les résultats du challenge

**Exemple** Les résultats du challenge « beauty box »

| | Quantités de beauty box vendues (Objectif : 100 unités) | | | Contribution aux ventes |
|---|---|---|---|---|
| | Semaine 1 | Semaine 2 | Total | |
| Anatole C | 5 | 18 | 23 | 16,4 % |
| Amaya M | 7 | 14 | 21 | 15 % |
| Etc. | … | … | … | … |
| **Total** | **37** | **83** | **140** | **100 %** |
| **Taux de réalisation de l'objectif en %** | | | | **140 %** |

## J L'annexe 14 : le compte-rendu de l'opération commerciale

Le compte-rendu est souvent destiné au directeur régional du réseau afin de lui présenter de façon concise les résultats de l'opération commerciale.

| Compte-rendu de l'opération commerciale « Fête des mères » de l'année N |
|---|
| **De :**<br>**À :**<br>**Objet :**<br>**Durée de l'opération :**<br>**Tableaux de bord** (résultats de l'opération commerciale) :<br>**Bilan au plan quantitatif :**<br>**Bilan au plan qualitatif :**<br>**Difficultés rencontrées :**<br>**Préconisations :** |

# 3 Les questions du jury les plus courantes concernant la compétence « Développer les performances de l'espace commercial »

| Questions | Éléments de réponses |
|---|---|
| 1 Quelle technique, sur le lieu de vente, auriez-vous pu mettre en place pour développer davantage les ventes ? | Une animation sur le lieu de vente aurait pu être mise en place. Elle dynamise le point de vente en théâtralisant une offre et permet de créer du trafic et d'améliorer l'image de l'unité commerciale auprès de sa clientèle. |
| 2 Comment avez-vous choisi les indicateurs de performance de votre opération ? | Les indicateurs ont été choisis **en fonction de trois critères**. Chaque indicateur devait être à la fois :<br>• pertinent par rapport aux objectifs de l'opération ;<br>• actualisé, c'est-à-dire mis à jour régulièrement tout au long de l'opération ;<br>• synthétique afin d'apprécier l'opération dans sa globalité. |

| Questions | Éléments de réponses |
| --- | --- |
| 3 En quoi la mise en place d'un challenge peut-elle contribuer à une meilleure cohésion d'équipe ? | • La mise en place de récompenses individuelles va créer une émulation au sein de l'équipe ; la mise en place de récompenses collectives va permettre de développer l'esprit d'équipe.<br>• La condition de réussite d'un challenge est de fixer des objectifs individuels et/ ou collectifs pertinents. |
| 4 Comment peut-on procéder au contrôle des actions lors d'une opération commerciale ? | • Au moment de l'opération commerciale, il faut s'assurer que les produits sont bien mis en place dans l'unité commerciale et que l'offre est attractive, tout en respectant les consignes du réseau.<br>• À la fin de l'opération commerciale, il convient de déterminer sa rentabilité en calculant l'augmentation des ventes et en la comparant au coût de revient de l'opération. |



## 4 Les activités « valeurs sûres »

Si vous n'avez pas la possibilité de mettre en place et de suivre une opération commerciale pour valider la compétence « Développer les performances de l'espace commercial », d'autres activités vous sont proposées ci-dessous :

– la préparation et la mise en œuvre des soldes ;
– la mise en place et le suivi d'un podium promotionnel ;
– la mise en place et le suivi d'une animation commerciale ;
– l'organisation d'un jeu concours ;
– l'étude de la rentabilité d'un rayon ;
– la création d'un partenariat pour une animation ;
– la formation des clients à l'utilisation des outils numériques de l'unité commerciale ;
– la communication sur le lieu de vente ou les réseaux sociaux pour faire connaître l'offre ou l'animation commerciale.

# 4 Mettre en place la communication commerciale

**Activité gagnante : la mise en place d'un support de communication**

Cette activité consiste à mettre en place un support de communication locale en cohérence avec la communication du réseau. Vous mettrez en évidence la dimension numérique de votre communication si votre unité commerciale le permet (réseaux sociaux, blog, site Internet, etc.).

## 1 Le déroulement de l'activité

> **Attention**
> Vous prendrez modèle sur la fiche 4 **de la partie introductive aux deux épreuves** (→ p. 10).

• **Vous devez donner un nom précis à votre activité en précisant l'objet de votre communication.**

**Exemple**
Promotion de l'atelier « cupcakes » par un *flyer* et une publication Facebook.

• **La date et la durée de l'activité.** Vous devez indiquer la date et la durée de l'activité.

**Exemple**
L'activité s'est déroulée du 7 au 30 mars N et a duré 17 jours.

• **Le contexte professionnel de l'activité.** Il s'agit ici de décrire le contexte de l'activité « Mise en place d'un support de communication ».

**Exemple**
L'enseigne HEMI est une enseigne britannique proposant des produits du quotidien à bas prix. L'offre est répartie en plusieurs univers tels que Décoration, Enfant et Alimentation. Cette année, le réseau a proposé aux unités commerciales de mettre en place des ateliers un samedi par mois afin de créer du trafic et de mieux faire connaître son offre. J'ai été chargé(e) de mettre en place la communication pour l'atelier « *cupcakes* » du samedi 21 mars N.

• **Les objectifs poursuivis.**

– **Objectifs qualitatifs** : dans cette activité, les objectifs qualitatifs sont de deux ordres : la cohérence avec le réseau et la connaissance de l'offre de l'unité commerciale.

**Exemples**
Mettre en place un support de communication en cohérence avec la politique du réseau, faire découvrir et faire aimer l'offre de produits, informer la clientèle sur l'atelier « *cupcakes* ».

– **Objectifs quantitatifs** : dans cette activité, les objectifs sont liés aux retombées de la communication réalisée ainsi qu'aux performances commerciales générées par l'atelier mis en place.

**Exemples**
Attirer la clientèle de la zone de chalandise et augmenter le trafic clients de x %, optimiser les retombées de la communication, augmenter le chiffre d'affaires de x %.

• **Le degré d'autonomie.** Votre autonomie peut être totale si vous avez mis en place la communication, ou partielle si vous avez été assisté(e) lors de certaines phases de l'activité (ex. : lors de la création du support).

**Exemple**
Dans cette activité, mon autonomie a été totale dans le choix des supports de communication et des messages à transmettre. La création du support a été réalisée par une société externe.

| La méthodologie utilisée | Les moyens et techniques mis en œuvre | Les annexes à présenter |
|---|---|---|
| **1 Préparation avant l'activité** | | |
| **Définition des modalités de l'atelier et du support de communication** | Vous préciserez ici le contexte de l'atelier « *cupcakes* » (date, lieu, objectifs, etc.) puis vous expliquerez les modalités de création de votre support de communication (objectifs, cible, message, charte graphique, type de support, budget, etc.). Ces éléments sont souvent définis lors d'une réunion avec le/la tuteur/tutrice. | **Annexe 1** : le compte-rendu de la réunion avec le/la tuteur/tutrice |
| **Création et impression du *flyer*** | • Vous expliquerez ici comment vous avez créé votre support de communication. Vous préciserez si vous avez fait appel à un prestataire extérieur.<br>• Vous justifierez vos choix, par exemple avec la méthode AIDA (voir la méthodologie de l'activité).<br>• Vous préciserez ici le nombre d'exemplaires édités. | **Annexe 2** : le *flyer* (justifié par la méthode AIDA)<br><br>**Annexe 3** : le devis du prestataire externe |
| **Élaboration du message pour les réseaux sociaux** | Vous justifierez ici le choix du message ainsi que celui du réseau social en fonction de la cible visée et de l'opération concernée. | **Annexe 4 :** le message (justifié par la méthode AIDA)<br>**Annexe 5 :** la justification du choix du réseau social |
| **Définition des zones de distribution du *flyer*** | À l'aide d'une carte de la zone de chalandise, vous délimiterez les zones de distribution du *flyer* et justifierez vos choix. Vous pourrez faire appel à un prestataire extérieur pour cette tâche. Dans ce cas, vous présenterez le devis du prestataire en annexe.<br>**Remarque :** si votre zone de distribution se limite à un centre commercial, vous devrez obtenir une autorisation de distribution au préalable par la direction du centre. | **Annexe 6** : la carte de la zone de distribution |
| **Élaboration d'un rétroplanning de l'opération de communication** | Vous préciserez ici comment vous avez organisé l'opération de communication dans son ensemble afin de situer chacune des actions dans le temps. | **Annexe 7** : le rétroplanning de l'opération de communication |
| **Validation des choix par mon tuteur** | Il s'agit de montrer que chacune de vos activités a été validée par votre tuteur. | |
| **2 Déroulement de l'activité** | | |
| **Distribution des *flyers* sur les zones** | Vous expliquerez ici comment vous avez organisé la distribution des *flyers* (zones, nombre de *flyers* distribués, dates, collaborateurs, etc.). | **Annexe 8 :** le tableau de distribution des *flyers* par zone |

| La méthodologie utilisée | Les moyens et techniques mis en œuvre | Les annexes à présenter |
|---|---|---|
| **Publication du message sur les réseaux sociaux** | Vous préciserez la manière dont vous avez procédé pour publier votre annonce sur le réseau social choisi. | **Annexe 9** : l'impression écran de la publication sur le réseau social |
| | **3 Suivi de l'activité** | |
| **Analyse des retours de *flyers*** | Vous devez analyser les retours de vos *flyers* afin de mesurer leur impact en termes de communication. Pour ce faire, vous pouvez insérer sur le *flyer* un coupon à présenter lors de l'atelier, ou bien interroger les participants à l'atelier sur la manière dont ils ont été informés de l'évènement. | **Annexe 10 :** l'analyse des retours |
| **Analyse des retombées sur les réseaux sociaux** | Vous devez analyser les retombées de votre publication sur le réseau social choisi par le biais d'indicateurs tels que le nombre de « likes », les commentaires, etc. | **Annexe 11 :** l'analyse des retombées sur les réseaux sociaux |
| **Réunion de debriefing avec le tuteur** | Vous présenterez dans un document de synthèse les retombées de votre opération de communication. Vous préciserez vos préconisations pour les opérations à venir. | **Annexe 12** : la synthèse de l'opération de communication |

• **Les résultats obtenus.** Vous distinguerez ici les résultats qualitatifs et les résultats quantitatifs. Vous les comparerez aux objectifs poursuivis et indiqués au début de la fiche en calculant les écarts entre les résultats attendus et les résultats obtenus. Vous pourrez ici formuler des axes d'amélioration pour une prochaine opération.

# 2 Les méthodologies de l'activité

## A L'annexe 1 : le compte-rendu de la réunion avec le tuteur

**Date :**

**Nom et fonction du tuteur :**

**Modalités de l'atelier « *cupcakes* »** : objectifs, date, lieu, durée, collaborateurs concernés, budget, cible visée, nombre de clients espéré, etc.

**Choix du ou des support(s) de communication** :

**Objectifs de la communication** :

**Cible(s) visée(s)** : sexe, âge, lieu d'habitation, clients/prospects, etc.

**Message à transmettre** :

**Cahier des charges** : charte graphique, format, couleur, mentions obligatoires sur le *flyer**, etc.

**Budget de communication** :

Et tout élément susceptible de préciser les modalités de l'opération

* **Mentions obligatoires sur un *flyer* : date d'impression, « Ne pas jeter sur la voie publique ».**

## B L'annexe 2 : le *flyer* justifié par la méthode AIDA

## C L'annexe 5 : la justification du choix du réseau social

Vous pourrez justifier vos choix à partir d'éléments tels que le nombre d'utilisateurs, le sexe, l'âge, les secteurs concernés, les intérêts et limites de ce support, etc.

## D L'annexe 6 : la carte de la zone de distribution

Vous pourrez utiliser la carte de la zone de chalandise de votre unité commerciale, que vous découperez ensuite en zones de distribution.

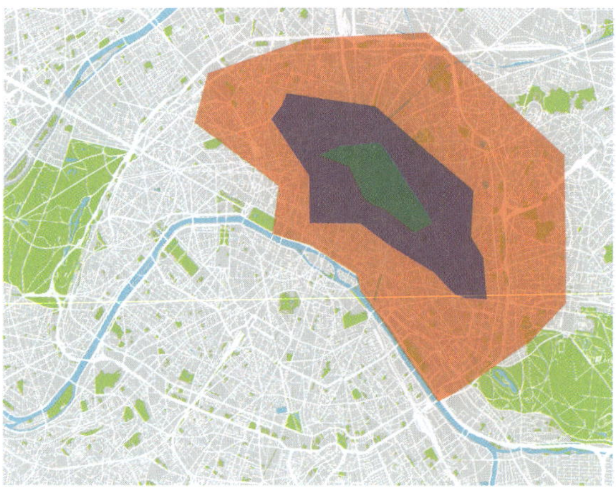

## E L'annexe 7 : le rétroplanning de l'opération de communication (→ Fiche 3, rétroplanning de l'opération commerciale p. 65)

## F L'annexe 8 : le tableau de distribution des *flyers* par zone

| Zones | Nombre de *flyers* | Collaborateur | Date de distribution |
|---|---|---|---|
| Zone 1 | | | |
| Zone 2 | | | |
| Etc. | | | |

## G L'annexe 10 : l'analyse des retours du *flyer*

L'analyse peut être effectuée grâce aux indicateurs suivants :
- taux de retour = (nombre de retours ou visites/nombre d'envois) × 100 ;
- taux de conversion = (nombre d'achats/nombre de retours) × 100.

**Exemple**

Sur 1 000 flyers distribués, 40 clients ont participé à l'atelier.

Sur les 40 clients, 35 ont acheté des produits « *cupcakes* ».

Taux de retour = (40/1 000) × 100 = 4 %.

Taux de conversion = (35/40) × 100 = 87,5 %.

## H L'annexe 11 : l'analyse des retombées sur les réseaux sociaux

Vous pouvez mener votre analyse à partir des indicateurs suivants :
- le nombre d'abonnés à la page (*followers*) ;
- le nombre de « *likes* » ;
- le nombre de commentaires ;
- le nombre de partages.

## I L'annexe 12 : la synthèse de l'opération de communication

Vous reprendrez les éléments liés aux analyses des retombées de l'opération de communication (dans notre exemple : l'analyse des retombées du *flyer* et de la publication Facebook), puis vous proposerez des préconisations pour une future opération de communication.

## 3 Les questions du jury les plus courantes concernant la compétence « Mettre en place la communication commerciale »

| Questions | Éléments de réponses |
|---|---|
| 1 Quels sont les trois types d'objectifs en communication ? | • **Objectif cognitif :** faire connaître. La communication cherche à accroître la notoriété.<br>• **Objectif affectif :** faire aimer. La communication tente de construire et d'améliorer l'image de marque de l'unité commerciale.<br>• **Objectif conatif :** faire agir. La communication cherche à modifier le comportement des consommateurs en les poussant à l'acte d'achat. |
| 2 Quels sont les supports de la communication ? | On distingue les médias et le hors média.<br>• **Médias :** presse, télévision, affichage, cinéma, Internet, radios.<br>• **Hors média :** marketing direct, promotion des ventes, foires et salons, sponsoring, relations publiques, réseaux sociaux. |
| 3 Distinguez la communication de masse et la communication relationnelle. | • **La communication de masse** s'adresse à un large public avec des messages peu différenciés. Elle utilise le plus souvent les médias.<br>• **La communication relationnelle** s'adresse à une cible spécifique, de façon différenciée, grâce à une connaissance de la cible. Elle est le plus souvent interactive. |
| 4 Quels sont les nouveaux moyens et supports de communication que vous connaissez ? | • La communication digitale sur différents canaux (réseaux sociaux, site Web, blog, application mobile, emailing).<br>• Les réseaux sociaux.<br>• La communication géolocalisée.<br>• Le *street* marketing.<br>• Le marketing d'influence.<br>• La communication *C to C* (actions de communication réalisées par des consommateurs à destination d'autres consommateurs). |

## 4 Les autres activités « valeurs sûres »

Si vous n'avez pas la possibilité de mettre en place un support de communication pour valider la compétence « Mettre en place la communication commerciale », d'autres activités vous sont proposées ci-dessous :

– la réalisation d'une PLV à l'occasion d'un évènement ;
– la création de supports de communication internes ou externes au point de vente ;
– la mise en place d'un sponsoring ;
– la création d'un mailing à destination des clients de l'unité commerciale ;
– l'animation d'une communauté sur un réseau social ;
– la création d'une page Facebook ou Instagram ;
– la participation à l'animation du site Internet du magasin.

# 5 Évaluer l'action commerciale

Activité gagnante : l'évaluation des performances de l'unité commerciale

L'évaluation des performances de l'unité commerciale consiste à recueillir puis à analyser des informations issues de son système d'information commerciale, afin d'identifier ses forces et ses faiblesses.

## 1 Le déroulement de l'activité

**Attention**

Vous prendrez modèle sur la fiche 4 **de la partie introductive aux deux épreuves** (→ p. 10).

• **Vous devez donner un nom précis à votre activité** en précisant si cette activité concerne l'unité commerciale ou seulement un univers.

**Exemple** Évaluation des performances de l'unité commerciale.

• **La date et la durée de l'activité.** Vous devez indiquer précisément la date et la durée de l'activité, en intégrant l'extraction des données du système d'information commercial, l'analyse des données et la restitution des données.

**Exemple** L'activité s'est déroulée du 1er au 14 février N.

• **Le contexte professionnel de l'activité.** Ici, le contexte professionnel doit être décrit avec précision et il doit correspondre à l'activité. Il ne s'agit pas seulement de décrire l'unité commerciale et son contexte mais bien aussi de décrire le contexte de l'activité « Évaluation des performances commerciales ».

**Exemple** L'enseigne HEMI est une enseigne britannique proposant des produits du quotidien à bas prix. L'offre est répartie en plusieurs univers tels que Décoration, Enfant et Alimentation. Chaque semaine, mon tuteur anime une réunion auprès de son équipe pour présenter les réalisations de la semaine passée et les objectifs pour la semaine suivante. Mon tuteur m'a demandé de préparer la prochaine réunion hebdomadaire.

• **Les objectifs poursuivis.** Vous devez préciser ici les objectifs que vous souhaitez atteindre grâce à cette activité. Les objectifs sont de deux types : les objectifs qualitatifs et les objectifs quantitatifs.

– **Objectifs qualitatifs** : dans cette activité, les objectifs qualitatifs sont d'améliorer notre connaissance sur les performances de l'unité commerciale ainsi que sur la clientèle, d'informer l'équipe sur l'état des performances de l'unité commerciale, de proposer des axes d'amélioration, etc.

**Exemples** Caractériser le comportement d'achat de la clientèle, développer la cohésion d'équipe par le biais de réunions hebdomadaires, etc.

– **Objectifs quantitatifs** : les objectifs quantitatifs sont **exclusivement** des objectifs chiffrés. Dans cette activité, les objectifs sont liés à l'évolution des indicateurs, à l'atteinte des objectifs fixés par le réseau, etc.

**Exemples** Mesurer l'évolution des indicateurs commerciaux par rapport à N – 1, mesurer l'indice de réalisation du chiffre d'affaires par rapport à l'objectif réseau, situer l'unité commerciale par rapport à la moyenne du réseau, etc.

• **Le degré d'autonomie.** Votre autonomie peut être totale si vous avez mis en place l'étude des performances jusqu'aux préconisations, ou partielle si vous avez été assisté lors de certaines phases de l'activité (ex. : l'analyse des résultats).

| La méthodologie utilisée | Les moyens et techniques mis en œuvre | Les annexes à présenter |
|---|---|---|
| | **1 Préparation du suivi des performances** | |
| **Entretien avec mon tuteur : définition des modalités du suivi des performances** | Il s'agit ici de montrer que le suivi des performances répond avant tout à une demande émanant du directeur de l'unité commerciale.<br>Ex. : éléments à prendre en compte dans les analyses, comment présenter les résultats, etc. | **Annexe 1** : le compte-rendu de l'entretien |
| **Recueil des informations sur le système d'information commercial de l'unité commerciale** | Vous devez expliquer comment vous avez récupéré les informations sur le SIC (nom du logiciel, modalités de recueil, période concernée, etc.). | **Annexe 2** : l'extraction des données brutes du système d'information commerciale |
| | **2 Déroulement du suivi des performances** | |
| **Élaboration des tableaux de bord et des éventuels graphiques** | Vous expliquerez ici comment vous avez élaboré vos tableaux de bord (choix des indicateurs, modes de calcul, noms des logiciels utilisés, etc.).<br>Vous préciserez si vous avez réalisé des graphiques. | **Annexe 3** : le tableau de bord final (avec la mise en évidence des formules Excel)<br>**Annexe 4** : les graphiques éventuels |
| **Analyse des tableaux de bord et des graphiques** | Vous expliquerez ici comment vous procédez à l'analyse des résultats et des graphiques (par indicateur, par thème, etc.). | **Annexe 5** : l'analyse des performances de l'unité commerciale |
| | **3 Suivi de l'analyse des performances** | |
| **Rédaction d'une synthèse et des préconisations** | Il s'agit ici de mettre en évidence, dans un document de synthèse, les éléments les plus significatifs de l'étude, en prenant soin de distinguer les points forts et les points faibles identifiés.<br>Cette synthèse sera suivie des préconisations à mettre en place pour améliorer les performances de l'unité commerciale. | **Annexe 6** : la synthèse de l'étude et les préconisations |
| **Élaboration du rapport d'étude et remise au tuteur** | Vous préciserez ici sous quelle forme vous avez rendu compte de votre travail auprès de votre tuteur : remise d'un rapport d'étude, animation d'une réunion de debriefing. | **Annexe 7** : la préparation de l'animation d'un debriefing lors d'une réunion |

• **Les résultats obtenus.** Vous distinguerez ici les résultats quantitatifs et les résultats qualitatifs. Vous les comparerez aux objectifs poursuivis et indiqués au début de la fiche en calculant les écarts entre les résultats attendus et les résultats obtenus. Vous pourrez ici formuler des préconisations afin d'améliorer les performances de l'unité commerciale.

## 2 Les méthodologies de l'activité

### A L'annexe 1 : le compte-rendu de l'entretien avec le tuteur

**Date de l'entretien :**

**Nom du tuteur et sa fonction :**

**Objet de l'entretien :**

**Éléments à prendre en compte dans les analyses :**

**Mode de présentation des résultats :**

**Planning à respecter :**

**Reporting (réunion d'équipe, entretien, etc.) :**

### B L'annexe 2 : l'extraction des données brutes du système d'information commerciale

- Il s'agit ici de présenter un extrait des données chiffrées issues du système d'information commerciale.

- Si vous n'avez pas accès à ces données, vous pouvez demander à votre tuteur de vous fournir au moins des évolutions par indicateur.

### C L'annexe 3 : le tableau de bord final

COMPRENDRE EN VIDÉO

*Le tableau de bord sur Excel*

**Extrait d'un tableau de bord : suivi des performances en euros**

| | CA en N | CA en N – 1 | Objectif CA en N | Taux d'évolution | Taux de réalisation en N |
|---|---|---|---|---|---|
| **Univers 1** | 140 400 | 94 739 | 113 687 | 48,20 % | 123,49 % |
| **Univers 2** | 144 000 | 103 680 | 124 416 | 38,89 % | 115,74 % |

Il existe de nombreux autres indicateurs à faire figurer dans un tableau de bord tels que :
- le panier moyen ;
- l'indice de vente ;
- le taux de transformation ;
- le taux de marque ;
- le taux de contribution au CA ;
- le taux de recrutement ;
- etc.

**Remarque**

Vous mettrez en évidence les formules utilisées pour calculer les indicateurs avec le logiciel Excel.

### D L'annexe 4 : les graphiques

Vous pourrez choisir des graphiques pertinents pour mieux illustrer les tendances des différents indicateurs.

## E L'annexe 5 : l'analyse des performances de l'unité commerciale

• Il s'agit ici de mettre en évidence les principales tendances des indicateurs : leur taux d'évolution, leur taux de réalisation par rapport aux objectifs fixés, éventuellement leur taux de contribution par rapport à l'unité commerciale, etc.

• Vous devez vous poser un certain nombre de questions pour bien analyser votre tableau de bord :
– les phénomènes observés sont-ils internes ou externes ?
– Les dérives défavorables sont-elles rattrapables ?
– Les écarts favorables sont-ils reproductibles ?
– Etc.

## F L'annexe 6 : la synthèse de l'étude et les préconisations

• À partir de l'analyse réalisée précédemment, vous rédigerez une synthèse structurée par thème, par indicateur, par famille de produits, etc., présentant les principaux points forts de l'unité commerciale ainsi que ses principaux axes d'amélioration.

• Vous proposerez ensuite des préconisations pertinentes à mettre en place pour améliorer les performances commerciales et ce, en lien avec la politique du réseau.

## G L'annexe 7 : la préparation de l'animation de la réunion de débriefing

• Vous élaborerez un document synthétique et communicant (d'une longueur de maximum deux pages) qui vous permettra d'animer votre débriefing.

• Vous indiquerez sur ce document les principaux éléments relatifs à la période passée avec, par exemple :
– les tendances des indicateurs (objectif, réalisé, écart) ;
– les points positifs (avec les félicitations pour l'équipe) ;
– les points à améliorer (avec des conseils pour l'équipe) ;
– et enfin les objectifs pour la prochaine période, les éventuelles actions à mettre en place, etc.

**Remarque**

Dans les unités commerciales fonctionnant en réseau, la tête de réseau propose souvent une structure de document qu'il suffit de compléter.

# 3 Les questions du jury les plus courantes concernant la compétence « Évaluer l'action commerciale »

| Questions | Éléments de réponses |
|---|---|
| ① Sous quels angles peut-on analyser les performances d'une unité commerciale ? | On les analyse **sous trois angles** :<br>• **l'efficacité commerciale** : c'est la mesure des résultats obtenus par rapport aux objectifs à atteindre ;<br>• **l'efficience** : c'est la mesure des résultats obtenus par rapport aux moyens utilisés pour les atteindre (membres de l'équipe, budget, etc.) ;<br>• **la pertinence** : la confrontation des objectifs et des moyens permet d'évaluer la pertinence de l'organisation de l'unité commerciale. |

| Questions | Éléments de réponses |
|---|---|
| ❷ Qui s'intéresse particulièrement aux performances d'une unité commerciale ? | • La tête de réseau, si l'unité commerciale est en réseau.<br>• Le manager de l'UC a besoin de mesurer les performances par rayon, par membre de l'équipe, par action commerciale mise en place afin de mettre en évidence leur contribution aux résultats de l'unité commerciale. |
| ❸ Pourquoi est-il si important de mesurer les performances d'une unité commerciale ? | **Trois raisons** justifient la nécessité de mesurer la performance :<br>• **sur le plan commercial** : pour connaître les évolutions de l'UC et lui permettre de s'adapter à son marché et à sa clientèle ;<br>• **sur le plan financier** : pour mesurer la rentabilité de l'activité et prévoir les éventuels investissements ;<br>• **sur le plan managérial** : pour évaluer l'équipe et adapter les moyens humains nécessaires à l'atteinte des objectifs. |
| ❹ Comment avez-vous choisi les indicateurs de votre tableau de bord ? | À partir des objectifs fixés par mon tuteur, j'ai choisi des indicateurs pour lesquels l'équipe pouvait constituer un véritable levier d'action (CA, panier moyen, taux de transformation, indice de vente, etc.). |
| ❺ Pourquoi est-il si important de communiquer régulièrement les résultats de l'unité commerciale à son équipe ? | Il est important de communiquer régulièrement les résultats de l'unité commerciale à son équipe :<br>• pour l'informer sur les évolutions de l'entreprise, la place qu'elle occupe dans le réseau, ses principaux points forts et ses axes d'amélioration ;<br>• pour la motiver à atteindre les objectifs en impliquant chacun des membres lors de la réunion ;<br>• pour décider d'actions managériales et/ou commerciales à mettre en place ;<br>• pour favoriser la cohésion de l'équipe au sein de l'unité commerciale. |

## 4 Les activités « valeurs sûres »

Si vous n'avez pas la possibilité d'analyser les performances globales de l'unité commerciale pour valider la compétence « Évaluer l'action commerciale », d'autres activités vous sont proposées ci-dessous :

– l'analyse des retombées d'une animation commerciale ou d'une opération promotionnelle ;
– l'étude de satisfaction de la clientèle et la proposition d'actions correctrices ;
– l'analyse des retombées de la stratégie digitale de l'unité commerciale ;
– le suivi des ventes de l'unité commerciale.

# Méthodologies pour mener ses activités professionnelles



COMPRENDRE EN VIDÉO Retrouvez tous nos tutos vidéos sur notre chaîne YouTube « Objectif BTS Hachette ».

# 1 Le guide d'entretien

Le guide d'entretien correspond à une **étude qualitative** réalisée le plus souvent lors de la préparation d'une mission ou activité ou, parfois, en amont d'une étude quantitative. C'est un **entretien semi-directif** que vous conduirez avec un ou plusieurs collaborateurs de l'entreprise enclins à vous livrer des informations utiles à votre réflexion. Une étude qualitative permet de comprendre les motivations, les attitudes, les attentes des personnes interrogées et leur processus de décision.

## étape 1 L'élaboration du guide d'entretien

Le guide d'entretien contient environ **5 questions ouvertes** suffisamment larges pour que votre interlocuteur développe ses réponses.

**Exemples de questions**

• Votre unité commerciale enregistre actuellement des contre-performances en terme de panier moyen. Comment l'expliquez-vous ?

• Comment envisagez-vous la mise en place de l'animation commerciale Saint-Valentin ? De quel budget pourrions-nous disposer ? Quelle serait notre marge de manœuvre ?

**Remarque**

Ce guide d'entretien présentera en haut de page le nom du collaborateur interviewé et sa fonction, la date et le lieu de l'interview. Suivront ensuite les questions à poser.

## étape 2 Le déroulement de l'entretien

• Vous prendrez rendez-vous avec la ou les personnes à interviewer afin de convenir de la date, de l'heure et du lieu de l'entretien. Vous pourrez annoncer une durée d'environ une heure.

• Vous conduirez ensuite l'entretien en complétant les réponses à chacune des questions, de la façon la plus complète possible.

**Remarque**

Il est possible d'enregistrer l'entretien puis de le retranscrire si toutefois vous en avez eu l'autorisation au préalable.

## étape 3 L'analyse de l'entretien

• Il s'agit ici de mettre en évidence les principaux éléments qui ressortent de l'entretien :
– l'analyse du contenu verbal (décisions, dates, contraintes, budget, etc.) ;
– l'analyse du contenu non verbal (gestuelle, mimiques, posture, etc.).

• Vous présenterez ces différents éléments dans un compte-rendu d'entretien.

# 2 La construction de la zone de chalandise

La zone de chalandise est la **zone géographique dans laquelle se situent les clients potentiels de l'unité commerciale.** Elle est propre à chaque unité commerciale.



## 1 Définition

COMPRENDRE EN VIDÉO *La zone de chalandise*

**La connaissance de la zone de chalandise est essentielle pour l'unité commerciale :**

– **à des fins prévisionnelles lors d'une ouverture** ;

– **pour optimiser les investissements publicitaires** (définition des zones de distribution des ISA – imprimés sans adresse –, choix des emplacements d'affichage, choix des supports de presse locaux, etc.) ;

– **pour connaître la provenance de ses clients et adapter son offre.**

## 2 La méthode de construction de la zone de chalandise

### étape 1 La détermination de l'étendue de la zone de chalandise

• L'étendue de la zone de chalandise se définit de différentes façons :

– en demandant aux clients leur code postal lors de leur passage en caisse ;

– en récupérant les adresses sur les demandes de cartes de fidélité ;

– en collectant les adresses des participants à un jeu concours ;

– en demandant des informations sur la provenance des clients auprès du tuteur.

• Les informations collectées permettent ensuite de **diviser la zone de chalandise en trois sous-zones** :

– **la zone primaire** : la plus proche du point de vente (0 à 10 minutes d'accès environ), avec le taux d'emprise le plus élevé (entre 55 et 70 % de la clientèle potentielle). Elle constitue le cœur de cible de l'unité commerciale ;

– **la zone secondaire** : située à environ 10 à 15 minutes de l'unité commerciale, zone d'emprise intermédiaire représentant 20 à 25 % environ de la clientèle potentielle, avec une concurrence importante et une clientèle instable ;

– **la zone tertiaire** : la plus éloignée (15 à 20 minutes d'accès environ), taux d'emprise minimum, clientèle marginale.

**Remarque**

Ces intervalles de temps peuvent être variables en fonction de la nature de l'activité et de l'attractivité de l'unité commerciale.

### étape 2 La construction de la zone de chalandise sur un logiciel de géomarketing

• La construction de la zone de chalandise peut s'effectuer selon deux méthodes :

– **la construction selon des courbes isométriques** : ce sont des cercles concentriques mesurant la distance qui sépare le client de l'unité commerciale. Elles ne prennent pas en compte les éventuelles difficultés d'accès ;

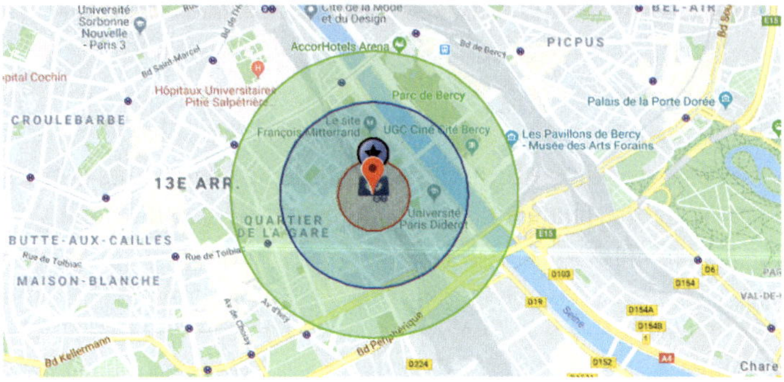


- Zone primaire = 5 km (cercle rouge)
- Zone secondaire = 10 km (cercle bleu)
- Zone tertiaire = 15 km (cercle vert)

– **la construction selon des courbes isochrones** : ces courbes mesurent le temps d'accès du client au point de vente à pied ou en voiture. Elles sont, en général, plus pertinentes que les courbes isométriques.

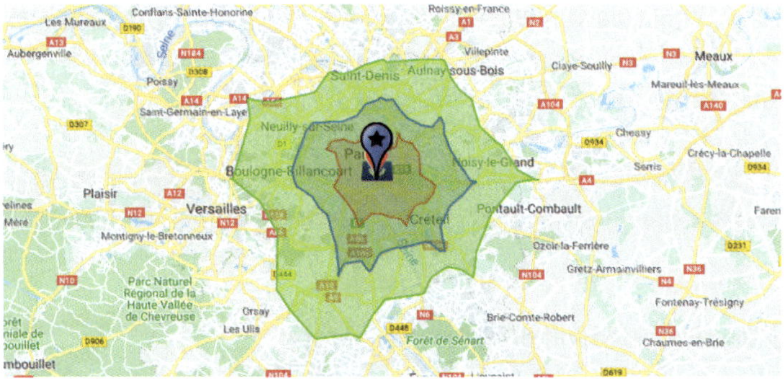


- Zone primaire = 8 minutes (zone rouge)
- Zone secondaire = 13 minutes (zone bleue)
- Zone tertiaire = 20 minutes (zone verte)

- **De nombreux logiciels de géomarketing sont accessibles gratuitement en ligne** pour construire sa zone de chalandise.

**Exemple** oalley.fr.

- Il suffit de suivre le mode opératoire de ces logiciels pour construire votre zone de chalandise.

**Remarque**

Dans le cas particulier des unités commerciales du secteur bancaire, la zone de chalandise est découpée en fonction de la situation géographique des autres agences du réseau.

## étape 3 La qualification de la zone de chalandise

- Afin de rendre plus précise votre zone de chalandise, vous devrez collecter des informations relatives aux caractéristiques des habitants de la zone :

– **au niveau quantitatif** : recenser le nombre d'habitants de la zone et par sous-zone ;

– **au niveau qualitatif** : collecter des informations sur le profil des habitants de la zone et des sous-zones : sexe, âge, revenus, dépenses, etc.

**Remarque**

Dans certaines unités commerciales en réseau, vous pourrez récupérer la zone de chalandise déjà construite directement auprès du responsable de l'unité commerciale ou bien de la direction du centre commercial, si l'unité commerciale est située dans un centre commercial

- Ces informations peuvent être collectées auprès de différentes sources : mairies, Internet (www.insee.fr). Toutes ces informations vous permettront d'affiner l'étude de votre zone de chalandise et de mettre en évidence l'adéquation ou la non-adéquation de la cible visée par l'unité commerciale et le profil de la clientèle potentielle de la zone.

# 3 L'étude des performances commerciales



**La mesure des performances de l'unité commerciale permet d'évaluer sa situation sur une période donnée.** Le tableau de bord, couramment utilisé par le manager dans ce cadre, est le premier outil pour réaliser un diagnostic. Il peut servir à :
1. diagnostiquer un problème dans l'UC (global ou sur une famille de produits) ;
2. piloter l'équipe (notamment par rapport aux performances attendues par le réseau) ;
3. animer l'équipe (pour l'informer et la motiver à partir de données concrètes).

## 1 La méthodologie de construction du tableau de bord

phase préalable

– **Lister tous les indicateurs commerciaux utiles** pour déterminer **votre** problématique (CA, marge, panier moyen, taux de transformation (TT), ventes réalisées par les différents membres de l'équipe commerciale, etc.) ;

– **déterminer la période à étudier** (1 mois, 6 mois, 1 an) en cohérence avec ce que vous supposez puisqu'à ce stade vous ne savez pas encore quelle est votre problématique ;

– **déterminer le « champ d'exploration »** (magasin, magasin/réseau, famille de produits, rayon, etc.).

phase 1 **Valider le choix des indicateurs**, de la période et du champ de recherche auprès de votre professeur référent et de votre tuteur.

phase 2 **Construire un tableau de bord vierge** à l'aide du logiciel Excel.

phase 3 **Récolter les informations** auprès du tuteur ou de l'intranet de l'unité commerciale et calculer les indicateurs analytiques comme le taux de contribution, le taux de réalisation des objectifs, le taux d'évolution de tous les indicateurs bruts sélectionnés (CA, marge, etc.).

phase 4 **Compléter le tableau de bord** à l'aide des informations préalablement collectées.

phase 5 **Effectuer les calculs nécessaires** (écart, taux d'évolution, etc.) grâce au logiciel Excel.

phase 6 **Analyser les résultats obtenus.**

phase 7 **Construire le rapport** qui fera apparaître les écarts anormaux, les points faibles de l'unité commerciale/du rayon/de la famille de produits, chercher à les expliquer et proposer des préconisations adaptées.

## 2 Un exemple de tableau de bord

| | Prévu | | Réalisé | | Année N – 1 | Cumul montant | Cumul % CA | Cumul année N – 1 |
|---|---|---|---|---|---|---|---|---|
| | Montant | % CA | Montant | Écart | | | | |
| CA (en €) | | | | | | | | |
| CA/m² | | | | | | | | |
| Panier moyen | | | | | | | | |
| Quantités vendues | | | | | | | | |
| Marge | | | | | | | | |
| Résultat | | | | | | | | |
| Délai de livraison | | | | | | | | |
| Taux de retour | | | | | | | | |

## 3 Une méthodologie d'analyse du tableau de bord

étape 1 Je fais un constat.

**Exemple**

Le chiffre d'affaires régresse de 5,2 % entre N-1 et N.

étape 2 J'analyse.

**Exemple (suite)**

Cela est probablement dû à l'arrivée d'un concurrent sur notre zone de chalandise.

étape 3 Je préconise.

**Exemple (suite)**

Il serait souhaitable de mettre des actions commerciales en place comme une semaine de promotion, accompagnée d'une campagne de communication locale multi-supports.

# 4 L'audit de l'équipe commerciale



L'équipe reflète ce qu'il se passe dans l'unité commerciale. Elle est le témoin privilégié des problématiques de l'entreprise.

**Il est donc intéressant de la sonder sur trois thématiques** :
1. le management mis en place au niveau du point de vente ;
2. le développement et la fidélisation de la clientèle ;
3. l'offre de produits et de services.

## 1 La méthodologie

phase préalable **Identifier précisément les différents membres de l'équipe commerciale** aux différents niveaux hiérarchiques et les lister.

phase 1 **Déterminer un mode de sondage** : entretien de groupe, entretien individuel, entretien libre (dangereux !), entretien semi-directif.

phase 2 **Évaluer**, grâce à une grille d'interview, les points forts et les points faibles de l'équipe, d'une part, et de l'unité commerciale, d'autre part, au travers des yeux des membres de l'équipe.

**Remarque**

L'entretien libre peut poser problème car les sondés sont libres de répondre ce qu'ils souhaitent, rendant le traitement des réponses plus compliqué.

1. La grille doit avoir une **double entrée** :
points forts/points faibles d'une part ;
relatifs aux membres de l'équipe/relatifs à l'unité commerciale d'autre part.

| | Points forts | Points faibles |
|---|---|---|
| **Des membres de l'équipe** | | |
| **De l'unité commerciale** | | |

2. La grille doit permettre d'aborder **les trois thématiques citées en introduction** lors de l'entretien.

phase 3 **Mener les entretiens.**

phase 4 **Synthétiser les résultats en dépouillant les différents questionnaires renseignés.**

phase 5 **Construire son rapport d'audit.**

## 2 La construction du rapport d'audit de l'équipe commerciale

| Structure du rapport | Nombre de pages | Contenu de l'audit de l'équipe commerciale |
|---|---|---|
| **Page de garde** | 1 | • Nom, prénom, statut dans l'UC.<br>• **Titre « *Rapport d'audit d'équipe* ».**<br>• Nom (et logo) de l'UC pour laquelle le rapport est réalisé. |
| **Sommaire** | 1 | • Subdivision du rapport avec la pagination de chaque partie. |
| **Introduction** | 1 | • Présentation du **problème** à résoudre (dans le contexte de l'UC ou plus globalement).<br>• Rappel des **objectifs** de l'audit. |
| **Méthodologie** | 1 | • Type d'étude utilisé.<br>• Utilisation du logiciel Word.<br>• Présentation du nombre de personnes interrogées, des thèmes abordés, date, lieu et modalités d'administration, etc. |
| **Résultats** | Variable | Présentation synthétique des résultats à la suite de l'analyse de différentes interviews. |
| **Synthèse** | 2 à 5 pages | • Bilan (points forts/faibles) compte tenu des thèmes et/ou du problème posé. Présentation du bilan sous la forme d'un tableau.<br>• Difficultés rencontrées.<br>• Recommandations éventuelles. |
| **Annexes** | Variable | • La grille d'audit vierge.<br>• Les grilles remplies. |

### Exemple de bilan

| Points forts des membres de l'équipe | Points faibles des membres de l'équipe |
|---|---|
| | |

| Atouts de notre unité commerciale par rapport aux concurrents selon l'équipe | Faiblesses de notre unité commerciale par rapport aux concurrents selon l'équipe |
|---|---|
| | |

# 5 L'étude de la concurrence



Votre unité commerciale évolue souvent sur un secteur très concurrentiel et il convient d'être en situation de veille commerciale.

## 1 Ses objectifs

L'étude de la concurrence a pour **objectifs** :

– **de délimiter clairement la concurrence directe et indirecte** de l'unité commerciale ;

– **d'évaluer les forces et faiblesses de la concurrence directe** afin d'en tirer des enseignements et des améliorations possibles pour l'unité commerciale.

## 2 La méthodologie

Phase préalable **Déterminer de manière précise l'activité de votre entreprise** (type de clients, zone géographique), **puis en déduire la concurrence directe** (directement positionnée sur les mêmes créneaux ou marchés) **et indirecte** (positionnée sur des créneaux différents mais pouvant se substituer à ceux de votre unité commerciale).

Phase 1 **Construire** un fichier concurrents directs et les reporter sur une carte.

Phase 2 **Évaluer**, grâce à une analyse multicritères, de cette concurrence, par exemple :

– l'emplacement et la qualité du point de vente (ex. : photographies) ;

– l'ancienneté et la notoriété (du dirigeant, de l'enseigne) ;

– le niveau d'activité et la croissance du chiffre d'affaires ;

– l'accueil téléphonique (attente, conseils, services) ;

– l'accueil physique et les conseils (client mystère) ;

– le choix et le prix (tableau comparatif) ;

– la communication.

**Remarque**

Lorsque vous recherchez des informations sur le niveau d'activité et le chiffre d'affaires, attention à bien réaliser une recherche (notamment à l'aide de sites comme www.societes.com) sur la raison sociale du magasin concurrent et non sur l'enseigne.

Phase 3 **Synthétiser les résultats** : en évaluant chaque critère avec un barème de notation (ex. : de 1 à 10).

Phase 4 **En déduire** les concurrents les plus sérieux.

Phase 5 **Faire des préconisations** : confronter les résultats de cette dernière sélection aux prestations fournies par votre propre entreprise. En déduire les « plus et les moins » de votre entreprise (choses à maintenir, choses à faire, choses à ne plus faire).

Phase 6 **Construire le rapport d'étude de la concurrence.**

## 3 La construction du rapport d'étude de la concurrence

| Structure du rapport | Nombre de pages | Contenu de l'étude de la concurrence |
|---|---|---|
| **Page de garde** | 1 | • Nom, prénom, statut dans l'unité commerciale.<br>• **Titre « *Rapport d'étude de la concurrence* ».**<br>• Nom (et logo) de l'UC pour laquelle le rapport est réalisé. |
| **Sommaire** | 1 | • Subdivision du rapport avec la pagination de chaque partie. |
| **Introduction** | 1 | • Présentation du **problème** à résoudre (dans le contexte de l'UC ou plus globalement).<br>• Rappel des **objectifs** de l'étude de la concurrence. |
| **Méthodologie** | 1 | • Type d'étude utilisé.<br>• Utilisation du logiciel Word/Excel.<br>• Justification du nombre et du choix des concurrents, des thèmes abordés, date, lieu et modalités d'administration, etc.<br>• Présentation de la méthode d'évaluation choisie pour comparer les concurrents. |
| **Résultats** | Variable | Présentation synthétique des résultats à la suite de l'analyse des scores obtenus par chaque concurrent. |
| **Synthèse** | 2 à 5 pages | • Bilan (points forts de notre UC par rapport à la concurrence et des concurrents par rapport à notre UC ; idem points faibles).<br>• Difficultés rencontrées.<br>• Recommandations éventuelles. |
| **Annexes** | Variable | • Questionnaire vierge.<br>• Questionnaire rempli pour chaque concurrent.<br>• Tous les éléments chiffrés en lien avec la démarche méthodologique, avec l'analyse, et enfin avec les recommandations effectuées en conclusion (ex. : la mise en place d'un challenge d'équipe). |

# 6 L'étude de satisfaction de la clientèle



L'étude de satisfaction de la clientèle est une étude quantitative ponctuelle par questionnaire. Elle permet d'obtenir des données chiffrées extrapolées à la population totale, à partir d'un échantillon représentatif. Aujourd'hui, les études sont le plus souvent administrées en ligne ou grâce à une tablette ou un smartphone.

## étape 1 La préparation de l'étude

### A La définition des modalités de l'étude et le repérage des contraintes éventuelles

- **Les objectifs de cette enquête.**

– Pourquoi menez-vous cette enquête ?

– Que souhaitez-vous connaître ou mesurer (produits, prix, accueil de l'équipe, ambiance du magasin, comportement d'achat, etc.) ?

- **Les caractéristiques de l'échantillon à interroger.**

– Nombre de personnes[1].

– Profil des personnes à interroger (client, client fidèle, visiteur, sexe, âge, etc.).

1. Vous utiliserez une méthode d'échantillonnage non probabiliste puisqu'on ne connaît pas la liste exhaustive des individus constituant la population mère. On ne peut donc pas théoriquement calculer la taille de l'échantillon.

| Principales méthodes d'échantillonnage | Caractéristiques |
|---|---|
| **Méthode des quotas** | On reproduit les caractéristiques (sexe, âge, etc.) de la population étudiée sur l'échantillon.<br>Ex. : On respectera la composition de la clientèle : 40 % d'hommes et 60 % de femmes. |
| **Méthode arbitraire** | L'échantillon est composé de manière intuitive en ayant cependant pour souci de respecter une variété sociale.<br>Ex. : L'enquêteur veillera à interroger toutes les tranches d'âges. |
| **Méthode des itinéraires** | Les enquêteurs doivent respecter un itinéraire précis sur lequel ils vont constituer leur échantillon.<br>Ex. : On interrogera une personne sur 5 en sortie de caisse d'un magasin. |

- **Le lieu d'administration** : à l'intérieur du magasin, devant le magasin, en sortie de caisses, etc.

- **La durée d'administration et les moments d'administration** : moment de la semaine, moment de la journée, etc.

- **L'équipe d'administrateurs** : êtes-vous seul à administrer le questionnaire ou avez-vous des collaborateurs ?

- **Le mode d'administration** : en face-à-face, par téléphone, par mail, en auto-administration.

## B L'élaboration du questionnaire et sa validation par le commanditaire

Vous expliquerez ici les étapes de construction de votre questionnaire :

– **l'identification des thèmes à aborder dans le questionnaire :** vous limiterez votre questionnaire à quatre thèmes, dont le thème signalétique (sexe, âge, lieu d'habitation, profession, etc.) ;

– **la formulation des questions** :

- vous veillerez à alterner les types de questions : questions fermées, questions à choix multiples, questions à échelle, questions ouvertes ;
- vous serez attentifs à l'ordre des questions afin de rendre l'administration de votre questionnaire plus fluide.

**Exemple de question fermée**

Possédez-vous la carte de fidélité de notre magasin ?

❏ Oui ❏ Non

**Exemple de question à choix multiples**

Donnez votre avis sur l'équipe du magasin :

| | – – | – | + | ++ |
|---|---|---|---|---|
| Accueil en magasin | | | | |
| Disponibilité | | | | |
| Qualité des conseils | | | | |
| Sourire | | | | |

**Exemple de question à échelle**

Sur une échelle de 1 à 5 (5 étant la note la plus haute), comment jugez-vous l'ambiance générale de notre magasin ?

❏ 1 ❏ 2 ❏ 3 ❏ 4 ❏ 5

**Exemple de question ouverte**

Auriez-vous des suggestions à proposer pour améliorer le choix des produits dans notre magasin ?

________________________________________

________________________________________

________________________________________

________________________________________

**Astuce**

Pour faciliter le dépouillement, vous limiterez votre questionnaire à une question ouverte.

– **la mise en page de votre questionnaire** : vous présenterez votre questionnaire avec un titre, une introduction ainsi qu'une conclusion ;

– **la validation du questionnaire** par le commanditaire.

## C La finalisation du questionnaire

- Vous testerez votre questionnaire sur environ 10 % de votre échantillon final et procéderez aux corrections éventuellement nécessaires.

- Vous imprimerez ensuite votre questionnaire en limitant sa présentation à une page recto verso.

# étape 2 Le déroulement de l'étude

## A Le planning d'administration de l'étude et l'administration de l'enquête

• Vous présenterez un planning d'administration de votre questionnaire afin de mettre en évidence la rigueur de votre méthodologie : nombre de questionnaires administrés par jour ou par moment de la journée, etc.

• Vous préciserez le nom de la méthode non probabiliste que vous avez choisie.

**Exemple**

L'administration des questionnaires est répartie au prorata du chiffre d'affaires généré par jour. Sur un total de 100 questionnaires, si la contribution au chiffre d'affaires du samedi représente 40 %, alors 40 questionnaires seront administrés le samedi.

**Remarque**

La pratique en BTS MCO est d'administrer 100 questionnaires et de justifier la taille de l'échantillon par des contraintes de temps et/ou de budget.

## B Le paramétrage de l'enquête sur un logiciel de dépouillement d'enquête

• Vous devez maintenant procéder au paramétrage de votre questionnaire sur un logiciel de dépouillement d'enquête. Cette étape consiste à construire le questionnaire sur le logiciel et à saisir les caractéristiques des différentes questions.

• Cette étape est essentielle car un paramétrage mal exécuté rend la saisie des résultats erronée et vous oblige à recommencer cette étape.

## C La saisie des résultats

• Cette étape consiste à entrer dans le fichier de l'enquête les réponses reçues lors du questionnement des personnes.

• La sauvegarde des données se fait à la fin de chaque questionnaire, ce qui vous permet de réaliser cette étape de saisie en plusieurs fois.

**Remarque**

Dans le module de saisie, le terme **individu** signifie questionnaire.

# étape 3 Le suivi de l'étude

## A L'analyse des résultats de l'étude : l'analyse des tris à plat et des tris croisés

L'analyse des résultats de l'étude s'effectue grâce au module de traitement du logiciel de dépouillement d'enquête :

– les tris à plat permettent d'analyser les résultats question par question ;

– les tris croisés permettent d'analyser les résultats d'une question en fonction des résultats d'une autre question.

**Exemple de tri croisé**

**Question 1** : Avez-vous la carte de fidélité de notre magasin ?

**Question 2** : Dans quelle tranche d'âge vous situez-vous ?

Le croisement de ces deux questions permettra d'améliorer notre connaissance du client encarté en terme d'âge.

**Astuce**

Vous présenterez l'analyse de vos résultats à raison d'une page par tri en incluant l'intitulé de la question, le tableau et/ou le graphique des résultats du tri et une phrase d'analyse de ces résultats.

## B La rédaction d'une synthèse et des préconisations

- À l'issue de la phase d'analyse des résultats, vous rédigerez une synthèse structurée par thème reprenant les éléments les plus pertinents de vos analyses de tris à plat et de tris croisés.

**Exemples de thèmes**

Le comportement d'achat, la satisfaction sur les services proposés, le profil du client.

- Vous conclurez votre synthèse par des préconisations argumentées qui pourraient répondre aux problématiques soulevées dans votre analyse.

**Remarque**

Votre synthèse ainsi que vos préconisations seront intégrées à votre rapport d'étude.

## C L'élaboration du rapport d'étude et sa remise au commanditaire

- Votre remettrez un rapport d'étude à votre commanditaire.

- Vous présenterez les résultats de votre étude de satisfaction dans un dossier relié et structuré comme suit :

– une page de garde avec l'intitulé de votre étude, le nom de l'unité commerciale, vos nom et prénom, les dates de réalisation de votre étude ;

– les modalités de votre étude : objectifs, lieu, mode et dates d'administration, caractéristiques de l'échantillon, etc. ;

– le questionnaire vierge validé par le commanditaire ;

– les analyses illustrées (tableaux, graphiques) des tris à plat et tris croisés ;

– la synthèse de votre étude structurée par thèmes ;

– les préconisations.

# 7 L'étude d'attractivité d'un rayon



Une étude d'attractivité permet de mieux comprendre les contre-performances inhérentes à un rayon ou à une famille de produits. Elle consiste à suivre un certain nombre de clients dans leur parcours au sein de l'unité commerciale afin de mettre en évidence les principaux points faibles d'un rayon. Elle peut être complétée par une étude de satisfaction de la clientèle portant sur le rayon afin de pouvoir affiner l'analyse.

## étape 1 L'analyse de l'existant

• Avant de procéder à l'étude d'attractivité, il est important de mener une démarche qualitative qui aura pour objectifs de déterminer les points forts et les points faibles les plus évidents de l'implantation du rayon.

• Il peut s'agir, par exemple, de demander à chaque membre de l'équipe de réaliser une observation critique du rayon à partir du plan merchandising initial.

• Quelques pistes pour l'analyse à mener :
– le parcours du client ;
– la répartition des zones chaudes et des zones froides ;
– l'adaptation du mobilier aux produits du rayon, à l'image de l'unité commerciale ;
– l'ambiance générale (éclairage, décoration, etc.) ;
– la facilité de circulation du client ;
– le repérage du client au sein du rayon (balisage, etc.) ;
– la mise en valeur des produits ;
– etc.

## étape 2 L'étude d'attractivité du rayon

### A L'élaboration du plan de masse de l'unité commerciale

• Vous élaborerez un plan de masse de l'unité commerciale afin de pouvoir procéder au suivi des clients qui entrent dans le magasin.

• Ce plan de masse comportera une légende qui permettra de mettre en évidence les arrêts, les prises en main de produits, etc.

**Définition**

**Plan de masse (en distribution) :** plan représentant l'implantation des rayons dans le point de vente.

**Exemple**

**SUIVI DES CLIENTS**

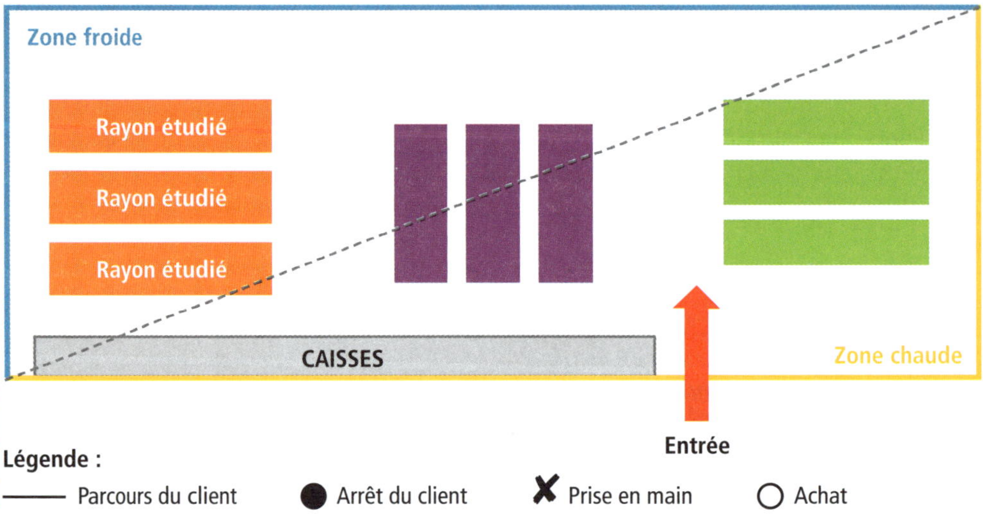


## B L'observation des clients

• Une fois le plan de masse élaboré, vous le photocopierez autant de fois que le nombre de suivis prévus. L'usage est de suivre environ 50 clients.

• Vous procéderez ensuite au suivi clients en prenant soin de bien noter les arrêts, prises en main et achats de vos clients. Vous pourrez répartir ces suivis tout au long de la semaine afin d'avoir une meilleure représentativité du comportement du client. En règle générale, on utilise la méthode des itinéraires pour constituer l'échantillon des clients suivis (**ex.** : un client suivi tous les 10 clients entrés dans l'unité commerciale).

## C Le calcul des indices

• Vous calculerez ensuite des indices à partir des suivis réalisés :

| Indice | Mode de calcul | Interprétation |
|---|---|---|
| **Indice de passage** | Nombre de passages dans le rayon/nombre de clients suivis. | Évaluer l'emplacement du rayon et déterminer les zones froides et chaudes. |
| **Indice d'attractivité** | Nombre d'achats dans le rayon/nombre de passages dans le rayon. | Évaluer l'attractivité du rayon, son impact auprès de la clientèle. |
| **Indice d'attention** | Nombre d'arrêts dans le rayon/nombre de passages dans le rayon. | Estimer la puissance visuelle du rayon, sa capacité à retenir l'attention du client. |
| **Indice de manipulation** | Nombre de prises en main dans le rayon/nombre d'arrêts dans le rayon. | Vérifier que l'offre de produits correspond aux besoins du client. |
| **Indice d'acquisition** | Nombre d'achats dans le rayon/nombre de prises en main. | Vérifier si le niveau de prix pratiqué est correct et si l'assortiment est adapté. |
| **Indice d'achat** | Nombre d'achats dans le rayon/nombre de clients suivis. | Montrer l'efficacité commerciale globale du rayon. |

• Pour calculer les indices, vous utiliserez un tableur (ex. : Excel) afin de mettre en évidence votre maîtrise des formules.

## étape 3 L'analyse de l'attractivité du rayon

• Vous procéderez ensuite à l'analyse des indices calculés. Un indice performant est proche de 1.

• Idéalement, ces indices doivent être comparés dans le temps pour estimer l'évolution des performances soit entre différents rayons, soit entre des rayons similaires dans des unités commerciales différentes du réseau.

**Exemple d'analyse**

Indice d'acquisition = 0,33

Cet indice n'est pas bon. Il signifie que seuls 33 % des clients qui prennent le produit en main l'achètent. Cet indice met en évidence que le produit est attractif mais certainement trop cher.

• Vous mènerez ensuite votre analyse que vous pourrez structurer ainsi :
– l'agencement global de l'unité commerciale ou du rayon : est-il adapté au parcours client ?
– l'offre proposée : est-elle suffisamment visible ?
– le confort d'achat : l'information sur le lieu de vente (ILV) est-elle suffisamment incitative et informative ?

• Vous terminerez votre analyse en proposant des préconisations visant à améliorer l'attractivité de votre unité commerciale ou du rayon étudié.

# 8 L'étude des indices de sensibilité d'un rayon

L'étude des indices de sensibilité d'un rayon consiste à vérifier si la place accordée à chacun des produits ou à chacune des familles de produits permet d'optimiser la rentabilité du rayon. Cette étude assez longue à réaliser demande beaucoup de rigueur mais elle permet de justifier avec beaucoup de précision une proposition de réimplantation de rayon.

## étape 1 Le recueil des informations

• Avant toute analyse, vous récolterez tous les renseignements qui vous permettront ensuite d'être plus efficace. Un rayon stable (épicerie, etc.) est plus facile à analyser qu'un rayon saisonnier (maillots de bain, etc.).

• Les informations à collecter sont les suivantes :

| Pour l'ensemble du rayon | Pour chaque référence |
|---|---|
| • Un schéma précis au centimètre près du rayon par famille, mais aussi par référence.<br>• Une photo du linéaire pour pouvoir juger de son aspect visuel.<br>• Le sens de circulation de la clientèle pour déterminer l'entrée et la sortie du rayon. | • Le chiffre d'affaires ou les quantités vendues sur une période de plusieurs mois.<br>• La marge réalisée par référence. |

## étape 2 Le diagnostic par famille de produits

• Vous commencerez toujours par analyser chaque famille de produits avant de procéder à l'analyse par référence. Cette dernière est beaucoup plus fastidieuse car il existe jusqu'à 500 références dans un rayon.

• Il est possible toutefois de se limiter à l'analyse par famille mais elle sera moins précise. Vous présenterez votre travail dans des tableaux de calculs d'indices.

**Exemple**

| Famille | CA réalisé | Marge brute (MB) | MLD[1] | % CA[2] | % MB[3] | % MLD[4] | IS/CA[5] | IS/MB[6] |
|---|---|---|---|---|---|---|---|---|
| **Famille 1** | 8 703 | 650 | 25,58 | 78,7 | 23,7 | 80,7 | 0,98 | 0,29 |
| **Famille 2** | 1 686 | 1 083 | 4,08 | 15,2 | 39,4 | 12,9 | 1,18 | 3,05 |
| **Famille 3** | 670 | 1 012 | 2,04 | 6,1 | 36,9 | 6,4 | 0,95 | 5,77 |
| **Total** | **11 059** | **2 745** | **31,70** | **100** | **100** | **100** | | |

**1.** Mètre linéaire développé ou MLD (nombre de mètres occupés par la famille × nombre de niveaux)

**2.** % CA = (chiffre d'affaires de la famille/chiffre d'affaires total) × 100

**3.** % MB = (marge brute de la famille/marge brute totale) × 100

4. % MLD = (MLD occupé par la famille/MLD total) $\times$ 100
5. Indice de sensibilité sur le chiffre d'affaires (IS/CA). Il compare les ventes de la famille avec la surface qu'elle occupe dans le rayon. On peut aussi travailler sur les quantités vendues à la place du chiffre d'affaires.

$$\frac{\%\ CA}{\%\ MLD}$$

6. Indice de sensibilité sur la marge brute (IS/MB). Il compare la marge dégagée par une famille de produits et la place qu'elle occupe dans le rayon.

$$\frac{\%\ MB}{\%\ MLD}$$



## étape 3 L'analyse des indices de sensibilité du rayon

- L'indice de sensibilité doit être au moins égal à 1 pour être performant.
- S'il est supérieur à 1, cela signifie qu'il est très performant et que la famille ou la référence concernée est sous-représentée. Il faut donc augmenter sa place dans le linéaire.
- Au contraire, si l'indice est inférieur à 1, cela signifie qu'il est peu performant et que la famille ou la référence concernée est sur-représentée. Il faut donc réduire sa place dans le linéaire.

**Tableau d'aide à l'interprétation des résultats**

| | $\frac{IS}{CA} < 1$ | $\frac{IS}{CA} > 1$ |
|---|---|---|
| $\frac{IS}{MB} < 1$ | La famille de produits est sur représentée. La place accordée à la famille est trop importante par rapport à son efficacité. Il faut réduire la part de linéaire accordée, voire supprimer la famille. | Le CA réalisé est important mais la marge est insuffisante. Il faut augmenter la marge (augmentation du prix de vente ou baisse du prix d'achat) si cela est possible. Ces familles ne doivent pas être mises en valeur dans le linéaire. |
| $\frac{IS}{MB} > 1$ | La marge réalisée sur cette famille est bonne mais les ventes réalisées sont insuffisantes. Il faut se demander si, en les changeant d'emplacement, il serait possible d'augmenter les ventes. | La famille est sous-représentée. Le comportement de cette famille est très bon en termes de CA et de marge générés. Cette famille mérite qu'on lui accorde une plus grande part de linéaire. |

## étape 4 La synthèse de l'étude des indices de sensibilité

Une fois les calculs réalisés, vous rédigerez une synthèse de votre étude des indices de sensibilité en précisant :
– les modalités de l'étude ;
– les tableaux de calculs des indices de sensibilité ;
– l'interprétation des indices de sensibilité calculés ;
– vos préconisations en terme d'allocation de linéaire par famille et/ou par référence.

# 9 La recherche d'informations sur Internet

Il est important aujourd'hui de bien cibler ses outils sur Internet pour réaliser une recherche d'informations pertinente et fiable.

## 1 Ses objectifs

Effectuer une recherche d'informations sur Internet permet :
– d'assurer la veille informationnelle sur son marché, son enseigne et son point de vente ;
– de mobiliser les outils numériques appropriés ;
– de hiérarchiser les informations.

## 2 La méthodologie

étape 1 **Faites un remue-méninges par rapport au besoin d'informations** sur le marché de l'entreprise.

**Conseil**
Utilisez la méthode QQOQCCP.

étape 2 **Utilisez des opérateurs de recherche qui vous permettent d'affiner celle-ci.**

| Types d'opérateurs | Explications | Exemples |
|---|---|---|
| ET ou AND | On veut mettre deux mots en relation. | Je cherche à avoir des informations sur mon enseigne (xx) en France uniquement.<br>xx ET France |
| OU ou OR | On cherche deux mots indépendamment ou ensemble. | Je cherche à avoir des informations sur le réseau commercial en France, sur le réseau commercial en général ou sur la France en général.<br>Réseau commercial OU France |
| Les parenthèses : () | On veut combiner plusieurs signes. | Je cherche à avoir des informations sur le réseau, sur les franchises, les succursales, mais également sur les réseaux de franchises ou sur les réseaux de succursales.<br>Réseaux ET (franchises OU succursales) |
| L'astérisque : * | On cherche des mots ayant la même racine. | Je veux trouver tous les mots de la même famille comme commerce, commercial, etc.<br>Commerc* |
| Les guillemets : « … » | On cherche une expression ou une phrase telle quelle. | Je veux retrouver une citation. |

**Exemple**

Si vous tapez sur Google « marché des objets connectés en Ile-de-France », vous obtenez 1,19 millions de résultats ; si vous tapez « Marché+objets connectés+Ile-de-France », vous obtenez 938 000 résultats.

étape 3 **Organisez vos recherches et automatisez-les.**

– Déterminez les sources d'informations que vous allez utiliser : les sites Web de presse, les agrégateurs de flux (voir § 3), la création d'alertes Google.

– Listez les mots-clés que vous allez utiliser pour votre requête sur les sites Web.

étape 4 **Effectuez la recherche.**

étape 5 **Élaborez un tableau de synthèse des informations collectées.**

| Adresse du site web | Nature de l'information trouvée (vidéo, article de presse, image, etc.) + date | Contenu résumé ou intérêt de l'information | Pertinence de l'information (Oui/Non) | Précision de l'information (Oui/Non) | Récence de l'information (Oui/Non) | Information (Validée/ Non validée) |
|---|---|---|---|---|---|---|
| | | | | | | |

## 3 Comment utiliser un agrégateur de flux RSS ?

### A La présentation de l'outil

• **Netvibes est un outil en ligne efficace pour les professionnels qui organisent leur veille sur le Web.**

• Ce tableau de bord permet, en effet, de suivre des centaines de sources d'informations simultanément, et de gérer de nombreuses tâches courantes, *via* plusieurs applications tierces connectées au service.

### B Le mode opératoire

1 Se connecter à Netvibes à l'aide de Google ou grâce au lien www.netvibes.com. S'inscrire.

2 Créer un ***dashboard*** :

– à l'arrivée sur Netvibes, un *dashboard* (tableau de bord de vos flux RSS) partiellement complété est déjà créé ;

– pour en créer un plus personnel, cliquer sur *DASHBOARDS/NOUVEAU* (en haut à droite).

3 Paramétrer votre *dashboard* :

– vous pouvez mettre en forme votre dashboard. Pour cela, cliquez sur OPTIONS (en haut, à droite) :

- général : titre, visualisation des articles (compacte ou largeur personnalisée) ;
- contenu local : type de contenu : Europe, France, etc. ;
- langue : langue souhaitée ;
- thèmes : personnaliser avec une couleur, un fond d'écran imagé.

4 Créer des onglets et les mettre en forme :

– à droite de la barre d'onglets, cliquer sur **+**, autant de fois que vous souhaitez d'onglets ;

– personnaliser ses onglets : dans cette fenêtre, vous pouvez donner un nom à l'onglet, une couleur, et mettre en page les **boîtes** de l'onglet ;

– mettre en forme ses onglets : à droite dans le titre de l'onglet, cliquez sur la petite flèche descendante (options de l'onglet) puis sur le cercle barré en haut à gauche.

5 Ajouter des **widgets** :

– dans chaque onglet, vous pouvez ajouter des widgets qui correspondront aux flux RSS que vous souhaitez ;

– pour cela, cliquez sur **+AJOUTER** en haut à gauche (en vert) :

- **App de lecture** : vous ajoutez un flux manuellement à l'aide d'une adresse URL copiée dans le navigateur que vous collez dans les applications de lecture (ex. : URL de *LSA* si je souhaite le flux RSS de ce magazine).
- **Annuaire de flux RSS** : effectuez une recherche Google sur les termes « annuaire de flux rss ». Vous ajoutez ensuite un flux RSS à partir d'un annuaire de flux RSS.
- **Applications essentielles** : vous ajoutez un contenu à partir des apps essentielles (ex. : toutes les vidéos YouTube actualisées du magazine *LSA* ou une *To Do List*).

– Parfois, les flux n'ont pas des titres très clairs ou alors n'en ont pas du tout. Vous pouvez donc renommer les flux. Pour cela, placez-vous dans la barre grisée du widget et cliquez sur les quatre carrés à droite, puis renommez-les.

## C Quelques conseils

1 **Soyez curieux :** ne vous limitez pas à ce que vous avez déjà, cherchez de nouvelles sources d'inspiration !

2 **Appuyez-vous sur des sources fiables :** il vous faudra identifier les sources d'informations dignes de confiance.

3 **Diversifiez vos sources :** une veille informationnelle efficace implique la diversification des sources. Ne vous limitez pas à des sites institutionnels, consultez aussi les blogs, les tweets, etc.

4 **Automatisez le recueil des informations.**

# Gestion opérationnelle

COMPRENDRE EN VIDÉO Retrouvez tous nos tutos vidéos sur notre chaîne YouTube « Objectif BTS Hachette ».



Gestion opérationnelle

Présentation de l'épreuve E5

# Gestion opérationnelle

Épreuve écrite
Durée : 3 heures
Coefficient : 3

## 1 L'objectif de l'épreuve

- L'épreuve vise à valider les compétences correspondant au bloc n° 3 « Assurer la gestion opérationnelle », à savoir gérer les opérations courantes, prévoir et budgétiser l'activité et analyser les performances.

- Elle donne lieu à une note sur 20 points.

## 2 Le sujet

- Il prend appui sur l'étude d'un cas de gestion d'une unité commerciale.

- Il propose des situations professionnelles accompagnées de documents destinés à présenter :
– le contexte commercial support de l'épreuve ;
– les informations nécessaires à la résolution des problèmes posés.

- Il permet la mise en œuvre d'une démarche de résolution de problème grâce à un questionnement adapté. Ce dernier peut comporter des questions à choix multiples.

## 3 Les critères d'évaluation

- Les contraintes légales et réglementaires sont respectées.
- Les approvisionnements sont assurés et optimisés.
- Le suivi des stocks est rigoureux.
- Les calculs de trésorerie sont justes.
- Les propositions de prix sont réalistes.
- Les risques sont anticipés.
- Le traitement des incidents et des situations de crise est efficace.
- Les objectifs fixés sont réalistes.
- Les budgets sont fiables et opérationnels.
- Les propositions de décision d'investissement sont pertinentes.
- Les tableaux de bord sont opérationnels.
- Les données quantitatives sont judicieusement mobilisées.
- Les propositions d'enrichissement du système d'information commercial sont appropriées.
- Les comptes-rendus sont adaptés et exploitables.
- Les mesures correctrices sont cohérentes.

## 4 Travaillez efficacement !

• Lisez attentivement la présentation générale et, plus particulièrement, les mises en situation car elles contiennent des éléments d'information importants.

• Après avoir lu et analysé chaque question, reportez-vous aux annexes concernées et repérez les éléments d'information utiles qui serviront à formuler une réponse à l'aide de surligneurs. Vous éviterez ainsi d'avoir à relire les documents figurant en annexes à de multiples reprises.

• Sachez repérer les verbes « d'action » utilisés dans la formulation de la question car ils précisent ce qui est attendu :

| | |
|---|---|
| **Définissez** | Définition d'une notion. |
| **Caractérisez** | Description, voire explication. |
| **Calculez, déterminez** | Calculs à effectuer à l'aide de données fournies en annexes. |
| **Identifiez, repérez** | Éléments d'explication à trouver dans les documents en annexes. |
| **Vérifiez** | Une vérification doit le plus souvent faire l'objet d'un calcul. |



## 5 Sachez présenter votre copie

• Il est inutile de rédiger une introduction et une conclusion générales.
– Reportez les numéros des questions dans la copie.
– Ne regroupez pas plusieurs questions en une.
– Ne recopiez pas les documents fournis en annexes.
– Soignez la forme de vos réponses : tableau – énumération - réponse rédigée.

• En général, les réponses doivent être justifiées à l'aide de calculs et/ou d'analyses qui se présentent le plus souvent sous la forme de tableaux ou d'énumérations d'arguments.

Le recours aux techniques quantitatives de gestion (calculs) ne doit pas vous faire perdre de vue qu'il faut toujours commenter les résultats obtenus. De plus, il est indispensable de détailler chaque calcul car les points attribués dépendent du raisonnement tenu. Ainsi, un calcul dont le résultat est faux peut, malgré tout, vous rapporter un nombre de points conséquent s'il est suffisamment détaillé.

**Remarque**

Certaines questions vous demandent d'avancer des arguments en faveur de telle ou telle hypothèse, ou bien d'expliquer quels sont les avantages et les inconvénients d'un choix éventuel. N'hésitez pas à être exhaustifs et à avancer un maximum d'arguments car le barème détaillé tiendra compte du nombre d'idées différentes avancées.

# 1 Le cycle d'exploitation

L'unité commerciale entretient des relations avec ses partenaires. Les différents échanges qui en résultent sont constitués de flux économiques de natures différentes.

## 1 Les étapes du cycle d'exploitation

### A L'entreprise commerciale

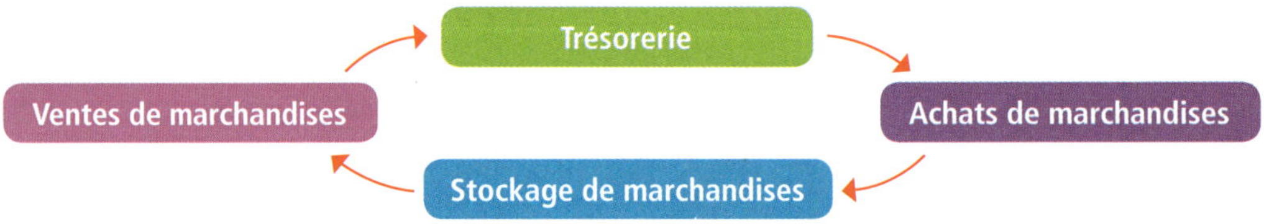


### B L'entreprise industrielle

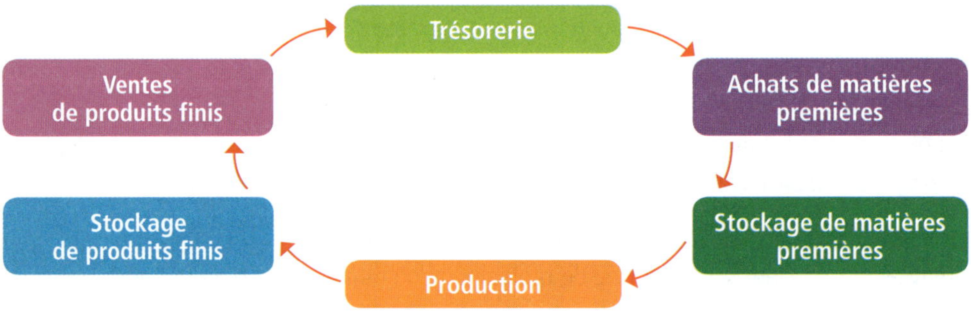


### C L'entreprise de service

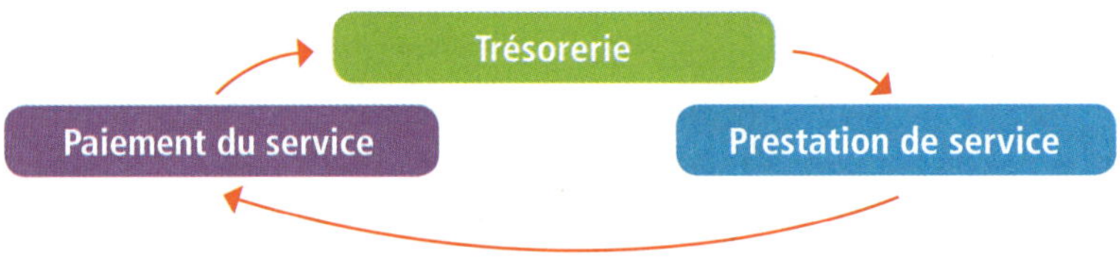


## 2 Le besoin en fonds de roulement

• **Le besoin en fonds de roulement (BFR) représente le besoin de financement qui est dû au décalage dans le temps pendant le cycle d'exploitation.**

**Exemple**

L'entreprise doit parfois régler ses fournisseurs avant de recevoir le montant dû par ses clients.

| Achat | Vente | Besoin en trésorerie |
|---|---|---|
| Règlement à 30 jours aux fournisseurs. | Règlement à 45 jours du client. | Il faudra régler au minimum le fournisseur 15 jours avant que les clients ne paient. |

• On peut ainsi déterminer un besoin en fonds de roulement d'exploitation qui tiendra compte des décalages de trésorerie consécutifs aux opérations du cycle d'exploitation :

| Opérations qui engendrent des besoins de financement | Opération qui apporte des ressources de financement |
|---|---|
| • Durée de crédit accordée aux clients.<br>• Durée de stockage. | Durée de crédit accordée par les fournisseurs. |

**BFR = créances clients + stocks – dettes fournisseurs**

**Remarque**
On considère par simplification qu'une année compte 360 jours.

• **La valeur moyenne des stocks** s'obtient à partir de la durée moyenne de stockage :

$$\frac{\text{achats HT} \times \text{délai moyen de stockage}}{\text{360 jours}}$$

• **La valeur moyenne des créances clients** s'obtient à partir du délai de paiement moyen :

$$\frac{\text{CA TTC} \times \text{délai moyen}}{\text{360 jours}}$$

• **La valeur moyenne des dettes fournisseurs** s'obtient à partir du délai de paiement moyen :

$$\frac{\text{achats TTC} \times \text{délai moyen}}{\text{360 jours}}$$

• On peut exprimer **le BFR en nombre de jours de chiffre d'affaires HT :**

$$\frac{\text{BFR} \times \text{360 jours}}{\text{CA HT}}$$

• Si le besoin en fonds de roulement est trop élevé par rapport aux ressources de financement disponibles, l'entreprise devra, afin de faire face à ses échéances, soit prélever dans sa trésorerie, soit demander des facilités de trésorerie à sa banque, ce qui engendrera des frais.

**Les actions qui permettent de diminuer le BFR**

| | | |
|---|---|---|
| Réduction du délai de paiement des clients | Réduction de la durée moyenne de stockage | Augmentation du délai de paiement aux fournisseurs |

**Remarque**
Un BFR négatif signifie que l'activité dégage une ressource excédentaire de financement. C'est le cas des entreprises qui règlent leurs fournisseurs à crédit alors que leurs clients paient comptant (distribution, hôtellerie, restauration, etc.).

# Exercice d'entraînement

*Corrigé p. 152*

**Déterminez le besoin en fonds de roulement de l'entreprise Alpha d'après les données suivantes :**
• chiffre d'affaires TTC : 120 000 € ;
• coût d'achat HT des marchandises : 40 000 € ;
• délai moyen de paiement des créances clients : 45 jours ;
• délai moyen de paiement des dettes fournisseurs : 32 jours ;
• délai moyen de stockage : 12 jours ;
• taux de TVA : 20 %.

# 2 Les documents commerciaux et les opérations de règlement

Les documents commerciaux permettent d'organiser les échanges commerciaux. Ils constituent une source de renseignements indispensables et sont également un moyen de preuve en cas de litige.

## 1 Les documents commerciaux

Les documents commerciaux permettent de conserver l'historique détaillé des opérations réalisées entre l'entreprise, ses fournisseurs et ses clients.

### A Les différents types de documents

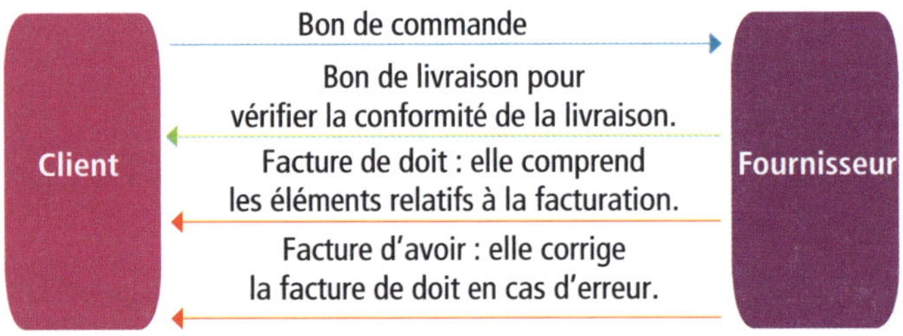


**Remarque**

La commande peut être précédée d'un devis, c'est-à-dire un document émis par le fournisseur détaillant la nature des biens vendus ou de la prestation de service exécutée et son prix. La jurisprudence estime que la durée de validité d'un devis varie entre 2 et 3 mois.

### B La facture de doit

Une facture de doit comporte des mentions obligatoires.

**Exemple**

Les **mentions obligatoires** sont surlignées en jaune.

Distriplus SARL
3 rue des Acacias
92170 Vanves
← Vendeur

→ Client
Durand SARL
3 avenue de la Liberté
92170 Vanves

Facture n° FV430 du 15 avril 2020

| Référence | Désignation | Quantité | Prix unitaire brut HT | Remise | Prix unitaire net HT[1] | Montant HT[2] |
|---|---|---|---|---|---|---|
| X 001 | Siphon | 10 | 3,50 | / | 3,50 | 35,00 |
| P 003 | Robinet | 2 | 40,00 | 15 % | 34,00 | 68,00 |

| | | |
|---|---|---|
| | Total HT | 103,00 |
| Échéance : paiement sous 8 jours | – Remise globale 5 % | 5,15 |
| Escompte de règlement en cas de paiement anticipé : 2 % | = net commercial HT[3] | 97,85 |
| | + transport HT | 15,00 |
| | = net HT | 112,85 |
| Taux des pénalités de retard : 4 % | – escompte 2 % | 2,26 |
| Indemnité forfaitaire pour frais de recouvrement : 40 € | = net financier HT | 110,59 |
| SARL au capital de 8 000 € | + TVA 20 % | 22,12 |
| n° RCS : vanvesB453678954 n° TVA : FR 32543786543 | = net à payer TTC | 132,71 |

***N.B.*** *: les opérateurs de calcul ne doivent pas figurer dans la facture.*

Si les opérations sont soumises à des taux de TVA différents, il faut faire figurer sur chaque ligne le taux correspondant.
1. Le prix unitaire net tient compte des réductions commerciales (remise, rabais) : 40 – (1 – 15 %) = 34.
2. Montant HT = quantité × prix unitaire net HT
3. Le net commercial HT tient compte de toutes les réductions commerciales successives (remise sur chaque produit puis remise globale).

## C La distinction entre réduction commerciale et financière

| | |
|---|---|
| **Réduction commerciale** | **La remise** est accordée en fonction de la qualité du client, de sa fidélité ou des quantités achetées. |
| | **Le rabais** provient d'un problème de non-conformité ou de qualité. |
| | **La ristourne** est une réduction pratiquée en fonction des ventes réalisées sur une période déterminée. |
| **Réduction financière** | **L'escompte** vient récompenser le paiement comptant ou avant l'échéance prévue. |

## D Les différents taux de TVA

Il existe différents taux de TVA :
– **le taux normal à 20 % :** il concerne tous les produits ou services pour lesquels aucun autre taux n'est prévu;
– **le taux intermédiaire à 10 % :** pour les produits agricoles non transformés, la restauration, les musées, les zoos, etc. ;
– **le taux réduit à 5,5 % :** il s'applique aux produits alimentaires, aux livres notamment ;
– **le taux particulier à 2,1 % :** il concerne les médicaments remboursables, la presse, les spectacles, etc.

**Remarque**
D'autres taux peuvent s'appliquer en Corse et en Outre-mer.

## E Le non-respect des obligations légales

Il entraîne des sanctions qui peuvent être de différents types :
– **sanction pénale pour défaut de facturation** : 75 000 € pour une personne physique et 375 000 € pour une personne morale ;
– **sanction fiscale** : 15 € par mention manquante ou inexacte pour chaque facture, plafonnée au quart de son montant.

# 2 Les opérations de règlement

- Le règlement d'une dette peut s'effectuer au comptant ou à crédit.
- Le mode de règlement ainsi que les outils utilisés font l'objet d'un accord entre les parties.

## A Les modes de règlement

- On distingue différents modes de règlement :

– **le règlement au comptant** : à la commande ou à la livraison ;
– **le règlement à réception :** dans le délai maximum d'une semaine après réception de la facture ;
– **le règlement à crédit (terme différé)** : à une certaine échéance ou avant un délai qui débute le jour de l'émission de la facture.

• **Les délais de paiement sont exprimés en jours ou en jours fin de mois**, le délai de paiement légal s'élève à 30 jours mais peut être négocié et ne doit, dans ce cas, pas dépasser 60 jours.

**Exemple pour une facture émise le 20 janvier**

| Délai | Échéance |
|---|---|
| 45 jours : restent 11 jours en janvier + 28 jours en février + 6 jours en mars | 6 mars |
| 45 jours fin de mois | 31 mars |

## B Les obligations légales

Le non-respect du délai de paiement peut être sanctionné d'une amende d'un montant maximal de 75 000 € pour une personne physique et 2 millions d'euros pour une personne morale.

## C Les outils de règlement

**Moyens de paiement matériels**

| | | |
|---|---|---|
| **Espèces et chèques** | La date de validité d'un chèque est de 1 an et 8 jours. | |
| **Effets de commerce : instruments de paiement à crédit** | **Lettre de change** : le tireur (vendeur) donne au tiré (client) l'ordre de payer une certaine somme au bénéficiaire à une échéance donnée. | |
| | **Billet à ordre** : c'est le client (souscripteur) qui émet l'effet et s'engage à payer. | |
| **Mandat** | Instrument de transfert de fonds *via* la poste | |

**Moyens de paiement immatériels**

| | |
|---|---|
| **Carte bancaire** | C'est le moyen de paiement le plus utilisé en France.<br>La carte bancaire, traditionnellement appelée carte de crédit, n'est qu'une simple carte de débit. C'est également le cas des cartes prépayées. |
| **Virement et transfert de fonds** | Le transfert de fonds peut s'effectuer sans l'intermédiaire d'une banque, *via* d'autres organismes (ex. : Western Union). |
| **Prélèvement** | C'est le créancier qui émet l'ordre de transfert de fonds. |
| **Porte-monnaie électronique et paiement sans contact** | Le paiement sans contact s'est substitué au porte-monnaie électronique pour les petits montants. |
| **Moyens de paiement par Internet** | Certaines entreprises du Web offrent la possibilité de bénéficier de moyens de paiement sécurisés (ex. : Paypal). |
| **Crypto-monnaies** | Il est possible d'utiliser des monnaies virtuelles émises sur le Web (ex. : le bitcoin). |

# Exercice d'entraînement

*Corrigé p. 152*

L'entreprise Delta vend du matériel informatique. **Calculez le montant net TTC à payer du client Martin d'après les données suivantes :**

• ventes de 5 unités centrales au prix unitaire HT de 250 € et de 10 écrans au prix unitaire HT de 120 € ;

• les unités centrales sont en promotion (– 20 %) ;

• le client est fidèle et bénéficie d'une remise globale de 5 % ;

• le taux de TVA est de 20 %.

# 3 La gestion des stocks

La détention de stocks représente un coût pour l'entreprise. Elle doit donc ajuster ses approvisionnements de façon à minimiser ces coûts tout en évitant le risque de rupture.

## 1 Les enjeux stratégiques de la gestion des stocks

| Stocks insuffisants | Niveau suffisant | Surstockage |
|---|---|---|
| • Rupture.<br>• Insatisfaction des clients. | • Maîtrise des coûts.<br>• Clients satisfaits. | • Coût trop élevé.<br>• Clients satisfaits.<br>• Risque d'invendus. |

**Le fonctionnement en réseau des unités commerciales.** La constitution de réseaux permet aux unités commerciales d'anticiper les ruptures en permettant des réapprovisionnements rapides entre elles grâce à une mutualisation des stocks.

## 2 La gestion économique des stocks

• L'entreprise peut adopter une méthode mathématique à condition de maîtriser parfaitement son environnement (rythme des ventes, prix, délais, etc.).

• **Le modèle de Wilson** permet de fixer un **nombre optimal de commandes permettant de minimiser les coûts liés au stock (N) :** $N = \sqrt{\frac{c \times t}{2A}}$

| | |
|---|---|
| Consommation annuelle en valeur (C) = | stock initial + achats – stock final |
| t : taux de possession du stock<br>(coût du stockage en % de la valeur du stock) | Coût de possession : t × stock moyen |
| Coût de passation d'une commande (A) | = coût engendré à chaque commande |

**Coût du stockage : coût de possession + coût de passation**

**Lot économique Q** (quantité à commander à chaque fois) : $\frac{C}{N}$

**Exemple : l'achat et la revente de chaises**

Consommation de la période (ventes) : 12 500 chaises à 12 € (prix d'achat unitaire HT)

Taux de possession du stock : 2 %

Coût de passation d'une commande : 65 €

Consommation en valeur : 12 500 × 12 = 150 000 €

$N = \sqrt{\frac{150\ 000 \times 0,02}{2 \times 65}}$ = 4,80, soit 5 commandes.

Q = 12 500/5 = 2 500 chaises à chaque commande

## 3 Les indicateurs de gestion des stocks

| | |
|---|---|
| **Stock moyen** | Moyenne des états des stocks sur une période ou (stock initial + stock final)/2 |
| **Stock d'alerte** | Seuil en-dessous duquel la passation d'une commande est déclenchée |
| **Stock de sécurité** | Stock supplémentaire destiné à éviter les ruptures |

- **Le stock d'alerte correspond donc au stock minimum auquel on ajoute le stock de sécurité.**

| | |
|---|---|
| **Taux de rotation des stocks** | Nombre de fois où un article est renouvelé en stock en moyenne : ventes/stock moyen. |
| **Délai moyen de stockage** | 360 jours (pour 1 an)/taux de rotation |

## 4 L'obligation d'inventaire

**Inventaire physique** (intermittent) au moins 1 fois par an (Code de commerce)

**Inventaire théorique** (permanent) informatisé

**Différences constatées** →

**Démarque connue :**
- produits périmés ;
- produits offerts ;
- vols et casse répertoriés.

**Démarque inconnue :**
- vols et casse ;
- erreurs (étiquetage.)

**Remarque**

La démarque est une baisse du chiffre d'affaires.

## 5 La valorisation des stocks

- Valoriser les stocks consiste à **estimer la valeur d'un élément en stock d'après son coût d'entrée dans le stock**.
- Deux articles identiques peuvent être acquis à des montants différents à des dates distinctes. Le problème est donc de déterminer quel est le coût de l'un de ces articles si on le prélève du stock.

### A La méthode PEPS (Premier Entré Premier Sorti)

**Exemple**

| Date | Opération | Quantité | Prix unitaire | Total |
|---|---|---|---|---|
| 01/03 | Stock initial | 10 | 4,00 | 40,00 |
| 05/03 | Achat (entrée) | 15 | 4,50 | 67,50 |
| 10/03 | Achat (entrée) | 10 | 5,00 | 50,00 |
| 10/03 | Stock<br>(après les 2 entrées) | 10<br>15<br>10 | 4,00<br>4,50<br>5,00 | 40,00<br>67,50<br>50,00 |
| 15/03 | Vente (sortie) | 10<br>15<br>7 | 4,00<br>4,50<br>5,00 | 40,00<br>67,50<br>35,00 |
| 15/03 | Stock | 3 | 5,00 | 15,00 |
| 20/03 | Achat | 15 | 4,60 | 69,00 |
| 20/03 | Stock | 3<br>15 | 5,00<br>4,60 | 15,00<br>69,00 |

| | | | | |
|---|---|---|---|---|
| 22/03 | Vente | 3<br>7 | 5,00<br>4,60 | 15,00<br>32,20 |
| 25/03 | Stock | 8 | 4,60 | 36,80 |

Les articles prélevés en stocks sont prélevés dans **l'ordre chronologique de leur entrée**. Il ne reste en stock le 15/03 que 3 articles à 5,00 €.

**Remarque**

En anglais, cette méthode s'appelle **FIFO** (*First In First Out*).

## B La méthode CUMP (Coût unitaire moyen pondéré)

COMPRENDRE EN VIDÉO — *Le CUMP*

**Exemple**

| Date | Opération | Quantité | Prix unitaire | Total |
|---|---|---|---|---|
| 01/03 | Stock initial | 10 | 4,00 | 40,00 |
| 05/03 | Achat | 15 | 4,50 | 67,50 |
| 10/03 | Achat | 10 | 5,00 | 50,00 |
| 20/03 | Achat | 15 | 4,60 | 69,00 |
| 25/03 | Cump | 50 | 4,53 | 226,50 |
| 28/03 | Vente | 35 | 4,53 | 158,55 |
| 30/03 | Stock final | 15 | 4,53 | 67,95 |

• Le prix unitaire des articles se trouvant en stock est une **moyenne pondérée** :

$$\text{CUMP} = \frac{\text{valeur du stock initial + valeur des entrées}}{\text{quantité en stock initial + quantités entrées}}$$

**Exemple (suite)**

Soit (40 + 67,50 + 50 + 69) / (10 + 15 + 10 + 15) = 4,53

• **Toutes les sorties de stock de la période (ventes) seront valorisées à ce coût.**

• Le CUMP peut être recalculé après chaque entrée ou être calculé en fin de période.

**Attention**

Les prix figurant dans les fiches de stocks présentées en exemples ne sont pas des prix de vente mais des **coûts d'approvisionnement** correspondant aux prix d'achat et aux charges liées à ces prix.

# Exercices d'entraînement

*Corrigé p. 152*

1. **Calculez le nombre optimal de commandes et le lot économique d'après les données suivantes :**
• consommation de la période : 654 piscines au prix d'achat HT de 23,00 € ;
• taux de possession du stock : 3 % ;
• coût de passation d'une commande : 42,00 €.

2. **a) Calculez le coût unitaire moyen pondéré d'un article en stock d'après les données suivantes :**
• stock initial : 12 unités au prix unitaire de 45,00 € ;
• achats de la période : 28 unités au prix unitaire de 42,00 € et 12 unités au prix unitaire de 43,00 € ;
• ventes de la période : 47 unités au prix de 60,00 € HT.

Voir p. 124

**b) Déterminez la marge commerciale réalisée.**

# 4 La gestion des approvisionnements

Établir un programme d'approvisionnement consiste à programmer les livraisons de façon à assurer un niveau de stock suffisant pour couvrir les ventes de la période à venir.

## 1 La méthode calendaire

L'approvisionnement s'effectue en quantités variables à des dates fixes.

**Exemple**

L'entreprise Alpha prévoit les ventes suivantes :

| Semaine 1 | | | | | | |
|---|---|---|---|---|---|---|
| lundi | mardi | mercredi | jeudi | vendredi | samedi | dimanche (matin) |
| 2 | 4 | 5 | 6 | 7 | 13 | 4 |

Lundi de la semaine suivante : 2

**Conditions d'approvisionnement et de stockage**

La livraison se fait par **palettes indivisibles de 5 cartons.**

Le stock de sécurité est de 3 cartons.

Les livraisons ont lieu le mardi et le jeudi matin avant l'ouverture du magasin.

| | Lundi | Mardi | Mercredi | Jeudi | Vendredi | Samedi | Dimanche |
|---|---|---|---|---|---|---|---|
| **Besoin** | | 12 | | 35 | | | |
| **Stock initial** | 5 | 3 | 9 | 4 | 33 | 26 | 13 |
| **Livraison** | | 10 | | 35 | | | |
| **Stock initial après livraison** | 5 | 13 | 9 | 39 | 33 | 26 | 13 |
| **Ventes** | 2 | 4 | 5 | 6 | 7 | 13 | 4 |
| **Stock final** | 3 | 9 | 4 | 33 | 26 | 13 | 9 |

**Le mardi :**

**Besoin** (12) : **ventes prévues jusqu'à la livraison suivante** (4 + 5) **+ stock de sécurité** (3)

Stock final : stock initial (après livraison) – ventes

Livraison : besoin – stock initial (ici arrondi aux 5 unités supérieures : 12 – 3 = 9 ⇒10)

**Le jeudi suivant :**

Besoin : ventes du jeudi au lundi suivant + stock de sécurité : 6 + 7 + 13 + 4 + 2 + 3 = 35

Livraison : besoin – stock initial : 35 – 4 = 31 arrondis à 35

**Remarques**

- Le stock de sécurité est un stock supplémentaire permettant d'éviter les ruptures en cas de ventes supérieures aux prévisions. Il peut parfois être exprimé en pourcentage des ventes.
- En cas de livraison en fin de journée, le besoin ne doit pas tenir compte des ventes de la journée.

## 2 La méthode du point de commande

L'approvisionnement s'effectue en quantités fixes à des dates variables.

**Exemple (suite)**

Les livraisons se font à des dates variables en quantités fixes de 5 ou 10 cartons.

| | Lundi | Mardi | Mercredi | Jeudi | Vendredi | Samedi | Dimanche |
|---|---|---|---|---|---|---|---|
| **Besoin** | 5 | 7 | 8 | 9 | 10 | 16 | 7 |
| **Stock initial** | 5 | 3 | 4 | 4 | 3 | 6 | 3 |
| **Livraison** | 0 | 4 ⇒ 5 | 4 ⇒ 5 | 5 | 7 ⇒ 10 | 10 | 4 ⇒ 5 |
| **Stock initial après livraison** | 5 | 8 | 9 | 9 | 13 | 16 | 8 |
| **Ventes** | 2 | 4 | 5 | 6 | 7 | 13 | 4 |
| **Stock final** | 3 | 4 | 4 | 3 | 6 | 3 | 4 |

Le besoin doit être calculé pour chaque jour.

Le vendredi :

Besoin (10) : ventes (7) + stock de sécurité (3)

Stock final : stock initial (après livraison) – ventes

Livraison : besoin – stock initial (ici arrondi aux 5 unités supérieures : 10 – 3 = 7 ⇒ 10)

**Remarques**

- Si le besoin est inférieur au stock, on ne prévoit pas de livraison.
- Les périodes (en-tête de colonnes) peuvent également être des semaines.

# Exercices d'entraînement

*Corrigé p. 152*

**1. Établissez le programme d'approvisionnement suivant la méthode calendaire.**

Prévisions de vente pour les 6 semaines de promotion :

| Semaine | 1 | 2 | 3 | 4 | 5 | 6 |
|---|---|---|---|---|---|---|
| Ventes prévues | 174 | 180 | 171 | 162 | 190 | 183 |

Stock en début de semaine 1 : 180

Ventes de la semaine 7 : 100

Principes du calendrier d'approvisionnement :

- livraison **en fin de semaine** en quantités variables ;
- les quantités à livrer seront calculées en fonction des prévisions de vente **de la semaine suivante** + un stock de sécurité de 10 % des ventes hebdomadaires prévues.

**2. Établissez le programme d'approvisionnement suivant la méthode du point de commande.**

Ventes sur la semaine : 400 unités, la livraison a lieu le matin avant l'ouverture.

| **Jour** | Lundi | Mardi | Mercredi | Jeudi | Vendredi | Samedi |
|---|---|---|---|---|---|---|
| **Répartition** | 12,5 % | 11,25 % | 17,5 % | 18,75 % | 17,5 % | 22,5 % |

Stock en début de semaine 1 : 60 unités ;

- stock de sécurité : 5 unités ;
- livraison : palettes de 100 unités.

# 5 Le financement de l'exploitation

Le manager doit être attentif au suivi des règlement pour assurer un niveau de trésorerie satisfaisant. Les banques peuvent également être sollicitées pour assurer un besoin de financement résiduel.

## 1 Les moyens de financement

| Moyen | Exemple | Trésorerie |
|---|---|---|
| Allongement du **délai de paiement des fournisseurs** | | |
| Réduction du **délai de paiement des clients** | Un escompte de 2 % est accordé à un client (créance de 20 000 €) qui accepte de payer comptant (délai habituel 30 jours). | 10 000 – 400 = **19 600 €**<br>Coût : 20 000 × 2 % = 400 €. |
| **Affacturage** (mobilisation de créances) | Affacturage de factures pour un montant global de 10 000 €.<br>Taux : 3 % ; frais : 80 €. | 20 000 - 680 = **19 320 €**<br>Coût : 20 000 × 0,03 + 80 = 680 € |

**L'affacturage** est un contrat par lequel le factor s'engage à avancer le règlement de factures et percevoir le paiement à l'échéance en contrepartie du versement de frais et d'un pourcentage de commission.

## 2 Les relations avec les banques

- L'entreprise peut également s'adresser à sa banque pour obtenir de la trésorerie.

| Moyen | Exemple | Trésorerie |
|---|---|---|
| **Concours bancaire** (découvert autorisé) | Découvert de 20 000 € pendant 12 jours au taux de 7 % annuel. | 20 000 – 46,03 = **19 953,97 €**<br>Agio : 20 000 × 12/365 × 0,07 = 46,03 € |
| **Escompte d'effets de commerce** | Valeur nominale : 20 000 €<br>Délai de paiement restant : 12 jours<br>Taux d'escompte : 3 %<br>Frais : 15 € | Valeur nette : 20 000 – 35 = **19 965 €**<br>Intérêt : 20 000 × 12/360 × 0,03 = 20 €<br>Agio : 20 + 15 = 35 € |

- **Effet de commerce** : titre négociable qui constate une créance payable à une certaine échéance. Le détenteur d'un effet peut le présenter à l'escompte auprès de sa banque pour percevoir son montant diminué d'un agio et de frais prélevés par sa banque.

**Remarque**

Les taux sont exprimés en taux annuels. Ces taux doivent être comptabilisés pour la période considérée grâce à un prorata :
**Taux de la période : taux annuel × nombre de jours/365 ou 360**

## 3 Le suivi des règlements

L'entreprise doit tenir un échéancier des factures clients et engager une procédure de recouvrement après plusieurs relances infructueuses :

| | |
|---|---|
| **Procédure amiable** | • Courriel / appel téléphonique.<br>• Première lettre de relance.<br>• Deuxième lettre de relance par recommandé.<br>• Les courriers de relance doivent comporter des informations claires et précises permettant d'identifier la créance et son échéance initiale. |
| **Mise en demeure** | La **lettre de mise en demeure** est obligatoire avant tout recouvrement judiciaire. Le débiteur dispose de 30 jours pour payer à partir de sa réception. |
| **Recouvrement judiciaire** | – Créance < 4 000 € : **recouvrement par huissier**.<br>– Créance ≥ 4 000 € : **injonction de payer délivrée par un juge**. |



# Exercice d'entraînement

*Corrigé p. 153*

**Calculez le montant versé à l'entreprise Oméga après la remise à l'escompte le 12 avril des effets de commerce suivants au taux annuel de 4 %. Les frais d'escompte s'élèvent à 20 €.**

| Client | Valeur nominale | Échéance |
|---|---|---|
| Dupond | 32 000,00 | 25 mai |
| Hakimi | 11 500,00 | 5 juin |

# 6 Le compte de résultat

Le compte de résultat est un document comptable et financier qui retrace les opérations réalisées dans l'année et permet de constater un bénéfice ou une perte.

## 1 Comprendre le compte de résultat

Le compte de résultat comporte **3 niveaux de lecture** :
– **l'exploitation** qui concerne l'ensemble des opérations qui entrent dans le cadre de l'activité habituelle de l'entreprise ;
– **le niveau financier** qui concerne les charges et produits financiers (ex. : intérêts perçus sur des placements ou payés sur des emprunts ou découverts) ;
– **le niveau exceptionnel** qui concerne les opérations qui ne se rapportent pas à la gestion courante de l'entreprise.

**Exemple**

| Compte de résultat au 31/12/N | | | |
|---|---|---|---|
| CHARGES | Montant | PRODUITS | Montant |
| **Charges d'exploitation** | | **Produits d'exploitation** | |
| Achats de marchandises | 140 000 | Ventes de marchandises | 242 200 |
| Variation de stocks | –35 000 | Indemnités et subventions | 0 |
| Autres achats | 3 050 | Autres produits | 20 000 |
| Services extérieurs | 68 500 | | |
| Impôts et taxes | 3 100 | | |
| Charges de personnel | 24 000 | | |
| Dotations aux amortissements et provisions | 50 500 | | |
| **Total charges d'exploitation** | **254 150** | **Total produits d'exploitation** | **262 200** |
| **Charges financières** | **6 120** | **Produits financiers** | **340** |
| **Charges exceptionnelles** | **40** | **Produits exceptionnels** | **95** |
| **Total charges** | **260 310** | **Total produits** | **262 635** |
| Solde créditeur (bénéfice) | **2 325** (Résultat) | Solde débiteur (perte) | |
| **TOTAL** | **262 635** | **TOTAL** | **262 635** |

## 2 Les charges et les produits

• Les charges correspondent aux opérations qui diminuent le résultat de l'entreprise (ex. : les achats).

• Les produits correspondent aux opérations qui augmentent le résultat de l'entreprise (ex. : les ventes).

**Remarque**

Certaines charges et certains produits ne correspondent pas à des dépenses et des recettes. Il s'agit de charges et produits calculés tels que les amortissements et les provisions (charges) ainsi que les reprises correspondantes (produits).

## 3 La formation du résultat

**Résultat = Total des produits – total des charges**

- Résultat > 0 ⇒ l'entreprise réalise **un bénéfice**.
- Résultat < 0 ⇒ l'entreprise réalise **une perte**.

**Remarque**

Le bénéfice (solde créditeur) est placé dans la colonne des charges pour des raisons de présentation, afin d'équilibrer le total des charges et des produits.

## 4 Le calcul des soldes intermédiaires de gestion (SIG)

- L'analyse des soldes intermédiaires de gestion, à partir du compte de résultat, permet de savoir comment se forme le résultat de l'entreprise.
- **La marge commerciale** représente la performance commerciale :

  **MC = ventes de marchandises – (achats de marchandises + var. de stocks)**

- **La valeur ajoutée** représente la richesse produite par l'entreprise :

  **VA = MC + production – (achats de matières premières + var. de stock) – autres achats – services extérieurs**

- **L'excédent brut d'exploitation** représente la trésorerie nette dégagée par l'activité courante. C'est un indicateur essentiel.

  **EBE = VA + indemnités et subventions – impôts et taxes – charges de personnel**

**Remarque**

Un EBE négatif est une insuffisance brute d'exploitation.

- **Le résultat d'exploitation** représente le résultat dégagé par l'activité courante :

  **RE = EBE + reprises + autres produits – dotations – autres charges**

- Il faut ajouter les résultats financier et exceptionnel au RE pour obtenir le résultat :

  **Résultat = RE + résultat financier + résultat exceptionnel**

## 5 Les indicateurs de performance

Ils s'expriment par rapport au chiffre d'affaires HT et permettent une comparaison des entreprises entre elles ou de se situer par rapport aux données du secteur.

| | |
|---|---|
| **Taux de marge commerciale** | MC/CA HT |
| **Taux de valeur ajoutée** | VA/CA HT |
| **Taux de marge brute** | EBE/CA HT |
| **Taux de marge d'exploitation** | RE/CA HT |
| **Taux de marge bénéficiaire** | Résultat/CA HT |

**Remarque**

Pour obtenir les valeurs en %, il faut multiplier par 100.

Gestion opérationnelle

## 6 L'amélioration de la performance

L'analyse des SIG et des indicateurs de performance associés permet de prendre des mesures destinées à améliorer la performance de l'entreprise parmi lesquelles :

– l'amélioration de la marge commerciale grâce à de meilleures conditions d'achats négociées avec les fournisseurs ;

– l'amélioration de l'EBE grâce à une meilleure maîtrise de la masse salariale ;

– l'amélioration du taux de marge bénéficiaire grâce à une réduction des charges financières et exceptionnelles.

## 7 La capacité d'autofinancement

COMPRENDRE EN VIDÉO *Le calcul de la CAF (méthodes additive et soustractive)*

• La CAF est une ressource potentielle de financement interne.

• Elle se calcule :

– **à partir du résultat net – méthode additive :**

**CAF = Résultat net + dotations amortissements et provisions – reprises sur amortissements et provisions**

– **à partir de l'EBE – méthode soustractive :**

**CAF = EBE + produits encaissés – charges décaissées**

(sans tenir compte de ceux déjà pris en compte pour le calcul de l'EBE)

**Remarque**

Certains produits et charges sont calculés par opposition aux produits encaissés et aux charges décaissées. Il s'agit des dotations pour amortissements et dépréciations ainsi que des reprises correspondantes.

# Exercice d'entraînement

*Corrigé p. 153*

**Calculez les soldes intermédiaires de gestion ainsi que la capacité d'autofinancement de l'entreprise Sigma. Vous disposez de son compte de résultat.**

| CHARGES | N | PRODUITS | N |
|---|---|---|---|
| **Charges d'exploitation** | | **Produits d'exploitation** | |
| Achats de marchandises | 142 108 | Ventes de marchandises | 240 219 |
| Variation de stocks | –37 252 | Indemnités et subventions | 11 296 |
| Autres achats | 3 103 | Autres produits | |
| Services extérieurs | 67 930 | Reprises sur amortissements et provisions | 12 000 |
| Impôts et taxes | 3 062 | | |
| Charges de personnel | 24 000 | | |
| Dotations aux amortissements et provisions | 50 455 | | |
| **Total charges d'exploitation** | **253 406** | **Total produits d'exploitation** | **263 515** |
| Intérêts versés | 6 036 | Intérêts perçus | 340 |
| **Total charges financières** | **6 036** | **Total produits financiers** | **340** |
| **Charges exceptionnelles** | **0** | **Produits exceptionnels** | **98** |
| **Total charges** | **259 442** | **Total produits** | **262 635** |
| Solde créditeur (bénéfice) | **4 511** | Solde débiteur (perte) | |
| TOTAL | **263 953** | TOTAL | **263 953** |

# 7 Le calcul du coût de revient par la méthode des coûts complets

La méthode des coûts complets permet de déterminer le coût de revient d'un produit vendu grâce à l'analyse et à la répartition des différentes charges.

## 1 Le schéma de production

• Il est réalisé en tenant compte des charges :

– **directes (CD)** qui peuvent être affectées directement à chaque coût ;

– **indirectes (CI)** communes à l'ensemble de l'activité et qui nécessitent donc un traitement grâce à un tableau de répartition.

**Exemple**

Un importateur achète 5 000 kg de pommes golden et 6 000 kg de pommes royal gala (on s'intéressera ici uniquement aux pommes golden).

Prix d'achat du kg de golden : 0,70 € HT

Les pommes achetées sont conditionnées dans des sacs.

Coût de la main-d'œuvre charges comprises (conditionnement) : 0,06 € le kilo

**Tableau de répartition des charges indirectes**

| Centre | Approvisionnement | Conditionnement | Distribution |
|---|---|---|---|
| Unité d'œuvre (UO) | Tonne achetée | Tonne conditionnée | 100 € de CA |
| Nombre d'UO | 11 | 13 | |
| Coût de l'UO | **33 €** | **7 €** | **2 €** |

• **L'unité d'œuvre** est une unité de mesure représentative de l'activité d'un centre. Le coût d'une unité d'œuvre permet de répartir les charges indirectes de l'activité lors des différentes étapes du calcul du coût de revient.

**Exemple** **Le centre Approvisionnement**

Lorsque l'entreprise achète des pommes (golden et royal gala), les charges indirectes d'approvisionnement s'élèvent à 33 € par tonne achetée.

**L'importateur vend 6 tonnes de pommes golden à un distributeur.**

- Stock initial : 3 000 kg de pommes golden au coût de 0,75 € le kg.
- 7 tonnes de pommes golden ont été conditionnées et vendues.
- Prix de vente HT d'un kg de pommes golden : 1,20 €.

**Les coûts sont calculés dans l'ordre du schéma de production.**

**Remarque**

Il n'y a pas de stock de produits finis car les pommes sont vendues immédiatement après leur conditionnement.

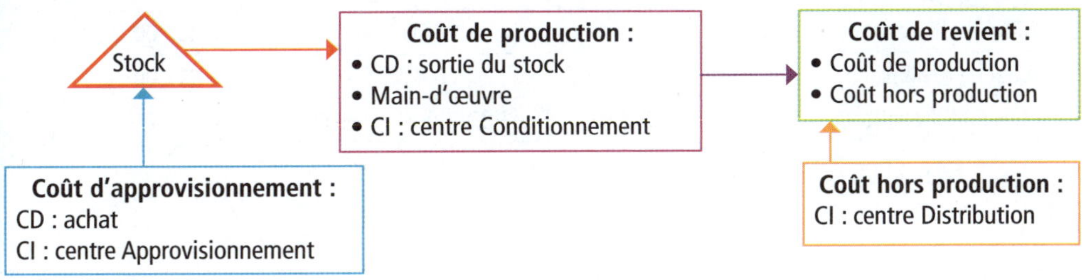

## 2 Le calcul des coûts

Les coûts unitaires seront arrondis au centime le plus proche.

**Exemple (suite)**

**Le coût d'approvisionnement (5 000 kg achetés)**

| Élément | Quantité | Coût unitaire | Total |
|---|---|---|---|
| Prix d'achat | 5 000 (kg) | 0,70 | 3 500,00 |
| Centre Appro. | 5 (tonnes) | 33,00 | 165,00 |
| **Total** | **5 000** | **3 665/5 000 = 0,73** | **3 665,00** |

**Le coût de sortie du stock de matières premières** (→ Fiche 3) :

**CUMP = (3 000 × 0,75 + 5 000 × 0,73)/(3 000 + 5 000) = 0,74**

**Le coût de production (7 000 kg conditionnés)**

| Élément | Quantité | Coût unitaire | Total |
|---|---|---|---|
| Sortie du stock | 7 000 (kg) | 0,74 | 5 180,00 |
| Main-d'œuvre | 7 000 (kg) | 0,06 | 420,00 |
| Centre Conditionnement | 7 (tonnes) | 7,00 | 49,00 |
| **Total** | **7 000** | **5 649/7 000 = 0,81** | **5 649,00** |

**Le coût hors production (7 000 kg vendus)**

| Élément | Quantité | Coût unitaire | Total |
|---|---|---|---|
| Centre Distribution | 84[1] | 2,00 | 168,00 |
| Total | **7 000** | **168/7 000 = 0,02** | **168,00** |

1. Le nombre d'UO pour le centre de distribution est le nombre de centaines d'euros de chiffre d'affaires.
Le CA = 7 000 × 1,2 = 8 400, soit 84 unités d'œuvre.

**Le coût de revient**

| Élément | Quantité | Coût unitaire | Total |
|---|---|---|---|
| Coût de production | 7 000 (kg) | 0,81 | 5 649,00 |
| Coût hors production | 7 000 (kg) | 0,02 | 168,00 |
| Total | **7 000** | **5 817/7 000 = 0,83** | **5 817,00** |

**Résultat analytique**

| Élément | Quantité | Coût unitaire | Total |
|---|---|---|---|
| Chiffre d'affaires | 7 000 | 1,20 | 8 400,00 |
| – coût de revient | 7 000 | 0,83 | 5 817,00 |
| = Résultat (bénéfice) | **7 000** | **2 583/7 000 = 0,37** | **2 583,00** |

# Exercice d'entraînement

*Corrigé p. 153*

L'entreprise Kappa fabrique et vend des tables de jardin à des distributeurs spécialisés.

**Déterminez le résultat de la vente de tables de jardin d'après les données suivantes :**

- stock initial de matières premières : 2 tonnes de naphta (pétrole) au prix unitaire de 507 € ;
- achat de 3 tonnes de naphta au prix unitaire de 500 € la tonne ;
- consommation de la période : 4 tonnes de naphta ;
- coût de la main-d'œuvre directe : 211 heures à 16 € ;
- nombre d'heures machines : 200 heures ;
- fabrication de la période : 800 tables ;
- stock initial de tables : 200 tables au prix unitaire de 12,57 € ;
- ventes de la période : 950 tables au prix de vente unitaire de 14,00 €.

**Tableau de répartition des charges indirectes**

| Centre | Approvisionnement | Production | Distribution |
|---|---|---|---|
| Unité d'œuvre | Tonne achetée | Heure machine | 100 € de CA HT |
| Nombre d'UO | 22 | 5 230 | 2 900 |
| Coût de l'UO | 12,00 € | 23,00 € | 2,50 € |

# 8 La méthode du coût partiel et le seuil de rentabilité

Évaluer la rentabilité consiste à calculer le bénéfice ou la perte dégagé(e) par une activité marchande, qu'il s'agisse d'une opération ponctuelle ou d'une activité se déroulant tout au long de l'année.

## 1 Le compte de résultat par variabilité des charges (différentiel)

Le compte de résultat permet de déterminer la rentabilité.

**Exemple**

Journée promotionnelle « guitares » dans une unité commerciale :

- prix catalogue de la guitare : 150 € TTC (TVA 20 %), remise 20 % ;
- taux de marque (hors promotion) : 52 % ;
- coûts : *flyers* 800 €/animation 1 100 € ;
- prévision de ventes : 50 unités.

**Remarque**

Le coût d'achat des guitares s'obtient grâce au calcul suivant :
Prix de vente HT × (1 – taux de marque)

| | En € | En % du CA |
|---|---|---|
| **CHIFFRE D'AFFAIRES** | **5 000** | **100 %** |
| Prix HT | 150/1,20 = 125 € | |
| Prix HT avec remise | 125 × 0,80 = 100 € | |
| CA HT | 50 × 100 = 5 000 € | |
| **– CHARGES VARIABLES** | **3 000 €** | **3 000/5 000 = 60 %** |
| Coût unitaire d'achat HT | 125 × (1 – 0,52) = 60 € | |
| Coût d'achat total HT | 50 × 60 = 3 000 € | |
| **= MCV** | **2 000 €** | **2 000/5 000 = 40 %** |
| **– CHARGES FIXES (CF)** | **1 900 €** | **/** |
| *Flyers* | 800 € | |
| Animation | 1 100 € | |
| **= RÉSULTAT** | **100 €** | **/** |

**TMCV** = Taux de marge sur charges variables

## 2 La distinction entre charges variables et fixes

- Les **charges variables** varient proportionnellement aux quantités vendues (**ex.** : coût d'achat des marchandises vendues, commission sur les ventes).
- Les **charges fixes** ne dépendent pas du volume des ventes (**ex.** : salaire fixe, loyer, *flyers*).

## 3 Le calcul du seuil de rentabilité

• **Le seuil de rentabilité en valeur** représente le minimum de chiffre d'affaires à réaliser pour faire un bénéfice :

**SR valeur = CF/TMCV**

**Exemple (suite)** SR val = 1 900/0,40 = 4 750 €

• **Le seuil de rentabilité en volume** représente la quantité minimum à vendre pour faire un bénéfice :

**SR volume = SR val/prix de vente unitaire HT**

**Exemple (suite)** SR vol = 4 750/100 = 47,50, soit 48 guitares

## 4 Le cas particulier où on ne dispose pas de prévisions des ventes

Sans prévisions des ventes, le compte de résultat par variabilité des charges n'est pas indispensable **car on raisonne sur une unité vendue.**

**SR volume = CF/marge sur charges variables unitaire**

**SR valeur = SR volume × prix de vente unitaire HT**

**Exemple (suite)**
MCV unitaire = prix de vente HT – charges variables
= 100 – 60 = 40 €
SR vol = 1 900/40 = 47,50, soit 48 guitares
SR val = 48 × 100 = 4 800 €

**Remarque**
Il s'agit ici d'un seuil de rentabilité en valeur réel et non théorique qui tient compte de l'arrondi à 48 guitares. Il diffère du seuil de rentabilité en valeur théorique déterminé dans la première méthode.

## 5 Le calcul du point mort

Le point mort représente le nombre de jours au terme desquels le seuil de rentabilité est atteint. Il peut éventuellement être converti en date.

**Point mort = (SR valeur/chiffre d'affaires) × nombre de jours de l'opération**

**Exemple**
Le chiffre d'affaires prévisionnel d'une semaine promotionnelle (6 jours d'ouverture) est estimé à 12 000 €, le SR en valeur s'élève à 9 000 €.
Point mort = (9 000/12 000) × 6 = 4,5 jours, donc au milieu du cinquième jour.

**Remarque**
Quand le seuil de rentabilité est calculé sur 1 an, on prend 360. Quand il s'agit d'une opération journalière, on ne calcule pas de point mort.

# Exercice d'entraînement

*Corrigé p. 154*

**Évaluez la rentabilité prévisionnelle d'une opération de communication commerciale (promotion accompagnée d'une distribution de prospectus sur 30 000 foyers).**
- Coût HT de la conception, de l'impression et de la distribution : 2 700 €.
- Taux de retour (visites en magasin) : 3 %.
- 1 visiteur sur 5 effectue un achat en magasin (taux de transformation).
- Panier moyen TTC : 60 € (TVA 20 %).
- Taux de marque moyen : 35 %.

# 9 La fixation des prix et la formation du prix de vente

Le prix de vente d'un bien ou d'un service dépend de facteurs liés au marché et à l'entreprise elle-même. Les techniques de fixation dépendent de la stratégie de prix adoptée.

## 1 Les stratégies de prix

**Pénétration**

Le prix adopté est inférieur à celui des concurrents afin de gagner des parts de marché rapidement.

**Alignement**

L'entreprise aligne ses prix sur ceux de la concurrence afin de rester compétitive.

**Écrémage**

Le prix de vente pratiqué est supérieur au prix moyen du marché car le produit peut justifier d'un avantage compétitif lié à l'image ou à la qualité.

**Prix**

**Les prix différenciés**

– En fonction du type de clientèle, du lieu d'achat, du mode de distribution, etc.
– En fonction de la période d'achat et du coefficient de remplissage ou d'occupation (transport ferroviaire, aérien et hôtellerie) : *yield management*.

## 2 Les contraintes légales

### A Les prix réglementés

Les prix sont, en principe, librement fixés mais l'État peut encadrer certaines pratiques tarifaires.

**Exemples**

Certains tarifs de professions réglementées comme les notaires, les tarifs de taxis, les livres neufs pour lesquels le prix de vente final ne peut pas baisser au-delà de 5 % du prix indiqué en couverture, les tarifs de l'électricité et du gaz.

### B Les pratiques illicites

Elles comprennent :
– la revente à perte ;
– l'entente entre concurrents pour fixer un prix ;
– la fixation d'un prix abusivement bas en vue d'éliminer un concurrent ;
– l'abus de dépendance économique (d'un partenaire commercial).

### C Les réductions

Le commerçant peut pratiquer un prix promotionnel si cela reste une pratique non systématique. Le prix réduit doit pouvoir être comparé au prix normal de référence et les avantages éventuels liés à une promotion doivent être clairement identifiés et délimités.

## D Les soldes

Ils sont réglementés et permettent la revente à perte. Les périodes sont fixes et encadrées par la loi. Les soldes doivent permettre l'écoulement d'un stock et ne doivent pas être l'occasion pour un commerçant de pratiquer des réductions de prix déloyales.

# 3 Les techniques de fixation du prix

## A Par rapport au coût de revient

**Coût de revient + marge = prix de vente.**

L'entreprise détermine le coût de revient de son produit afin de fixer un prix de vente qui puisse lui permettre de dégager une marge commerciale.

## B Par rapport à un objectif de rentabilité

L'entreprise peut fixer son prix pour atteindre le seuil de rentabilité, c'est-à-dire le montant qui permettra de commencer à réaliser des bénéfices.

## C Par rapport à la demande

- L'**étude de marché** permet de déterminer un niveau de prix de façon empirique. Il est possible de déterminer un **prix d'acceptabilité**, c'est-à-dire le prix qu'un maximum de consommateurs seraient disposés à payer pour le produit car ils estiment qu'il n'est ni trop cher ni de mauvaise qualité.

- Le **coefficient d'élasticité** d'un produit permet de mesurer la variation de la demande quand le prix varie :

$$\text{Coefficient d'élasticité} = \frac{\text{variation de la demande en \%}}{\text{variation du prix en \%}}$$

**Exemple**

Un coefficient d'élasticité de – 0,8 signifie que quand le prix augmente de 1 %, le demande diminue de 0,8 %. La connaissance de ce coefficient permet d'agir sur le prix pour anticiper un niveau de demande attendu.

# 4 La formation du prix de vente

Le prix de vente proposé par l'unité commerciale doit permettre de dégager une marge commerciale suffisante pour que l'exploitation soit rentable.

## A La marge brute

- Il s'agit de la somme perçue entre l'achat et la revente, c'est-à-dire de la différence entre le prix de vente hors taxes et le prix d'achat hors taxes.

**Marge brute = prix vente HT – prix d'achat HT**

- La marge brute peut s'exprimer en % du prix d'achat :

**Taux de marge = marge brute/prix d'achat HT**

**Attention !**

Ne pas confondre marge brute avec marge nette ou bénéficiaire (marge après la déduction des charges liées à la vente).

- La marge brute peut également s'exprimer en % du prix de vente :

**Taux de marque = marge brute/prix de vente HT**

**Exemple**

Une unité commerciale achète un produit 5 € HT et le revend 12 € HT.
Marge : 12 - 5 = 7 €
Taux de marge : 7/5 = 1,4, soit 140 %
Taux de marque : 7/12 = 0,5833, soit 58,33 %.

**Remarque**
Le taux de marque ne peut pas excéder 100 %.

## B L'utilisation du taux de marge

- Il est possible de déterminer le prix de vente quand on connaît le prix d'achat et le taux de marge :

Prix d'achat HT : 5,00 €
Taux de marge : 140 %

**Marge = prix d'achat × taux de marge**
= 5 × 140/100 = 7,00 €
**Prix de vente HT = prix achat HT + marge**
= 5 + 7 = 12,00 €

**Ou**

**Prix de vente HT = prix achat HT × (1 + taux de marge)**
= 5 × (1 + 140/100) = 12,00 €

Prix de vente HT 12,00 €

- À l'inverse : **prix d'achat HT = prix de vente HT/(1 + taux de marge)**.

## C L'utilisation du taux de marque

- Il est possible de déterminer le prix d'achat HT quand on connaît le prix de vente et le taux de marque.

Prix de vente HT 12,00 €
Taux de marque : 58,33 %

**Prix d'achat HT = prix de vente HT × (1 – taux de marque)**
= 12 × (1 – 58,33/100) = 5,00 €

Prix d'achat HT : 5,00 €

**Marge = prix de vente × taux de marque**
=12 × 58,33/100 = 7,00 €
**Prix d'achat HT = prix de vente HT – marge**
= 12 – 7 = 5,00 €

- À l'inverse : **prix de vente HT = prix d'achat HT/(1 – taux de marque)**.

## D Schéma récapitulatif

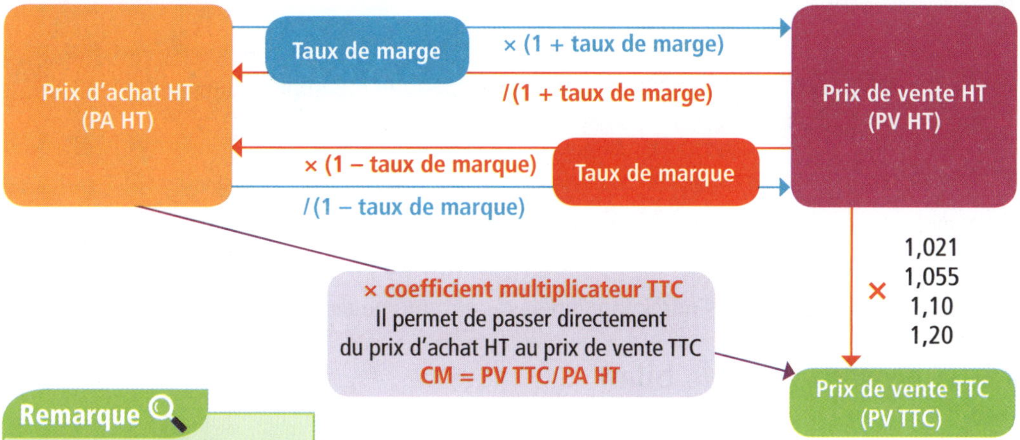


**Remarque**

Il existe **4 taux principaux de TVA** : 2,1 % (taux super réduit), 5,5 % (taux réduit), 10 % (taux intermédiaire) et 20 % (taux normal).



# Exercice d'entraînement

*Corrigé p. 154*

L'entreprise Epsilon organise une opération de liquidation sur les tables de jardin. Trois hypothèses sont à l'étude.

**Calculez, pour chaque hypothèse, le chiffre d'affaires et la marge réalisée. Concluez.**

| | Hypothèse 1 | Hypothèse 2 | Hypothèse 3 |
|---|---|---|---|
| Nature de la promotion | Réduction de 50 % | Réduction de 80 % | Vente à prix coûtant (prix d'achat) |
| Estimation du % de stock liquidé | 60 % | 85 % | 95 % |

- Le stock de tables de jardin à écouler s'élève à 65 unités.
- Le prix catalogue s'élève à 49,90 € TTC (taux normal).
- Le taux de marque s'élève hors période promotionnelle à 72 %.

# 10 Le bilan

Le bilan est un document comptable. Son analyse permet, notamment, de juger de la solidité financière d'une entreprise.

## 1 Le bilan comptable

Le bilan permet de disposer d'une image fidèle du patrimoine de l'entreprise.

### A La présentation du bilan

**Exemple**

**Bilan de la société Magnolias (en milliers d'euros)**

| Actif | Brut | Amort. et dépr. | Net | Passif | Montant |
|---|---|---|---|---|---|
| **Actif immobilisé** | | | | **Capitaux propres** | 1 420 |
| Immobilisations incorporelles | 400 | 10 | 390 | – Capital social | .... |
| – Frais d'établissement | .... | .... | .... | – Réserves | .... |
| – Fonds de commerce | .... | .... | .... | – Résultat | .... |
| – Brevets | .... | .... | .... | | |
| Immobilisations corporelles | 1 000 | 60 | 940 | **Provisions pour risques et charges** | 0 |
| – Terrains | .... | .... | .... | | |
| – Constructions | .... | .... | .... | | |
| – Installations | .... | .... | .... | | |
| – Matériel de transport | .... | .... | .... | | |
| Immobilisations financières | 100 | 10 | 90 | | |
| – Titres | .... | .... | .... | | |
| **Actif circulant** | 200 | 46 | 154 | **Dettes** | |
| Stocks | .... | .... | .... | – Dettes financières[1] | 216 |
| – Mat. premières | .... | .... | .... | – Dettes fournisseurs | 130 |
| – Marchandises | .... | .... | .... | – Dettes fiscales et sociales | 13 |
| – Produits finis | | | | | |
| Créances d'exploitation | 100 | 18 | 82 | – Autres dettes | 0 |
| – Clients | .... | .... | .... | | |
| – Autres créances | .... | .... | .... | | |
| **Disponibilités** | 123 | | 123 | | |
| **TOTAL** | **1 923** | **144** | **1 779** | **TOTAL** | **1 779** |

1. Dont concours bancaires : 16.

### B L'actif du bilan

• **L'actif immobilisé.** Il regroupe les éléments liés à l'activité de l'entreprise qui ne sont pas consommés durant le cycle d'exploitation. **Certaines immobilisations sont amortissables**, c'est-à-dire que leur valeur peut être répartie sur une durée d'usage. Le cumul des amortissements représente une perte de valeur et il doit être soustrait de la valeur brute afin de déterminer la valeur nette du bien.

• Les éléments d'actif (immobilisations et autres) peuvent subir des pertes de valeur autres que celles liées à l'usage. **On parle alors de dépréciation**. Un stock peut, par exemple, se déprécier du fait d'une avarie, une créance peut être dépréciée car le débiteur est suspecté d'insolvabilité. Leur valeur nette doit également tenir compte de la dépréciation constatée. **Le principe de prudence** impose que les dépréciations, même si elles ne sont que probables, soient inscrites à l'actif du bilan pour diminuer le montant brut des éléments concernés.

• **Les disponibilités.** Elles représentent les liquidités immédiatement disponibles détenues par l'entreprise, c'est-à-dire principalement la **caisse** (espèces) ainsi que les sommes détenues sur le compte en **banque** et les supports d'épargne très liquides (livrets).

**Remarque**

Le degré de liquidité représente la faculté du support à assurer la disponibilité immédiate (ou non) des sommes épargnées.

### C Le passif du bilan

Il représente l'ensemble des dettes contractées par l'entreprise. Ces dernières sont **les ressources** dont dispose l'entreprise pour fonctionner. On distingue :

– les capitaux propres qui sont des ressources propres (apports des actionnaires, réserves, résultat non distribué) ;

– les provisions pour risques et charges qui sont des « dettes » constituées en vue d'un événement tel qu'un litige qui donnera lieu à une charge à supporter dont la probabilité est grande ;

– les dettes qui regroupent les emprunts mais également les concours bancaires (ou soldes créditeurs de banque) qui sont des facilités de caisse accordées à court terme telles que le découvert bancaire.

## 2 L'équilibre financier

L'analyse du bilan d'une société permet à ses parties prenantes d'estimer le risque encouru lors de relations financières ou commerciales. Elle ne s'effectue pas directement à partir du bilan comptable. Ce dernier doit faire l'objet de retraitements permettant de construire un bilan fonctionnel afin de l'analyser.

### A La présentation du bilan fonctionnel

**Exemple (suite)**

**Bilan fonctionnel condensé de la société Magnolias (en milliers d'euros)**

| Actif (emplois) | Montant | Passif (ressources) | Montant |
|---|---|---|---|
| **Actif immobilisé**<br>Valeur brute des immobilisations | 1 500 | **Passif stable**<br>Capitaux propres + provisions pour risques et charges + total des amortissements et dépréciations figurant à l'actif du bilan + dettes financières (sans les concours bancaires) | 1 764 |
| financent | | | |
| **Actif circulant hors trésorerie**<br>Valeur brute des stocks et des créances | 300 | **Passif circulant hors trésorerie**<br>Dettes fournisseurs / fiscales / sociales/ autres dettes | 143 |
| financent | | | |
| **Trésorerie active**<br>Disponibilités | 123 | **Trésorerie passive**<br>Concours bancaires figurant dans les dettes financières | 16 |
| **TOTAL** | **1 923** | **TOTAL** | **1 923** |

Retraitements à effectuer à partir du bilan comptable

## B L'analyse du bilan

| Indicateur | Signification | Exemple |
|---|---|---|
| Fonds de roulement net global (FRNG)<br>FRNG = passif stable – actif stable | • Le FRNG traduit la **capacité de l'entreprise à financer correctement ses investissements (actif immobilisé). Il doit donc être positif.**<br>• Un FRNG négatif est le signe d'une structure financière risquée. Un FRNG positif signifie qu'il subsiste une ressource excédentaire après le financement des investissements. | 1 764 – 1 500 = 264 |
| Besoin en fonds de roulement (BFR)<br>BFR = actif circulant (hors trésorerie) – passif circulant (hors trésorerie) | • Le BFR correspond au besoin de financement de l'actif circulant né au cours du cycle d'exploitation.<br>• Généralement l'actif circulant n'est pas totalement financé par le passif circulant et **il subsiste un besoin qui devra être financé grâce au FRNG.** | 300 – 143 = 157 |
| Trésorerie nette<br>TN = FRNG – BFR<br>ou<br>TN = trésorerie active – trésorerie passive | • Quand le fonds de roulement net global est suffisant pour couvrir le besoin en fonds de roulement, le montant qui reste est alors laissé en banque (en disponibilités).<br>• Si le FRNG n'est pas à la hauteur du BFR, le besoin de financement résiduel sera apporté par du crédit à très court terme, c'est-à-dire une trésorerie nette négative. Cette dernière situation est défavorable car elle entraîne le paiement d'un agio coûteux à la banque (frais bancaires et intérêts). | 264 – 157 = 107<br><br>Ou<br><br>123 – 16 |

*N.B.* : certaines activités comme la distribution ou la restauration dégagent des ressources de financement grâce au cycle d'exploitation car les clients paient comptant. **Le BFR est alors négatif et constitue une ressource.**

## C Les solutions quand la trésorerie nette est négative

Deux solutions existent : **augmenter le FRNG et/ou diminuer le BFR.**

| Solution | Comment |
|---|---|
| Augmenter le FRNG | La solution la plus simple consiste à souscrire un emprunt pour augmenter les ressources stables. On peut également procéder à une augmentation de capital. |
| Diminuer le BFR | • Diminution du montant des créances clients en diminuant le délai de paiement des clients/ diminution du montant des stocks.<br>• Augmentation du montant des dettes d'exploitation en augmentant le délai de règlement aux fournisseurs (les dettes fournisseurs constituent la plus grande partie des dettes d'exploitation). |

## D Les ratios du bilan fonctionnel

| | Ratio | Calcul | Commentaire |
|---|---|---|---|
| STRUCTURE | Couverture des emplois stables | $\frac{\text{ressources stables}}{\text{emplois stables}}$ | > 1 : les immobilisations sont financées par des ressources stables. |
| STRUCTURE | Indépendance financière | $\frac{\text{capitaux propres}}{\text{ressources stables}}$ | Indicateur permettant de mesurer la capacité d'endettement de l'entreprise. |
| STRUCTURE | Rentabilité financière | $\frac{\text{résultat net}}{\text{capitaux propres}}$ | Indicateur qui mesure le rendement des capitaux propres, c'est-à-dire la rentabilité des capitaux investis. |
| EXPLOITATION | Délai de crédit clients | $\frac{\text{créances clients}}{\text{chiffre d'affaires TTC}} \times 360$ | L'entreprise cherche à le raccourcir ⇨ ↘ BFR. |
| EXPLOITATION | Délai de crédit fournisseurs | $\frac{\text{dettes fournisseurs}}{\text{achats TTC}} \times 360$ | L'entreprise cherche à l'allonger ⇨ ↘ BFR. |
| EXPLOITATION | Délai de stockage | $\frac{\text{stock moyen}}{\text{coût d'achat HT (des marchandises vendues ou des matières premières utilisées)}} \times 360$ | L'entreprise cherche à le raccourcir ⇨ ↘ BFR. |

**Remarque**

L'analyse du bilan et le calcul des ratios font généralement l'objet d'une comparaison entre deux années (ou bien avec ceux du secteur). Il faut alors commenter leur évolution (ou les écarts) et conclure sur une évolution favorable ou défavorable.

# Exercice d'entraînement

*Corrigé p. 154*

**Effectuez l'analyse des indicateurs de l'entreprise Gasnier SARL ainsi que leur évolution.**

| ACTIF | | | PASSIF | | |
|---|---|---|---|---|---|
| | 31/12/N | 31/12/N-1 | | 31/12/N | 31/12/N-1 |
| **Actif immobilisé** | 96 700 | 98 865 | **Ressources stables** | | |
| | | | Ressources propres | 140 100 | 142 320 |
| | | | Dettes financières | 22 345 | 27 102 |
| **Actif circulant** | | | **Passif circulant** | | |
| Stocks | 1 822 | 944 | Dettes fournisseurs | 23 220 | 20 120 |
| Créances clients et comptes rattachés | 103 594 | 127 398 | Dettes fiscales et sociales | 30 151 | 28 770 |
| Disponibilités | 26 430 | 12 825 | Concours bancaires | 12 730 | 21 720 |
| **TOTAL** | **228 546** | **240 032** | **TOTAL** | **228 546** | **240 032** |

# 11 La prévention et la couverture des risques

Les actions de prévention des risques sont indispensables mais ne permettent pas de faire face au dommage en cas de réalisation du risque.

## 1 La prévention des risques

| Types de risques | Actions de prévention |
|---|---|
| **Risques professionnels** | • Procédures écrites.<br>• Méthodes de travail formalisées.<br>• Listes de pointage. |
| **Risques clients** | • Analyse de la solvabilité.<br>• *Scoring* sur plusieurs critères :<br>– Retards de paiement ;<br>– Incidents de paiement ;<br>– etc. |
| **Risques fournisseurs** | • Analyse du bilan.<br>• Diversification des approvisionnements. |
| **Risques sociaux** | • Méthodes de gestion du stress.<br>• Amélioration des conditions de travail.<br>• Politique de GPEC (gestion prévisionnelle des emplois et des compétences). |
| **Risques environnementaux** | • Veille stratégique.<br>• Veille légale. |
| **Risques technologiques** | • Veille technologique. |

**La veille** permet de collecter des informations afin d'anticiper les mutations environnementales, légales et technologiques.

## 2 L'évaluation et la couverture des risques

### A L'évaluation des risques : une obligation

Le document unique d'évaluation des risques professionnels (DUERP) est une obligation légale. Il impose aux employeurs d'évaluer les risques afin d'y apporter une réponse adaptée.

### B La couverture des risques

• La réalisation d'un risque peut entraîner des coûts importants pour l'entreprise :

– des impayés ;

– une baisse du chiffre d'affaires et de la marge ;

**Remarque**

**Les provisions ont pour objectif de constater un risque possible** dans la comptabilité de l'entreprise en calculant la charge correspondante qui diminue le résultat de l'entreprise (en vertu du principe de prudence).

– des amendes et pénalités ;
– des charges et frais consécutifs à des dommages matériels.

• Pour se prémunir contre les risques, l'entreprise peut souscrire différents types d'assurances :
– **l'assurance responsabilité civile professionnelle :**

| | |
|---|---|
| **Activité** | Accidents causés en dehors des locaux. |
| **Biens** | Dommages causés par des biens n'appartenant pas à l'unité commerciale mais utilisés pour son compte. |
| **Personnes** | Pathologies professionnelles. |

– **l'assurance multirisques** :
- elle couvre les dommages causés dans l'entreprise ;
- elle peut également couvrir la gestion des impayés.

– **D'autres assurances spécifiques** : assurances des locaux et biens (Incendie, explosion, inondation), assurance de la flotte automobile, protection juridique, assurance contre la perte d'exploitation, etc.

• Les **mutuelles** se distinguent des assurances car ce sont des sociétés d'assurance à but non lucratif. Les contrats qu'elles proposent sont généralement souscrits par les entreprises pour offrir aux salariés une **couverture complémentaire santé**. Cette dernière constitue une obligation légale.

Gestion opérationnelle

# Exercice d'entraînement

*Corrigé p. 155*

Micheline Rossiya doit mettre en application le document unique de gestion des risques au plus tard le 1er octobre au sein de l'entreprise. Elle vous délègue la responsabilité de ce dossier et vous charge d'animer la première demi-journée de réunion d'information sur l'existence et le contenu du document unique.
**Concevez un graphique permettant de qualifier les risques en utilisant les deux axes de l'évaluation des risques et placez sur ce graphique les situations à risques s'étant déroulées dans l'agence commerciale.**

**ANNEXE 1 : les axes d'évaluation des risques**
**Axe 1 : la gravité du dommage**
C'est l'effet redouté, plus ou moins important, sur la santé de l'agent (blessures, maladie...).

| Appellation | Cotation | Critères de gravité |
|---|---|---|
| **Minime** | 1 | Blessure légère ou atteinte légère à la santé sans arrêt de travail et sans séquelles (égratignures, brûlures très légères, fatigue visuelle...). |
| **Significative** | 2 | Blessure ou atteinte à la santé avec arrêt de travail mais sans séquelles (hématomes, coupures peu profondes, pincement, mal de tête...). |
| **Élevée** | 4 | Blessure ou atteinte à la santé avec arrêt de travail et possibilité de séquelles (écrasement d'un doigt, choc à la tête, entorse, fractures, chocs psychologiques, lumbago...). |
| **Très élevée** | 8 | Blessure ou atteinte à la santé avec arrêt/incapacité partielle (section d'un doigt, d'un ligament ne permettant plus à l'agent de travailler dans les conditions normales, traumatisme crânien avec perte de connaissance…). |
| **Grave** | 16 | Accident mortel/incapacité totale/lésions irréversibles/séquelles graves. |

**Axe 2 : la fréquence d'exposition des agents aux sources de dangers**
Cet axe intègre la durée et la fréquence d'exposition réelles de l'agent à la source de danger *via* les activités à l'origine du risque qu'il exerce.

| Appellation | Cotation |
|---|---|
| Très rare | 1 |
| Rare | 2 |
| Occasionnel | 3 |
| Fréquent | 4 |
| Permanent | 5 |

**ANNEXE 2 : la typologie des principaux risques**
- Risque lié à la manutention manuelle/risque de chutes.
- Risque d'incendie et d'explosion/risque toxique.
- Risque lié aux circulations et aux déplacements.
- Risque lié aux effondrements et chutes d'objets.
- Risque lié à l'électricité.
- Risque lié à l'organisation du travail.
- Risque lié aux machines et aux équipements.
- Risque lié aux ambiances thermiques.
- Risque lié à l'intervention d'entreprises extérieures.

**ANNEXE 3 : des situations concrètes pour évaluer les risques**
***Situation 1** (23 septembre N – 2) – **Yasmina***
Description : glissade sur un sol humide non signalé par une balise lors de l'entretien des sols par une société extérieure.
Conséquences : chute lors du déplacement vers le guichet ; perte de connaissance ; intervention du SAMU et hospitalisation durant 2 jours ; traumatisme crânien.

***Situation 2 - Pierre***
Description : utilisation d'un écran d'ordinateur (de plus de 6 ans) durant l'intégralité de son service.
Conséquence : fatigue visuelle nécessitant le port de lunettes.

***Situation 3** (11 mai N-1 ; 14 juin N-1, 14 février) – **Jean-Maxence***
Description : manutention d'un carton de prospectus depuis la réserve jusqu'à la surface de vente de l'agence commerciale.
Conséquence : lumbago avec arrêt de travail.

***Situation 4** (8 avril N-3) – **Victor***
Description : agression physique par un client à la suite d'une altercation verbale. Conséquence : trouble psychologique avec incapacité de reprendre son poste ; affecté à un autre service.

***Situation 5** (9 mars) – **Élodie***
Description : chute occasionnée par des câbles traînant au sol lors de la modernisation du réseau informatique.
Conséquence : fracture du poignet et arrêt de travail (10 jours).

# 12 Les méthodes de prévision des ventes

Il existe différentes méthodes pour prévoir les ventes : l'approche empirique qui consiste à effectuer une étude de marché pour déterminer les ventes futures et les méthodes statistiques qui consistent à prolonger la tendance des ventes passées pour extrapoler les ventes futures.

## 1 Le choix d'une méthode statistique

| | | |
|---|---|---|
| 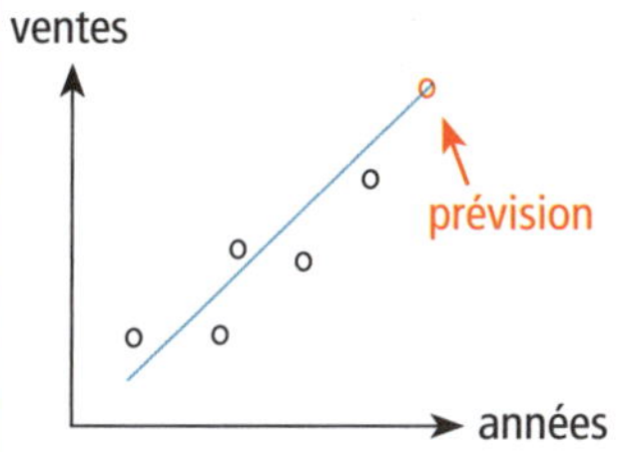 | 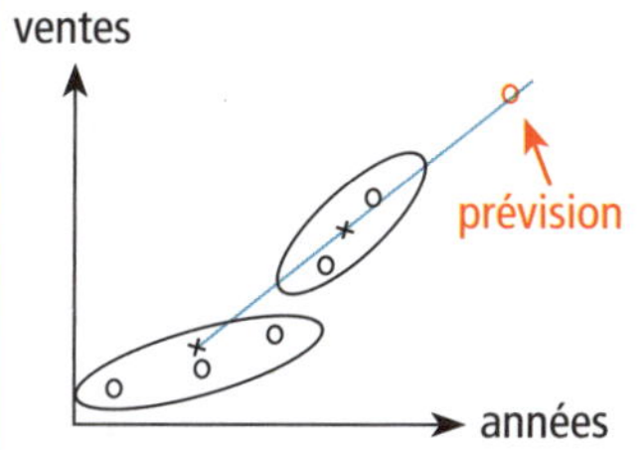 | 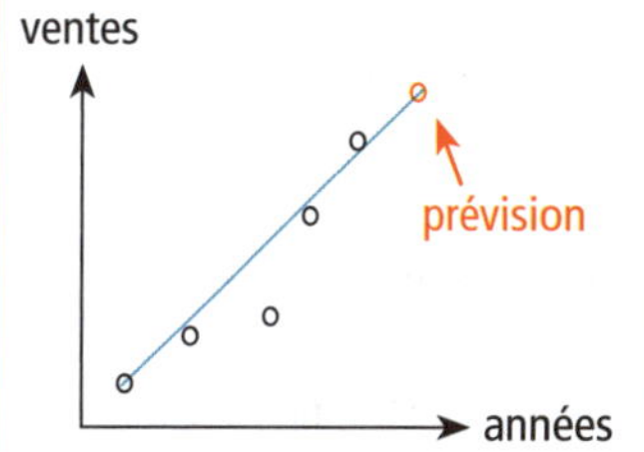 |
| **Moindres carrés :** on prolonge la droite qui passe au plus près de tous les points (régression linéaire). | **Mayer :** on prolonge la droite qui passe par deux points moyens. | **Points extrêmes :** on prolonge la droite qui passe par les deux points extrêmes. |
| **Séries irrégulières : nuage de points** | On sépare la série en deux sous-séries d'importances à peu près identiques : 3 + 2 ; 4 + 3 ; 5 + 4… | **Séries régulières** |

- **Dans les trois cas, il s'agit de déterminer l'équation d'une droite de type $y = ax + b$.**
- **Inconvénient des méthodes statistiques :** elles s'appuient sur les ventes passées et ne tiennent pas compte des événements qui pourraient survenir.

### A La méthode des moindres carrés (régression linéaire)

**Exemple**

Numérotation des années à partir de 1

| Année | $x$ | $y$ (CA en k€) | $X = x - \bar{x}$ | $Y = y - \bar{y}$ | $X^2$ | $XY$ |
|---|---|---|---|---|---|---|
| N – 3 | 1 | 480 | –1,5 | –76 | 2,25 | 114 |
| N – 2 | 2 | 546 | –0,5 | –10 | 0,25 | 5 |
| N – 1 | 3 | 569 | 0,5 | 13 | 0,25 | 6,5 |
| N | 4 | 629 | 1,5 | 73 | 2,25 | 109,5 |
| Somme | 10 | 2 224 | $\Sigma X = 0$ | $\Sigma Y = 0$ | $\Sigma X^2 = 5$ | $\Sigma XY = 235$ |
| Moyenne | $\bar{x} = 2,5$ | $\bar{y} = 556$ | | | | |

Années passées — Ventes passées — $1 - 2,5$ — $480 - 556$ — $(-1,5) \times (-1,5)$ — $(-1,5) \times (-76)$

$$a = \frac{\Sigma XY}{\Sigma X^2} \qquad b = \bar{y} - a\bar{x}$$

$a = \frac{235}{5} = 47$ et $b = 556 - 47 \times 2{,}5 = 438{,}5$

On obtient une équation du type : $y = 47x + 438{,}5$.

**Prévision : on remplace *x* par le numéro de l'année.**

⇨ En N : $y = 47 \times 5 + 438{,}5$, soit 673,50 k€.

## B La méthode de Mayer (ou de la double moyenne)

On sépare la série en deux et on calcule les coordonnées de deux points moyens A et B dont les coordonnées sont les moyennes des coordonnées des points correspondants : A($\overline{x}$ ; $\overline{y}$) et B($\overline{x}$ ; $\overline{y}$).

**Exemple**

| Année | N – 4 | N – 3 | N – 2 | N – 1 | N |
|---|---|---|---|---|---|
| ***x*** : renumérotation des années | 1 | 2 | 3 | 4 | 5 |
| ***y*** : ventes en k€ | 401 | 562 | 630 | 738 | 852 |

*A* : N – 4 à N – 2 ; *B* : N – 1 à N

**Point moyen *A*** de coordonnées $x_A = \frac{(1 + 2 + 3)}{3} = 2$ et $y_A = \frac{(401 + 562 + 630)}{3} = 531$

**Point moyen *B*** de coordonnées $x_B = \frac{(4 + 5)}{2} = 4{,}5$ et $y_B = \frac{(738 + 852)}{2} = 795$

$a = \frac{(y_B - y_A)}{(x_B - x_A)}$ et $b = y_A - ax_A$

$a = \frac{795 - 531}{4{,}5 - 2} = 105{,}6$ et $b = 531 - 105{,}6 \times 2 = 319{,}80$

On obtient une équation du type : $y = 105{,}6x + 319{,}80$.

**Prévision : on remplace *x* par le numéro de l'année.**

⇨ En N+1 : $y = 105{,}6 \times 6 + 319{,}80$, soit 953,40 k€.

## C La méthode des points extrêmes

On détermine l'équation de droite qui passe par les deux points se situant aux extrémités de la série.

**Exemple**

| Année | N – 4 | N – 3 | N – 2 | N – 1 | N |
|---|---|---|---|---|---|
| ***x*** : renumérotation des années | 1 | 2 | 3 | 4 | 5 |
| ***y*** : ventes en k€ | 401 | 562 | 630 | 738 | 852 |
| | $A(x_A ; y_A)$ | | | | $B(x_B ; y_B)$ |

$a = \frac{(y_B - y_A)}{(x_B - x_A)}$ et $b = y_A - ax_A$

Dans notre exemple : $a = \frac{852 - 401}{5 - 1} = 112{,}75$

et $b = 401 - 112{,}75 \times 1 = 288{,}25$

On obtient une équation du type : $y = 112{,}75x + 288{,}25$.

**Prévision : on remplace *x* par le numéro de l'année.**

⇨ En N+1 : $y = 112{,}75 \times 6 + 288{,}25$, soit 964,75 k€.

**Remarque**

Des méthodes de prévisions différentes appliquées à une même série de données ne donnent pas le même résultat.

## 2 La progression des ventes par rapport à un taux de croissance

L'étude des tendances du marché permet d'estimer un taux de croissance prévisionnel de l'activité qui sera utilisé pour prévoir les ventes.

**Exemple**

Le CA en N est de 50 000 €.

On prévoit une croissance du marché de 10 % l'année suivante et de 20 % l'année d'après.

CA N + 1 = CA N × (1 + taux) = 50 000 × 1,10 = **55 000 €**

CA N + 2 = 55 000 × 1,20 = **66 000 €**

## 3 La corrélation

- Si deux variables sont corrélées, cela signifie que la variation de l'une affecte l'autre. On peut alors effectuer une prévision après avoir vérifié s'il existe un lien de corrélation *r*.

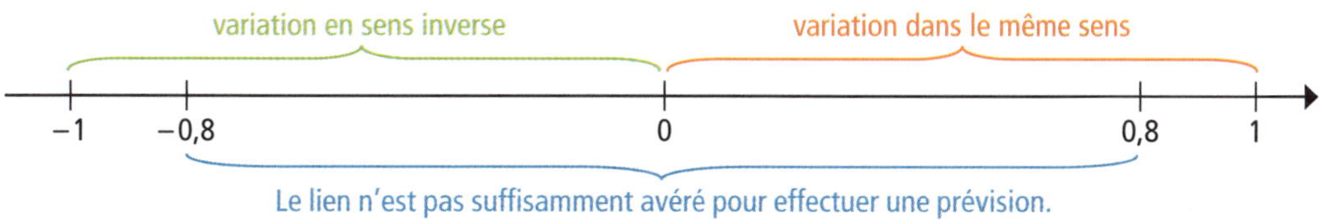


- Si **$r \leqslant -0{,}8$ ou $r \geqslant 0{,}8$ ⇨ le lien est suffisamment fort pour effectuer une prévision.**

**Exemple**

On cherche à vérifier la corrélation entre le budget de communication engagé et le chiffre d'affaires pour estimer le chiffre d'affaires réalisé pour un budget de communication de 150 000 € en N + 1.

| Année | N – 4 | N – 3 | N – 2 | N – 1 | N |
|---|---|---|---|---|---|
| Budget en k€ | 103 | 131 | 82 | 103 | 131 |
| CA en k€ | 2 123 | 2 230 | 1 969 | 2 043 | 2 435 |

**Tableau à construire**

| | *x* en k€ (budget) | *y* en k€ (CA) | $X = x - \bar{x}$ | $Y = y - \bar{y}$ | $X^2$ | $Y^2$ | $XY$ |
|---|---|---|---|---|---|---|---|
| | 103 | 2 123 | −7 | −37 | 49 | 1 369 | 259 |
| | 131 | 2 230 | 21 | 70 | 441 | 4 900 | 1 470 |
| | 82 | 1 969 | −28 | −191 | 784 | 36 481 | 5 348 |
| | 103 | 2 043 | −7 | −117 | 49 | 13 689 | 819 |
| | 131 | 2 435 | 21 | 275 | 441 | 75 625 | 5 775 |
| Somme | 550 | 10 800 | 0 | 0 | 1 764 | 132 064 | 13 671 |
| Moyenne | 110 | 2 160 | | | | | |

$$r = \frac{\Sigma XY}{\sqrt{\Sigma X^2 \Sigma Y^2}}$$

Dans l'exemple : $r = \dfrac{13\,671}{\sqrt{1\,764 \times 132\,064}} = 0{,}896$

La corrélation entre le budget de communication et le chiffre d'affaires est avérée.

**Attention**

Il faut repérer dans la situation proposée quelle est la variable *x* et quelle est la variable *y*. C'est le niveau de *x* qui va influer sur le niveau de *y*.

$a = \dfrac{\Sigma XY}{\Sigma X^2} = \dfrac{13\,671}{1\,764} = 7{,}75$

et $b = \overline{y} - a\overline{x} = 2\,160 - 7{,}75 \times 110 = 1\,307{,}5$

Prévision pour un budget de 150 000 € (150 k€) :

$y = 7{,}75 \times 150 + 1\,307{,}5 = 2\,470$ k€

**Remarque**

La calculatrice programmable (mode examen) permet de déterminer *r*, *a* et *b* grâce à la fonction statistique (à 2 variables) préprogrammée linearReg.

# 4 La saisonnalité des ventes

## A Les coefficients saisonniers

**Les coefficients de variation saisonnière (CVS) représentent la part des ventes réalisées au cours des différentes périodes de l'année.** Ils peuvent s'exprimer en données brutes ou en pourcentage.

**Somme des CVS = nombre de périodes**

**Exemple**

Planches de surf :

| Trimestre | 1 | 2 | 3 | 4 |
|---|---|---|---|---|
| CVS | 0,2 | 1 | 2,4 | 0,4 |

**CVS en % = CVS brut/nombre de périodes**

Le CVS est représentatif de l'intensité des ventes par rapport à la moyenne qui est de 1.

| Trimestre | 1 | 2 | 3 | 4 |
|---|---|---|---|---|
| CVS en % | 0,2/4 (× 100) = 5 % | 25 % | 60 % | 10 % |

## B La prévision des ventes périodiques à l'aide des CVS

**Ventes période N = ventes annuelles × CVS en % période N**

**Exemple (suite)**

Prévision 200N (planches de surf) = 62 000 unités

Prévisions trimestrielles

| Trimestre | 1 | 2 | 3 | 4 |
|---|---|---|---|---|
| Ventes | 62 000 × 5 %<br>= 3 100 planches | 62 000 × 25 %<br>= 15 500 | 62 000 × 60 %<br>= 37 200 | 62 000 × 10 %<br>= 6 200 |

## C Le calcul des coefficients saisonniers

- Il faut disposer des ventes réalisées par période (trimestres ou mois) sur plusieurs années passées.

**CVS = moyenne des ventes par période/moyenne des moyennes**

**Exemple**

La société Styl'homme vend des articles d'habillement et des produits de soins à destinations des hommes.

| Trimestre | 1 | 2 | 3 | 4 |
|---|---|---|---|---|
| **N – 2** | 30 | 200 | 14 | 52 |
| **N – 1** | 35 | 210 | 15 | 60 |
| **N** | 31 | 220 | 16 | 53 |
| **Moyennes par période** | 32 | 210 | 15 | 55 |
| **CVS** | 0,410 | 2,692 | 0,192 | 0,705 (55/78) |
| **CVS en %** | 10,25 % | 67,25 % | 4,75 % | 17,75 % |

Somme des CVS = 4 et moyenne des moyennes :
(32 + 210 + 15 + 55)/4 = 78

• **Attention :** prenez garde au sens du tableau tel qu'il est proposé. Les années peuvent être en colonnes et les périodes en lignes. Les moyennes et CVS seront alors présentés en colonnes.

**Remarque**

Les CVS peuvent également être mensuels. La somme des CVS est alors égale à 12.



# Exercice d'entraînement

*Corrigé p. 155*

**Calculez les CVS, effectuez une prévision annuelle puis prévoyez les ventes trimestrielles pour l'année N + 1.**

| Ventes | Trimestre 1 | Trimestre 2 | Trimestre 3 | Trimestre 4 | Année |
|---|---|---|---|---|---|
| N – 3 | 56 | 103 | 345 | 23 | 527 |
| N – 2 | 65 | 110 | 340 | 27 | 542 |
| N – 1 | 66 | 132 | 364 | 12 | 574 |
| N | 76 | 129 | 371 | 25 | 601 |

# 13 Les budgets

Un budget est un document prévisionnel qui participe au pilotage de l'entreprise. Les budgets des encaissements et des décaissements permettent, en outre, d'élaborer le budget de trésorerie.

## 1 La démarche budgétaire

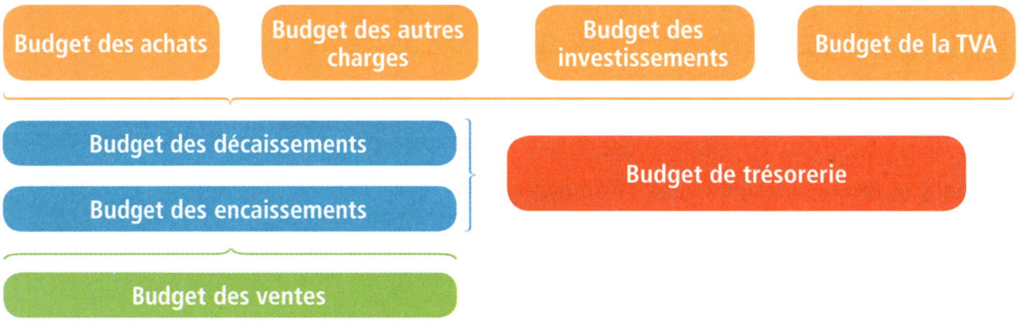


## 2 Le budget des encaissements

- **Il est réalisé à partir des ventes TTC** de la période et des autres types de recettes.
- Il prend en compte les délais de paiement.

**Exemple**

| | Montant TTC | Janvier | Février | Mars |
|---|---|---|---|---|
| Ventes N – 1 (réglées en janvier N) | | 3 000 | | |
| Ventes janvier | **24 000** | 7 200 | 16 800 | |
| Ventes février | **40 000** | | 12 000 | 28 000 |
| Ventes mars | **28 000** | | | 8 400 |
| Autres recettes | **16 000** | 4 000 | 6 000 | 6 000 |
| Subventions | **3 000** | | 3 000 | |
| **TOTAL** | **111 000** | 14 200 | 37 800 | 42 400 |

Les clients règlent leurs factures pour 30 % au comptant et pour 70 % à 30 jours (TVA 20 %).

**Ventilation des ventes de janvier :**

- le chiffre d'affaires s'élève à 20 000 € HT en janvier ;
- chiffre d'affaires TTC : 20 000 × 1,20 = 24 000 € TTC ;
- encaissement de janvier : 24 000 × 30 % = 7 200 € ;
- encaissement de février : 24 000 × 70 % = 16 800 €.

## 3 Le budget des décaissements

**Il est réalisé à partir des achats TTC** de la période et des autres types de dépenses.

**Remarque**

Les encaissements et décaissements correspondent aux recettes et dépenses TTC et non aux produits et aux charges. En effet, les produits et charges incluent des éléments dits « calculés » tels que les amortissements et provisions et leurs reprises qui ne correspondent à aucun flux de trésorerie.

**Exemple**

- Les fournisseurs sont réglés selon les modalités suivantes : 20 % au comptant, 40 % à 30 jours et 40 % à 60 jours.
- La TVA à payer et les charges sociales sont décaissées le mois d'après.

| | Montant TTC | Janvier | Février | Mars |
|---|---|---|---|---|
| Achats N – 1 (réglés en N) | | 1 000 | | |
| Achats janvier | **20 000** | 4 000 | 8 000 | 8 000 |
| Achats février | **32 000** | | 6 400 | 12 800 |
| Achats mars | **24 000** | | | 4 800 |
| Autres charges | **8 000** | 2 000 | 3 000 | 3 000 |
| TVA | | | 667 | 1 334 |
| Mensualité d'emprunt | | 460 | 460 | 460 |
| Salaires | | 4 000 | 4 000 | 4 000 |
| Charges sociales | | 1 400 | 1 600 | 1 600 |
| **TOTAL** | **84 000** | **12 860** | **24 127** | **35 994** |

Sur les salaires de janvier

**Remarque** : la TVA peut être calculée grâce à un sous-budget réalisé séparément.

| | Janvier | Février | Mars |
|---|---|---|---|
| TVA collectée sur les ventes | 4 000 | 6 667 | 4 667 |
| TVA déductible sur les achats | 3 333 | 5 333 | 4 000 |
| **TVA à payer (pour le mois)** | **667** | **1 334** | **667** |
| **TVA décaissée (le mois suivant)** | | **667** | **1 334** |

Ventes HT de janvier : 24 000/1,20 = 20 000

TVA collectée de janvier : 24 000 – 20 000 = 4 000 (ou 20 000 × 20 % = 4 000)

## 4 Le budget de trésorerie

Il reprend les totaux des budgets des encaissements et des décaissements.

**Trésorerie finale = trésorerie initiale + encaissements – décaissements**

**Exemple**

La trésorerie initiale (en janvier) s'élève à 1 500 €.

| | Janvier | Février | Mars |
|---|---|---|---|
| Trésorerie initiale | 1 500 | 2 840 | 16 513 |
| Encaissements | 14 200 | 37 800 | 42 400 |
| Décaissements | 12 860 | 24 127 | 35 994 |
| Trésorerie finale | **2 840** | **16 513** | **22 919** |

## 5 Les modalités d'optimisation de la trésorerie

• **En cas de trésorerie prévisionnelle positive**, il peut être intéressant d'envisager des placements pour bénéficier d'une rémunération. Les excédents de trésorerie non placés privent l'entreprise de revenus.

• **En cas de trésorerie prévisionnelle négative, il faut adopter des mesures correctrices pour éviter la défaillance de l'entreprise :**

| | |
|---|---|
| **Accroître le montant des encaissements** | Accroître les ventes. |
| **Diminuer le montant des décaissements** | • Réduire les coûts.<br>• Renégocier les prix d'achat. |
| **Diminuer le besoin en fonds de roulement** | • Diminuer les délais de règlement des clients.<br>• Diminuer le délai moyen de stockage.<br>• Allonger les délais de paiement aux fournisseurs. |

**Remarque**

La modification des délais de règlement et de stockage ne change pas le montant total des encaissements et des décaissements mais seulement leur répartition sur une période donnée. Elle permet de diminuer le besoin en fonds de roulement et, par conséquent, le montant de la trésorerie nécessaire à l'exploitation sur cette période.

• Si les décaissements présentent des montants trop importants pour des raisons autres que l'exploitation (**ex.** : un investissement), il est souhaitable de souscrire un emprunt supplémentaire pour y faire face. Ce dernier peut être un emprunt bancaire ou bien être souscrit auprès des associés (comptes courants d'associés).

• L'absence de mesures correctrices conduit l'entreprise à recourir au concours bancaire.

# Exercice d'entraînement

*Corrigé p. 156*

**Réalisez le budget de trésorerie de l'entreprise Delta pour le premier trimestre N d'après les données suivantes :**

| Mois | Janvier | Février | Mars |
|---|---|---|---|
| Ventes HT | 5 000 | 6 000 | 8 000 |
| Achats HT | 1 000 | 1 100 | 1 200 |

• Les ventes sont encaissées au comptant pour 20 % et le solde est réglé à 30 jours.
• Les achats sont réglés en moyenne à 60 jours.
• Les achats de novembre et décembre N – 1 s'élevaient respectivement à 500 € TTC et 600 € TTC.
• Les ventes de décembre N – 1 s'élevaient à 4 800 € TTC.
• L'entreprise compte deux salariés dont les salaires bruts s'élèvent à 2 200 € et 1 860 €.
• Les cotisations salariales et patronales s'élèvent respectivement à 20,5 % et 36 % des rémunérations brutes.
• Les cotisations salariales et patronales sont versées le mois suivant aux caisses sociales. Les salaires nets sont versés à la fin du mois.
• Les cotisations de N – 1 à régler en janvier s'élèvent à 2 223 €.
• Des produits financiers (non soumis à la TVA) sont perçus en janvier et février pour 240 et 135 €.
• Les prestations vendues sont facturées au taux de TVA de 20 %.
• Les achats sont réalisés au taux de TVA de 20 %.
• La TVA est réglée à l'administration fiscale le mois suivant.
• La trésorerie initiale s'élève à 2 000 €.

*Les calculs seront arrondis à l'euro le plus proche.*

# 14 Le financement de l'investissement

L'investissement consiste en l'acquisition d'actifs durablement conservés. Il est indispensable à la croissance et à la pérennité de l'unité commerciale. Cette dernière doit déterminer quelles sont les ressources disponibles pour en assurer le financement.

## 1 Les ressources internes de financement

| Moyen/outil | Intérêt |
|---|---|
| L'autofinancement | L'autofinancement est la ressource interne provenant de la capacité d'autofinancement après versement des dividendes. Elle mesure la capacité de l'unité commerciale à financer ses besoins grâce à ses propres ressources. Le recours à l'autofinancement permet à l'entreprise de conserver son indépendance financière. |
| Les apports en comptes courants des associés | Les associés peuvent prêter des fonds à l'entreprise, souvent en contrepartie de versements d'intérêts qui sont déductibles de l'impôt sur les sociétés. C'est un moyen de financement souple avec peu de formalités qui ne modifie pas la composition du capital. |
| L'augmentation de capital | Une augmentation de capital consiste à émettre de nouveaux titres. Les formalités sont importantes mais ce moyen renforce la structure des fonds propres et diminue le ratio d'endettement de l'entreprise. L'augmentation de capital permet de se procurer des ressources tout en préservant l'indépendance financière de l'entreprise. |

## 2 Les ressources externes de financement

| Moyen/outil | Intérêt |
|---|---|
| Le crédit bancaire (emprunt) | C'est le moyen de financement le plus courant. Le recours aux établissements de crédit est assez simple mais ces derniers exigent des garanties parfois importantes de la part des emprunteurs. |
| Le crédit-bail (*leasing*) | Il permet de disposer d'un bien contre le versement d'une redevance déductible. La levée de l'option d'achat permet de devenir propriétaire du bien. Les entreprises n'ayant pas de ressources importantes peuvent se tourner vers ce système qui offre une grande souplesse d'utilisation mais se révèle plus onéreux que le crédit sur la durée d'utilisation du bien. |
| Le financement participatif (*crowdfunding*) | Il consiste à emprunter ou céder des parts de l'entreprise auprès d'un nombre important d'investisseurs (micro-investisseurs) grâce à des outils de mise en relation comme Internet. C'est un mode de financement sans intermédiaire particulièrement adapté au lancement de nouveaux projets. |
| Les investisseurs privés (« *business angels* ») | Les « *business angels* » investissent des fonds dans une société en création qui a un fort potentiel de développement. En contrepartie du risque pris, ils rentrent dans le capital de l'entreprise et peuvent espérer des gains importants en cas de succès. |
| Les fonds de capital risque | Comme les investisseurs privés, ils investissent dans les sociétés innovantes à fort potentiel de développement mais ce sont des sociétés d'investissement (personnes morales). |

## 3 L'emprunt bancaire

L'emprunt est la principale ressource de financement externe. Le niveau des taux d'intérêt influence fortement la décision d'emprunter et, en conséquence, les possibilités d'investissement.

### A L'emprunt par mensualités ou annuités constantes

- La somme versée à la banque est identique à chaque période mais la partie remboursée (amortissement) varie.

- Selon les situations, l'emprunt peut être remboursable par mensualités ou annuités constantes :

$$\text{Mensualité ou annuité constante} = \frac{\text{capital emprunté} \times \text{taux}}{1 - (1 + \text{taux})^{-n}}$$

avec n = nombre de périodes et taux = taux d'intérêt mensuel ou annuel

**Remarque**

Cette formule est, en général, fournie en annexe dans les sujets. Sur votre calculatrice, la formule est à saisir de la manière suivante : cal × taux/(1 – (1 + taux) ^(- n)) avec le taux exprimé en valeur brute (ex. : 0,14 % = 0,0014).

**Exemple**

Emprunt pour une acquisition de 25 000 € HT.

Taux annuel : 2,10 % ; assurance : 0,5 % du montant emprunté payable chaque année ; pas de frais de dossier ; durée : 5 ans.

Modalités de remboursement : annuités constantes.

Annuité = 25 000 × 0,021/(1 - $1{,}021^{-5}$) = 5 319,36 €

| Période | CRD (capital restant dû) début de période | Taux d'intérêt | Intérêt (capital × taux) | Amortiss. (Annuité – intérêt) | Annuité | CRD fin de période (CRD début – amortissement) |
|---|---|---|---|---|---|---|
| N | 25 000,00 | 2,10 % | 525,00 | 4 794,36 | 5 319,36 | 20 205,64 |
| N+1 | 20 205,64 | 2,10 % | 424,32 | 4 895,04 | 5 319,36 | 15 310,59 |
| N+2 | 15 310,59 | 2,10 % | 321,52 | 4 997,84 | 5 319,36 | 10 312,75 |
| N+3 | 10 312,75 | 2,10 % | 216,57 | 5 102,79 | 5 319,36 | 5 209,96 |
| N+4 | 5 209,96 | 2,10 % | 109,41 | 5 209,95 | 5 319,36 | 0,00 |

Montant total des annuités réglées à la banque : 5 319,36 × 5 = 26 596,82 €

Montant de l'assurance : (25 000 × 0,5 % × 5) = 625,00 €

- **Coût de l'emprunt = montant total réglé à la banque – montant emprunté.**

- **Ou montant total des intérêts + assurance + frais de dossier** (si on dispose du tableau de remboursement).

**Exemple (suite)**

26 596,82 + 625 – 25 000 = 2 221,82 €

Ou (525 + 424,32 + 321,52 + 216,57 + 109,41) + 625 = 2 221,82 €

**Remarque**

Il n'est donc pas indispensable de réaliser le tableau de remboursement de l'emprunt pour déterminer son coût.

- Si l'emprunt est remboursable par mensualités (tous les mois) :

**Taux mensuel = taux annuel/12**

**Nombre de périodes (mois) = nombre d'années × 12**

## B L'emprunt par amortissements constants

• La mensualité ou l'annuité varie à chaque période mais la partie remboursée (amortissement) reste constante :

**Amortissement constant = capital emprunté/n (nombre de périodes)**

**Exemple**

| Période | CRD début | Taux d'intérêt | Intérêt (capital × taux) | Amort. constant | Annuité (intérêt + amort.) | CRD en fin de période |
|---|---|---|---|---|---|---|
| N | 25 000,00 | 2,10 % | 525,00 | 5 000,00 | 5 525,00 | 20 000,00 |
| N+1 | 20 000,00 | 2,10 % | 420,00 | 5 000,00 | 5 420,00 | 15 000,00 |
| N+2 | 15 000,00 | 2,10 % | 315,00 | 5 000,00 | 5 315,00 | 10 000,00 |
| N+3 | 10 000,00 | 2,10 % | 210,00 | 5 000,00 | 5 210,00 | 5 000,00 |
| N+4 | 5 000,00 | 2,10 % | 105,00 | 5 000,00 | 5 105,00 | 0,00 |

Amortissement annuel = 25 000/5 ans = 5 000 €.

• **Coût du crédit = somme des intérêts + assurance + frais de dossier.**

• Il faut réaliser l'intégralité du tableau pour déterminer le coût du crédit.

**Remarque**

Il existe également **l'emprunt *in fine* qui permet de rembourser le capital dans son intégralité lors de la dernière échéance.** L'amortissement de l'emprunt est nul pour toutes les échéances précédentes.



# Exercice d'entraînement

*Corrigé p. 157*

**La société Kashmir SARL vous charge d'étudier deux modalités de financement pour l'acquisition d'une machine-outil.**

**1. Financement par crédit-bail**

- Montant du financement HT : 18 000 €.
- Valeur résiduelle de rachat HT : 520 €.
- Dépôt de garantie : 0,00 €.
- Nombre d'échéances : 60.
- Durée du contrat : 60 mois.
- Périodicité : mensuelle.
- Frais de dossier : 300 € HT (facturés lors de la première échéance).
- Loyer : 330 € HT.

**2. Modalités de l'emprunt**

- Montant emprunté : 18 000 €.
- Durée de l'emprunt : 5 ans.
- Taux d'intérêt nominal annuel : 1,3 %.
- Frais de dossier : 200 €.
- Montant annuel de l'assurance : 0,3 % annuel du montant emprunté payable chaque année.
- Modalités de remboursement : annuités annuelles constantes.

Remboursement par période = $V_0 \times \frac{i}{1-(1+i)^{-n}}$

avec :

$V_0$ = montant emprunté

$n$ = nombre de périodes de remboursement

$i$ = taux d'intérêt par période

# 15 Les critères de choix d'investissement

Évaluer la rentabilité d'un investissement revient à comparer les flux nets de trésorerie obtenus au coût de ce dernier. Si la somme des flux nets de trésorerie actualisés est supérieure au montant dépensé pour l'investissement, alors ce dernier est rentable.

## 1 Les flux nets de trésorerie (FNT)

• Le calcul des flux nets de trésorerie permet de savoir quelle est la trésorerie nette dégagée par un investissement.

• Les FNT proviennent de la différence entre les encaissements (recettes) et les décaissements (dépenses).

• Il existe des produits et des charges qui ne correspondent à aucun flux monétaire (mouvement d'argent) : **on parle de charges et de produits calculés.**
– Charges calculées : dotations aux amortissements et provisions.
– Produits calculés : reprises sur provisions.

• **Les charges calculées sont à réintégrer (ajouter) au bénéfice pour obtenir le flux net de trésorerie et les produits calculés à déduire.**

## 2 Le calcul des flux nets de trésorerie

**Exemple**

Une unité commerciale d'une surface de 250 m² réalise un investissement de 50 000 € au début de l'année N pour agrandir et rénover la surface de vente. Le chiffre d'affaires hors taxes actuel s'élève à 1 150 000 €. Le chiffre d'affaires supplémentaire hors taxes espéré est de 13 % par an pendant 5 ans. Les économies d'énergie annuelles sont estimées à 2 €/m². Les charges d'exploitation (incluant l'amortissement) engendrées par l'investissement s'élèvent à 141 000 € chaque année. L'investissement est amorti suivant le mode linéaire sur 5 ans. Le taux d'imposition est de 33 % 1/3.

| | |
|---|---|
| Chiffre d'affaires supplémentaire + économies réalisées | 1 150 000 × 13 % + 250 × 2 = 150 000 € |
| – charges supplémentaires (amortissement inclus) | 141 000 € |
| = bénéfice avant impôt | 150 000 – 141 000 = 9 000 € |
| – impôt à 33,1/3 | 9 000/3 = 3 000 € |
| = bénéfice net | 9 000 – 3 000 = 6 000 € |
| + amortissement de l'immobilisation (réintégration d'une charge calculée) | 50 000/5 = 10 000 |
| = FNT | 6 000 + 10 000 = **16 000 €** |

• **Rappels**
– C'est parfois le taux de marque qui vous permet de calculer les coûts d'achat (charges supplémentaires) engendrés par un nouvel investissement :

**coût d'achat = chiffre d'affaires × (1 – taux de marque)**

– Calcul de la dotation aux amortissements de l'immobilisation :

**montant de l'investissement (immobilisation)/durée d'utilisation**

**Remarque**

**Cas particulier du financement par emprunt**

- La mensualité se décompose entre l'intérêt et l'amortissement.
- L'intérêt (charge) doit être ajouté aux charges supplémentaires pour le calcul du bénéfice net et l'amortissement de l'emprunt doit être déduit du bénéfice net.

## 3 L'actualisation des flux nets de trésorerie

- L'actualisation des flux nets de trésorerie permet de **tous les ramener à la valeur actuelle (au moment de l'investissement)** car « un euro de demain ne vaut pas un euro d'aujourd'hui ». On utilise donc un taux d'actualisation.

$$\text{FNT actualisé} = \frac{\text{FNT}}{(1 + \text{taux d'actualisation})^n}$$

avec n le numéro de l'année en débutant par 1.

**Exemple (suite)**

Si le taux d'actualisation est de 6 % :

| Année | N | N+1 | N+2 | N+3 | N+4 |
|---|---|---|---|---|---|
| FNT | 16 000 | 16 000 | 16 000 | 16 000 | 16 000 |
| FNT actualisé | 15 094 | 14 240 | 13 434 | 12 673 | 11 956 |

L'année N+1 est l'année n° 2 donc FNT actualisé : $16\,000/(1 + \frac{6}{100})^2 = 14\,240$

- Avec la calculatrice, on saisit la formule suivante : 16 000/(1+6/100)^2.

**Remarque**

Si les FNT sont identiques, on peut utiliser la formule de la valeur actuelle d'une suite d'annuités constantes :

$$\Sigma \text{FNT actualisé} = \text{FNT} \times \frac{1 - (1 + \text{taux d'actualisation})^{-n}}{\text{taux d'actualisation}}$$

## 4 La valeur actuelle nette (VAN)

- C'est un indicateur qui permet de mesurer la rentabilité de l'investissement :

**VAN = somme des FNT actualisés – coût de l'investissement**

- **Si cette dernière est positive, l'investissement est rentable.**

**Exemple (suite)**

Somme des FNT actualisés :
15 094 + 14 240 + 13 434 + 12 673 + 11 956 = 67 397 €

VAN : 67 397 – 50 000 = 17 397 €, donc l'investissement est rentable.

**Remarque**

La valeur actuelle nette est un critère de décision financier. D'autres critères managériaux ou commerciaux entrent en compte dans la prise de décision.

## 5 Le délai de récupération du capital investi (DRCI)

• Le DRCI permet de déterminer le délai nécessaire (en années, mois et jours) à la récupération du capital investi, c'est-à-dire le moment ou le cumul des FNT est égal au montant de l'investissement.

**Exemple (suite)**

| Année | N | N + 1 | N + 2 | N + 3 | N + 4 |
|---|---|---|---|---|---|
| FNT | 16 000 | 16 000 | 16 000 | 16 000 | 16 000 |
| FNT cumulés | 16 000 | 32 000 | 48 000 | 64 000 | 80 000 |

Le montant de l'investissement de 50 000 € est récupéré au cours de l'année N + 3.

Il faut ensuite calculer le nombre de jours nécessaires en N + 3 pour atteindre un cumul de 50 000 :

| | Montant | Nombre de jours |
|---|---|---|
| FNT réalisé en N + 3 | 64 000 – 48 000 = 16 000 | 360 jours |
| FNT suffisant pour atteindre le montant de l'investissement | 50 000 – 48 000 = 2 000 | Nombre de jours pour atteindre le DRCI à déterminer |

Nombre de jours pour atteindre le DRCI en N + 3 : 2 000 × 360/16 000 = 45 jours (règle de proportionnalité dans le tableau précédent).

45/30 = 1,5 mois et 1 mois représente 30 jours.

Donc 45 jours correspondent à 1 mois et 15 jours (45-30).

**Le DRCI est donc de 3 ans, 1 mois et 15 jours depuis le début de l'investissement.**

• Calcul du nombre de jours correspondant au DRCI durant l'année où il est atteint :

$$\frac{\text{(Montant de l'investissement – cumul des FNT de l'année précédente)}}{\text{FNT de l'année}} \times 360$$

# Exercice d'entraînement

*Corrigé p. 157*

Le gérant du supermarché Atlas s'interroge sur l'opportunité d'effectuer un investissement. Ce dernier s'élève à 25 000 € HT en N et est programmé sur 5 années (la valeur résiduelle du matériel étant nulle à la fin de la période).

**Déterminez la rentabilité de l'investissement en utilisant la valeur actuelle nette et le délai de récupération du capital investi afin de l'aider dans sa prise de décision.**
**Données prévisionnelles en € :**

| | N | N + 1 | N + 2 | N + 3 | N + 4 |
|---|---|---|---|---|---|
| Charges prévisionnelles | 17 000 | 19 000 | 19 100 | 18 900 | 18 900 |
| Chiffres d'affaires prévisionnels | 17 800 | 20 000 | 21 500 | 23 000 | 23 500 |

L'investissement est amorti suivant le mode linéaire.
L'impôt sur les sociétés est de 28 % du résultat avant impôt. Pour financer cet investissement, l'unité commerciale a choisi d'utiliser ses fonds propres.
Le taux d'actualisation retenu est de 5 %.

# 16 Les indicateurs de performance et de rentabilité et le reporting

Les indicateurs de performance permettent au manager et aux différentes parties prenantes de l'organisation de prendre des décisions opérationnelles ou stratégiques.

## 1 Le tableau de bord

- **Le tableau de bord est un outil de pilotage** qui permet d'évaluer les performances de l'unité commerciale.

**Exemple**

| Produits | CA N | CA N – 1 | Objectif N | Taux de réalisation | Taux d'évolution |
|---|---|---|---|---|---|
| Produit A | 140 400 | 94 739 | 115 000 | 122,09 % | + 48,20 % |
| Produit B | 121 000 | 103 680 | 125 000 | 96,80 % | + 16,71 % |

Écart correspondant : 122,09 % – 100 %, soit + 22,09 %

$CA_N$/Objectif (× 100)

$[(CA_N - CA_{N-1})/ CA_{N-1}] \times 100$

- **écart = taux de réalisation – 100 %**

**Remarque**

Un taux de réalisation peut également être formulé en écart ou en indice (taux d'évolution positif ou négatif) :

**indice = 100 + écart × 100**

**OU**

**taux de réalisation × 100**

## 2 Un outil de pilotage, de communication et de remédiation

### A L'analyse du tableau de bord

- Le manager étudie les indicateurs, les écarts et les évolutions anormales.
- Il recherche les causes de ces phénomènes.

### B La communication des résultats à l'équipe commerciale

- **Lecture du tableau de bord :** le manager retient les informations liées à l'activité de son équipe.
- **Communication des informations à l'équipe et identification commune de solutions :**

– communication quotidienne des résultats pour corriger rapidement les écarts ;

– organisation de réunions pour motiver les équipes et amener l'équipe à proposer des mesures pour améliorer ou conforter les résultats.

Gestion opérationnelle

## 3 Les caractéristiques des indicateurs

Un bon indicateur doit posséder les caractéristiques suivantes :

– **la clarté** : pour qu'on comprenne facilement ce qu'il recouvre et comment il est calculé ;

– **la pertinence** : il présentera une vue précise de l'activité ;

– **la fiabilité** : il sera construit à partir de sources d'information ne pouvant être remises en question ;

– **l'actualité** : il sera basé sur des données récentes.

## 4 Les indicateurs

### A Les principaux indicateurs commerciaux

On peut notamment citer les indicateurs commerciaux suivants :

– l'écart sur objectif en valeur et en % ;

– la marge, le taux de marge, le taux de marque ;

– le taux d'évolution : CA, marge ;

– le taux de réalisation, l'indice de réalisation, l'écart de réalisation ;

– le pourcentage de contribution du CA et de la marge pour chaque famille de produits ;

– le panier moyen ;

– le nombre de contrats proposés/souscrits ;

– le nombre de personnes présentes/invitées à un événement ;

– etc.

### B Les principaux indicateurs économiques et financiers

| Indicateur | Calcul | Interprétation |
|---|---|---|
| **Taux de marge commerciale** | $\frac{\text{marge commerciale}}{\text{CA HT}}$ | Mesure la performance de l'activité commerciale de l'entreprise. |
| **Taux de marge d'exploitation** | $\frac{\text{résultat d'exploitation}}{\text{CA HT}}$ | Mesure la performance de l'entreprise sans tenir compte des éléments financiers et exceptionnels. |
| **Taux de marge bénéficiaire** | $\frac{\text{résultat net}}{\text{CA HT}}$ | Mesure la capacité de l'entreprise à être rentable. |
| **Taux de rentabilité financière** | $\frac{\text{résultat d'exploitation}}{\text{capitaux investis}}$<br>Les capitaux investis comprennent les capitaux propres et les dettes à long terme. | Mesure la capacité de l'entreprise à rentabiliser ses capitaux investis. |
| | $\frac{\text{résultat net}}{\text{capitaux propres}}$ | Mesure la rentabilité de l'entreprise du point de vue de l'actionnaire. |
| **Taux de rentabilité économique** | $\frac{\text{résultat d'exploitation}}{\text{immobilisations brutes+BFR}}$<br>En excluant les éléments hors exploitation. | Mesure la performance économique de l'entreprise, indépendamment de la structure de financement. |

## 5 Un outil pour le reporting

- Le reporting permet de rendre compte à la hiérarchie des performances de l'entreprise. Il lui sert de support pour le contrôle de l'activité et pour la détermination des objectifs.
- Les supports utilisés pour réaliser le reporting comprennent le tableau de bord, les représentations graphiques.
- Les outils utilisés sont le tableur ou des logiciels spécialisés en reporting.
- Les canaux de communication mobilisés dans ce cadre sont les réunions, l'intranet et la messagerie électronique.

## 6 La communication des indicateurs

### A La communication financière et institutionnelle

- Pour valoriser son attractivité et améliorer son image, l'entreprise communique sur ses résultats financiers auprès des marchés et de ses partenaires.
- Par exemple, elle peut mettre en avant une amélioration de son taux de marge bénéficiaire auprès de ses actionnaires actuels et potentiels pour attirer de futurs investisseurs.

### B Les relations avec les banques

Les indicateurs de performance permettent aux partenaires financiers d'évaluer le risque encouru dans le cadre d'un apport de fonds.

### C La communication interne

Les indicateurs de performance sont un outil de pilotage stratégique pour les dirigeants. Ils sont également un ensemble d'informations source de motivation pour les collaborateurs.

# Exercice d'entraînement

*Corrigé p. 158*

Le gérant de OfficePlus vous demande de l'aider à analyser les performances de l'unité commerciale pour les années N – 1 et N et à préparer une réunion d'équipe présentant les résultats de cette analyse. **Construisez et complétez un tableau de bord qui vous permettra d'analyser les performances du magasin.**

| Famille | CA HT en N – 1 (€) | Coût d'achat des marchandises vendues HT en N – 1 (€) | CA HT en N (€) | Coût d'achat des marchandises vendues HT en N (€) |
|---|---|---|---|---|
| Papeterie | 65 085 | 42 344 | 71 670 | 43 824 |
| Matériel bureautique et informatique et accessoires | 22 650 | 16 321 | 26 548 | 22 076 |
| Mobilier de bureau | 12 450 | 9 748 | 10 337 | 6 645 |
| Services | 12 077 | 4 263 | 11 335 | 4 591 |
| **Total** | **112 262** | **72 676** | **119 890** | **77 136** |

| | N – 1 | N |
|---|---|---|
| Objectif CA HT | 115 000 € | 116 500 € |

# CORRIGÉS

## 1 Le cycle d'exploitation *Énoncé p. 105*

Valeur moyenne des créances clients : 120 000 × 45/360 = 15 000 €
Valeur moyenne des stocks : 40 000 × 12/360 = 1 333 €
Valeur moyenne des dettes fournisseurs : (40 000 × 1,20) × 32/360 = 4 267 €
BFR = 15 000 + 1 333 – 4 267 = 12 066 €
BFR en jours de CA HT : 12 066 × 360/(120 000/1,20) = 44 jours

## 2 Les documents commerciaux et les opérations de règlement *Énoncé p. 108*

| Matériel | Q | Prix HT | Remise | Prix net HT | Montant |
|---|---|---|---|---|---|
| Unités centrales | 5 | 250 | 20 % | 200 | 1 000 |
| Écrans | 10 | 120 | - | 120 | 1 200 |
| | | | | Total HT | 2 200 |
| | | | | Remise de 5 % | 110 |
| | | | Net commercial HT | | 2 090 |
| | | | | TVA 20 % | 418 |
| | | | | **TTC** | **2 508** |

## 3 La gestion des stocks *Énoncé p. 111*

1.
N : $\sqrt{(654 \times 23 \times 0{,}03)/(2 \times 42)}$ = 2,32, soit 3 commandes
Q : 654/3 = 218 unités à chaque commande

2. a)

| Opération | Quantité | Prix unitaire | Total |
|---|---|---|---|
| Stock initial | 12 | 45,00 | 540,00 |
| Entrée | 28 | 42,00 | 1 176,00 |
| Entrée | 12 | 43,00 | 516,00 |
| **CUMP** | **52** | **42,92** | **2 232,00** |
| Sortie | 47 | 42,92 | 2 017,24 |

**b)** Marge commerciale : chiffre d'affaires – coût du stock = (60 × 47) – 2 017,24 = 802,76 €

## 4 La gestion des approvisionnements *Énoncé p. 113*

1.

| Semaine | 1 | 2 | 3 | 4 | 5 | 6 |
|---|---|---|---|---|---|---|
| Besoin | 198 | 171 + 17 = 188 | 178 | 209 | 201 | 110 |
| Stock initial | 180 | 198 | 188 | 178 | 209 | 201 |
| Ventes | 174 | 180 | 171 | 162 | 190 | 183 |
| Stock final | 6 | 198 – 180 = 18 | 17 | 16 | 19 | 18 |
| Livraison | 192 | 188 – 18 = 170 | 161 | 193 | 182 | 92 |
| Stock final après livraison | 198 | 18 + 170 = 188 | 178 | 209 | 201 | 110 |

2.

| Jour | L | M | Me | J | V | S |
|---|---|---|---|---|---|---|
| Besoin | 50 + 5 = 55 | 50 | 75 | 80 | 75 | 95 |
| Stock initial | 60 | 10 | 65 | 95 | 20 | 50 |
| Livraison | / | 100 | 100 | / | 100 | 100 |
| Stock initial après livraison | 60 | 110 | 165 | 95 | 120 | 150 |
| Ventes | 400 × 0,125 = 50 | 45 | 70 | 75 | 70 | 90 |
| Stock final | 10 | 65 | 95 | 20 | 50 | 60 |

## 5 Le financement de l'exploitation *Énoncé p. 115*

| Client | Valeur nominale | Echéance | Agios |
|---|---|---|---|
| Dupond | 32 000 | 25 mai | 32 000 × 0,04 × 43/360 = 152,89 |
| Hakimi | 11 500 | 5 juin | 11 500 × 0,04 × 53/360 = 67,72 |

Montant perçu : 32 000 + 11 500 – 152,89 – 67,72 – 20 = 43 259,39 €

## 6 Le compte de résultat *Énoncé p. 118*

**Calcul des soldes intermédiaires de gestion**
- Marge commerciale : 240 219 – (142 108 – 37 252) = 135 363
- Valeur ajoutée : 135 363 – 3 103 – 67 930 = 64 330
- Excédent brut d'exploitation : 64 330 + 11 296 – 3 062 – 24 000 = 48 564
- Résultat d'exploitation : 48 564 + 12 000 – 50 455 = 10 109

**Calcul de la CAF**
- Méthode soustractive : 48 564 + 340 + 98 – 6 036 = 42 966
- Méthode additive : 4 511 + 50 455 – 12 000 = 42 966

## 7 Le calcul du coût de revient par la méthode des coûts complets *Énoncé p. 121*

*Coût d'approvisionnement (3 tonnes achetées)*

| Élément | Quantité | Coût unitaire | Total |
|---|---|---|---|
| Prix d'achat | 3 | 500,00 | 1 500,00 |
| Centre Appro. | 3 | 12,00 | 36,00 |
| **Total** | **3** | **512,00** | **1 536,00** |

CUMP : (2 × 507 + 1 536)/(3 + 2) = 510,00

*Coût de production (800 tables produites)*

| Élément | Quantité | Coût unitaire | Total |
|---|---|---|---|
| Sortie stock | 4 (tonnes) | 510,00 | 2 040,00 |
| Main-d'œuvre | 211 (heures) | 16,00 | 3 376,00 |
| Centre Production | 200 (heures) | 23,00 | 4 600,00 |
| **Total** | **800 (tables)** | **12,52** | **10 016,00** |

CUMP : (200 × 12,57 + 10 016,00)/(200 + 800) = 12,53

*Coût de revient pour un chiffre d'affaires de 950 × 14 = 13 300,00*

| Élément | Quantité | Coût unitaire | Total |
|---|---|---|---|
| Sortie stock | 950 (tables) | 12,53 | 11 903,50 |
| Centre Distribution | 133 (centaines d'euros) | 2,50 | 332,50 |
| **Total** | **950** | **12,88** | **12 236,00** |

*Résultat analytique (950 tables vendues)*

| Élément | Quantité | Coût unitaire | Total |
|---|---|---|---|
| Chiffre d'affaires | 950 | 14,00 | 13 300,00 |
| Coût de revient | 950 | 12,88 | 12 236,00 |
| **Total** | **950** | **1,12** | **1 064,00** |

## 8 La méthode du coût partiel et le seuil de rentabilité Énoncé p. 123

Calcul du nombre de clients : 30 000 × 0,03 × 1/5 = 180 clients
Panier moyen HT : 60/1,20 = 50,00

| Élément | En € | En % du chiffre d'affaires |
|---|---|---|
| Chiffre d'affaires | 180 × 50 = 9 000,00 | 100 % |
| Charges variables | 9 000 × (1 – 35 %) = 5 850,00 | 65 % |
| Marge sur coûts variables | 9 000 – 5 850 = 3 150,00 | 35 % |
| Charges fixes | 2 700,00 | |
| Bénéfice | 3 150 – 2 700 = 450,00 | |

Seuil de rentabilité en valeur : 2 700/0,35 = 7 714,29 €
Seuil de rentabilité en volume : 7 714,29/50 = 154,29, soit 155 clients

## 9 La fixation des prix et la formation du prix de vente Énoncé p. 127

| Indicateur | Période normale | Hypothèse 1 | Hypothèse 2 | Hypothèse 3 |
|---|---|---|---|---|
| Coût d'achat unitaire HT | 41,58 × (1 – 72 %) = 11,64 | | | |
| Prix de vente HT | 49,90 /1,20 = 41,58 | 41,58 × (1 – 50 %) = 20,79 | 41,58 × (1 – 80 %) = 8,32 | 11,64 |
| Quantité vendue | | 65 × 60 % = 39 | 65 × 85 % = 55 | 65 × 95 % = 62 |
| Chiffre d'affaires | | 39 × 20,79 = 810,81 | 55 × 8,32 = 457,60 | 62 × 11,64 = 721,68 |
| Marge pour les produits vendus | | 810,81 – (39 × 11,64) = 356,85 | 457,60 – (55 × 11,64) = – 182,60 | 0 |
| Marge en tenant compte des produits invendus | | 810,81 – (65 × 11,64) = 54,21 | 457,60 – (65 × 11,64) = – 299,00 | 721,68 – (65 × 11,64) = – 34,92 |

**Commentaire** : l'hypothèse 1 est la seule permettant de réaliser une marge totale positive. Elle est à privilégier même si c'est celle qui écoule le moins de stock.

## 10 Le bilan Énoncé p. 131

| Indicateur | N | N–1 |
|---|---|---|
| FRNG | (140 100 + 22 345) – 96 700 = 65 745 | (142 320 + 27 102) – 98 865 = 70 557 |
| BFR | (1 822 + 103 594) – (23 220 + 30 151) = 52 045 | (944 + 127 398) – (20 120 + 28 770) = 79 452 |
| TN | 65 745 – 52 045 = 13 700<br>26 430 – 12 730 = 13 700 | 22 557 – 31 452 = – 8 895<br>12 825 – 21 720 = – 8 895 |

**Commentaire :** La situation financière de l'entreprise s'est améliorée. En effet en N–1, le FRNG n'était pas suffisant pour financer le BFR. L'entreprise devait recourir aux concours bancaires. En N, le FNRG a diminué (– 4 812 €, soit – 6,8 %) mais le BFR également, en montants et proportions plus importants (– 27 407 €, soit – 34,50 %). Le FRNG est suffisant pour assurer le financement résiduel de l'exploitation et la trésorerie nette est positive.

## 11 La prévention et la couverture des risques

*Énoncé p. 133*

| Situation | Gravité | Fréquence |
|---|---|---|
| S1 | Cotation 8 (très élevée) | Cotation 1 (très rare) |
| S2 | Cotation 1 (minime) | Cotation 5 (permanent) |
| S3 | Cotation 4 (élevée) | Cotation 3 (occasionnel) |
| S4 | Cotation 16 (grave) | Cotation 1 (très rare) |
| S5 | Cotation 4 (élevée) | Cotation 2 (rare) |

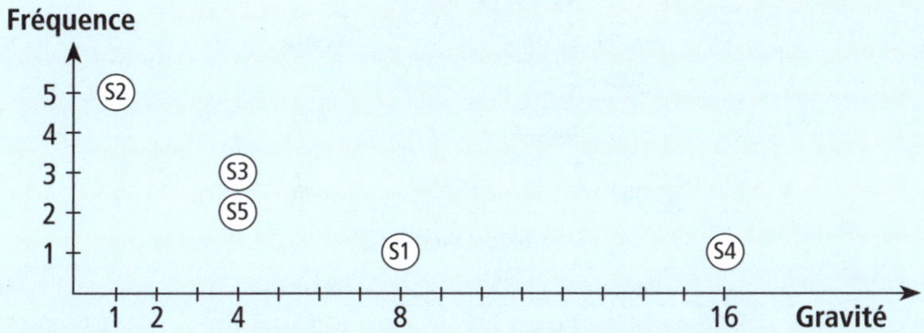


## 12 Les méthodes de prévision des ventes

*Énoncé p. 139*

### Calcul des CVS

| | Trimestre 1 | Trimestre 2 | Trimestre 3 | Trimestre 4 |
|---|---|---|---|---|
| Moyenne | 65,75 | 118,5 | 355 | 21,75 |
| Moyenne des moyennes | 140,25 | | | |
| CVS brut | 0,469 | 0,845 | 2,531 | 0,155 |
| CVS en % | 11,72 % | 21,12 % | 63,28 % | 3,88 % |

### Prévision annuelle pour N + 1

| Année | x | y | X | Y | X² | XY |
|---|---|---|---|---|---|---|
| N–3 | 1 | 527 | –1,5 | –34 | 2,25 | 51 |
| N–2 | 2 | 542 | –0,5 | –19 | 0,25 | 9,5 |
| N–1 | 3 | 574 | 0,5 | 13 | 0,25 | 6,5 |
| N | 4 | 601 | 1,5 | 40 | 2,25 | 60 |
| Somme | 10 | 2244 | 0 | 0 | 5 | 127 |
| Moyenne | 2,5 | 561 | | | | |

a = 127/5 = 25,4 et b = 561 – 25,4 × 2,5 = 497,5

Prévision N + 1 : 25,4 × 5 + 497,5 = 624,50

### Prévisions trimestrielles en N + 1

| | Trimestre 1 | Trimestre 2 | Trimestre 3 | Trimestre 4 |
|---|---|---|---|---|
| Prévision | 624,5 × 0,1172 = 73,19 | 131,91 | 395,18 | 24,21 |

## 13 Les budgets *Énoncé p. 142*

**Budget des ventes TTC**

| Mois | Janvier | Février | Mars |
|---|---|---|---|
| Décembre N–1 : 4 800 | 3 840 | | |
| Janvier : 5 000 × 1,20 = 6 000 | 1 200 | 4 800 | |
| Février : 6 000 × 1,20 = 7 200 | | 1 440 | 5 760 |
| Mars : 8 000 × 1,20 = 9 600 | | | 1 920 |
| **Total** | **5 040** | **6 240** | **7 680** |

**Budget des achats TTC**

| Mois | Janvier | Février | Mars |
|---|---|---|---|
| Novembre N–1 : 500 | 500 | | |
| Décembre N–1 : 600 | | 600 | |
| Janvier : 1 000 × 1,20 = 1 200 | | | 1 200 |
| **Total** | **500** | **600** | **1 200** |

**Budget de TVA**

| Mois | Janvier | Février | Mars |
|---|---|---|---|
| **TVA collectée** | 5 000 × 20 % = 1 000 | 6 000 × 20 % = 1 200 | 8 000 × 20 % = 1 600 |
| **TVA déductible** | 1 000 × 20 % = 200 | 1 100 × 20 % = 220 | 1 200 × 20 % = 240 |
| **TVA à payer** | 800 | 980 | 1 360 |
| **TVA à décaisser** | / | **800** | **980** |

**Budget des encaissements TTC**

| Mois | Janvier | Février | Mars |
|---|---|---|---|
| Ventes TTC | 5 040 | 6 240 | 7 680 |
| Produits financiers | 240 | 135 | / |
| **Total** | **5 280** | **6 375** | **7 680** |

**Budget des décaissements TTC**

| Mois | Janvier | Février | Mars |
|---|---|---|---|
| Achats TTC | 500 | 600 | 1 200 |
| TVA | / | 800 | 980 |
| Salaires nets | 3 228 | 3 228 | 3 228 |
| Charges sociales | 2 223 | 2 294 | 2 294 |
| **Total** | **5 951** | **6 922** | **7 702** |

**Budget de trésorerie**

| Mois | Janvier | Février | Mars |
|---|---|---|---|
| Trésorerie initiale | 2 000 | 1 329 | 782 |
| Encaissements | 5 280 | 6 375 | 7 680 |
| Décaissements | 5 951 | 6 922 | 7 702 |
| **Trésorerie finale** | **1 329** | **782** | **760** |

Salaires bruts : 2 200 + 1 860 = 4 060
Cotisations salariales : salaires bruts × 20,5 % = 832,30 arrondis à 832 €
Salaires nets : salaires bruts – cotisations salariales : 4 060 – 832 = 3 228 €
Charges patronales : salaires bruts × 36 % = 1 461,60 arrondis à 1 462 €
Charges sociales : cotisations salariales + charges patronales = 2 294 €

## 14 Le financement de l'investissement

Énoncé p. 145

| Crédit-bail | Emprunt |
|---|---|
| Loyers : 60 × 330 = 19 800,00<br>Frais de dossier : 300,00<br>Rachat : 520,00<br><br>**Total** : 20 620,00<br>**Coût** : 20 620 – 18 000 = 2 620,00 | Annuité : 3 741,61<br>Somme des annuités : 3 741,61 × 5 = 18 708,05<br>Assurance : 18 000 × 0,3 % × 5 = 270,00<br>Frais de dossier : 200,00<br>**Total** : 19 178,05<br>**Coût** : 19 178,05 – 18 000 = 1 178,05 |

Le crédit-bail est plus onéreux mais il comporte de nombreux avantages : sa souplesse, une redevance déductible du résultat imposable et le peu de formalités nécessaires.

## 15 Les critères de choix d'investissement

Énoncé p. 148

| | N | N + 1 | N + 2 | N + 3 | N + 4 |
|---|---|---|---|---|---|
| Chiffre d'affaires prévisionnel | 17 800 | 20 000 | 21 500 | 23 000 | 23 500 |
| Charges prévisionnelles | 17 000 | 19 000 | 19 100 | 18 900 | 18 900 |
| Bénéfice | 800 | 1 000 | 2 400 | 4 100 | 4 600 |
| Impôt sur les sociétés | 224 | 280 | 672 | 1 148 | |
| Bénéfice net | 576 | 720 | 1 728 | 2 952 | 3 312 |
| Dotation aux amortissements | 5 000 | 5 000 | 5 000 | 5 000 | 5 000 |
| FNT | 5 576 | 5 720 | 6 728 | 7 952 | 8 312 |
| FNT actualisé | 5 305 | 5 178 | 5 795 | 6 517 | 6 482 |

*Les résultats sont arrondis à l'euro le plus proche.*

**Somme des FNT actualisés : 29 277.**

**Valeur actuelle nette : 29 277 – 25 000 = 4 277 €.**

**La VAN est positive, donc l'investissement est rentable.**

| | N | N + 1 | N + 2 | N + 3 | N + 4 |
|---|---|---|---|---|---|
| FNT | 5 576 | 5 720 | 6 728 | 7 952 | 8 312 |
| Cumul des FNT | 5 576 | 11 296 | 18 024 | 25 976 | 34 288 |

Le montant de l'investissement est récupéré durant l'année N + 3.

Nombre de jours au cours de l'année N + 3 : [(25 000 – 18 024) × 360]/7 952 = 315,81, soit 316 jours.

**Le DRCI est de 3 ans et 316 jours.**

## 16 Les indicateurs de performance et de rentabilité et le reporting

*Énoncé p. 151*

| Famille | Évolution CA HT (N/N–1) | Marge commerciale en N–1 | Marge commerciale en N | Évolution marge HT (N/N–1) |
|---|---|---|---|---|
| Papeterie | 10,12 % | 22 741 | 27 846 | 22,45 % |
| Matériel bureautique et informatique et accessoires | 17,21 % | 6 329 | 4 472 | – 29,34 % |
| Mobilier de bureau | – 16,97 % | 2 702 | 3 692 | 36,64 % |
| Services | – 6,14 % | 7 814 | 6 744 | – 13,69 % |
| **Total** | **6,79 %** | **39 586** | **42 754** | **8,00 %** |

| Taux de marque N–1 | Taux de marque N | Contribution au CA HT N–1 | Contribution au CA HT N | Contribution à la marge N–1 | Contribution à la marge N |
|---|---|---|---|---|---|
| 34,94 % | 38,85 % | 57,98 % | 59,78 % | 57,45 % | 65,13 % |
| 27,94 % | 16,84 % | 20,18 % | 22,14 % | 15,99 % | 10,46 % |
| 21,70 % | 35,72 % | 11,09 % | 8,62 % | 6,83 % | 8,64 % |
| 64,70 % | 59,50 % | 10,76 % | 9,45 % | 19,74 % | 15,77 % |
| 35,26 % | 35,66 % | 100,00 % | 100,00 % | 100,00 % | 100,00 % |

| | N–1 | N | Évolution |
|---|---|---|---|
| Écart sur objectif | – 2,38 % | 2,91 % | |
| Taux de réalisation objectif | 97,62 % | 102,91 % | + 5,29 points |
| Indice de réalisation objectif | 97,62 | 102,91 | |

**Au niveau du chiffre d'affaires :**

– l'objectif de CA n'est pas atteint en N–1 mais l'est en N (taux de réalisation respectivement de 98 % et 103 %) ;

– au niveau global, le CA de l'UC a progressé de 6,79 % entre N–1 et N, grâce à une augmentation du CA des deux premières familles, avec des évolutions variables selon les rayons : par exemple, une augmentation de + 17 % du CA du rayon Matériel bureautique et informatique (qui réalise 22 % du CA de l'UC) et une baisse de 17 % pour le rayon Mobilier de bureau dont le poids n'est que de 9 % du CA total.

**À noter :**

– la bonne performance du rayon Papeterie avec une hausse de 10 %, alors que ce rayon réalise la part la plus importante de CA de l'UC (environ 60 %) ;

– deux familles de produits (Papeterie, Matériel bureautique et informatique) pèsent à elles seules plus de 80 % du CA du magasin en N.

**Au niveau des marges** :

– les taux de marque et/ou de marge augmentent de façon significative d'une année à l'autre pour le rayon Mobilier de bureau (+ 36 points) et compensent la baisse du chiffre d'affaires de cette famille. À l'inverse, la baisse du taux de marque et de la marge pour le matériel bureautique et informatique a entraîné une hausse importante du chiffre d'affaires ;

– à noter que pour le rayon Papeterie qui est le plus gros contributeur (65 %), la marge augmente de 22 %.

**Conclusion** :

– on note une évolution positive du CA entre les 2 années, les rayons qui ont le plus de poids dans le CA de l'UC ont des taux de marge ou marque plutôt élevés ;

– la situation est globalement favorable, sauf pour les familles Mobilier de bureau et Services.

Corrigé p. 167

Sujet du BTS

# Épreuve de Gestion opérationnelle



eXtra Form a été créée en 1998. L'enseigne regroupe aujourd'hui 46 salles de fitness franchisées réparties sur tout le territoire national. Le concept des salles eXtra Form repose sur une proposition commerciale traditionnelle :

- un plateau de musculation en accès libre avec des poids libres et des machines ;
- un espace de cardio training ;
- des cours collectifs ;
- la possibilité de souscrire à des séances d'entraînement individuel avec les coachs diplômés de la salle.

L'encadrement est assuré par une équipe constituée de commerciaux et de coachs diplômés.
La salle d'Aigues-Mortes a ouvert en 2011, elle offre la plupart des prestations proposées par l'enseigne sur une surface de 320 m². Elle est ouverte tous les jours de l'année.

## Dossier 1 Étude du financement de l'acquisition de vélos elliptiques (annexes 1 à 6)

Grégoire Calvi, le gérant, décide de renouveler 4 vélos elliptiques. En effet, les clients expriment une forte demande pour bénéficier de vélos connectés avec de nombreuses fonctionnalités.

### Analyse du compte de résultat

M. Calvi vous demande de l'aider à préparer le dossier de financement des vélos elliptiques. Il vous confie les états financiers des deux dernières années.

**1.1** Calculez l'excédent brut d'exploitation de l'entreprise.

**1.2** Calculez la capacité d'autofinancement de l'entreprise dégagée au cours des deux dernières années.

**1.3** Commentez vos résultats.

### Étude du financement

M. Calvi hésite entre deux possibilités :
- un emprunt auprès de la banque ;
- une acquisition en *leasing* (crédit-bail).

**1.4** Calculez, dans les deux cas, le montant total des décaissements.

**1.5** Présentez les avantages et les inconvénients de chacune des trois modalités de financement (emprunt/crédit-bail/autofinancement).

## Dossier 2 Étude de la rentabilité de l'activité (annexes 7 à 9)

M. Calvi souhaite rationnaliser l'aménagement de la salle dans le but de créer un espace de *crossfit* qui permettrait d'attirer une nouvelle clientèle. Il souhaite proposer cette activité en libre accès mais également, conformément à la politique commerciale de l'enseigne, organiser des plages de cours encadrés.

### Prévision du chiffre d'affaires

Les études réalisées par le siège montrent que la proposition d'une offre de *crossfit* permet d'accroître le nombre d'adhérents de 8 %.

**2.1** Réalisez une prévision du nombre d'adhérents pour l'année N + 1 prenant en compte la tendance passée ainsi que l'augmentation du nombre d'adhérents consécutive à l'enrichissement de l'offre commerciale.

**2.2** Déduisez-en la prévision de chiffre d'affaires pour l'année N + 1.

### Rentabilité de la nouvelle activité

Les cours encadrés de *crossfit* sont une option payante ajoutée au prix du forfait. M. Calvi vous demande d'estimer la rentabilité de leur mise en place pour l'année à venir.

**2.3** Calculez le chiffre d'affaires supplémentaire gagné grâce à l'activité *crossfit* encadrée.

**2.4** Déterminez le nombre de clients minimum à capter pour que l'activité soit rentable.

**2.5** Concluez sur la faisabilité de l'opération.

### Mise en place d'une action promotionnelle

L'enseigne demande à ses franchisés de procéder régulièrement à des opérations promotionnelles sur les ventes de compléments alimentaires. Le siège laisse la possibilité à chaque franchisé d'opter pour l'une des offres prédéfinies. Le gérant a choisi de faire porter la promotion sur une boîte de 1 kg de protéines.

**2.6** Pour chacune des modalités promotionnelles, calculez :

- le chiffre d'affaires ;
- la marge.

**2.7** Évaluez la pertinence de chaque offre promotionnelle.

## Annexes

### Annexe 1 Devis

| | | | |
|---|---|---|---|
| Sport Équip plus<br>18, rue Jeanne d'Arc<br>18 100 Vierzon<br><br>Devis n° 108<br><br>Réf. Client : 411eXt | **DEVIS** | | Le 30/08/N<br><br>eXtra Form<br>20 rue du Languedoc<br>30 220 Aigues-Mortes |
| **Désignation** | **Quantité** | **PU** | **Montant** |
| Vélo elliptique | 4 | 2 120,00 | 8 480,00 |
| | Brut HT | | 8 480,00 |
| | Remise (10 %) | | 848,00 |
| | Net commercial | | 7 632,00 |
| *Validité 60 jours* | TVA (20 %) | | 1 526,40 |
| | **Net à payer TTC** | | **9 158,40** |

### Annexe 2 Le *leasing*

Le *leasing* ou crédit-bail est un mode de financement des investissements. Le crédit-bailleur met à la disposition de son client un équipement contre le paiement d'une redevance périodique. À l'issue de la période de location, le client a la possibilité d'acquérir le bien s'il lève l'option d'achat.

L'entreprise cliente n'est pas propriétaire tant qu'elle n'a pas levé l'option d'achat. Les redevances sont donc déductibles du résultat imposable.

**Annexe 3 Compte de résultat en N et N–1**

| PRODUITS | N | N–1 |
|---|---|---|
| **Produits d'exploitation** | | |
| Ventes de prestations de services | 264 352 | 248 491 |
| Ventes de marchandises | 23 538 | 21 442 |
| Autres produits | 0 | 0 |
| Reprises sur amortissements et provisions | 1 512 | 298 |
| **Total produits d'exploitation** | **289 402** | **270 231** |
| **Produits financiers** | **840** | **655** |
| Produits exceptionnels | 95 | 4 |
| **Total produits** | **290 337** | **270 890** |
| **CHARGES** | **N** | **N–1** |
| **Charges d'exploitation** | | |
| Achats de marchandises | 14 912 | 13 554 |
| Variation de stocks | – 631 | – 433 |
| Autres achats | 0 | 0 |
| Services extérieurs | 64 059 | 61 709 |
| Impôts et taxes | 2 100 | 1 887 |
| Charges de personnel | 182 360 | 175 242 |
| Dotations aux amortissements et provisions | 25 500 | 24 360 |
| **Total charges d'exploitation** | **288 300** | **276 319** |
| **Charges financières** | **6 120** | **3 350** |
| Dont dotations aux provisions | 23 | 12 |
| **Charges exceptionnelles** | **40** | **0** |
| **Total charges** | **294 460** | **279 669** |
| **Solde débiteur (perte)** | – 4 123 | – 8 779 |

### Annexe 4 Éléments clés du tableau des soldes intermédiaires de gestion

| PRODUITS | CHARGES | SOLDES INTERMÉDIAIRES DE GESTION |
| --- | --- | --- |
| Ventes de marchandises | Coût d'achat des marchandises vendues | Marge commerciale |
| Marge commerciale + production (de services) | Consommations de l'exercice en provenance des tiers | Valeur ajoutée |
| Valeur ajoutée<br>Indemnités et subventions | Impôts et taxes<br>Charges de personnel | Excédent Brut d'Exploitation (EBE) |

### Annexe 5 La capacité d'autofinancement

La capacité d'autofinancement représente la trésorerie potentielle de l'entreprise. Elle ne coïncide pas avec la trésorerie réelle car elle ne tient pas compte des délais de règlements des clients et fournisseurs. Elle ne prend pas en compte non plus les charges et produits calculés qui ne correspondent pas à des flux de trésorerie.

## Annexe 6 Les modalités de financement

*Crédit bancaire*

- Montant à financer : 7 650 €.
- Apport initial : 1 900 €.
- Taux nominal annuel : 1,30 % sur 5 ans.
- Modalités de remboursement : annuités constantes.
- Montant de l'annuité par période : $a = V_0 \times \frac{i}{1-(1+i)^{-n}}$.

avec :

- a = montant de l'annuité.
- $V_0$ = montant emprunté.
- $n$ = nombre de périodes de remboursement.
- $i$ = taux d'intérêt par période.

*Crédit-bail*

- 60 loyers mensuels de 126 €.
- Valeur de rachat : 800 €.
- eXtra Form exercera son option d'achat pour devenir propriétaire du bien.

## Annexe 7 Statistiques de vente

*Relevé du nombre des adhérents au cours des quatre dernières années*

| Année | N–3 | N–2 | N–1 | N |
|---|---|---|---|---|
| Nombre d'adhérents | 532 | 520 | 587 | 625 |

*Répartition des types de forfaits pour l'année N*

| Offre | Simplissimo | Mezzo | Maximo | Duo |
|---|---|---|---|---|
| Prix | 19,90 € TTC par mois | 29,90 € TTC par mois | 49,90 € TTC par mois | 79,90 € TTC par mois |
| Caractéristiques | Accès illimité de 6 heures à 14 heures | Accès illimité de 6 heures à 17 h 30 | Accès illimité de 6 heures à 23 heures | Accès illimité de 6 heures à 23 heures pour 2 personnes maximum sur présentation d'un justificatif de domicile commun |
| Répartition | 15 % | 20 % | 45 % | 20 % |

Le taux de TVA est de 20 %.

La souscription est réalisée pour une durée minimum d'une année.

La répartition des adhérents par type de forfait et les prix seront inchangés en N+1.



## Annexe 8 Données chiffrées sur la nouvelle activité

- 1 séance de *crossfit* dure 1 heure 15 (échauffement compris).
- La salle propose 5 séances de *crossfit* par semaine.
- Les études réalisées par le siège montrent, qu'en moyenne, 7,5 % des adhérents souscrivent à l'option payante *crossfit*.
- Un adhérent ayant opté pour l'option suit en moyenne 84 séances par an.
- Prix de l'option : 300 € TTC par an.
- L'option *crossfit* s'applique individuellement à chaque adhérent, quel que soit le forfait souscrit.

*Charges*

- 0,08 € par adhérent et par séance (eau et autres consommables).
- Amortissement des matériels : 1 200 € par an.
- Rémunération du coach :

– salaire brut horaire : 22 € ;

– charges sociales : 36 %.

**Annexe 9 Éléments de coût**

- Boîte de 1 kg : 23 € TTC.
- TVA : 5,5 %.
- Taux de marge : 52 %.
- Ventes habituelles : 34 boîtes par semaine.

Durée de l'opération promotionnelle : 4 semaines.

| Type | 25 % | 2 barres de protéines offertes | 1 boîte gratuite pour 2 achetées |
|---|---|---|---|
| Augmentation des ventes | 40 % | 15 % | 85 % |

Le coût d'achat hors taxes d'une barre de protéines s'élève à 1,56 €.

**1.1 Calculez l'excédent brut d'exploitation de l'entreprise.** *Énoncé p. 159*

En N :

| PRODUITS | | CHARGES | | SOLDES INTERMÉDIAIRES DE GESTION | |
|---|---|---|---|---|---|
| Ventes de marchandises | 23 538 | Coût d'achat des marchandises vendues | 14 912 – 631 = 14 281 | Marge commerciale | 23 538 – 14 281 = 9 257 |
| Marge commerciale + production | 9 257 + 264 352 = 273 609 | Consommations de l'exercice en provenance des tiers | 64 059 | Valeur ajoutée | 273 609 – 64 059 = 209 550 |
| Valeur ajoutée Indemnités et subventions | 209 550 | Impôts et taxes Charges de personnel | 2 100 + 182 360 = 184 460 | Excédent Brut d'Exploitation (EBE) | 209 550 – 184 460 = 25 090 |

En N–1 :

| PRODUITS | | CHARGES | | SOLDES INTERMÉDIAIRES DE GESTION | |
|---|---|---|---|---|---|
| Ventes de marchandises | 21 442 | Coût d'achat des marchandises vendues | 13 554 – 433 = 13 121 | Marge commerciale | 21 442 – 13 121 = 8 321 |
| Marge commerciale + production | 8 321 + 248 491 = 256 812 | Consommations de l'exercice en provenance des tiers | 61 709 | Valeur ajoutée | 256 812 – 61 709 = 195 103 |
| Valeur ajoutée Indemnités et Subventions | 195 103 | Impôts et taxes Charges de personnel | 1 887 + 175 242 = 177 129 | Excédent Brut d'Exploitation (EBE) | 195 103 – 177 129 = 17 974 |

**1.2 Calculez la capacité d'autofinancement de l'entreprise dégagée au cours des deux dernières années.**

*Méthode soustractive (à partir de l'EBE)*
CAF = EBE + produits encaissés – charges décaissées

| Année | N | N–1 |
|---|---|---|
| EBE | 25 090 | 17 974 |
| Produits | 840 + 95 = 935 | 655 + 4 = 659 |
| Charges | 6 120 – 23 + 40 = 6 137 | 3 350 – 12 = 3 338 |
| **CAF** | **19 888** | **15 295** |

*Méthode additive (à partir du résultat net)*
Résultat + dotations aux amortissements et provisions – reprises sur amortissements et provisions

| Année | N | N–1 |
|---|---|---|
| Résultat | – 4 123 | – 8 779 |
| Dotations | 25 500 + 23 = 25 523 | 24 360 + 12 = 24 372 |
| Reprises | 1 512 | 298 |
| **CAF** | **19 888** | **15 295** |

**1.3 Commentez vos résultats.**

L'excédent brut d'exploitation est positif et est en augmentation de 40 % d'une année sur l'autre. L'exploitation de la salle de sport est donc profitable. La salle de sport affiche, néanmoins, des pertes à cause du poids des amortissements et des provisions. Cela pourrait être un frein pour l'octroi d'un crédit par la banque.

La salle de sport dégage une capacité d'autofinancement en progression de 30 % par rapport à N–1. Cela montre que son activité permet de dégager une trésorerie positive chaque année.

Même si le résultat comptable affiche des pertes, la salle de sport est économiquement et financièrement en bonne santé car les pertes sont dues à des amortissements importants qui ne correspondent pas à des décaissements mais qui sont déductibles du résultat. L'entreprise pourrait se permettre d'autofinancer son investissement car elle possède la trésorerie nécessaire.

**1.4 Calculez, dans les deux cas, le montant total des décaissements.**

*Crédit bancaire*

- Montant emprunté : 7 650 – 1 900 = 5 750,00 €.
- Montant d'une annuité : $5\ 750 \times \frac{0{,}013}{1 - 1{,}013^{-5}} = 1\ 195{,}24$ €.
- Montant total des annuités : 1 195,24 × 5 = 5 976,20 €.
- Montant total des décaissements : 5 976,20 + 1 900 = 7 876,20 €.

*Crédit-bail*

- Montant total des redevances : 60 × 126 = 7 560,00 €.
- Montant total des décaissements : 7 560 + 800 = 8 360,00 €.

**1.5 Présentez les avantages et les inconvénients de chacune des trois modalités de financement (emprunt/crédit-bail/autofinancement).**

| Modalité de financement | AVANTAGES | INCONVÉNIENTS |
|---|---|---|
| **Autofinancement** | • Pas de coût supplémentaire.<br>• Propriétaire : déduction des amortissements (charges). | • La trésorerie peut être insuffisante.<br>• Pas de déduction d'intérêts. |
| **Emprunt** | • Propriétaire : déduction des amortissements (charges).<br>• Intérêts déductibles (charges). | Coût des intérêts. |
| **Crédit-bail (*leasing*)** | • Redevance intégralement déductible.<br>• Pas besoin de trésorerie.<br>• Plus souple. | • Pas propriétaire durant la location.<br>• Pas de déduction d'amortissements.<br>• Cher. |

**2.1 Réalisez une prévision du nombre d'adhérents pour l'année N+1 prenant en compte la tendance passée ainsi que l'augmentation du nombre d'adhérents consécutive à l'enrichissement de l'offre commerciale.**

Les ventes passées montrent une tendance à la hausse du nombre d'adhérents mais elles sont assez irrégulières. La méthode de prévision la plus adaptée est la méthode des moindres carrés.

| Année | $x$ | $y$ | $X$ | $Y$ | $X^2$ | $X.Y$ |
|---|---|---|---|---|---|---|
| N–3 | 1 | 532 | – 1,5 | – 34 | + 2,25 | + 51 |
| N–2 | 2 | 520 | – 0,5 | – 46 | + 0,25 | + 23 |
| N–1 | 3 | 587 | + 0,5 | + 21 | + 0,25 | + 10,5 |
| N | 4 | 625 | + 1,5 | + 59 | + 2,25 | + 88,5 |
| **Somme** | **10** | **2 264** | **0** | **0** | **5** | **173** |
| **Moyenne** | **2,5** | **566** | | | | |

a : somme $X.Y$/somme $X^2$ = 173/5 = 34,6
b : moyenne $y$ – a × moyenne $x$ = 566 – 34,6 × 2,5 = 479,5
Équation de la droite : $y$ = a$x$ + b : 34,6 $x$ + 479,5

Prévision en N+1 : $x$ = 5 et $y$ = 34,6 × 5 + 479,5 = 652,5, soit 653 adhérents.
Le *crossfit* permettrait d'augmenter le nombre d'adhérents de 8 % :
653 × 1,08 = 705 adhérents.

**2.2 Déduisez-en la prévision de chiffre d'affaires pour l'année N+1.**

*Répartition des types de forfaits pour l'année N+1 :*

| Offre | Simplissimo | Mezzo | Maximo | Duo |
|---|---|---|---|---|
| Prix | 19,90 € TTC par mois | 29,90 € TTC par mois | 49,90 € TTC par mois | 79,90 € TTC par mois, soit 39,95 € par adhérent |
| Répartition | 15 % | 20 % | 45 % | 20 % |
| Nombre d'adhérents | 705 × 15 % = 106 | 705 × 20 % = 141 | 705 × 45 % = 317 | 705 – 106 – 141 – 317 = 141 |
| Chiffre d'affaires mensuel TTC | 106 × 19,90 = 2 109,40 | 141 × 29,90 = 4 215,90 | 317 × 49,90 = 15 818,30 | 141 × 39,95 = 5 632,95 |

**Attention :** le tableau indique la répartition par type de forfait et non d'adhérent. Il faut donc faire une soustraction pour connaître le nombre d'adhérents correspondant aux 20 % de forfaits duo.

*Sur les ventes de forfaits*
Chiffre d'affaires total annuel TTC : 12 × (2 109,40 + 4 215,90 + 15 818,30 + 5 632,95) = 333 318,60 €
Chiffre d'affaires total annuel HT : 333 318,60/1,20 = 277 765,50 €

**2.3 Calculez le chiffre d'affaires supplémentaire gagné grâce à l'activité *crossfit* encadrée.**

Nombre d'adhérents souscripteurs de l'option : 705 × 7,5 % = 53 adhérents

- Chiffre d'affaires supplémentaire TTC : 53 × 300 = 15 900 €
- Chiffre d'affaires supplémentaire HT : 15 900/1,20 = 13 250 €

**2.4 Déterminez le nombre de clients minimum à capter pour que l'activité soit rentable.**

*Charges fixes*

- Rémunération : 52 semaines × 5 séances × 1,25 heure × 22 € × 1,36 = 9 724 €
- Amortissement : 1 200 €

**Total des charges fixes** : 10 924 €

*Charges variables*

53 adhérents × 84 séances × 0,08 € = 356,16 €

**Compte de résultat par variabilité des charges**

| Élément | En € | En % du CA |
|---|---|---|
| Chiffre d'affaires | 13 250,00 | 100 % |
| Charges variables | 356,16 | 2,69 % |
| MCV | 12 893,84 | 97,31 % |
| Charges fixes | 10 924,00 | |
| Résultat | 1 969,84 | |

Seuil de rentabilité en valeur : 10 924/0,9731 = 11 225,98 €

Nombre d'adhérents minimum (seuil de rentabilité en volume) : 11 225,98 /(300/1,20) = 44,90, soit 45 adhérents.

**2.5 Concluez sur la faisabilité de l'opération.**

L'activité *crossfit* encadrée sera rentable à partir de 45 adhérents inscrits. Compte tenu des prévisions fournies par le siège, cette nouvelle activité permettra de dégager un bénéfice supplémentaire.

**2.6 Pour chacune des modalités promotionnelles, calculez :**

- **le chiffre d'affaires ;**
- **la marge.**

En période normale :

- prix de vente HT d'une boîte : 23/1,055 = 21,80 € ;
- coût d'achat HT d'une boîte : PV HT/(1+ taux de marge) = 21,80/1,52 = 14,34 €.

En période promotionnelle :

| Promotion | – 25% | 2 barres de protéines offertes | 1 boîte gratuite pour 2 achetées |
|---|---|---|---|
| Augmentation des ventes | 40 % | 15 % | 85 % |
| Nombre de boîtes vendues | 34 × 4 × 1,40 =190 | 34 × 4 × 1,15 = 156 | 34 × 4 × 1,85 = 252 |
| Nombre de boîtes facturées | 190 | 156 | 252 × 2/3 (2 boîtes sur 3) = 168 |
| PV unitaire HT | 21,80 × 0,75 = 16,35 | 21,80 | 21,80 |
| Chiffre d'affaires HT | 190 × 16,35 = 3 106,50 | 156 × 21,80 = 3 400,80 | 168 × 21.80 = 3 662,40 |
| Coût d'achat | 190 × 14,34 = 2 724,60 | 156 × (14,34 + 2 × 1,56) = 2 723,76 | 252 × 14,34 = 3 613,68 |
| **Marge totale** | **3 106,50 – 2 724,60 = 381,90** | **3 400,80 – 2 723,76 = 677,04** | **3 662,40 – 3 613,68 = 48,72** |

**2.7 Évaluez la pertinence de chaque offre promotionnelle.**

D'un point de vue financier, c'est la deuxième promotion qui est la plus pertinente car c'est celle qui rapporte le plus de marge.

D'un point de vue commercial, les deux autres propositions peuvent être retenues car elles sont plus attractives aux yeux des clients.

Le manager pourrait retenir la première proposition qui est un bon compromis entre les deux contraintes.

# Management de l'équipe commerciale

COMPRENDRE EN VIDÉO Retrouvez tous nos tutos vidéos sur notre chaîne YouTube « Objectif BTS Hachette ».

Présentation de l'épreuve E6

# Management de l'équipe commerciale

Épreuve orale et pratique
Coefficient : 3

## 1 Les objectifs de l'épreuve

L'épreuve E6 a pour objectif d'évaluer les compétences du bloc « Manager l'équipe commerciale » :
– organiser le travail de l'équipe commerciale ;
– recruter des collaborateurs ;
– animer l'équipe commerciale ;
– évaluer les performances de l'équipe commerciale.

## 2 Les modalités d'évaluation

• Toutes les candidates et tous les candidats ne sont pas évalués de la même façon :
– si vous êtes dans un établissement habilité à valider l'épreuve en **CCF**, vous la passerez de cette façon ;
– sinon, vous passerez cette épreuve sous une **forme ponctuelle écrite** d'une durée de **2 h 30 mn**.

• L'épreuve s'appuie sur un contexte d'entreprise identique pour tous les candidats, qu'ils soient évalués en CCF ou sous la forme ponctuelle.

## 3 L'organisation de l'épreuve

### A Le contrôle en cours de formation

• L'épreuve est orale et pratique. Elle a lieu au cours de la deuxième année de formation.

• Le contexte d'entreprise est complété localement par des questions et/ou des problèmes à résoudre. Il sert de support à l'évaluation de l'ensemble des compétences du bloc n° 4.

• L'évaluation prend la forme d'une ou de plusieurs situations d'évaluation.

• La commission d'interrogation est composée du professeur ayant en charge l'enseignement « Management de l'équipe commerciale ».

### B La forme ponctuelle écrite

• L'épreuve prend appui sur le contexte d'entreprise figurant dans la circulaire nationale d'organisation de l'examen et comporte une série de questions et/ou des problèmes à résoudre relatifs aux compétences du bloc n° 4.

• La correction est assurée par un professeur en charge d'un des enseignements professionnels en STS Management commercial opérationnel.

• L'évaluation donne lieu à une note sur 20 points.

## 4 Les critères d'évaluation

- Les contraintes légales et réglementaires sont respectées.
- La répartition des tâches est rationnelle.
- Les plannings sont opérationnels.
- Les informations utiles au travail de l'équipe sont transmises et expliquées.
- Le recrutement est adapté aux besoins.
- Les nouveaux collaborateurs sont intégrés.
- Les objectifs des réunions sont atteints.
- Les objectifs des entretiens sont atteints.
- Les techniques d'animation sont maitrisées.
- Les outils de stimulation sont mis en œuvre à bon escient.
- Les besoins en formation sont correctement repérés.
- La démarche de formation est efficace.
- Les conflits, les risques psycho-sociaux, les situations de crise sont prévenus et/ou efficacement réglés.
- Les tableaux de bord sont opérationnels.
- La mesure et l'analyse des performances individuelles et collectives sont pertinentes.
- Les actions d'accompagnement sont efficaces.
- La communication est mise en œuvre au service de l'efficacité managériale.

# 1 Les outils de planification et de suivi

La planification est un élément déterminant de la performance de l'entreprise.

## 1 Les différents types de planning

Il existe différents types de planning :
– le planning d'équipe ;
– le planning personnel ;
– le tableau de répartition des tâches.

## 2 Les outils de planification et de suivi

• Les logiciels de planification se substituent progressivement aux kits matériels traditionnels.

• Les fonctionnalités des applications de planification des tâches comprennent :
– l'affectation de ressources humaines et matérielles aux différentes tâches ;
– la création de liens ou de dépendances entre les tâches ;
– la synchronisation avec les agendas personnels.

## 3 Le tableau de répartition des tâches

• Il est établi pour une période donnée (semaine, mois, etc.) et sert à affecter les tâches à réaliser de façon rationnelle aux membres de l'équipe.

**Processus**

**Étape 1** Analyse des activités

**Étape 2** Définition et quantification des tâches

**Étape 3** Répartition des tâches

**Exemple de TRT**

| Nom | Marchandisage | | Commande | Rangement des réserves et transfert des marchandises | Conseil |
|---|---|---|---|---|---|
| | Mise en rayon et entretien | Balisage | | | |
| Lucie Tounkara<br>Gestionnaire d'appro. | 40 % | 15 % | 25 % | 10 % | 10 % |
| Sophie Pham<br>Employée magasin | 65 % | 10 % | 0 % | 15 % | 10 % |
| Alex Jacq<br>Employé magasin | 65 % | 10 % | 0 % | 10 % | 15 % |

• La répartition des tâches entre les membres de l'équipe peut, dans un premier temps, être réalisée en % puis quantifiée en heures.

**Exemple (suite)**

Lucie consacrera 40 % × 35 heures, soit 14 heures, dans la semaine à la mise en rayon et à l'entretien.

# 4 Le planning d'équipe

Le planning d'équipe est un élément clef de gestion de l'unité commerciale car il permet de répartir la charge de travail de manière rationnelle et efficace.

## A L'identification des contraintes

**Contraintes organisationnelles** →
- Horaires et jours de congés.
- Charge de travail.

**Contraintes légales** →
- Repos hebdomadaire.
- Repos quotidien et temps de travail journalier.

## B La réalisation du planning

• Une fois les contraintes posées, le travail doit être réparti entre les salariés de façon rationnelle en tenant compte de leurs souhaits dans la mesure du possible :
– la mise au point d'horaires cohérents, les moins dispersés possibles pour une même personne ;
– le respect, autant que possible, des contraintes personnelles.

**Exemple de planning**

| | Lundi 6 h-20 h | | Samedi 6 h-21 h | |
|---|---|---|---|---|
| **Valérie 35 h** | 6 h 30-13 h = **6 h 30** | | 6 h-13 h = **7 h** | |
| **Karim 35 h** | | 13 h 30-20 h = **6 h 30** | | 13 h-20 h = **7 h** |
| **Hoa 24 h 30** | CONGÉ | | 9 h-13 h = **4 h** | |
| **Dominique 14 h** | | | | 13 h-20 h = **7 h** |

Contraintes légales

Contrainte organisationnelle : 2 salariés le samedi toute la journée

**Remarque**

Le planning est un outil primordial d'organisation. Il doit être clair, cohérent et compréhensible par l'équipe. Il ne doit pas être envisagé comme un système de sanction ou de récompense vis-à-vis de l'équipe.

• Le planning hebdomadaire peut être organisé par demi-journées. Il peut également faire l'objet d'un découpage plus fin, par tranches horaires.

• L'ajustement des horaires de l'équipe quand la charge de travail est supérieure au volume horaire disponible peut être fait :
– grâce au recours aux heures supplémentaires ;
– grâce à l'emploi d'intérimaires.

• Dans le cas où la surcharge devient plus durable, voire pérenne, le manager doit alors recourir à l'embauche de salariés en contrat à durée déterminée ou en contrat à durée indéterminée.

• Le planning parfait n'existe pas mais il doit satisfaire au mieux les contraintes et les besoins exprimés par l'équipe.

• C'est un outil important qui participe à la performance de l'unité commerciale. Il doit être conçu comme un outil de stimulation de l'équipe.

• **Le planning doit être évolutif**, c'est-à-dire qu'il doit pouvoir faire l'objet de modifications destinées à l'adapter aux changements pouvant survenir.

**Remarque**

Les logiciels spécialisés dans l'élaboration de plannings et les outils de travail et de partage collaboratifs peuvent apporter une aide précieuse mais ils ne peuvent se substituer aux choix que doit effectuer le manager pour rendre le planning acceptable par l'ensemble de l'équipe.

# Exercice d'entraînement

*Corrigé p. 215*

**1. Établir le tableau hebdomadaire de répartition des tâches de l'équipe commerciale du rayon Vidéo–Hifi du magasin Alpha d'après les données suivantes :**

| Nom | Temps de travail | Vente et mise en rayon | Commandes | Réserves | Entretien |
|---|---|---|---|---|---|
| Nicolas | 35 h | 75 % | | 15 % | 10 % |
| Julie | 25 h | 80 % | | 10 % | 10 % |
| Djamel | 25 h | 70 % | 20 % | 10 % | |
| Corinne | 35 h | 75 % | | 15 % | 10 % |
| Alexis | 10 h | 100 % | | | |

**2. Établir le planning hebdomadaire du rayon compte tenu des informations suivantes :**
• l'unité commerciale est ouverte du lundi au samedi de 9 h à 19 h sans interruption. La journée d'un employé se découpe en demi-journées de 9 h à 13 h/14 h et de 13 h/14 h à 19 h (en fonction de l'heure du repas) ;
• 3 vendeurs doivent être présents le samedi ;
• chaque employé a au moins 2 demi-journées libres ;
• Corinne a demandé le mercredi entier ;
• 2 vendeurs au minimum doivent être présents dans l'unité commerciale ;
• Djamel a demandé le vendredi après-midi ;
• les matinées doivent être effectuées de 9 h à 13 h. Le nombre d'heures minimum à effectuer l'après-midi est de 2 ;
• Nicolas préfère travailler le matin.

# 2 L'ordonnancement des tâches : PERT et GANTT

La représentation graphique du déroulement d'un projet permet de visualiser l'enchaînement des tâches et de définir des priorités dans leur ordre d'exécution.

## 1 Le graphe PERT

COMPRENDRE EN VIDÉO — *Le graphe PERT*

• La méthode *Program Evaluation and Review Technique* (PERT) a été développée aux États-Unis dans les années 1950.

• Le graphe PERT permet de représenter un enchaînement de tâches et de distinguer celles possédant une certaine marge de liberté par rapport aux autres.

### A Le tableau des antériorités

Pour construire le graphe PERT, il faut disposer du tableau des antériorités qui permet de situer les tâches les unes par rapport aux autres.

**Exemple**

| Code de la tâche | Intitulé de la tâche | Durée en jours | Antériorité |
|---|---|---|---|
| A | ....... | 2 | / |
| B | | 6 | A |
| C | | 3 | A |
| D | | 8 | B, C |
| E | | 10 | D |

B ne peut débuter qu'après l'achèvement de A.

### B La construction du graphe

• Une flèche représente 1 tâche.

• Le point d'arrivée d'une tâche doit faire apparaître la date au plus tôt (date à laquelle la tâche pourra se terminer).

**Exemple**

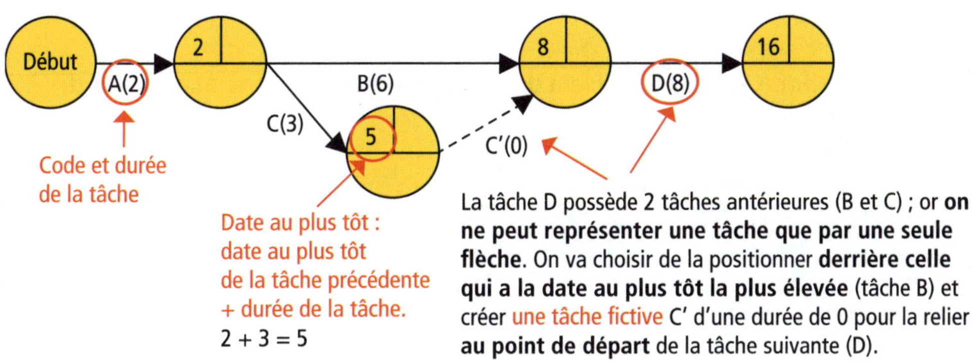


Management de l'équipe commerciale

• On obtient finalement le graphe suivant.

**Exemple (suite)**

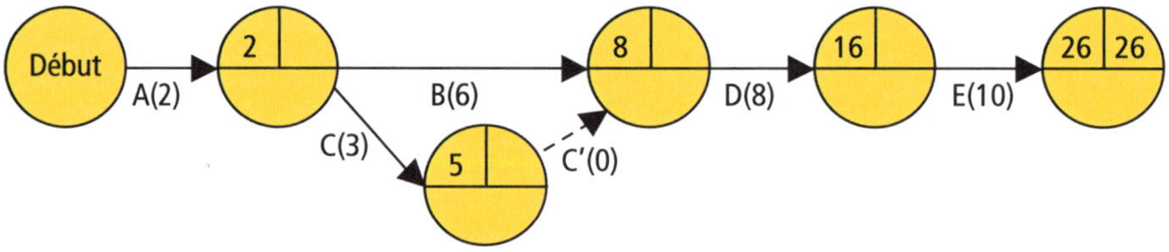


## C Les dates au plus tard

• **La date au plus tard** est la date à laquelle la tâche pourra s'achever sans retarder la fin prévue du projet.

• On part de la fin et on remonte jusqu'au début du graphe :

**Date au plus tard = date au plus tard de la tâche suivante – durée de la tâche**

**Exemple (suite)**

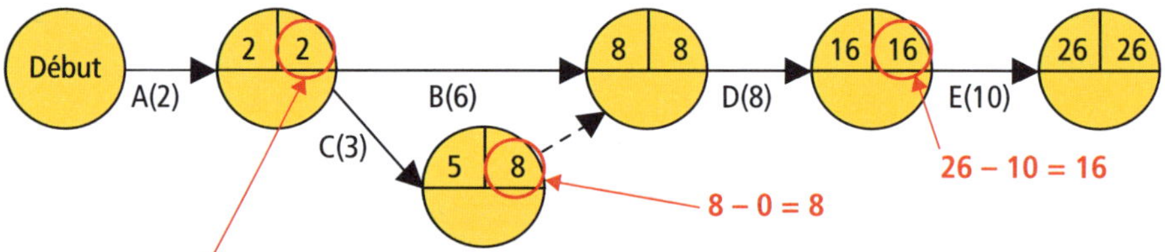


## D Les marges et le chemin critique

• **La marge** qui est le retard possible pour une tâche sans retarder la fin prévue du projet.

**Marge d'une tâche : date au plus tard – date au plus tôt**

**Exemple (suite)**

Toutes les tâches ont une marge nulle, sauf la tâche C car sa date d'achèvement au plus tard est postérieure à sa date d'achèvement au plus tôt :

• **Le chemin critique** est l'enchaînement des tâches ne pouvant tolérer **aucun retard**.

**Exemple (suite)**

Ici, le chemin critique est : A – B – D – E.

## 2 Le diagramme de GANTT

COMPRENDRE EN VIDÉO — *Gantt Project*

- Il permet de représenter de façon simple un enchaînement de tâches dans le cadre de la réalisation d'un projet.

- La colonne de gauche du diagramme énumère toutes les tâches à effectuer, tandis que la ligne d'en-tête représente les unités de temps les plus adaptées au projet (jours, semaines, mois, etc.). Chaque tâche est matérialisée par une barre horizontale, dont la position et la longueur représentent la date de début, la durée et la date de fin.

**Exemple (suite)**

| Tâches | Durée | | 1 | 2 | 3 | 4 | 5 | 6 | 7 | 8 | 9 | 10 | 11 | 12 | 13 | 14 | 15 | 16 | 17 | … | 26 |
|---|---|---|---|---|---|---|---|---|---|---|---|---|---|---|---|---|---|---|---|---|---|
| A | 2 | / | | | | | | | | | | | | | | | | | | | |
| B | 6 | A | | | | | | | | | | | | | | | | | | | |
| C | 3 | A | | | | | | | | | | | | | | | | | | | |
| D | 8 | B, C | | | | | | | | | | | | | | | | | | | |
| E | 10 | D | | | | | | | | | | | | | | | | | | | |

# Exercice d'entraînement

*Corrigé p. 215*

**Planifiez le projet suivant à l'aide de la méthode de votre choix.**

| Code de la tâche | Intitulé de la tâche | Durée en jours | Antériorité |
|---|---|---|---|
| A | Évaluation des besoins et entretiens | 2 | / |
| B | Étude de l'existant | 2 | A |
| C | Choix de la solution et conception du système | 5 | B |
| D | Recrutement | 6 | C |
| E | Acquisition du matériel | 3 | C |
| F | Répartition du matériel | 8 | D, E |
| G | Installation des matériels | 10 | E, F |
| H | Mise en service | 1 | G |
| I | Formation des utilisateurs | 10 | G |
| J | Évaluation | 12 | H, I |

L'unité commerciale est fermée le dimanche et les tâches ne sont réalisées que durant les jours ouvrables. La fin du projet est prévue le 30 mars.

**À quelle date le projet doit-il démarrer au plus tard ?**

**Janvier**

| L | Ma | Me | J | V | S | D |
|---|---|---|---|---|---|---|
| | | | | 1 | 2 | 3 |
| 4 | 5 | 6 | 7 | 8 | 9 | 10 |
| 11 | 12 | 13 | 14 | 15 | 16 | 17 |
| 18 | 19 | 20 | 21 | 22 | 23 | 24 |
| 25 | 26 | 27 | 28 | 29 | 30 | 31 |

**Février**

| L | Ma | Me | J | V | S | D |
|---|---|---|---|---|---|---|
| 1 | 2 | 3 | 4 | 5 | 6 | 7 |
| 8 | 9 | 10 | 11 | 12 | 13 | 14 |
| 15 | 16 | 17 | 18 | 19 | 20 | 21 |
| 22 | 23 | 24 | 25 | 26 | 27 | 28 |

**Mars**

| L | Ma | Me | J | V | S | D |
|---|---|---|---|---|---|---|
| 1 | 2 | 3 | 4 | 5 | 6 | 7 |
| 8 | 9 | 10 | 11 | 12 | 13 | 14 |
| 15 | 16 | 17 | 18 | 19 | 20 | 21 |
| 22 | 23 | 24 | 25 | 26 | 27 | 28 |
| 29 | 30 | 31 | | | | |

# 3 Les besoins en recrutement

Déterminer la taille optimale d'une équipe revient à comparer les besoins en heures (ou en emplois) pour effectuer une (ou un ensemble de) tâche(s) avec le volume de travail disponible afin de prévoir d'éventuels recrutements.

## 1 Évaluer les besoins

| | |
|---|---|
| **Qualitatifs** | • Compétences et qualifications.<br>• Postes et types de contrat.<br>• Besoin temporaire ou pérenne. |
| **Quantitatifs** | Volume horaire nécessaire. |

## 2 Calculer la taille optimale de l'équipe

• Déterminer les besoins en personnel consiste à évaluer les tâches à effectuer sur une période donnée pour calculer le volume horaire nécessaire.
⇒ **On en déduit les besoins en personnel correspondants.**

• La comparaison entre volume disponible et besoins permet d'anticiper d'éventuels besoins en recrutement :
– besoin > 0 ⇒ besoin résiduel : il faut trouver des solutions ;
– besoin < 0 ⇒ possible ajustement des effectifs à la baisse.

**Exemple**

Le directeur d'un magasin doit élaborer le planning des préparateurs de commandes pour le mois de septembre.

Ressources :
• 15 préparateurs de commandes en CDI à 35 heures par semaine ;
• 27 préparateurs de commandes en contrat de 15 heures par semaine.

Un préparateur en contrat de 35 heures prend ses congés les deux premières semaines de septembre. Un second préparateur en contrat de 35 heures prend ses congés les deux dernières semaines de septembre.

Besoins :
• nombre de commandes prévues : 6 794 ;
• nombre d'articles moyen par commande : 50 ;
• un prélèvement article toutes les 40 secondes ;
• le mois de septembre compte 4 semaines.

Volume d'heures disponible :
• 13 préparateurs x 35 h x 4 semaines = 1 820 h
• 2 préparateurs x 35 h x 2 semaines = 140 h (2 semaines de vacances en septembre) ;
• 27 préparateurs x 15 h x 4 semaines = 1 620 h ;
• **Total** = 1 820 + 140 + 1 620 = **3 580 heures disponibles**.

Calcul du temps nécessaire pour assurer la préparation des commandes clients au mois de septembre :

| | |
|---|---|
| Nombre d'articles moyen par commande | 50 |
| Nombre d'articles à prélever pour le mois | 6 794 x 50 = 339 700 |
| Temps nécessaire pour prélever les articles (en secondes) | 339 700 x 40 s = 13 588 000 s |
| Temps nécessaire pour prélever les articles (en heures) | 13 588 000/3 600 = 3 774,44 h |

Besoin résiduel : 3 774,44 h – 3 580 h = 194,44 h pour le mois de septembre, soit 194,44/4 = **48,61 h hebdomadaires**.

L'équipe actuelle n'est pas en mesure d'assurer la préparation des commandes clients puisqu'il manque 48,61 heures hebdomadaires.

## 3 Les solutions en cas de besoin résiduel

| | |
|---|---|
| **Recrutement** | • Besoin pérenne.<br>• Manque de flexibilité. |
| **Intérim** | • Onéreux.<br>• Simple à mettre en œuvre et flexible. |
| **Heures supplémentaires** | À privilégier pour un accroissement ponctuel d'activité. |
| **Meilleure organisation de la répartition du temps de travail ou optimisation des méthodes de travail** | À privilégier pour limiter les coûts relatifs à la masse salariale. |



# Exercice d'entraînement

*Corrigé p. 215*

L'équipe de l'unité commerciale est composée de 4 collaborateurs : Karima (35 heures) équipière magasin, Samir (35 heures) équipier magasin et magasinier chargé de la réception de la livraison, Romain (20 heures) équipier magasin, Justine (20 heures) polyvalente caisse.

• **Les horaires du magasin** : le magasin est ouvert du lundi au vendredi de 9 h 30 à 12 h 30 et de 14 h 00 à 19 h 30 et le samedi de 9 h 30 à 19 h 30 sans interruption.

• **Les contraintes organisationnelles** : un équipier est mobilisé de 7 h 00 à 11 h 00 pour la livraison le jeudi et le samedi.

• La présence en caisse de l'équipier polyvalent est nécessaire pour un volume de 2 heures le samedi (16 h 00 à 18 h 00).

• Un équipier doit être présent tous les jours une demi-heure avant l'ouverture du magasin et une demi-heure après la fermeture du magasin. Il s'agit d'une heure journalière qui permet de préparer la surface de vente.

• **Présence sur la surface de vente** : 1 équipier le matin, 2 équipiers l'après-midi, 2 équipiers le vendredi matin, 3 équipiers les mercredi après-midi et vendredi après-midi, 3 équipiers le samedi journée.

**1. Calculez le volume hebdomadaire d'heures de travail nécessaires pour assurer le fonctionnement du rayon.**

**2. Déterminez si l'équipe actuelle, compte tenu des informations dont vous disposez, est en mesure d'assurer correctement les missions qui lui sont confiées. Vous commenterez vos résultats et proposerez des solutions.**

# 4 Les contrats de travail

Le choix du contrat de travail est déterminant. Il représente le lien juridique existant entre le salarié et son employeur et obéit à des règles strictes.

## 1 Le contrat à durée indéterminée (CDI)

| | | |
|---|---|---|
| **Forme** | Écrit non obligatoire (pour les temps pleins) sauf si une convention collective le prévoit. | |
| **Contenu** | Libre sauf mentions obligatoires. | |
| **Durée** | Sans limitation. | |
| **Rupture** | **À l'initiative de l'employeur :**<br>• pendant la période d'essai, sans motif particulier ;<br>• licenciement économique ou pour motif personnel ;<br>• en cas de force majeure. | **À l'initiative du salarié :**<br>• pendant la période d'essai, sans motif particulier ;<br>• démission. |
| | D'un commun accord : rupture conventionnelle. | |

## 2 Le contrat à durée déterminée (CDD)

| | |
|---|---|
| **Motifs** | • Remplacement d'un salarié absent.<br>• Accroissement temporaire d'activité/emploi à caractère saisonnier. |
| **Forme** | Écrit obligatoire. |
| **Contenu** | • Date de début et de fin/clause éventuelle de renouvellement.<br>• Durée de la période d'essai/poste occupé et rémunération.<br>• Droits collectifs. |
| **Renouvellement** | 2 fois au maximum/durée totale jusqu'à 18 mois. |
| **Rupture anticipée** | • Accord entre l'employeur et le salarié.<br>• Faute grave du salarié ou de l'employeur/force majeure.<br>• Inaptitude constatée par le médecin du travail.<br>• Demande du salarié justifiant d'une embauche en CDI. |

## 3 Le contrat de travail temporaire (CTT) ou d'intérim

| | |
|---|---|
| **Les contrats** | • **Contrat de mission** : entre l'entreprise de travail temporaire et le salarié intérimaire.<br>• **Contrat de mise à disposition** : entre l'entreprise de travail temporaire et l'entreprise souhaitant embaucher. |
| **Renouvellement** | 2 fois au maximum/durée totale jusqu'à 18 mois. |

| | | |
|---|---|---|
| **Rupture** | **À l'initiative de l'employeur :**<br>• pendant la période d'essai, sans motif particulier ;<br>• en cas de faute grave du salarié ;<br>• en cas de force majeure. | **À l'initiative du salarié :**<br>• pendant la période d'essai, sans motif particulier ;<br>• en cas de faute grave de l'employeur ;<br>• en cas de force majeure ;<br>• embauche du salarié en CDI. |

## 4 Les autres contrats

Les contrats d'apprentissage et de professionnalisation sont des contrats en alternance (formation/travail) qui peuvent être conclus dans le cadre d'un contrat à durée déterminée ou indéterminée.
– Le contrat d'apprentissage s'adresse aux jeunes de 15 à 25 ans.
– Le contrat de professionnalisation cible une population plus large.
– Le contrat unique d'insertion est destiné aux personnes ayant des difficultés à trouver un emploi.

# Exercice d'entraînement

*Corrigé p. 216*



Vous décidez d'embaucher un agent commercial (H/F) en CDD (20 heures hebdomadaires). Vous envisagez de recruter Lisa. Âgée de 20 ans, elle souhaite reprendre ses études et bénéficier d'un contrat d'apprentissage pour préparer un BTS par alternance. Vous étudiez les deux possibilités de contrat (CDD et contrat d'apprentissage) pour prendre une décision favorable.

**Comparez les deux solutions possibles (CDD et contrat d'apprentissage) en termes de coûts et de management. Concluez.**

**Annexe 1 : coûts liés au contrat d'apprentissage**

Le contrat d'apprentissage sera conclu sur une période de 2 ans (24 mois).

Salaire minimum en pourcentage du SMIC :

| Année d'exécution du contrat | Âge de l'apprenti | | |
|---|---|---|---|
| | **Moins de18 ans** | **De 18 à moins de 21 ans** | **21 ans et plus** |
| 1re année | 27 % | 43 % | 55 % |
| 2e année | 43 % | 51 % | 67 % |
| 3e année | 53 % | 65 % | 78 % |

Les employeurs d'apprentis peuvent bénéficier d'aides financières, notamment d'une indemnité compensatrice forfaitaire versée par la région de 1 000 € par an et d'une indemnité de soutien à l'effort de formation de 300 € par an.

Les charges patronales sont négligeables.

**Annexe 2 : coûts liés au CDD**

Le CDD sera conclu pour la période maximale légale, c'est-à-dire 18 mois.

Le CDD sera embauché pour 20 heures par semaine sur la base du SMIC.

**Annexe 3 : montant du SMIC (par simplification, on prendra ce montant pour les 2 années)**

| | |
|---|---|
| Brut horaire | 9,53 € |
| Brut mensuel (base 35 heures hebdomadaires) | 1 445,38 € |

Les charges sociales patronales pour un salarié au SMIC dans ce cas particulier sont estimées à 20 %.

# 5 Le processus de recrutement

La préparation du recrutement est une étape clef de l'embauche d'un nouveau collaborateur (trice). Le recrutement suit un enchaînement d'étapes indispensables.

## 1 Le processus de recrutement

1 Choix du mode de recrutement → 2 Définition du profil de poste → 3 Diffusion de l'annonce

4 Tri des candidatures → 5 Entretiens → 6 Sélection du(de la) candidat(e) → 7 Intégrations

## 2 Le choix du mode de recrutement

- **Le recrutement interne** peut s'avérer une solution plus simple et moins onéreuse. La personne recrutée pour le poste connaît déjà le fonctionnement de l'entreprise et ses valeurs. De plus, c'est un facteur de motivation pour l'ensemble du personnel.

- **Le recrutement externe** est plus long et plus coûteux. Il permet, cependant, de faire appel à des candidats correspondant au profil souhaité et possédant les compétences requises si elles ne sont pas disponibles dans l'entreprise.

## 3 La définition du poste

À partir de la fiche de poste, le manager doit définir un profil de poste qui servira par la suite à évaluer les différentes candidatures.

**Exemple de profil de poste**

| | |
|---|---|
| **Profil de poste** : Vendeur clientèle particuliers | |
| **Lieu de travail** : Batiman Saint-Maximin (Var) | |
| **Intitulé du poste** : Vendeur clientèle particuliers | |
| **Rattachement hiérarchique** : Directeur du magasin | |
| **Missions** : Chargé de l'accueil et du conseil auprès de particuliers | |
| **Activités et tâches** :<br>• Accueillir et conseiller la clientèle du point de vente.<br>• Développer et fidéliser la clientèle.<br>• Commercialiser « l'offre produits » et les prestations de l'entreprise. | • Planifier et suivre les dossiers jusqu'à la facturation et l'encaissement.<br>• Assurer la bonne tenue des rayons et leur approvisionnement. |
| **Formation** : Bac + 2 (BTS et DUT) | |
| **Expérience** : Deux années d'expérience de vendeur en menuiserie et/ou cuisine | |
| **Qualités requises** :<br>• Sens du service client (accueil, disponibilité, écoute, conseil, etc.).<br>• Sens de l'initiative et capacité à proposer des améliorations. | • Réactivité.<br>• Rigueur.<br>• Dynamisme. |

## 4 L'annonce de recrutement

Elle reprend les éléments du profil de poste. Elle doit être concise et précise, surtout si le support de diffusion adopté est un site Internet.

Exemple d'annonce

**BATIMAN SAINT-MAXIMIN (VAR)**
RECHERCHE VENDEUR DE PRODUITS EN MENUISERIE ET CUISINE (H/F)
CDI de 35 heures

**Rattaché(e) au directeur du magasin, vous aurez pour principales missions :**
- l'accueil et le conseil à la clientèle ;
- le développement et la fidélisation de la clientèle ;
- la commercialisation de l'offre produits et des prestations de l'entreprise ;
- la planification et le suivi des dossiers jusqu'à la facturation et l'encaissement ;
- la bonne tenue des rayons et leur approvisionnement.

**Lieu de travail :** Magasin Batiman à Saint-Maximin La-Sainte-Baume (83470)

**Profil :**
- Formation : BTS ou DUT.
- Expérience souhaitée : 2 ans dans la vente de menuiserie et/ou cuisine.
- Sens du service client et dynamisme.
- Rigueur, réactivité et sens de l'initiative.

**Poste à pourvoir en décembre 202X.**

Si vous êtes intéressé(e), merci d'adresser votre CV accompagné d'une lettre de motivation à : recrutement@batiman.fr

Ou Cliquez ici pour postuler POSTULER

## 5 La diffusion de l'annonce

| Mode de recrutement | Diffusion de l'annonce |
|---|---|
| Interne | • Affichage.<br>• Messagerie.<br>• Intranet. |
| Externe | • Presse.<br>• Salon.<br>• Internet (sites spécialisés).<br>• Cabinet spécialisé.<br>• Réseaux sociaux. |

## 6 Le tri des CV

En cas d'afflux important de CV, l'entreprise devra procéder en **deux étapes** pour l'évaluation de ces derniers :

– un premier tri rapide visant à éliminer les CV ne correspondant manifestement pas au profil recherché ;

– un examen plus approfondi des candidatures retenues.

Management de l'équipe commerciale

# Exercice d'entraînement

*Corrigé p. 216*

Le réseau de boutiques Mericq destinées aux particuliers se développe. Un nouveau point de vente doit ouvrir le 1er septembre dans le centre-ville d'Agen. Le responsable de la boutique « Le Marché du Pêcheur » de Boé, Michel Berh, prendra en charge l'ouverture du nouveau magasin. Il sera remplacé à son poste actuel par un nouveau responsable recruté en interne après une diffusion de l'annonce sur l'intranet du groupe Mericq.

1. **Justifiez le recours au recrutement en interne pour la personne promue.**
2. **Proposez une annonce de recrutement pour le poste à pourvoir dans le magasin de Boé.**

**Document 1 : mot de Patrick Leclercq, directeur des ressources humaines**

Chez Mericq, nous sommes convaincus que **les hommes et les femmes sont une richesse pour le Groupe et la ressource la plus importante pour satisfaire ses ambitions, son développement et donc sa réussite.** Notre politique ressources humaines cultive l'équilibre entre développement économique et lien social au service de nos clients.

Cette culture est **partagée à tous les niveaux.** Elle est constituée de droits et de devoirs qui permettent de consolider l'avenir du Groupe. Elle engage la responsabilité de tous.

Pour que chacun, quel que soit son poste, soit **un acteur de la performance au quotidien,** Mericq place ses collaborateurs au cœur de son ambition d'excellence opérationnelle. Cela signifie **reconnaître les compétences, les améliorer** par la formation et **donner les moyens d'évoluer, de relever de nouveaux défis et d'exercer de nouvelles responsabilités.**

Nous valorisons depuis toujours la promotion interne, grâce à un large éventail d'opportunités et de réelles perspectives d'évolution qui accompagnent notre développement et notre réussite.

**Document 2 : recrutement du (de la) nouveau(elle) responsable**

**FICHE DE POSTE**

Société : **Le Marché du Pêcheur ZAC O'Green** — Site : Boé (47)

Réf : RVB

**Intitulé de poste : RESPONSABLE BOUTIQUE**

Le (la) responsable boutique doit participer à l'optimisation des ventes et de la marge de la boutique dans le respect des valeurs et de la politique commerciale du réseau. Il (elle) doit aussi participer à l'animation de l'équipe de vente.

**Rattachement hiérarchique**

Directeur général du réseau

| **Missions** | **Profil (compétences, aptitudes et qualités attendues sur le poste)** |
|---|---|
| Missions principales du poste de responsable magasin :<br>• Manager l'équipe :<br>– participer aux ouvertures et fermetures de la boutique ;<br>– assurer le respect des consignes de sécurité ;<br>– élaborer le planning de l'équipe ;<br>– suivre et analyser les résultats.<br>• Gérer : suivre les stocks et les indicateurs de performance.<br>• Animer le magasin :<br>– optimiser la mise en valeur des produits ;<br>– organiser la mise en place d'opérations commerciales, relayer les plans d'action commerciale définis par le responsable réseau.<br>• Vendre : organiser l'accueil de la clientèle et participer à la vente. | • Bonne connaissance des produits du groupe Mericq.<br>• Polyvalence et rigueur.<br>• Maîtrise de la communication.<br>• Sens de la relation client.<br>• Capacités d'animation d'équipe.<br>• Curiosité.<br>• Capacité d'adaptation aux évolutions du marché. |

# 6 L'évaluation des candidatures

Lors d'un recrutement, les candidatures font l'objet d'une sélection (tri des CV) avant la convocation à des entretiens individuels.

## 1 L'évaluation des CV retenus

L'outil de comparaison des candidatures prend appui sur le profil de poste et doit prendre la forme d'une **grille d'analyse** comparant les candidatures sur les différents critères exigés :

– en distinguant les points positifs des points négatifs ;

– ou en attribuant une **note pondérée à chaque critère** (plus difficile) ;

– ou en attribuant des « – » et des « + » à chaque critère.

## 2 L'entretien de recrutement

• Il peut s'appuyer sur un guide d'entretien préexistant et nécessite l'adoption d'un comportement adéquat :

– **bienveillance** : pour donner au candidat la possibilité de se valoriser, en veillant à l'équité ;

– **écoute active** : pour permettre au candidat de s'exprimer, en faisant preuve d'empathie ;

– **respect de principes éthiques** : respecter l'interlocuteur, éviter les rapports de communication déséquilibrés, respecter la confidentialité ;

– **disponibilité** : éteindre les portables, réorienter les appels téléphoniques.

• Aucune personne ne peut être écartée d'une procédure de recrutement en raison de « son sexe, **ses mœurs, son orientation ou identité sexuelle**, son âge, sa situation de famille ou sa grossesse, **ses caractéristiques génétiques**, [...] **ses opinions politiques**, [...] **ses convictions religieuses**, son apparence physique, son patronyme, [...] son état de santé » (article L.1132-1 du Code du travail).

**Attention !**

Les questions relatives à ces sujets ne doivent donc **absolument pas être** abordées lors d'un entretien (**elles sont prohibées par la loi**).

**Exemple de grille d'évaluation d'entretien**

| DATE : | NOM DU CANDIDAT : | | | |
|---|---|---|---|---|
| **CRITÈRES** | – – | – | + | + + |
| **Métier/Qualification** | | | | |
| Diplôme (Bac minimum) | | | | |
| Expérience (connaissance du secteur, des produits, de l'unité) | | | | |
| **Aptitudes professionnelles** | | | | |
| Méthode, rigueur, organisation | | | | |
| Bon contact, amabilité, accueil | | | | |
| Esprit d'équipe | | | | |
| Adaptabilité | | | | |
| Écoute, sociabilité | | | | |
| Implication | | | | |
| **Aptitudes personnelles** | | | | |
| Dynamisme | | | | |
| Autonomie | | | | |
| Motivation | | | | |
| Endurance, résistance physique | | | | |
| Commentaires : | | | | |

# 7 L'intégration du nouveau collaborateur

C'est un moment clef du recrutement. Le (la) nouveau(elle) collaborateur(trice) doit être opérationnel(le) le plus rapidement possible.

## 1 Les modalités de l'intégration

L'intégration comprend différentes tâches :
– déclarer le salarié auprès des organismes de protection sociale et affilier le salarié aux institutions de retraites complémentaires obligatoires, mutuelle et prévoyance (DPAE, etc.) ;
– remettre au salarié les documents indispensables : règlement intérieur, etc. ;
– inscrire les informations concernant le salarié embauché sur le registre unique du personnel ;
– organiser la visite médicale, informer et former le salarié à la santé et à la sécurité ;
– établir un contrat de travail.

## 2 La déclaration préalable à l'embauche

La déclaration préalable à l'embauche (DPAE) est une procédure obligatoire. L'employeur peut l'effectuer par téléphone, par fax ou par lettre recommandée avec accusé de réception. Elle est adressée à l'Urssaf.

## 3 Les principes de l'intégration

| | |
|---|---|
| **L'accueil** *Phase de découverte* | • Les locaux. • Le poste et les outils de travail. • L'organisation du travail et les collègues. |
| **Les démarches administratives** | • Les formalités d'embauche. • La remise de documents et du livret d'accueil. • Le règlement intérieur. • Etc. |
| **Les processus et méthodes de travail** | Le (la) nouveau(elle) collaborateur(trice) peut être accompagné(e) par un tuteur pour comprendre et assimiler les différents processus en vigueur dans l'entreprise. |

## 4 Le planning d'intégration

L'intégration est la dernière phase du processus de recrutement. Elle permet au nouveau(elle) collaborateur(trice) de découvrir l'entreprise et ses modes de fonctionnement.

**Exemple de déroulement d'une journée d'intégration** (à adapter en fonction du contexte)

| **Première demi-journée** : découverte de l'entreprise | **Deuxième demi-journée** : découverte du poste. |
|---|---|
| • Prise de contact avec le responsable hiérarchique.<br>• Remise de la tenue et du règlement intérieur (voire d'un livret d'accueil).<br>• Visite des locaux.<br>• Entretien avec le responsable. | • Présentation de l'équipe.<br>• Prise de contact avec un tuteur.<br>• Présentation des produits.<br>• Phase d'observation.<br>• Compte-rendu (debriefing) en fin de journée. |

# 8 La conduite d'un entretien

L'entretien avec le salarié est un temps d'échange important qui permet de définir ses perspectives d'évolution et de maintenir une relation de qualité avec l'employeur.

## 1 Les types d'entretien

### A L'entretien annuel d'évaluation

• Il n'est pas obligatoire. Il est à l'initiative de l'employeur et porte sur :
– l'atteinte des objectifs ;
– les axes d'amélioration ;
– les compétences du salarié ;
– la fixation d'objectifs à venir ;
– l'évolution de carrière ;
– les formations possibles ;
– la rémunération.

• La convention collective peut fixer les conditions de l'évaluation.

### B L'entretien professionnel

• L'entreprise doit proposer à son salarié un entretien professionnel au moins une fois tous les 2 ans.

• Ce dernier porte :
– sur ses perspectives d'évolution ;
– sur ses besoins en formation et d'accompagnement ;
– sur le compte personnel de formation.

**Remarque**

**Le compte personnel de formation (CPF)** est utilisable par tout salarié, tout au long de sa vie active, y compris en période de chômage, pour suivre une formation qualifiante ou certifiante.

• Tous les 2 ans, l'entretien professionnel doit permettre de dresser un état des lieux récapitulatif. Il donne lieu à la rédaction d'un document écrit qui doit être remis au salarié.

• Le salarié doit, par ailleurs, pouvoir bénéficier d'un entretien professionnel au retour d'un congé de moyenne ou longue durée tel qu'un congé parental.

## 2 Les principes de l'entretien

### A La préparation

Le manager doit :
– informer le salarié des objectifs de l'entretien ;
– prévoir le temps nécessaire ;
– se procurer les documents nécessaires au bon déroulement de l'entretien tels que la fiche de poste, le récapitulatif des formations suivies, etc.

## B Le déroulement de l'entretien

• Il comprend différentes phases :
– l'accueil ;
– le point sur la période précédente ;
– la période à venir ;
– la synthèse ;
– la prise de congé.

• La présence d'un **guide d'entretien** aide à son bon déroulement.

**Exemple de guide d'entretien d'évaluation professionnel**

| | |
|---|---|
| **Activités** | • Quels sont vos atouts ?<br>• Quelles sont vos difficultés<br>• Quelles tâches préférez-vous ?<br>• Etc. |
| **Motivations** | • Sources de satisfaction.<br>• Sources d'insatisfaction.<br>• Motivations.<br>• Etc. |
| **Évolution professionnelle** | • Vos souhaits.<br>• Les postes convoités.<br>• Etc. |
| **Formation** | • Vos besoins.<br>• Nouvelles compétences visées.<br>• Etc. |

• **L'entretien d'évaluation annuel** aborde les points relatifs à l'atteinte des objectifs et à la rémunération.

• L'entretien d'évaluation professionnel comme l'entretien d'évaluation annuel doivent se tenir sur un **mode semi-directif**. La discussion porte sur des thèmes fixés à l'avance mais les questions doivent rester suffisamment ouvertes pour permettre au salarié de s'exprimer librement.



# Exercice d'entraînement

*Corrigé p. 217*

Allan Borghini veut une montée en compétences des membres de son équipe de conseillers de clientèle Bouygues Telecom pour obtenir une relation client de qualité. Cette volonté sera introduite lors des entretiens individuels annuels d'évaluation.

1. **Énumérez les conditions de réussite de ces entretiens individuels annuels d'évaluation pour chacun des trois axes : préparation de l'échange, conditions matérielles de l'entretien et posture managériale à mettre en œuvre le jour de l'entretien. Vous vous limiterez à deux éléments de réponse par axe.**

2. **Concevez, à partir de la fiche métier et des valeurs de l'entreprise, un support d'entretien individuel annuel d'évaluation.**

## Document 1 La fiche métier « Conseiller(ère) de clientèle »

*Contexte*

Rattaché à un responsable d'équipe, le conseiller de clientèle est le premier interlocuteur du client sur le mobile et sur le fixe, qu'il s'agisse de demandes techniques ou commerciales. Il répond aux attentes des clients et trouve une solution à leurs problèmes dans le respect des procédures internes et de la promesse de marque. Il propose, dans l'intérêt des clients, les produits et services Bouygues Telecom. Une formation initiale alternant théorie et plateau lui est dispensée. Il travaille sur un horaire planifié selon les plages d'ouverture des centres de Relation Clients.

*Rôle et responsabilité*

Conseiller et répondre aux attentes techniques ou commerciales des clients dans un objectif d'optimisation de la qualité de service, de fidélisation et de vente de produits et services Bouygues Telecom.

*Activités principales*

- Accueillir les clients et prendre en charge leurs demandes, besoins et attentes.
- Analyser et diagnostiquer la demande client pour apporter une solution immédiate et personnalisée.
- Effectuer/demander des modifications/interventions commerciales ou techniques adaptées au besoin.
- Connaître en permanence les offres et services de l'entreprise et du marché pour fidéliser les clients sur les produits et services de Bouygues Telecom.
- Proposer et vendre aux clients les produits et services de Bouygues Telecom.
- Véhiculer l'image et les valeurs de l'entreprise à travers un discours reflétant la promesse de la marque.
- Remonter les dysfonctionnements afin de mieux servir les clients.

*Compétences-clés*

| Savoirs | Savoir-faire | Savoir-être |
|---|---|---|
| • Marché et concurrence.<br>• Métiers.<br>• Produits et services. | • Communication orale.<br>• Gestion et traitement de l'information.<br>• Outils bureautiques. | • Capacité d'adaptation.<br>• Capacité d'écoute.<br>• Maîtrise de soi.<br>• Réactivité.<br>• Sens client. |

## Document 2 Les valeurs de l'entreprise Bouygues Telecom

Les hommes et les femmes de Bouygues Telecom œuvrent chaque jour, dans tous les métiers de l'entreprise, avec le souci constant d'offrir la meilleure expérience numérique à nos clients. L'entreprise leur donne les moyens de s'épanouir dans leur métier et dans leur environnement de travail. Et parce que nous sommes convaincus que la richesse vient de la diversité, nous sommes engagés dans une démarche systématique d'ouverture et de mixité.

Notre culture d'entreprise s'appuie sur le savoir-faire de nos collaborateurs, sur leur capacité à entreprendre et à relever les défis. Elle repose également sur un management des équipes fondé sur les valeurs de respect, de confiance et d'équité.

Notre philosophie : pour avoir des clients satisfaits, il faut avoir des collaborateurs heureux.

# 9 L'organisation et les principes d'animation d'une réunion

La réunion d'équipe est un moment-clé dans la gestion opérationnelle de l'unité commerciale. Elle est un facteur de motivation et de stimulation. Elle contribue à la cohésion de l'équipe. Le manager la met à profit pour faire le point sur les actions passées et fixer les objectifs à venir.

## 1 La préparation de la réunion

- Elle nécessite :

– de fixer l'ordre du jour et de préparer les documents nécessaires ;
– de déterminer les participants et de les informer ;
– de prévoir le lieu, l'heure et la durée.

- La préparation logistique consiste à aménager la salle et à prévoir le matériel.

## 2 Le déroulement de la réunion

Une réunion comprend différentes phases :
– accueillir les participants ;
– déterminer un secrétaire de séance ;
– rappeler l'ordre du jour et les objectifs de la réunion ;
– animer la réunion de manière directive sur la forme et participative sur le fond ;
– respecter le timing prévu ;
– prévoir le planning des réunions ultérieures ;
– conclure la réunion.

**Compte-rendu de réunion**
Date : ...............
Objet : ...............
Participants :

Points abordés :

Ordre du jour :
- ...............
- ...............

Actions :
- ...............
- ...............
- ...............

## 3 Le suivi de la réunion

Il consiste :
– à réaliser le compte-rendu de la réunion ;
– à diffuser le compte-rendu ;
– à assurer le suivi avec la mise en place d'un outil décidé en commun (tableau de suivi) ;
– à organiser les réunions suivantes.

## 4 Les types de réunion

| | |
|---|---|
| **Information** | La communication est unilatérale et laisse place aux échanges.<br>**Exemple** : rappel de consignes, fixation d'objectifs. |
| **Préparation/Revue** | Permet de préparer ou de faire le point sur l'état d'avancement d'un projet. |

| | |
|---|---|
| **Debriefing/compte-rendu/réunion bilan** | Consiste à présenter l'analyse d'un événement tel qu'une action promotionnelle. Les échanges autour des résultats obtenus doivent permettre d'améliorer les actions à venir. |
| **Résolution de problèmes** | Les situations de blocage ou les difficultés rencontrées peuvent faire l'objet d'une réunion pour rechercher des solutions. |
| **Échange** | Porte sur un travail de réflexion sur un sujet particulier.<br>**Exemple** : l'opportunité de mettre en place un nouvel assortiment. |

La **réunion à distance** peut s'avérer pertinente dans certaines situations :

| | Avantages | Limites |
|---|---|---|
| **Visioconférence** | • Déplacements limités.<br>• Ne nécessite pas d'espace important. | La perception de la communication non verbale est plus limitée. Cela peut altérer la qualité des échanges. |

## 5 Les outils et les moyens

Suivant le type de réunion et son objet, les outils les plus pertinents seront adoptés parmi la liste non exhaustive suivante :
– une présentation assistée par ordinateur (powerpoint, prezi, etc.) ;
– un diagramme de GANTT (pour les projets) ;
– un tableau/vidéoprojecteur/paperboard numérique/des tablettes ;
– des outils numériques d'animation : un éditeur numérique de cartes mentales, des notes (post-its) numériques, etc.

## 6 Les techniques d'animation

| | |
|---|---|
| **Information** | **Style directif** qui laisse peu de place aux échanges. L'objectif est de délivrer une information descendante. |
| **Préparation/revue**<br>**Debriefing**<br>**Résolution de problèmes** | **Style semi-directif ou participatif** qui permet de laisser la parole aux participants sur des thèmes fixés à l'avance. L'animateur doit veiller à recentrer les échanges autour des thèmes proposés. Il doit également distribuer la parole à chacun pour favoriser les échanges. |
| **Échange** | **Style non-directif** qui permet de faire émerger des idées. Ce style est particulièrement adapté aux réunions de type *brainstorming* (remue-méninges) qui doivent favoriser l'imagination et la créativité. |

L'animateur reste neutre et doit veiller à gérer les temps de parole. C'est un « facilitateur ».

# Exercice d'entraînement

*Corrigé p. 218*

Michèle Orsoni est la directrice du magasin Bricosur à Nîmes dans le Gard depuis une dizaine d'années. Elle vous demande de l'aider à analyser les performances de l'unité commerciale pour l'année passée et à préparer une réunion d'équipe présentant les résultats de cette analyse.
**Préparez l'organisation de la réunion et rédigez l'ordre du jour détaillé.**

# 10 Les modalités de diffusion de l'information

Une diffusion efficace de l'information permet de susciter l'adhésion des collaborateurs aux différentes actions menées par l'entreprise.

## 1 Les canaux de diffusion

| | |
|---|---|
| **Affichage** | Il peut être numérique (écrans) ou physique (notes) et permet de mettre en avant des informations importantes plutôt liées à l'organisation. |
| **Intranet** | • C'est le réseau interne à l'entreprise. Il met à la disposition des collaborateurs des informations relatives aux processus, aux activités, aux produits, etc.<br>• La recherche d'information résulte d'une démarche active des collaborateurs. |
| ***Newsletter*** | La lettre d'information présente généralement des informations à caractère temporaire puisqu'elle est envoyée périodiquement. |
| **Réunions** | Elles peuvent s'effectuer à distance ou en présentiel et favorisent l'échange d'informations, donc une communication multilatérale. |
| **Courriels** | Leur efficacité repose sur le ciblage des destinataires. Les possibilités d'archivage permettent de conserver une trace écrite des échanges en cas de besoin. |
| **SMS** | Ils sont particulièrement efficaces pour une information courte et rapidement diffusée et consultée. |

L'organisation doit également favoriser les **espaces de communication informelle** qui sont indispensables au bon fonctionnement de l'entreprise.

**Exemple**

Les espaces de pause doivent être aménagés pour favoriser les échanges qui peuvent relever de la sphère privée et, également, de la sphère professionnelle. Ces espaces de discussion participent au renforcement des valeurs de l'entreprise et à la cohésion des équipes.

## 2 Le partage d'informations

• L'intranet, les facilités d'accès à l'information et les **espaces collaboratifs de travail** favorisent **l'intelligence collective**.

| | |
|---|---|
| **Espaces numériques partagés** | Ces espaces permettent de stocker de l'information et sont accessibles aux membres invités qui disposent de droits plus ou moins étendus en termes de lecture, d'écriture et de modification.<br>**Exemples** : Drive, Dropbox. |
| **Plateformes collaboratives** | Elles combinent discussions, réunions, partage de documents et planification de projets<br>**Exemples** : Microsoft teams. |
| **Gestionnaires de tâches collaboratifs** | Ils offrent des fonctions de planification qui sont combinées avec des fonctions de veille et de collecte des idées.<br>**Exemples** : Gladys. |

• L'innovation permanente menée par les éditeurs d'applications tend à faire converger ces dernières vers un modèle global qui regroupera l'ensemble des fonctionnalités.

# Exercice d'entraînement

*Corrigé p. 219*

Situé dans le premier arrondissement de Paris, 1 rue Saint-Denis, rue passante dans une zone très touristique, le magasin DPam Châtelet propose sur une surface de vente de 240 m$^2$ un assortiment large et profond de vêtements pour enfants à une clientèle variée. Vous êtes le nouvel adjoint du responsable de ce magasin.

Vous recevez du siège, tous les matins, les données pour chaque point de vente. Vous devez ensuite transmettre des informations à chaque responsable de magasin.

**Élaborez un modèle de document de communication utilisable par chaque responsable d'équipe lors des « briefs »[1] du matin.** Ce modèle doit permettre de présenter les informations utiles au lancement de la journée.

1. **Brief :** réunion du matin de 5 minutes visant à présenter les objectifs de la journée et à analyser les résultats de la veille.

**Document : les indicateurs de performance utilisés**

– Le chiffre d'affaires
– Le panier moyen
– Le nombre de tickets
– Le taux de transformation
– La marge/le taux de marque

# 11 L'animation et la stimulation de l'équipe commerciale

L'animation de l'équipe commerciale consiste à mettre en œuvre des moyens adaptés afin de créer et entretenir un niveau de motivation maximum.

## 1 Les leviers de l'animation

• La fixation d'**objectifs commerciaux** est un préalable indispensable. Ils doivent être **MALINS** :

| | |
|---|---|
| **Mesurables** | Les objectifs doivent être quantifiables. |
| **Atteignables** | Le commercial doit être en mesure de les remplir. |
| **Limités** | Il faut définir des limites dans le temps et l'espace. |
| **Identifiables** | Ils doivent être concrets et précisément définis. |
| **Négociables** | On doit pouvoir les adapter ou les réajuster. |
| **Stimulants** | Ils doivent être motivants. |

• **Le plan d'action commercial** permet de répartir et d'organiser les ressources.

• Le manager doit, dans ce cadre, utiliser des techniques de communication adaptées telles que le **style participatif** qui permet un partage de la prise de décision avec ses collaborateurs pour qu'ils adhèrent aux objectifs fixés. Le style autoritaire ou directif est alors à proscrire.

## 2 Les moyens et les outils

| | |
|---|---|
| **Fixation des objectifs et plan d'action commercial** | • Réunion.<br>• Planning d'équipe et tableau de répartition des tâches. |
| **Suivi et évaluation** | • Tableau de bord des performances individuelles et collectives.<br>• Réunion de suivi.<br>• Réunion d'évaluation/bilan (débriefing). |
| **Motivation** | • Primes et commissions.<br>• Avantages en nature.<br>• Challenges et concours. |

Le manager doit mettre en œuvre des techniques de stimulation pour motiver son équipe sur des opérations ponctuelles.

## 3 L'organisation d'une opération commerciale

| | |
|---|---|
| **Fixation d'objectifs et d'indicateurs pertinents** | Les objectifs doivent être M.A.L.I.N.S. Les indicateurs doivent refléter l'atteinte des objectifs.<br>**Exemple** : pourcentage de cartes de fidélité placées sur un total défini. |
| **Définition des modalités d'organisation** | • Période et lieu.<br>• Temps de présence. Etc. |
| **Définition des règles** | • Type de challenge/concours.<br>• Résultats individuels/collectifs.<br>• Récompenses. |
| **Mise en œuvre** | • Réunions de suivi et tableau de bord de suivi.<br>• Réajustements, si nécessaire. |
| **Évaluation** | Analyse des résultats pour bénéficier d'un effet d'expérience. |

## 4 Les techniques de stimulation

• Elles ont des objectifs divers :
– motiver les équipes commerciales et accroître leur performance (fidélisation des clients, augmentation du chiffre d'affaires) ;
– favoriser l'adhésion aux valeurs de l'entreprise et récompenser les meilleurs vendeurs ;
– animer les réseaux de vente.

| | |
|---|---|
| **Challenge** | Il récompense tous les participants qui atteignent l'objectif fixé. |
| **Concours et jeu** | Il récompense la meilleure performance.<br>**Exemple** : concours du meilleur vendeur. |
| **Renforcement d'équipe** | Le team building a pour objectif de créer une cohésion dans l'équipe.<br>**Exemple** : organisation d'un *escape game*. |

• En pratique, le terme « challenge » est souvent utilisé pour désigner un concours.

## 5 Les types de récompenses (*incentives*)

• Différents types de récompenses peuvent être offerts : une gratification ou une prime, un cadeau, un chèque-cadeau, un voyage.

• Un cadre réglementaire est à respecter dans ce domaine :

| | |
|---|---|
| **Cadeau offert à un salarié** | Le montant doit être intégré à la rémunération en tant qu'avantage en nature. |
| **Cadeaux offerts à des revendeurs (réseau externe)** | Des cotisations sociales sont prélevées sous la forme d'une contribution libératoire. |
| **Cadeaux offerts à des tiers** | Ce sont des charges déductibles de l'impôt sur les sociétés. |

# 12 La rémunération de l'équipe commerciale

Les systèmes de rémunération sont différents d'une entreprise à l'autre. Ils sont parfois conçus pour motiver les salariés. Le coût de la rémunération est un élément essentiel des charges supportées par l'entreprise.

## 1 La mensualisation

La plupart des salariés sont mensualisés : leur rémunération est calculée sur la base de 52 semaines par an pour tenir compte des congés payés. Ainsi, le nombre d'heures travaillées mensuel sur la base de 35 heures de travail hebdomadaires est déterminé par ce calcul :

**52 semaines × 35 heures hebdomadaires/12 mois = 151,67 heures par mois**

## 2 Le salaire de base

- C'est la rémunération prévue dans le contrat de travail.
- Le salaire horaire ne peut être inférieur au SMIC horaire (salaire minimum de croissance).
- Le SMIC est minoré pour les apprentis (→ § 6 de cette fiche).

### A La rémunération fixe

- Le salaire de base est calculé de la manière suivante :

**Salaire de base = nombre d'heures × taux horaire brut**

- Il peut également être calculé sur la base d'une grille (indiciaire ou à points) :

**Salaire de base = nombre de points × valeur du point**

### B La rémunération variable

- Le salaire de base est déterminé en appliquant un taux de commission au chiffre d'affaires réalisé. Il est alors incitatif.

**Exemple**

Commission de 1,5 % sur un CA HT réalisé de 155 000 € :

155 000 × 1,5/100 = 2 325 €

- Le système de rémunération peut également être mixte : fixe + variable.

## 3 Le salaire brut

- **Salaire brut = salaire de base + heures supplémentaires + primes + avantages en nature.**
- Majoration des heures supplémentaires :

| | |
|---|---|
| Entre la 36e et la 43e heure | + 25 % |
| Entre la 44e et la 48e heure | + 50 % |

- Le 1er mai, la rémunération est double.

- Les primes peuvent être systématiquement versées ou constituer une part variable de la rémunération.

**Exemple**

Une prime sur objectif (de vente) est une part variable de la rémunération. C'est un élément incitatif.

- Toutes les autres dispositions qui prévoient des majorations de salaire en cas de travail le dimanche ou lors d'autres occasions proviennent de conventions collectives ou d'accords collectifs.

## 4 Le coût total employeur de la rémunération

**Coût total = salaires bruts + charges patronales**

## 5 Les allègements de charges

Les pouvoirs publics mettent en place des dispositifs d'allègement des charges patronales.

**Exemples**

Une réduction de cotisations patronales s'applique aux salariés dont le salaire n'excède pas 1,6 fois le SMIC.

Une réduction de 6 points du taux de cotisations patronales d'assurance maladie pour les salaires inférieurs à 2,5 fois le SMIC.

## 6 Les salariés en apprentissage

Leur rémunération minimale est définie en fonction d'un SMIC minoré :

| | 16–17 ans | 18–20 ans | 20–25 ans | 26 ans et plus |
|---|---|---|---|---|
| **1re année** | 27 % | 43 % | 53 % | 100 % |
| **2e année** | 39 % | 51 % | 61 % | 100 % |
| **3e année** | 55 % | 57 % | 78 % | 100 % |

**Remarque**

Les salariés en contrat de professionnalisation sont soumis à d'autres taux.

## 7 Les employés en intérim

- Ils ne sont pas directement salariés par l'entreprise dans laquelle ils effectuent leur mission. La rémunération du travailleur temporaire ne peut pas être inférieure à celle que perçoit un salarié de l'entreprise ayant la même qualification et occupant le même poste de travail.

- L'intérimaire perçoit, en outre, une indemnité de congés payés et une indemnité de fin de mission.

- La prestation effectuée par le salarié intérimaire (en contrat de travail temporaire) fait donc l'objet d'une facturation entre l'agence d'intérim et l'entreprise.

## 8 Le bulletin de paie

• L'employeur doit remettre un bulletin de paie (ou bulletin de salaire) au salarié. Le document doit comporter diverses mentions obligatoires. Certaines mentions sont interdites.

• Depuis 2017, la dématérialisation du bulletin de paie est devenue le principe et le format papier l'exception, sauf en cas de désaccord du salarié.

• Pour la remise du bulletin de paie électronique, l'employeur doit :
– informer le salarié de son droit d'opposition à cette voie de transmission (un mois avant la première émission du bulletin de paie ou au moment de l'embauche) ;
– fixer les conditions dans lesquelles le bulletin de paie est disponible pour le salarié (durée de 50 ans ou jusqu'aux 75 ans du salarié).

• Si l'employeur ne le remet pas régulièrement, il peut être condamné à une amende pouvant atteindre 450 € par bulletin non remis et à verser des dommages et intérêts au salarié. L'employeur est tenu de conserver un double du bulletin de salaire (sous forme papier ou électronique) pendant au moins 5 ans.

• Le bulletin de paie ne peut pas mentionner les fonctions exercées au titre de représentant du personnel.

**Exemple Corps du bulletin de paie simplifié**

| Cotisations et contributions sociales | Base | Taux salarial | Part salarié | Part employeur |
|---|---|---|---|---|
| SANTÉ | | | | |
| Sécurité Sociale – Maladie Maternité Invalidité Décès | 2 650,00 | | | 344,50 |
| Complémentaire santé | 2 650,00 | 1,50 % | 39,75 | 48,58 |
| ACCIDENTS DU TRAVAIL – MALADIES PROFESSIONNELLES | 2 650,00 | | | 22,26 |
| RETRAITE | | | | |
| Sécurité Sociale plafonnée | 2 650,00 | 6,90 % | 182,85 | 226,58 |
| Sécurité Sociale déplafonnée | 2 650,00 | 0,40 % | 10,60 | 50,35 |
| Complémentaire Tranche 1 | 2 650,00 | 3,90 % | 103,35 | 155,03 |
| FAMILLE – SÉCURITÉ SOCIALE | 2 650,00 | | | 91,43 |
| ASSURANCE CHÔMAGE | | | | |
| Chômage | 2 650,00 | | | 111,30 |
| AUTRES CONTRIBUTIONS DUES PAR L'EMPLOYEUR | | | | 95,30 |
| COTISATIONS STATUTAIRES OU PRÉVUES PAR LA CONVENTION COLLECTIVE | | | | |
| CSG non imposable à l'impôt sur le revenu | 2 652,21 | 6,80 % | 180,35 | |
| CSG/CRDS imposable à l'impôt sur le revenu | 2 652,21 | 2,90 % | 76,91 | |
| ALLÈGEMENT DE COTISATIONS | | | | |
| TOTAL DES COTISATIONS ET CONTRIBUTIONS | | | 593,81 | 1 145,33 |
| Tickets restaurant | | | 77,22 – | |
| Remboursement transport | | | 37,60 + | |
| **NET À PAYER AVANT IMPÔT SUR LE REVENU** | | | | **2 016,57** |

| Impôt sur le revenu | Base | Taux personnalisé | Montant |
|---|---|---|---|
| Impôt sur le revenu prélevé à la source | 2 181,68 | 3,50 % | 76,35 |

- Les cotisations sont regroupées en 5 catégories :

– santé ;

– accidents du travail et maladies professionnelles ;

– retraite ;

– famille et sécurité sociale ;

– assurance chômage.

- Le bulletin de paie comporte des mentions obligatoires :

– l'identification du salarié ;

– l'identification de l'employeur ;

– l'emploi et la position du salarié dans la grille de classification professionnelle ou de rémunération ;

– la convention collective applicable ;

– le salaire brut ;

– le nombre d'heures de travail ;

– le taux et les cotisations du salarié ;

– les montants versés par l'employeur ;

– la rémunération nette avant et après impôts.

## Exercice d'entraînement

*Corrigé p. 219*

**Calculez la rémunération brute annuelle du salarié ainsi que le coût total pour l'employeur.**

- Grille indiciaire : 750 points.
- Valeur du point : 3,5 €.
- 13e mois.
- Prime annuelle : 1,5 fois le salaire brut mensuel.
- Charges patronales : 35 % du salaire brut.

# 13 Le plan de formation

Le plan de formation ou plan de développement des compétences (depuis le 1er janvier 2019) permet aux salariés d'adapter leurs compétences à l'évolution de leur métier au sein de l'organisation.

## 1 Le plan de développement des compétences

• C'est un document qui rassemble l'ensemble des formations retenues par l'employeur. Il n'est pas obligatoire.

| | |
|---|---|
| **Actions de formation obligatoires** | Prévues par les conventions collectives et les accords collectifs.<br>**Exemple** : formation pour assurer la sécurité au travail. |
| **Actions de formation non obligatoires** | Décidées au sein de l'entreprise. |
| **Autres** | • Bilans de compétences.<br>• Validation des acquis de l'expérience (VAE). |

• La formation obligatoire se déroule pendant les horaires de travail et la rémunération du salarié doit être intégralement maintenue.

• Le salarié dispose, en outre, librement de son compte personnel de formation (CPF) pour suivre des formations de sa propre initiative.

Management de l'équipe commerciale

## 2 Les obligations de l'employeur

Voir p. 192

L'employeur doit :
– proposer aux salariés des entretiens professionnels tous les 2 ans ;
– proposer des formations qui peuvent s'avérer nécessaires : adaptation au poste de travail, maintien dans l'emploi, sécurité.

## 3 L'élaboration du plan de développement des compétences

L'élaboration du plan passe par les phases suivantes :
– l'identification des besoins en formation ;
– l'établissement du budget ;
– la consultation du CSE (comité social et économique) ;
– la validation du plan.

**Exemple de plan de développement des compétences**

| | 1 | 2 | 3 |
|---|---|---|---|
| **Type** | Développement des compétences informatiques | | |
| **Nom** | Tableur – niveau avancé | | |
| **Objectif** | Évoluer vers un poste de manager | | |
| **Salarié** | Alexandre Garnier | | |
| **Fonction** | Commercial | | |
| **Durée** | 1 semaine | | |
| **Dates** | Du .... au .... | | |
| **Lieu** | En interne | | |
| **Coût** | ........... | | |
| **Financement** | ........... | | |

## 4 Le financement de la formation

| Formation | Financement |
|---|---|
| À l'initiative de l'employeur | Employeur |
| | OPCA[1] |
| À l'initiative du salarié | CPF ou employeur |

1. **OPCA** : organisme de financement qui collecte les cotisations des entreprises.

## 5 Les modalités de suivi

- Une formation est dite « externe » lorsqu'elle est réalisée par un prestataire extérieur même si elle se déroule dans les locaux de l'entreprise.

| | | Avantages | Limite |
|---|---|---|---|
| Présentiel | Interne | • Réduction des coûts.<br>• Valorisation de l'expérience interne. | Mobilise les ressources internes. |
| | Externe | Expertise des intervenants. | Coût élevé. |
| *e-learning* | | • Réduction des coûts.<br>• Souplesse. | Moins efficace car moins interactive. |

- Le temps de formation consacré à un salarié implique une réorganisation de la répartition des tâches au sein de l'équipe.

## 6 Le coût

Le coût est lié à **trois facteurs** :
– la réorganisation interne ;
– le coût de la formation ;
– le coût des déplacements et hébergements éventuels.

## 7 Le suivi de la formation

• Le suivi de la formation consiste à réaliser un tableau de bord permettant de respecter les objectifs de formation. C'est un outil opérationnel permettant de visualiser l'ensemble des formations suivant des clefs de répartition spécifiques à l'organisation (le sexe, le statut, le service, etc.).

**Exemple de tableau de suivi collectif**

| Répartition des salariés en formation | | | | |
|---|---|---|---|---|
| | **Cadres administratifs** | **Commerciaux** | **Employés** | **%** |
| Hommes | | | | |
| Femmes | | | | |
| % | | | | |

• L'organisation tient également à jour un tableau individuel de suivi des formations effectuées par chaque salarié. Il regroupe les formations relevant du plan de développement des compétences ainsi que celles du compte personnel de formation.

**Exemple de tableau de suivi individuel**

| Historique des formations | | | | | | | | |
|---|---|---|---|---|---|---|---|---|
| **Année** | **Date de début** | **Date de fin** | **Formation** | **Durée (en heures)** | **Intervenant** | **Organisme** | **CPF** | **Coût (en €)** |
| 2018 | 05/02 | 09/02 | ....... | 25 | .... | ..... | Non | 1 345 |
| | | | | | | | | |
| | | | | | | | | |

Voir p. 192

• L'évaluation de l'efficacité d'une formation se fait le plus souvent sous la forme d'un transfert professionnel des acquis. En effet, le salarié acquiert des compétences directement opérationnelles. L'entretien individuel d'évaluation et l'entretien professionnel sont également des moments privilégiés pour faire un point sur les formations passées et à venir.

# 14 La gestion des conflits et la gestion de crise

Les conflits sont fréquents dans les entreprises. Ils ont des origines diverses.

## 1 Les types de conflits

| Type de conflit | Descriptif |
|---|---|
| **Malentendu** | Il peut être réciproque ou non. Il est source de conflit car il engendre des incompréhensions, donc des erreurs. |
| **Conflit d'intérêt** | Il n'est pas rare que plusieurs salariés s'affrontent et entrent en conflit en vue d'obtenir un avantage. |
| **Conflit de pouvoir** | Les conflits d'autorité peuvent survenir quand les domaines de compétences ne sont pas précisément définis et que deux salariés vont s'affronter à la suite de l'empiètement de l'un sur les compétences de l'autre. Il survient entre des personnes de même rang hiérarchique. |
| **Conflit de rivalité** | La compétition et l'atteinte d'objectifs peuvent générer des conflits de rivalité entre salariés. |
| **Conflit de génération** | Les différentes générations n'ont pas la même conception de l'individu au travail. Les générations Y[1] et Z[2] accordent davantage de temps aux loisirs. L'incompréhension entre générations peut générer de fortes tensions dans l'entreprise. |

**1. Génération Y** : individus nés entre 1980 et 2000.
**2. Génération Z** : individus nés après 2000.

## 2 Les techniques de gestion des conflits

| | |
|---|---|
| **Arbitrage/ Médiation** | Un ou plusieurs intervenant(s) extérieur(s) vont permettre de faciliter la discussion. Ils possèdent un regard objectif qui leur permet de jouer le rôle d'intermédiaire. De plus, ils ne sont pas émotionnellement impliqués. Le médiateur peut ainsi faciliter la **conciliation** entre les parties en conflit. |
| **Négociation** | La meilleure stratégie de négociation est la stratégie « **gagnant/gagnant** » qui permet d'obtenir un résultat qui satisfait les deux parties. Si l'une des deux parties impose son point de vue à l'autre, c'est une stratégie « **gagnant/perdant** » qui a un inconvénient : le conflit peut resurgir. |
| **Hiérarchie** | C'est le supérieur hiérarchique qui va imposer une solution au conflit. C'est un choix **autoritaire** et rapide. Le conflit déclaré peut se transformer en conflit latent. |

En cas de **conflit latent**, le manager doit s'efforcer de désamorcer le conflit. Des signes de tension visibles peuvent être annonciateurs de ce conflit latent.

## 3 La prévention des conflits

• Prévenir un conflit permet d'éviter une situation de crise potentiellement dommageable. Pour cela, il faut :

– **favoriser les espaces de communication informelle** : les espaces de détente permettent la communication informelle et sont également un lieu où les problèmes peuvent être résolus plus facilement ;

– **définir clairement les compétences et les objectifs** : si les règles sont claires, alors un bon nombre de conflits de pouvoir pourront être évités ;

Voir p. 199

– **le renforcement d'équipe** : la cohésion permet une meilleure communication dans l'équipe. Le développement d'un sentiment d'appartenance à l'équipe est primordial.

• En plus des dommages externes et internes qu'elle peut provoquer, une situation de crise peut durablement affecter l'image de l'entreprise si elle n'est pas traitée suffisamment tôt.

## 4 Les types de crises

**La crise se caractérise par un trouble profond de l'activité de l'organisation.** Elle peut naître de conflits mais peut également trouver son origine dans d'autres causes.

| Crise | Descriptif |
|---|---|
| **Humaine et sociale** | • Conflits sociaux.<br>• Dommages humains.<br>Ex. : La vague de suicides chez France Telecom. |
| **Technique** | • Défaillances techniques/Produits défaillants.<br>• Accidents industriels.<br>Ex. : L'explosion de téléphones Apple. |
| **Sanitaire** | • Produits dangereux/Produits non conformes.<br>Ex. : La viande de cheval non identifiée dans les plats Findus. |
| **Financière et économique** | • Boycott/OPA hostile. |
| **Légale** | • Mises en examen/Condamnations.<br>• Fraudes.<br>Ex. : Le PDG de Renault Nissan mis en examen. |
| **Communication/ Réputation** | • Rumeurs et *bad buzz*/Scandale/Polémique.<br>Ex. : France 2 qui accuse l'entreprise Petit Navire d'employer des méthodes de pêche discutables. |

## 5 La gestion de crise

Le **plan opérationnel de gestion de crise** doit prévoir :
– les procédures à suivre en cas de dommages existants ou possibles ;
– l'organisation de réunions ;
– la création d'une cellule de crise : composition, équipement ;
– les modalités de communication interne et externe.

## 6 La communication de crise

**3 stratégies possibles**

| | |
|---|---|
| **Reconnaître** | • Reconnaître la responsabilité.<br>• Élargir la responsabilité à d'autres acteurs.<br>• Désigner des responsables. |
| **Déplacer le débat** | • Chercher des responsables ailleurs que dans l'entreprise.<br>• Communiquer sur d'autres sujets pour faire oublier le sujet actuel. |
| **Refuser/Minimiser** | • Minimiser les conséquences.<br>• Se taire en attendant que ça se calme. |

L'entreprise peut faire appel à un cabinet spécialisé dans la communication de crise.

# Exercice d'entraînement

*Corrigé p. 219*

Depuis votre prise de fonction, vous avez pris l'habitude de réunir les membres de votre équipe avant l'ouverture du magasin autour de la machine à café. Ce matin, vous vous étonnez du retard pris concernant l'implantation de trois chambres enfants dans le hall d'entrée du magasin. Cette mission avait été confiée à Sébastien et à Marcel. Il était prévu que l'installation soit terminée hier matin. La moitié seulement de l'implantation est réalisée et il reste, à votre avis, encore une journée entière pour finir l'installation. Vous questionnez Sébastien et Marcel sur les raisons de ce retard. Le ton monte entre vos deux collaborateurs.

1. **Identifiez l'origine du conflit.**
2. **Proposez un processus de règlement de ce conflit.**

**Document : dialogue entre deux conseillers de vente**

**Sébastien** : « Ce n'est pas étonnant que l'on ait pris du retard. À la vitesse à laquelle travaille Marcel et l'entrain qu'il manifeste, il fallait s'en douter ! »

**Marcel** : « Je ne comprends pas ce que tu veux dire. Qu'est-ce que tu sous-entends ? »

**Sébastien** : « Je ne sous-entends rien, je constate, c'est tout. Tu mets une heure pour monter deux barreaux ! Mais je reconnais que le travail est bien fait. Ca s'explique ! »

**Marcel** : « Je suis méticuleux et professionnel, c'est différent. Et puis, je serais plus rapide si tu me donnais un coup de main au lieu de passer ton temps à discuter de la pluie et du beau temps avec les clients. »

**Sébastien** : « Heureusement que je suis là pour m'occuper des clients et assurer la qualité du conseil et de la vente. C'est grâce à mes efforts que le chiffre de l'univers progresse et que nos primes sont ce qu'elles sont ! »

**Marcel** : « Oh, arrête, ce discours ne marche pas avec moi. Tu devrais plutôt apprendre à monter des chambres enfants plutôt que de te disperser sur l'espace de vente… et te noyer dans un verre d'eau. »

**Sébastien** : « …».

**Marcel** : « Et puis zut ! Puisque tu veux toujours avoir raison, tu n'as qu'à prendre en charge le montage des chambres enfants restantes. Moi, je ne m'en occupe plus ! »

# 15 La gestion des risques psycho-sociaux

Les risques psychosociaux concernent la santé physique et mentale des salariés. Ils sont liés aux conditions de travail.

## 1 Les indicateurs sociaux

**Les indicateurs sociaux permettent de mesurer la performance sociale de l'entreprise.** Ils comprennent :
– l'absentéisme et un taux élevé de rotation du personnel ;
– le non-respect des horaires ou des exigences de qualité ;
– des problèmes de discipline ;
– la réduction de la productivité ;
– des accidents de travail et des incidents ;
– une dégradation du climat social.

## 2 Les facteurs et les signes de stress au travail

Les facteurs et signes de stress sont mesurés par les indicateurs sociaux. Ils peuvent être repérés et faire l'objet d'une démarche de prévention avant que le risque de dégradation du climat social se réalise ou prenne trop d'ampleur.

| | |
|---|---|
| **Des exigences au travail** | • Délais et objectifs peu clairs.<br>• Une surcharge de travail.<br>• Des horaires trop importants. |
| **Des exigences émotionnelles** | • Des contacts difficiles.<br>• Des violences physiques ou verbales.<br>• Des émotions difficiles à retenir. |
| **Un manque d'autonomie et de marges de manœuvre** | • Peu de marges de manœuvre.<br>• Des compétences sous-utilisées. |
| **Une perte de sens** | Une impression de faire un travail inutile. |
| **L'insécurité de la situation de travail** | • Un changement de poste non préparé.<br>• Un contrat précaire.<br>• Etc. |

**Exemple**

L'entreprise Renault a été condamnée pour avoir appliqué des techniques de management autoritaire dans son technocentre de Guyancourt entre 2006 et 2007. Des objectifs irréalisables et la pénibilité des conditions de travail ont engendré une souffrance au travail qui s'est traduite par une dégradation importante, voire irréversible, de la santé d'un nombre important de salariés.

## 3 La prévention des risques psychosociaux et du stress au travail

• Le Code du travail énonce les **principes généraux de prévention** suivants à adapter en fonction des entreprises (article L. 4121-2) :
– évaluer, prévenir et combattre les risques ;
– réfléchir à l'ergonomie des postes et tenir compte du progrès technique ;
– rendre le travail moins dangereux ;
– planifier les actions de prévention et prendre des mesures de protection.

• **La démarche de prévention :** la démarche de prévention des risques psycho-sociaux doit être élaborée et mise en place par des groupes de travail en concertation avec le CSE (Comité social et économique) de l'entreprise.

**Démarche de prévention des risques psycho-sociaux**

Définir des objectifs et des moyens → Identifier les facteurs de risque (diagnostic) → Recueillir et analyser les indicateurs → Élaborer un plan d'action → Mettre à jour le Document Unique d'Évaluation des Risques (DUERP)

**Exemple de plan d'action**

| Axe | Action | Dates | Pilote | Moyens | Étapes | Difficultés |
|---|---|---|---|---|---|---|
| Communication | Intégration des nouveaux arrivants | ....... | Mme Z | 2 séances de 4 heures | ....... | ....... |

• Chaque action doit faire l'objet d'une « fiche action » détaillant les propositions avancées par le groupe de travail.

• Le DUERP doit être mis à jour une fois par an et est à la disposition des salariés, des représentants du personnel, du médecin du travail et des caisses de retraite et de santé.

**Remarque**

Le document unique d'évaluation des risques professionnels (DUERP), a été créé en 2001.
L'élaboration et la mise à jour de ce document s'imposent à tout employeur dont l'entreprise emploie au moins un salarié.

## 4 La gestion des comportements critiques et du stress au travail

• Le manager doit s'efforcer d'établir un dialogue en respectant les principes suivants :
– la confidentialité ;
– le repérage d'éléments factuels sources de risque ;
– l'écoute active.

• Les pistes d'amélioration sont diverses et peuvent consister :
– en une redéfinition ou un aménagement des tâches ;
– en du coaching, de la formation ;
– en une modification du poste de travail ;
– etc.

# 16 Le tableau de bord et l'analyse des performances de l'équipe

Le tableau de bord de suivi d'équipe permet d'évaluer les performances individuelles et collectives. C'est un outil de pilotage opérationnel indispensable au manager.

## 1 Les indicateurs du tableau de bord

**Principaux indicateurs**

| | |
|---|---|
| **Chiffre d'affaires** | **Total des ventes en valeur.**<br>C'est l'indicateur le plus fréquent. |
| **Marge commerciale** | **Chiffre d'affaires – coût d'achat des marchandises vendues**<br>Elle permet de mesurer la performance commerciale. |
| **Taux de marque** | **Marge commerciale/chiffre d'affaires** |
| **Panier moyen ou ticket moyen** | **Chiffre d'affaires/nombre de clients**<br>Il représente les ventes réalisées par client, en moyenne. |
| **Taux de fidélisation** | **Part des acheteurs de l'année passée étant encore clients l'année suivante.**<br>Nombre de clients fidèles/nombre total de clients |
| **Ventes additionnelles** | **Exemple** : extensions de garanties. |
| **Taux de transformation** | **Nombre de clients/nombre de contacts ou de visites**<br>Il permet de mesurer l'intensité de l'effort d'argumentation commerciale. |
| **Taux de démarque inconnue** | **Coût de la démarque/chiffre d'affaires** |
| **Indice de satisfaction clientèle** | **Nombre de clients satisfaits/nombre de clients** |

La conception du tableau de bord de suivi des performances de l'équipe est spécifique à chaque unité commerciale. En effet, les indicateurs choisis dépendent du type d'information désirée.

## 2 La conception du tableau de bord

COMPRENDRE EN VIDÉO *Le tableau de bord sur Excel*

Le tableau de bord est un outil de pilotage qui doit faire apparaître des écarts, des répartitions ou bien des taux de réalisation calculés à partir des indicateurs présentés dans le paragraphe 1.

**Exemple** Extrait de tableau de bord

| Nom | Chiffre d'affaires N – 1 (en k€) | Chiffre d'affaires N (en k€) | Objectif chiffre d'affaires N (en k€) | Contribution au CA en N – 1[1] (en k€) | Contribution au CA en N (en k€) | Écart sur CA N/N – 1[2] (en %) | Taux de réalisation N[3] (en %) |
|---|---|---|---|---|---|---|---|
| Adeline | 123 537 | 136 120 | 130 000 | 38 | 40 | 10,19 | 105 |
| René | 87 412 | 96 783 | 100 000 | 27 | 28 | 10,72 | 97 |
| Malika | 112 658 | 107 876 | 100 000 | 35 | 32 | – 4,24 | 108 |
| **Équipe** | **323 607** | **340 779** | **330 000** | **100** | **100** | **5,31** | **103** |

Management de l'équipe commerciale

1. Contribution au CA : (CA/CA total) × 100
2. Écart sur CA : [(CA en N – CA en N-1)/CA en N-1] × 100
3. Taux de réalisation : (CA en N/objectif en N) × 100

## 3 L'analyse des performances

L'analyse du tableau de bord permet de décider d'actions de remédiation afin d'améliorer les performances.

– L'écart entre N-1 et N indique quelle est l'évolution de la performance dans le temps.

– Le taux de réalisation permet de piloter l'action commerciale et de prendre des mesures adaptées.

**Exemple**

Un taux de réalisation de l'objectif de 40 % au mois de juin alors qu'il devrait approcher les 50 % pour que l'objectif soit atteint à la fin de l'année impose un effort commercial plus soutenu sur les 6 derniers mois.

– La contribution aux résultats permet d'effectuer des comparaisons entre les commerciaux.

**Exemple de comparaison entre le chiffre d'affaires et la marge (ou le taux de marque)**

| Commercial | CA | Contribution au CA | Marge | Contribution à la marge | Taux de marque |
|---|---|---|---|---|---|
| Alberto | 54 276 | 10 % | 12 890 | 8 % | 23,75 % |
| Émeline | 53 980 | 10 % | 16 654 | 10 % | 30,85 % |
| ......... | .......... | ........ | ......... | ......... | ......... |
| **Total** | **564 987** | **100 %** | **169 502** | **100 %** | **30,00 %** |

Alberto réalise la même part de chiffre d'affaires qu'Émeline, cependant il ne contribue à la marge qu'à hauteur de 8 % contre 10 % pour Émeline. Cela signifie qu'il a tendance à accorder des réductions commerciales plus importantes pour augmenter le niveau des ventes. Émeline se situe dans la moyenne de l'équipe puisqu'elle applique un taux de marque sensiblement égal au taux de marque de l'équipe. Le croisement des deux indicateurs montre qu'Alberto est moins performant qu'Émeline puisqu'à chiffre d'affaires presque identique, la marge dégagée est moins bonne comme en témoigne son taux de marque.

## 4 Les actions de remédiation

| Action | Avantages | Limites |
|---|---|---|
| Baisser le prix de vente | Augmenter le chiffre d'affaires et la part de marché rapidement. | Une baisse de la profitabilité : baisse de la marge et, par la suite, du résultat (bénéfice). |
| Adopter un système de rémunération incitatif | • Commission sur le CA.<br>• Commission sur la marge.<br>• Prime sur objectif. | L'augmentation de la marge doit compenser l'accroissement des coûts liés à la rémunération supplémentaire due au système incitatif. |
| Stimuler l'équipe | Actions de stimulation. | Elles restent ponctuelles. |
| Former l'équipe | Amélioration des compétences commerciales. | Le coût et le temps. |

# CORRIGÉS

## 1 Les outils de planification et de suivi *Énoncés p. 178*

1. Tableau de répartition des tâches :

| Nom | Temps de travail | Vente et mise en rayon | Commandes | Réserves | Entretien |
|---|---|---|---|---|---|
| Nicolas | 35 h | 26,25 | | 5,25 | 3,50 |
| Julie | 25 h | 20,00 | | 2,50 | 2,50 |
| Djamel | 25 h | 17,50 | 5,00 | 2,50 | |
| Corinne | 35 h | 26,25 | | 5,25 | 3,50 |
| Alexis | 10 h | 10,00 | | | |

2. Exemple de planning d'équipe :

| Nom | | Lundi | | | Mardi | | | Mercredi | | | Jeudi | | | Vendredi | | | Samedi | | |
|---|---|---|---|---|---|---|---|---|---|---|---|---|---|---|---|---|---|---|---|
| | | 9 -13 | 13-14 | 14-19 | 9-13 | 13-14 | 14-19 | 9-13 | 13-14 | 14-19 | 9-13 | 13-14 | 14-19 | 9-13 | 13-14 | 14-19 | 9-13 | 13-14 | 14-19 |
| **Nicolas** | 35 | 4 | 1 | | 4 | | 3 | 4 | | 5 | 4 | 1 | | 4 | 1 | | 4 | | |
| **Julie** | 25 | | | | 4 | 1 | | 4 | 1 | | 4 | | | | | 5 | | 1 | 5 |
| **Djamel** | 25 | | 1 | 5 | | | 3 | | 1 | 5 | | | | 4 | | | | 1 | 5 |
| **Corinne** | 35 | 4 | | 5 | | 1 | 4 | | | | | 1 | 5 | | 1 | 5 | 4 | | 5 |
| **Alexis** | 10 | | | | | | | | | | | | 5 | | | | 4 | 1 | |
| **Total** | 130 | 8 | 2 | 10 | 8 | 2 | 10 | 8 | 2 | 10 | 8 | 2 | 10 | 8 | 2 | 10 | 12 | 3 | 15 |

## 2 L'ordonnancement des tâches : PERT et GANTT *Énoncé p. 181*

Graphe PERT :

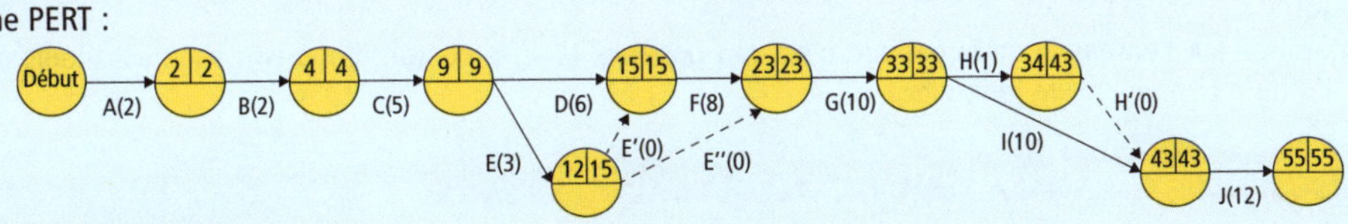


Diagramme de GANTT :

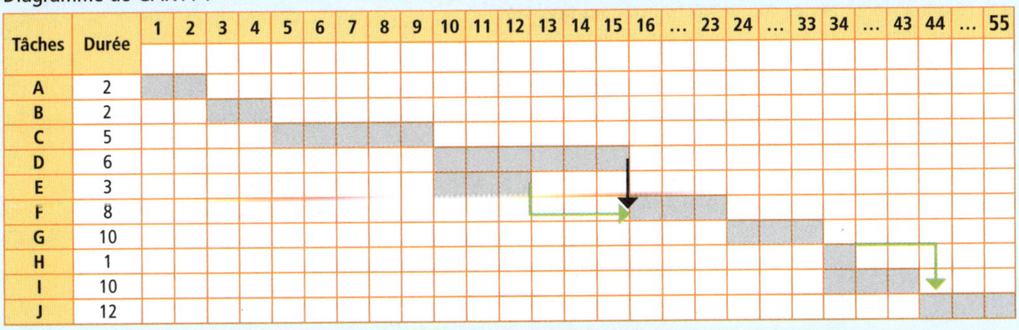


Le projet doit démarrer au plus tard 55 jours ouvrables avant la fin programmée, soit le **26 janvier**.

## 3 Les besoins en recrutement *Énoncé p. 183*

1. Volume d'heures disponible : 35 + 35 + 20 + 20 = 110 heures par semaine.
2. Calcul du volume d'heures nécessaires :

| | Lundi | Mardi | Mercredi | Jeudi | Vendredi | Samedi |
|---|---|---|---|---|---|---|
| **Livraison** | | | | 4 h | | 4 h |
| **Préparation** | 0,5 h | 0,5 h | 0,5 h | 0,5 h | 0,5 h | 0,5 h |
| **Matin : vente** | 1 × 3 h = 3 h | 3 h | 3 h | 3 h | 2 × 3 h = 6 h | 3 × 10 h = 30 h |
| **Après-midi : vente** | 2 × 5,5 h = 11 h | 11 h | 3 × 5,5 h = 16,5 h | 11 h | 16,5 h | |
| **Caisse** | | | | | | 2 h |
| **Préparation** | 0,5 h | 0,5 h | 0,5 h | 0,5 h | 0,5 h | 0,5 h |
| **Total** | **15 h** | **15 h** | **20,5 h** | **19 h** | **23,5 h** | **37 h** |

**Total hebdomadaire du nombre d'heures nécessaires : 130 heures.**

Il manque 20 heures de présence (130 – 110) qui peuvent être pourvues grâce à l'emploi d'un salarié à temps partiel si la situation est durable ou au recours aux heures supplémentaires.

## 4 Les contrats de travail *Énoncé p. 185*

| | CDD 18 mois | Contrat d'apprentissage 24 mois |
|---|---|---|
| Coût | **Salaire brut :**<br>18 mois × 20 h/35 h × 1 445,38 = 14 866, 77<br>**Charges patronales :**<br>14 866,77 × 20 % = 2 973,35<br>**Coût :**<br>14 866,77 + 2 973,35 = 17 840,12 | **Année 1 :** 12 mois × 43 % × 1 445,38 = 7 458,16<br>**Année 2 :** 12 mois × 67 % × 1 445,38 = 11 620,86<br>**Aides :**<br>Indemnité compensatrice : 2 × 1 000 = 2 000,00<br>Indemnité de soutien : 2 × 300 = 600,00<br>**Coût : 7 458,16 + 11 620,86 – 2 000 – 600 = 16 479,02** |
| Coût annuel | **17 840,12/1,5 = 11 893,41 €** | **16 479,02/2 = 8 239,51 €** |

**Comparaison sur les aspects managériaux :**

| | Avantages | Inconvénients |
|---|---|---|
| CDD | • Possibilité d'embauche.<br>• Peut faire office d'une longue période d'essai.<br>• Mêmes droits qu'un titulaire : congés payés, rémunération, durée de travail. | • Risque de ne pas vraiment s'impliquer.<br>• Législation stricte visant le salarié en condition de précarité (18 mois maximum, remplacement d'un salarié).<br>• Possibilité de rupture si le salarié trouve un CDI. |
| Contrat d'apprentissage | • Débutant facile à former.<br>• Intégration progressive du collaborateur dans l'entreprise.<br>• Contribution de l'entreprise à la formation de Lisa. | • Un collaborateur débutant, donc ayant peu de compétences.<br>• Une formation en entreprise chronophage pour le tuteur.<br>• Les jours de travail en entreprise sont imposés par le centre de formation. |

**Conclusion**

La comparaison sur l'ensemble de la période n'est pas possible. Mais le contrat d'apprentissage est moins cher et permet d'offrir à Lisa une réelle formation.

## 5 Le processus de recrutement *Énoncé p. 188*

1. Les justifications peuvent être les suivantes :
- la reconnaissance de ses compétences et de ses qualités ;
- la valorisation et la capitalisation de son expérience ;
- une montée en compétences plus rapide ;
- de nouvelles perspectives de carrière dans le groupe Mericq ;
- la prise de nouvelles responsabilités au sein du groupe (ex. : faire appliquer les règles d'hygiène et de sécurité) ;
- la mise en œuvre des valeurs véhiculées par le groupe.

2. Annonce de recrutement pour le poste à pourvoir dans le magasin de Boé

L'annonce doit montrer un caractère spécifique à un intranet.

MERICQ
une marée d'avance

Le Marché du Pêcheur
ZAC O'Green – Boé (47)
**RECHERCHE**
**Responsable de magasin H/F**

**Date de publication :** xxxxxxx

**Localisation** : ZAC O'Green – 47 - Boé

**Réf. :** RVB

**Fonction** : Responsable de magasin
**Date de prise de fonction** : Septembre N
**Expérience** : Les expériences dans le groupe seront valorisées.

**Vos missions** :
- Manager l'équipe.
- Animer le magasin.
- Vendre
- Gérer : suivi des stocks, des indicateurs de performance

**Votre profil** :
- Bonne connaissance des produits du groupe Mericq.
- Maîtrise de la communication.
- Curiosité.
- Capacité d'adaptation aux évolutions du marché.
- Polyvalence et rigueur.
- Sens de la relation client.
- Capacités d'animation d'équipe.

Cliquez pour postuler.

MERICQ SAS – ZAC Mestre Marty – 47 310 ESTILLAC

## 8 La conduite d'un entretien *Énoncé p. 193*

1. Les conditions de réussite d'un entretien individuel annuel d'évaluation tiennent en trois axes :

**1er axe : la préparation de l'échange**

- Préparation matérielle :

– récupérer toutes les informations nécessaires sur le collaborateur : sa fiche de poste, les performances annuelles passées, les formations suivies, les évolutions ou changements de postes ;
– récupérer les projets et les perspectives d'évolution de l'entreprise (besoins en compétences à venir), le plan de formation défini ;
– pré remplir la grille d'entretien ;
– réserver une salle de réunion ou le bureau et prévoir l'agencement de l'espace, choisir un lieu calme et convivial.

- Information au collaborateur :

– communiquer à l'avance au collaborateur la date, le lieu et l'objet de la réunion ;
– lui demander de préparer l'entretien en listant ses résultats, ses réussites et ses échecs.

**2e axe : les conditions matérielles de l'entretien : le jour de l'entretien, le manager doit veiller :**

- à ce que l'entretien se déroule dans les meilleures conditions possibles de confort et de calme ;
- à être totalement disponible et concentré sur l'entretien (ne pas répondre au téléphone, ne pas être dérangé) ;
- à prendre le temps nécessaire à l'entretien.

**3e axe : la posture managériale le jour de l'entretien**

- Pratiquer l'écoute active et l'empathie.
- Respecter les différentes phases : l'accueil et la conduite de l'entretien.
- Laisser le collaborateur s'exprimer.
- Rester neutre.
- Reformuler chaque fois que nécessaire pour lever les doutes, les ambiguïtés.

2. Support d'entretien individuel

**ENTRETIEN ANNUEL (page 1)**

<table>
<tr><th colspan="3">RENSEIGNEMENTS PERSONNELS</th></tr>
<tr><td colspan="2">Nom : Prénom :</td><td>Nom du responsable direct :</td></tr>
<tr><td colspan="2">Site :<br>Nom de l'équipe :</td><td>Emploi :<br>Ancienneté Bouygues Telecom :</td></tr>
<tr><td colspan="3">Parcours professionnel :</td></tr>
<tr><th colspan="3">Que retenir de l'entretien annuel ?</th></tr>
<tr><td colspan="3">Quelles sont les attentes du salarié en matière de mobilité, de souhaits d'évolution, de formation ?</td></tr>
<tr><td colspan="3">Synthèse de l'évaluateur au niveau de la mobilité, des évolutions et des formations :</td></tr>
<tr><th colspan="3">Objectifs et résultats de la période écoulée</th></tr>
<tr><td colspan="2">Objectifs</td><td>Résultats et commentaires</td></tr>
<tr><th colspan="3">Objectifs quantitatifs et qualitatifs pour l'année à venir</th></tr>
<tr><td colspan="3"></td></tr>
<tr><td>Date de l'entretien</td><td>Signature du (de la) salarié(e)</td><td>Signature du responsable</td></tr>
</table>

Management de l'équipe commerciale

**ENTRETIEN ANNUEL (page 2)**

| SYNTHÈSE DES ÉVALUATIONS | | | | |
|---|---|---|---|---|
| **ÉVALUATION DES SAVOIRS** | | | | |
| Le candidat connaît son marché et sa concurrence. | 1 | 2 | 3 | 4 |
| Le candidat connaît les produits et les services proposés. | 1 | 2 | 3 | 4 |
| Le candidat connaît son métier : | | | | |
| • Accueillir et prendre en charge une demande. | 1 | 2 | 3 | 4 |
| • Analyser et diagnostiquer. | 1 | 2 | 3 | 4 |
| • Effectuer des modifications. | 1 | 2 | 3 | 4 |
| • Proposer et vendre aux clients les produits. | 1 | 2 | 3 | 4 |
| • Remonter les dysfonctionnements. | 1 | 2 | 3 | 4 |
| **Sous-total** | 1 | 2 | 3 | 4 |
| **ÉVALUATION DES SAVOIR-FAIRE** | | | | |
| Capacité à communiquer | 1 | 2 | 3 | 4 |
| Capacité à gérer et traiter l'information | 1 | 2 | 3 | 4 |
| Capacité à utiliser les outils bureautiques | 1 | 2 | 3 | 4 |
| Capacités à utiliser les techniques de vente | 1 | 2 | 3 | 4 |
| **Sous-total** | 1 | 2 | 3 | 4 |
| **ÉVALUATION DES SAVOIR-ÊTRE** | | | | |
| Capacité d'adaptation | 1 | 2 | 3 | 4 |
| Capacité d'écoute | 1 | 2 | 3 | 4 |
| Maîtrise de soi | 1 | 2 | 3 | 4 |
| Réactivité | 1 | 2 | 3 | 4 |
| Sens du client | 1 | 2 | 3 | 4 |
| **Sous-total** | 1 | 2 | 3 | 4 |
| **ADHÉSION AUX VALEURS DE L'ENTREPRISE** | | | | |
| Respect | 1 | 2 | 3 | 4 |
| Confiance | 1 | 2 | 3 | 4 |
| Équité | 1 | 2 | 3 | 4 |
| **Sous-total** | 1 | 2 | 3 | 4 |
| **TOTAL GLOBAL** | 1 | 2 | 3 | 4 |

**1** subit ; **2** exécute ; **3** maîtrise ; **4** est expert.

## 9 L'organisation et les principes d'animation d'une réunion *Énoncé p. 196*

• **Préparation de l'organisation de la réunion**
- Définition des objectifs de la réunion.
- Définition de l'ordre du jour.
- Identification d'une date et d'une heure en s'assurant de la disponibilité des participants.
- Réservation de la salle de réunion et du matériel nécessaire :
  - Information des participants de la date et de l'heure.
  - Préparation du document de synthèse à diffuser.
  - Aménagement de la salle : disposition de la salle de réunion en fonction du nombre de participants et du local disponible (suggérer une disposition en « U »).
  - Anticipation du suivi de la réunion : questions et problèmes soulevés, rédaction d'un compte-rendu, etc.

• **Ordre du jour de la réunion**

**1.** Présentation des chiffres clés de l'année passée (évolution globale du chiffre d'affaires du magasin et des marges, ainsi que des indicateurs – panier moyen, nombre de clients).
**2.** Analyse des résultats par rayon (discussion avec les collaborateurs).
**3.** Présentation des préconisations à appliquer pour remédier aux insuffisances constatées.

## 10 Les modalités de diffusion de l'information

*Énoncé p. 198*

La réponse doit être, dans sa forme et son contenu, un document opérationnel et pertinent.
Le document est à destination des responsables de magasin pour animer une réunion d'équipe d'une durée maximale de 5 minutes.
On peut supposer que le document restera affiché pour la journée dans la salle de repos de l'équipe.

**Rubriques attendues :**

| **Jour J-1** | **Jour J** |
|---|---|
| Objectif de CA :<br>CA réalisé :<br>Écart sur objectif :<br>Panier moyen :<br>Nombre de tickets :<br>Taux de transformation :<br>Marge : | CA J de N–1 :<br>Objectif de CA :<br>Panier moyen J de N–1 :<br>Objectif de panier moyen :<br>Objectif de taux de transformation :<br>Objectif de marge : |

| **ACTIONS À MENER** | **Le mot du responsable…** |
|---|---|
| Événements du jour (promotion, animation, etc.)<br>Actions managériales et commerciales pour atteindre les objectifs du jour ou combler les écarts :<br>Etc. | |

## 12 La rémunération de l'équipe commerciale

*Énoncé p. 204*

| Élément | Montant | Calcul |
|---|---|---|
| Salaire mensuel de base | 2 625,00 | 750 × 3,5 |
| Salaire de base annuel | 31 500,00 | 12 × 2 625 |
| 13e mois | 2 625,00 | |
| Prime | 3 937,50 | 1,5 × 2 625 |
| **Rémunération brute annuelle** | **38 062,50** | 31 500 + 2 625 + 3 937,5 |

**Calcul du coût total employeur** : 38 062,50 × 1,35 = **51 384,38 €**.

## 14 La gestion des conflits et la gestion de crise

*Énoncé p. 210*

**1. Origine du conflit**
- Conflit interne.
- Personnalités et conceptions du travail différentes.
- Enjeux contradictoires : priorité à la compétence technique contre priorité à la compétence relationnelle.
- Affirmation de soi : l'un des protagonistes cherche à se survaloriser et à dévaloriser les autres.

**2. Processus de règlement de ce conflit**

| | |
|---|---|
| **Repérer le type de conflit** | Cerner l'origine réelle du conflit. |
| **Établir les faits** | S'en tenir aux évènements observables, concrets, veiller à être neutre. |
| **Évaluer la situation** | Caractériser l'ampleur du problème et ses conséquences sur la performance et l'esprit d'équipe. |
| **Rechercher et négocier des solutions** | • Aborder le conflit sous l'angle coopératif, gagnant-gagnant.<br>• Favoriser la participation.<br>• Créer un esprit de conciliation.<br>• Préciser les modalités de mise en œuvre et de suivi de la solution adoptée. |

Toute proposition pertinente sera acceptée.

# Culture Économique, Juridique et Managériale

COMPRENDRE EN VIDÉO Retrouvez tous nos tutos vidéos sur notre chaîne YouTube « Objectif BTS Hachette ».

ÉCONOMIE DROIT MANAGEMENT

ÉCONOMIE DROIT MANAGEMENT

Présentation de l'épreuve E3

# Culture économique, juridique et managériale

Épreuve écrite
Durée : 4 heures
Coefficient : 3

## 1 L'objectif de l'épreuve

• **L'épreuve vise à évaluer les compétences du candidat à :**

– analyser des situations auxquelles l'entreprise est confrontée ;
– exploiter une base documentaire économique, juridique et managériale ;
– proposer des solutions argumentées en mobilisant des notions économiques, juridiques ou managériales et les méthodologies adaptées aux situations proposées ;
– établir un diagnostic (ou une partie de diagnostic) préparant une prise de décision stratégique ;
– prendre des décisions opérationnelles intégrant les dimensions économique, juridique et managériale ;
– exposer des analyses et des propositions de manière cohérente et argumentée.

## 2 Les modalités d'évaluation

• **L'épreuve prend appui sur un dossier qui comprend :**

– la présentation d'une situation contextualisée d'entreprise contenant des problématiques de nature économique ou juridique ou managériale ;
– une base documentaire ;
– une série de questions permettant de structurer et d'orienter le travail à réaliser par le candidat.

## 3 Conseils

COMPRENDRE EN VIDÉO

*Voir les 4 vidéos : Exploiter un tableau ; exploiter un graphique ; répondre à une question de manière structurée et organisée ; rédiger un cas pratique*

étape 1 **Commencez par lire attentivement la présentation générale,** et plus particulièrement les **mises en situation**. Ces dernières introduisent le traitement des questions et sont importantes car elles peuvent contenir des éléments d'information importants.

étape 2 **Lisez ensuite les questions.** Sachez repérer les **verbes « d'action »** utilisés dans les consignes car ils précisent ce qui est attendu :
– **définissez :** définir une notion ;
– **caractérisez :** décrire les traits fondamentaux, voire expliquer ;
– **identifiez, repérez :** trouver les éléments d'explication dans les documents en annexe ;
– **expliquez, justifiez :** avancer les arguments ou le raisonnement qui donnent les causes d'un fait ou d'une situation ;
– **analysez :** proposez des éléments de comparaison ou d'explication d'au moins deux variables ou plusieurs qui ont des liens entre elles.

étape 3 **À chaque question, reportez vous aux annexes concernées.** Relevez les éléments d'information qui serviront à formuler une réponse pour chacune de vos questions. Lorsque la question nécessite de faire appel à vos connaissances, rédigez-les avec clarté et en lien direct avec la question posée.

Pensez à être soigneux dans la rédaction de vos réponses. En général, elles doivent être justifiées à l'aide des documents et, pour le droit, avec rigueur. Vous pouvez recourir en économie et en management à des tableaux ou à des tirets pour énumérer vos arguments.

**Remarque**

N'hésitez pas à être exhaustif et à avancer un maximum d'arguments car le barème détaillé tiendra compte du nombre d'idées différentes avancées.

# 1 Les agents économiques, leurs rôles et leurs échanges

De multiples acteurs interviennent dans le domaine économique ; en général, on les regroupe selon leurs fonctions économiques principales. On les qualifie alors d'**agents économiques**.
Les principaux agents sont les **entreprises**, les **ménages**, les **banques** et l'État (ou les **administrations publiques**).
**L'activité économique** découle des échanges qui se nouent entre ces agents.

## 1 Les entreprises

• **Une entreprise regroupe des moyens humains, financiers et matériels** dans l'objectif de **produire des biens ou des services vendus sur le marché**.

• **Pour produire, l'entreprise utilise des facteurs de production** (travail, capital, matières premières). Les savoirs et connaissances sont aussi considérés comme un facteur de production qui prend aujourd'hui une place croissante.

• **La majorité des entreprises a un but lucratif** (réaliser un profit). La théorie économique considère qu'elles visent à maximiser leur profit. En réalité, le profit n'est pas la seule finalité des entreprises ; l'essor du secteur de l'économie sociale et solidaire montre qu'elles peuvent s'attacher à d'autres objectifs, comme le développement durable.

## 2 Les ménages

• Au sens statistique, un ménage désigne tous les occupants d'un même logement, sans qu'ils aient nécessairement des liens de parenté.

**Remarque**
Un ménage peut être composé d'une seule personne.

• Les ménages disposent de **revenus** qu'ils tirent de leur travail (**salaires**) ou de la détention d'un patrimoine (**intérêts, dividendes, loyers**...).

• Avec leurs revenus, les ménages **consomment** et épargnent.

## 3 Les banques

• **Les banques sont des entreprises** dont le rôle traditionnel est de **collecter l'épargne** des agents (dépôts, livrets) afin de **financer par crédit** d'autres agents qui ont besoin d'emprunter (notamment pour l'investissement des entreprises).

• **L'essor du marché financier** (ou marché des capitaux) a fait évoluer le rôle des banques : elles permettent aux agents qui souhaitent épargner et à ceux qui souhaitent se financer d'accéder au marché et de s'y rencontrer directement. L'agent qui souhaite se financer va émettre et vendre des titres sur le marché (actions, obligations...), l'agent qui souhaite épargner va **acheter des titres** sur le marché.

## 4 L'État (ou les administrations publiques)

• **Les administrations publiques** regroupent l'État central (les ministères…), les collectivités territoriales et les organismes de protection sociale.

• **L'action de l'État** est principalement financée par des **prélèvements obligatoires** (impôts, taxes, cotisations).

**LES FONCTIONS ÉCONOMIQUES DE L'ÉTAT**

**Allocation**

**Encadrer le fonctionnement du marché** par des règles de droit (droit des contrats, droit de la concurrence…), voire être lui-même producteur de services non marchands (éducation, défense nationale…)

**Redistribution**

**Assurer une redistribution des revenus** pour éviter les inégalités les plus criantes (notamment *via* la protection sociale)

**Stabilisation (ou régulation)**

**Réguler l'activité par sa politique économique** (favoriser la croissance, lutter contre le chômage…)

## 5 Les échanges entre les agents économiques

• **Les agents sont amenés à nouer des relations économiques,** généralement lors de **transactions qui s'opèrent sur le marché.** Ainsi, la relation employeur-employé qui se noue entre les entreprises et les ménages s'apparente à la rencontre d'une offre et d'une demande sur le marché du travail :

– **l'offre de travail** émane des ménages ;

– **la demande de** (facteur) **travail** émane des entreprises ;

– **le salaire** correspond au prix auquel s'effectue l'échange.

• **Les entreprises échangent des biens et services** (**offre**) avec les autres agents en contrepartie d'un paiement (**demande**) : consommation pour les ménages, consommations intermédiaires ou investissement pour les entreprises.

• **Les entreprises demandent des facteurs** pour être en mesure de produire leurs biens et services :

– **demande de facteur travail** auprès des ménages ;

– **demande de facteur capital** auprès des banques, ou directement auprès de l'ensemble des agents en passant par les marchés financiers.

• **La relation entre agents économiques ne peut toutefois pas se résumer** à la confrontation d'une offre et d'une demande sur le marché.

**Exemple**

L'État produit des services non marchands (gratuits ou quasi-gratuits) qu'il finance par des prélèvements obligatoires.

# 2 Le fonctionnement et le rôle du marché

Le marché est le lieu (fictif) de confrontation de l'offre et de la demande.

## 1 Le fonctionnement du marché

Le marché permet d'égaliser offre et demande et fait émerger un **prix d'équilibre.**

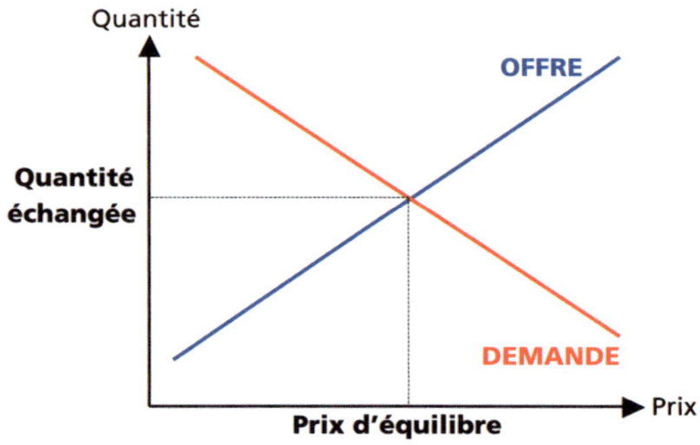


• **Sur certains marchés, le prix d'équilibre est spécifique :**
– le **salaire d'équilibre** permet d'égaliser offre et demande sur le **marché du travail** ;
– le **taux d'intérêt d'équilibre** permet d'égaliser offre et demande sur le **marché des capitaux**.

• **Sur le marché des biens et services :**
– seuls les offreurs ayant un coût de revient inférieur au prix de marché sont rentables et peuvent proposer leurs biens ou services. Lorsque le prix s'élève, un plus grand nombre d'offreurs se présente sur le marché ;
– lorsque le prix augmente, certains demandeurs quittent le marché, car leur pouvoir d'achat se réduit ; ils privilégient l'achat d'autres biens pour assurer leur satisfaction ;
– l'équilibre du marché (où les deux droites se croisent sur le schéma) est atteint lorsqu'il y a égalité entre l'offre et la demande. **Ce point de croisement définit le prix d'équilibre** (ou prix de marché)

• **En réalité, l'équilibre se met en place progressivement** par un jeu d'essais et d'erreurs.

**Exemple**
Le prix de vente initial proposé par certaines entreprises peut être trop élevé, mais la difficulté à vendre leur production va les conduire à réduire le prix et à se rapprocher de l'équilibre.

## 2 Le rôle du marché

| | |
|---|---|
| **Rôle d'ajustement** | Le marché permet d'équilibrer offre et demande. |
| **Rôle incitatif** | Le marché oriente les actions et décisions des agents.<br>**Exemple :** *une hausse de prix peut inciter des entreprises à se lancer sur le marché concerné car elles deviennent rentables.* |
| **Rôle informatif** | Le marché et le prix fournissent des informations aux agents sur les tensions entre offre et demande.<br>**Exemple :** *une hausse de prix indique une pénurie d'offre et/ou une forte pression de la demande.* |

• **En principe, le marché joue efficacement son rôle de régulateur** de l'activité économique lorsque deux conditions sont respectées :
– la possibilité pour les agents de **fixer librement leurs prix ;**
**– le marché doit être concurrentiel** : cette émulation pousse les entreprises à réduire leurs prix, à améliorer la qualité de leurs produits et prestations.

# 3 Les marchés : concurrence, coopération et barrières à l'entrée

« Avant qu'une entreprise puisse affronter la concurrence sur un marché, il faut déjà qu'elle puisse y entrer. » (site de l'OCDE)

## 1 La concurrence entre les entreprises

• La compétitivité correspond à la capacité d'une entreprise à faire face à la concurrence :

– **la compétitivité-prix** reflète la capacité d'une entreprise à vendre ses produits à un prix similaire, voire plus faible que celui des concurrents ;

– **la compétitivité hors-prix** reflète la capacité d'une entreprise à se démarquer de ses concurrents autrement que par le prix (image de marque, innovation, qualité…).

**Définition**

**Concurrence** : rivalité entre agents qui poursuivent un même but (ex. : développer leur part de marché).

• **Pour disposer d'un pouvoir de marché** (disposer de marges de manœuvre quant à la fixation de leurs prix, par exemple), les entreprises cherchent à résister à la pression concurrentielle qui s'exerce sur elles.

Les 5 forces de la concurrence (M. Porter)
- Les entreprises concurrentes du secteur
- Les fournisseurs
- Les clients
- Les entrants potentiels
- Les produits de substitution

## 2 La coopération entre les entreprises

• Les entreprises nouent parfois des relations de coopération qui peuvent prendre plusieurs formes, parmi lesquelles :

| Type de coopération | Exemple |
|---|---|
| Alliance (entre fournisseurs et clients) | Sous-traitance, contrat de franchise, concession… |
| Création d'une structure juridique propre | Filiale commune, GIE (Groupement d'intérêt économique) |

• De nombreuses raisons peuvent justifier ces relations de coopération : mettre en commun des moyens ou des savoir-faire (mutualiser des efforts de R&D), atteindre une taille critique, pénétrer un marché étranger…

## 3 Les barrières à l'entrée

### A Définition et conséquences

• Les barrières à l'entrée :

– **réduisent l'intensité concurrentielle** qui pèse sur les acteurs du marché ;

– **présentent un risque pour le consommateur que les prix soient plus élevés** que sur un marché pleinement concurrentiel.

**Définition**

**Barrière à l'entrée :** toute entrave qui empêche ou freine l'accès au marché à de nouveaux entrants.

• Lorsqu'il y a des barrières à l'entrée, le marché n'est constitué que de quelques offreurs, voire d'une seule entreprise. On parle alors d'**oligopole**, ou de **monopole**.

### B Les différentes formes de barrières à l'entrée

• **Les barrières peuvent être d'ordre règlementaire** (nécessité d'avoir un diplôme, monopole institué par l'État), d'ordre **technologique** (accès au marché bloqué par un brevet), etc.

• **Les tensions commerciales,** notamment entre les États-Unis et la Chine, ont conduit à la mise en place de taxes sur les importations qui constituent des barrières (tarifaires) à l'entrée du marché.

• **La structure des coûts** du secteur ou des entreprises peut être à l'origine de barrières :

– lorsque les coûts d'entrée sur le marché sont importants ;

**Exemple**
Des investissements très lourds à consentir pour accéder au marché du transport aérien (achat d'avions).

– lorsque la structure des coûts conduit à des économies d'échelle, c'est-à-dire une diminution du coût unitaire lorsque la production s'élève. Le premier entré sur un tel marché dispose d'un avantage en termes de coût lui permettant d'éliminer toute concurrence (en baissant suffisamment ses prix pour empêcher les concurrents d'être rentables).

**Exemple**
Une telle structure de coût s'observe sur des activités qui supposent de créer et d'entretenir un réseau (transport ferroviaire, électricité, gaz…). Initialement des monopoles, ces secteurs font l'objet d'une ouverture à la concurrence, mais le nombre d'entreprises sur le marché reste limité.

# 4 L'asymétrie de l'information

## 1 Définition et conséquences

• **Il y a asymétrie d'information** lorsque, dans une transaction entre offreur et demandeur, l'un des deux manque d'informations pour prendre une décision parfaitement éclairée.

**Exemples**
– Le prêteur qui ne connaît pas parfaitement les qualités de gestionnaire de l'emprunteur ou ce qu'il va faire du montant emprunté.
– L'assureur qui ne sait pas si le conducteur couvert va conduire prudemment.
– L'employeur qui ne sait pas si la personne qu'il embauche sera aussi productive dans son travail que son niveau de qualification ne le suggère.
– Le client d'un concessionnaire de voitures d'occasion qui ne connaît pas les points faibles de la voiture qu'il achète.

• **Les asymétries d'information sont une situation de défaillance de marché.** Elles ont pour effet d'entraîner de mauvaises prises de décision, de mauvaises évaluations du risque.

**Exemple**
– Les banques peuvent être exagérément prudentes en n'octroyant que peu de prêts (au risque d'un rationnement du crédit) par peur d'un défaut de remboursement des débiteurs.
– Les agents peuvent au contraire prendre des risques excessifs : le conducteur, s'estimant couvert par son assurance, peut adopter une conduite dangereuse.

## 2 S'adapter aux asymétries

• Les agents qui souffrent de l'asymétrie peuvent parfois obtenir l'information qui leur manque : avant d'accorder un prêt, les banques demandent les bulletins de salaires, les avis d'imposition…

• L'insertion de clauses dans le contrat noué par les parties peut être un moyen de s'assurer de sa bonne exécution.

**Exemple**
– Les banques peuvent se protéger d'un défaut de remboursement avec des clauses dans le contrat de prêt (caution, hypothèque, nantissement).
– Pour s'assurer de l'investissement et de la productivité d'un futur embauché, l'employeur peut lui prévoir des objectifs à atteindre.

# 5 Les externalités négatives et positives

## 1 Définition

**Il y a externalité lorsque l'activité d'un agent a des effets induits :**
– **défavorables** pour d'autres agents, sans que celui à l'origine de l'externalité ne soit sanctionné → **externalité négative** ;
– **favorables** pour d'autres agents, sans que celui à l'origine de l'externalité n'en soit récompensé → **externalité positive.**

## 2 Les externalités négatives

| | | |
|---|---|---|
| **Exemple** | Production ou consommation causant une dégradation de l'environnement (rejets polluants, épuisement des ressources naturelles…) | |
| **Raison de la défaillance** | Les agents ne sont pas incités à être plus vertueux car le marché ne les sanctionne pas à Risque d'une pollution excessive | |
| **Correction de la défaillance** | Interdiction ou limitation de ces externalités par des règlementations publiques, l'introduction de normes<br>**Exemple :** *interdiction de la production d'amiante* | • Principe du pollueur-payeur : faire supporter un coût au pollueur pour l'inciter à limiter les atteintes à l'environnement<br>**Exemple :** *fiscalité verte ou écotaxe*<br>• Logique de bonus-malus pour récompenser les agents les plus vertueux<br>**Exemple :** *dans le secteur automobile* |

• **La création d'un marché des droits à polluer** a mis en place le **principe du pollueur-payeur** relatif aux émissions de $CO_2$ à l'échelle mondiale :
– celui qui pollue excessivement doit **racheter des droits à polluer** ;
– celui qui pollue moins que les quotas qui lui sont accordés peut **revendre ses droits à polluer** et ainsi être « récompensé ».

## 3 Les externalités positives

| | |
|---|---|
| **Exemples** | • La R&D : les nouvelles connaissances produites vont pouvoir inspirer d'autres entreprises.<br>• La formation : une main d'œuvre mieux formée par une entreprise entraînera des gains profitables pour d'autres agents. |
| **Raison de la défaillance** | Si les agents à l'origine des externalités positives ne sont pas récompensés, cela favorise des comportements opportunistes dits de « **passager clandestin** » :<br>– des entreprises peuvent attendre que d'autres engagent des dépenses en R&D pour les copier ou s'inspirer de leurs innovations ;<br>– des entreprises peuvent débaucher des employés formés ailleurs. |
| **Corrections de la défaillance** | • Clauses contractuelles qui protègent l'agent à l'origine de l'externalité.<br>**Exemple :** *clauses de dédit formation* éliminant *le risque de débauchage*<br>• Droit des brevets : protège celui qui innove et constitue ainsi une incitation à la R&D ;<br>• Mécanismes incitatifs de l'État (subventions ou crédits d'impôt) ou en produisant lui-même les activités sources d'externalités positives.<br>**Exemple :** *enseignement et recherche publics* |

# 6 Le rôle des banques et du marché financier

Le système financier regroupe les organismes qui permettent le financement des agents économiques. Les banques en sont un acteur incontournable, mais le marché financier (ou marché des capitaux) est aussi devenu prépondérant en matière de financement.

## 1 Le rôle du système financier

Le système financier a pour fonction première de **collecter l'épargne des agents à capacité de financement** (ménages, entreprises) afin de **financer les agents à besoin de financement** (ménages, entreprises) pour qu'ils puissent investir, consommer…

## 2 Finance indirecte et finance directe

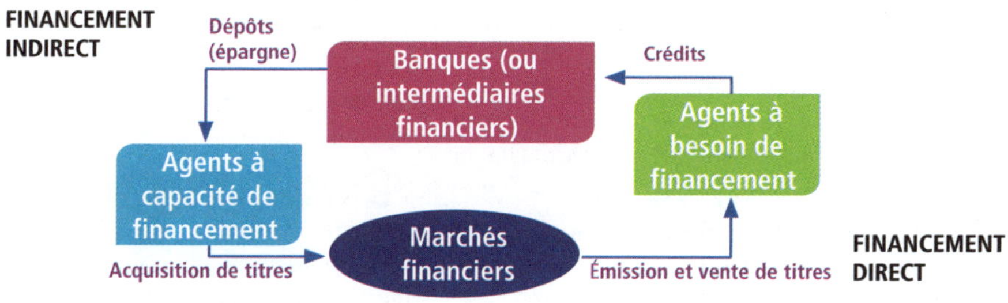


### A Le financement indirect

Le **financement indirect** est également appelé **financement intermédié** (banques, intermédiaires financiers). Il reste indispensable pour certains agents qui ont des difficultés à se financer directement sur les marchés financiers (jeunes entreprises, PME).

### B Le financement direct

• Il permet la **rencontre directe de l'offre et de la demande de capital sur le marché financier**. Selon les titres ou actifs financiers échangés, on distingue habituellement deux grands marchés :
– **le marché monétaire** utilisé par les entreprises, les États et les banques ; les durées d'emprunt et de prêt sont courtes ;
– **le marché financier** où les agents économiques émettent des actions ou des obligations ; les durées d'emprunt et de prêt sont plus longues.

• Le financement direct est devenu prépondérant au sein des économies développées. Il concerne principalement, pour les entreprises :
– **le marché obligataire** où les entreprises émettent et vendent des obligations en contrepartie d'**un remboursement futur et du paiement d'un intérêt pour le détenteur de l'obligation** (= une sorte d'emprunt morcelé) ;
– **le marché des actions** où les entreprises **augmentent leur capital en vendant des actions**. Les détenteurs d'action disposent alors d'un droit sur les bénéfices (dividendes) et espèrent une plus-value sur l'action.

CEJM

# 7 Les principes généraux en matière contractuelle

Le droit défend les principes de l'autonomie de la volonté, du consentement libre, du respect de la parole donnée et de la loyauté entre les personnes.

## 1 La liberté contractuelle

La liberté contractuelle affirmée par l'article 1102 du Code civil obéit à 3 principes.

| Les principes | Les limites légales | Exemples |
| --- | --- | --- |
| **Liberté de contracter** *(s'engager ou ne pas s'engager)* | La loi interdit de conclure certains contrats. | Une société ne peut pas prêter de l'argent à ses dirigeants au risque de réaliser un abus de biens sociaux. |
| | À l'inverse, certains contrats sont obligatoires | Chaque véhicule doit être assuré. |
| **Libre choix du cocontractant** *(choisir avec qui on veut conclure un contrat)* | Le libre choix est pertinent dans les contrats dits *intuitu personae*. Mais le libre choix ne doit pas être une discrimination | Le droit de la consommation interdit le refus de vente à un consommateur sauf motif légitime (rupture de stock...). |
| **Libre détermination du contenu du contrat** *(fixer ses propres clauses)* | Le contrat doit respecter l'intérêt général, l'ordre public et les bonnes mœurs. | • La vente de produits illicites (drogue) est interdite.<br>• Les clauses « abusives » créant un déséquilibre significatif entre les parties sont également interdites. |

## 2 La force obligatoire des contrats

L'article 1103 du Code civil consacre le **principe d'irrévocabilité du contrat** : il ne peut être rompu que sous certaines formes ou conditions (par exemple, le respect d'un délai de préavis dans les contrats à durée indéterminée).

## 3 La bonne foi

- **« Les contrats doivent être négociés, formés et exécutés de bonne foi »** selon l'article 1104 du Code civil.
- **En droit des contrats,** une personne agit de bonne foi lorsqu'elle se comporte de façon loyale vis-à-vis de son partenaire. L'application de ce principe a créé de nombreuses obligations pour les contractants, dont une obligation générale d'information et de conseil, surtout lorsque le contrat est conclu entre un professionnel et un consommateur.

**Exemple**
Le droit de la consommation exige que le professionnel fournisse au consommateur toutes les indications relatives au produit vendu et à sa bonne utilisation. Pour un produit alimentaire, le vendeur doit indiquer la date de péremption, le poids net, le prix en euros au kilo, les ingrédients utilisés, les risques d'allergène…

# 8 La formation du contrat

Lorsque l'offre rencontre une acceptation, le contrat est conclu. En principe, tout formalisme est superflu. Un contrat peut donc être conclu oralement, de manière implicite, c'est le **principe du consensualisme**.

## 1 L'exception du formalisme dans les contrats

Deux atténuations peuvent être apportées au principe du consensualisme.

- **Le formalisme *ad probationem* :** le contractant a intérêt à se constituer une trace écrite ou électronique afin de disposer d'une preuve en cas de litige.
- **Le formalisme *ad validitatem* :** lorsque le contrat met en jeu des sommes importantes ou une grande responsabilité, la loi impose la rédaction d'un écrit pour le rendre valable.

## 2 Les conditions de validité de la formation du contrat

### A Le consentement ne doit pas être vicié

- **Le consentement des parties** se forme par la **rencontre entre une offre ferme et précise**, éventuellement assortie d'un délai, proposée par une personne appelée « pollicitant », et une acceptation. L'acceptant adhère pleinement à l'offre de manière expresse ou tacite. S'il la modifie, il fait une **contre-offre** qui est une invitation à rentrer en pourparlers.
- **La rencontre de l'offre et de l'acceptation fonctionne également avec les personnes morales** *via* leur représentant légal.
- L'article 1130 du Code civil identifie trois vices du consentement :

| | | |
|---|---|---|
| **Erreur** | Croyance fausse portant sur un des termes du contrat. | L'erreur porte sur la personne ou sur le bien mais pas sur le prix. |
| **Dol** | Fait pour un contractant d'obtenir le consentement de l'autre par des manœuvres ou des mensonges. | La rétention volontaire d'information ou le silence peuvent être considérés comme un dol. |
| **Violence** | Lorsqu'une partie s'engage sous une contrainte. | La violence peut être physique ou morale ; elle doit être illégitime pour être sanctionnée. |

### B Les parties doivent être capables juridiquement

Les parties doivent être des **personnes physiques majeures** ou **mineures émancipées** ou une personne physique représentant légalement une personne morale. Les mineurs et les majeurs **faisant l'objet d'un régime de protection** (tutelle, curatelle, sauvegarde de justice) ne peuvent pas conclure de contrats. Les intérêts des personnes incapables sont protégés par leur représentant légal.

### C Le contenu du contrat est licite et certain

Voir p. 232

Le contenu du contrat **doit être déterminé** ou déterminable que ce soit sur le prix ou sur le bien ou la prestation de service à fournir.

Le contrat entaché d'un vice du consentement, d'une partie incapable ou d'un contenu illicite est **nul**. La nullité entraîne l'anéantissement rétroactif du contrat.

# 9 La négociation des contrats

L'ordonnance du 10 février 2016 réformant le droit des contrats met en avant le rôle de la phase des négociations dans le processus de formation des contrats. Si les négociations n'aboutissent pas, le contrat n'est pas conclu et les intérêts de chacun doivent être préservés. Une période de négociation et des avant-contrats précèdent la signature du contrat définitif.

## 1 Les phases de la négociation

Avant de s'entendre, les entreprises doivent prendre le temps de se rencontrer, d'établir un terrain d'accord, de fixer les conditions de leurs relations. Cela passe par :

| | |
|---|---|
| Les pourparlers | Échanges informels d'intentions. Ils n'engagent pas contractuellement. |
| Les précontrats | Ou avant-contrats. Ils fixent les conditions du déroulement du processus de négociation et les modalités de rupture. Ils engagent les signataires. |
| Le contrat définitif | L'engagement lie les parties. Le contrat fixe les conditions de la relation contractuelle. |

## 2 Les obligations durant la négociation

• **Les parties doivent satisfaire aux règles de la bonne foi** pendant ces différentes phases, ce qui fait naître une obligation générale d'information : les parties doivent s'échanger les informations déterminantes qui ont un lien direct et nécessaire avec le contenu du contrat ou la qualité des parties.

• **Ce devoir d'information est impératif (« d'ordre public ») ;** les parties ne peuvent ni le limiter ni l'exclure.

• Toutefois, le principal élément de négociation reste le prix du bien ou du service. C'est pourquoi la loi prévoit que ce devoir d'information ne porte pas sur l'estimation de la valeur de la prestation.

## 3 La protection en cas d'échec des négociations

• **En cas de faute commise** dans les négociations ou de non-respect du devoir d'information, **la partie qui s'estime lésée doit apporter la preuve de son préjudice**. À charge pour la partie adverse de prouver qu'elle n'a pas commis de faute ou qu'elle a bien fourni cette information.

COMPORTEMENTS POUVANT ENTRAÎNER UNE SANCTION

| Abus dans la rupture des pourparlers | Non-respect d'une clause inscrite dans les avant-contrats | Absence de remise d'une information déterminante par l'une des parties |
|---|---|---|

• **La loi envisage plusieurs sanctions** selon l'importance du comportement constaté :
– **le versement de dommages et intérêts** ; l'auteur de la faute commise ;
– l'**annulation du contrat définitif**, si la faute a généré un vice.

# 10 Les clauses contractuelles

## 1 Clause contractuelle et clause abusive

• **Chaque clause contractuelle est rédigée librement** par les parties en fonction de leurs besoins respectifs. Elles ont également pour but d'anticiper d'éventuelles difficultés. Pour chacune, il convient de respecter un équilibre entre les parties.

• **Une clause abusive** a pour effet de créer un déséquilibre significatif. Si elle était identifiée dans un contrat, elle serait réputée non écrite par le juge.

## 2 Les différentes clauses contractuelles classiques

| Clause | Définition | Remarques |
|---|---|---|
| **Pénale** | Les parties s'engagent à verser une somme forfaitaire fixée à l'avance si l'une d'entre elles ne remplit pas ses obligations. | • Le montant peut être modifié par le juge s'il est excessif ou dérisoire.<br>• Une mise en demeure préalable du débiteur est en principe nécessaire.<br>• Elle est interdite dans certains contrats (de consommation, de prêt). |
| **De renégociation** | Les parties prévoient la possibilité de redéfinir les termes du contrat : le prix ou les prestations (car avec le temps, l'équilibre économique du contrat peut évoluer). | • Clause fréquente notamment dans les contrats à exécution successive incluant de longs délais d'exécution.<br>• Les clauses dites de révision, de variation de prix ou d'indexation de prix sont très proches. |
| **Résolutoire** | Les parties prévoient que le contrat sera résolu de plein droit si survient un événement décrit. | • Elle dispense le créancier de s'adresser à la justice. Il devra adresser à son débiteur une mise en demeure.<br>• Ne s'applique pas si l'inexécution résulte d'un cas de force majeure ou lorsque le créancier la met en œuvre de mauvaise foi. |
| **Limitative de responsabilité** | Clause qui aménage la responsabilité des parties. Les clauses les plus usuelles fixent à l'avance le montant maximum de dommages et intérêts en cas d'inexécution, d'exécution défectueuse ou de retard. | • Clause valable sous réserve de respecter l'ordre public et des textes spécifiques.<br>• Elle ne peut pas porter sur les obligations essentielles du contrat<br>**Exemple :** *la SNCF peut décliner sa responsabilité en cas de vol de bagages mais ne peut pas s'exonérer sur le fait que le train doit arriver à l'heure à la destination prévue.* |
| **De réserve de propriété** | Elle diffère le transfert de propriété d'un bien jusqu'au paiement complet du prix. | Véritable garantie pour le créancier qui peut venir saisir le bien vendu si le prix n'a pas été intégralement payé. |

# 11 Les finalités de l'entreprise

La finalité d'une entreprise définit les buts principaux que celle-ci cherche à atteindre. La finalité a donc un caractère permanent pour l'entreprise.

## 1 Définition

• **Au-delà des aspects économiques,** la finalité de l'entreprise recouvre aujourd'hui des aspects de plus en plus larges.

• **Le projet d'entreprise** traduit de manière effective la finalité de l'entreprise. Il permet d'exprimer l'**identité de l'entreprise** et de rassembler ses acteurs autour d'un projet fédérateur et mobilisateur décliné en termes d'objectifs concrets (**qualitatifs** et **quantitatifs**).

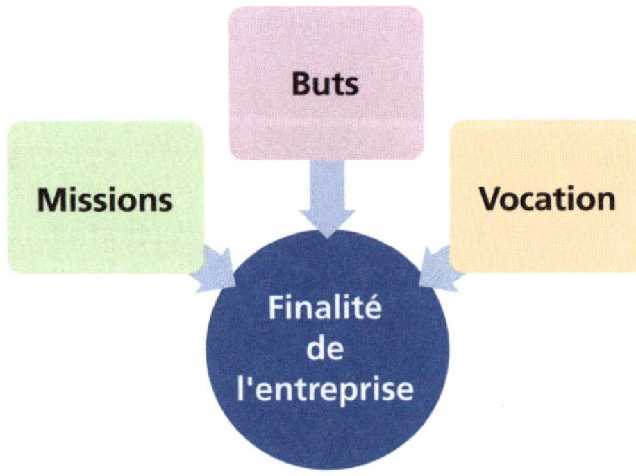


## 2 La responsabilité sociale de l'entreprise (RSE)

• La **responsabilité sociale de l'entreprise** se rapporte au concept de développement durable appliqué aux entreprises.

• À l'opposé d'une vision purement économique, la RSE incorpore les **aspects sociaux** (finalité sociétale), **environnementaux** (finalité environnementale) de l'action d'une entreprise, ainsi que les préoccupations de ses principales **parties prenantes** (clients, fournisseurs…). Elle illustre l'**impact des actions d'une entreprise** au sein de la société dans laquelle elle s'intègre.

**Remarque**

L'économie sociale et solidaire rassemble les entreprises qui cherchent à concilier solidarité, performances économiques et utilité sociale. En 2017, ces entreprises représentaient 10 % du PIB et près de 13 % des emplois privés en France.

## 3 Les facteurs qui agissent sur la finalité de l'entreprise

• L'histoire de l'entreprise, ses traditions, ses statuts et sa culture.
• La personnalité du dirigeant, ses valeurs et aspirations personnelles.
• Les attentes des parties prenantes (salariés, actionnaires, associés…) de l'entreprise.
• L'environnement commercial (fidélisation de la clientèle).
• L'environnement concurrentiel (part de marché et intensité de la concurrence).

**Remarque**

**Peter Drucker** propose de mettre en avant la gestion de la clientèle et de l'innovation dans la finalité de l'entreprise, ainsi que de mieux valoriser les ressources humaines de l'entreprise (analyse des conditions de travail, formation des salariés…).

# 12 Les parties prenantes

Dans une entreprise, le pouvoir de décision ne saurait se limiter à la volonté d'un seul individu. La prise de décision s'opère avec les motivations des différentes parties prenantes impliquées dans l'entreprise.

## 1 Les principales parties prenantes

| Typologies de parties prenantes | Composantes |
|---|---|
| **Internes** | Propriétaires, dirigeants et managers, salariés |
| **Externes** | Ensemble des groupes liés à l'entreprise (actionnaires, clients, fournisseurs, distributeurs, concurrents, médias…) |
| **Primaires** | Liées contractuellement à l'entreprise et qui contribuent à son activité quotidienne : actionnaires, clients, salariés et fournisseurs |
| **Secondaires** | Ne contribuent pas directement au fonctionnement de l'entreprise : consommateurs, groupes de pression, concurrents, médias… |

## 2 Les modèles de gouvernance

| Modèle actionnarial (*shareholder*) | Modèle partenarial (*stakeholder*) |
|---|---|
| • Privilégie la relation dirigeant/actionnaire<br>• Objectif de maximisation au profit des actionnaires<br>• Dirigeant soumis au contrôle des actionnaires | • Cherche à prendre en compte et à défendre l'intérêt de l'ensemble des parties prenantes<br>• Management qui prend en compte la notion de responsabilité sociétale |

## 3 Les approches théoriques

• **Cyert et March** analysent l'entreprise comme une organisation constituée de groupes d'individus aux aspirations contradictoires : **approche conflictuelle fondée sur les intérêts divergents des parties prenantes**. Le manager cherche à répondre à des objectifs parfois divergents selon un processus de décision privilégiant le meilleur compromis possible entre les parties prenantes, parfois au détriment du choix de la solution la plus optimale pour l'entreprise.

• **Michel Crozier** insiste sur la nécessité pour le manager de **mettre en place des mécanismes prenant en compte les intérêts individuels divergents** au sein d'une entreprise, pour élaborer une dynamique collective positive et favoriser le bon fonctionnement de l'entreprise.

**Exemple**

On oppose souvent les attentes des actionnaires (recherche d'un dividende/profit maximum) aux aspirations des salariés (attentes d'augmentations salariales).

# 13 Logique entrepreneuriale et managériale

L'entrepreneur est l'acteur central de l'action collective engagée par l'entreprise. Sa démarche peut relever d'une logique managériale ou entrepreneuriale qu'il faut définir pour comprendre les motivations qui le guident.

## 1 Définitions

### A Le processus entrepreneurial

Le processus entrepreneurial ne se limite pas à identifier une opportunité, sa mise en œuvre et le respect d'un certain nombre d'étapes sont indispensables pour assurer la réalisation du projet et garantir au mieux sa pérennité.

**Remarque**

Pour **Schumpeter**, l'entrepreneur est un agent économique dont la fonction est d'exécuter de nouvelles combinaisons productives ; c'est avant tout un innovateur qui a le goût de la prise de risque.

- étape 1 : Idée ou opportunité
- étape 2 : Formalisation du projet
- étape 3 : Étude de faisabilité
- étape 4 : Définition des moyens
- étape 5 : Business plan
- étape 6 : Choix de la structure
- étape 7 : Lancement de l'activité
- étape 8 : Choix stratégiques

▲ Les étapes du processus entrepreneurial

**Définitions**

- **Efficacité :** capacité à obtenir le résultat souhaité ou attendu, d'atteindre l'objectif qui a été fixé.
- **Efficience :** capacité de parvenir à un maximum de résultats avec un minimum de ressources.

Une action peut être efficace, mais pas efficiente si elle utilise des moyens disproportionnés.

### B La logique entrepreneuriale

- La logique entrepreneuriale est une logique d'entreprise qui articule **quatre composantes** entre elles :
  – l'opportunité d'affaires ;
  – l'innovation ;
  – la création d'une organisation ;
  – la création de valeur.

- L'entrepreneur est donc tout à la fois un **innovateur**, un **manager** et un **leader**.

### C La logique managériale

• La logique managériale est une logique d'entreprise caractérisée par la **recherche de performance** à travers l'**optimisation des ressources** exploitées pour réaliser les objectifs fixés.

• On la retrouve essentiellement dans les entreprises ou le manager n'est pas le propriétaire de l'entreprise. En tant que salarié, le manager se voit fixer des objectifs par les propriétaires de l'entreprise (les actionnaires).

## 2 Comparaison des deux logiques

| | Entrepreneur | Manager |
|---|---|---|
| **Gestion des risques** | L'entrepreneur investit ses capitaux personnels et assume les risques de l'exploitation. | Le manager n'engage pas ses propres ressources. Il assume une responsabilité vis-à-vis du budget qui lui est accordé et des objectifs qu'il doit atteindre. |
| **Recrutement** | L'entrepreneur recrute ses collaborateurs. | Le manager partage le pouvoir décisionnaire ou confie le recrutement à un collaborateur. |
| **Définition et mise en œuvre de la stratégie** | L'entrepreneur définit la stratégie et les moyens nécessaires à sa réalisation. | Le manager participe à la définition de la stratégie mais doit surtout s'assurer de sa mise en œuvre et de l'utilisation des ressources qui y sont affectées. |
| **Innovation** | L'entrepreneur est un créateur, un innovateur en termes de produit, de procédé, de forme d'organisation du travail… | Le manager cherche à créer de la valeur et donc à intégrer l'innovation pour améliorer l'efficacité de l'entreprise et assurer sa pérennité face à la concurrence. |

## 3 La notion d'intrapreneuriat

• Les logiques entrepreneuriale et managériale étant de plus en plus mêlées dans les entreprises, la notion d'**entrepreneur-manager** (intrapreneur) cherche à faire la synthèse des deux approches.

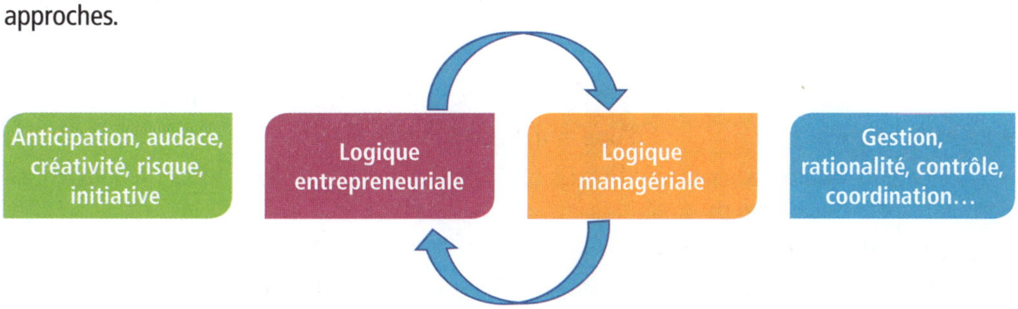


• Cette démarche permet aux entreprises de favoriser la prise de risque et l'innovation des collaborateurs, de dynamiser la gestion des personnels (facteur de motivation) en recherchant à la fois la performance et le développement de l'entreprise.

CEJM

# 14 Les indicateurs de performance

Une entreprise est reconnue performante lorsqu'elle réalise les résultats et objectifs fixés compte tenu des moyens mis en œuvre pour y parvenir.

## 1 La mesure de la performance d'une entreprise

• **La notion de performance** implique une dimension interne à l'entreprise (rentabilité, productivité…) ainsi qu'une dimension externe (implication sociétale de l'entreprise, prise en compte des attentes des clients, des fournisseurs, des actionnaires…).

• **La performance,** souvent associée à des **critères quantitatifs** (résultats financiers), se mesure de plus en plus à partir de **critères qualitatifs** (climat social, degré de satisfaction de la clientèle…).

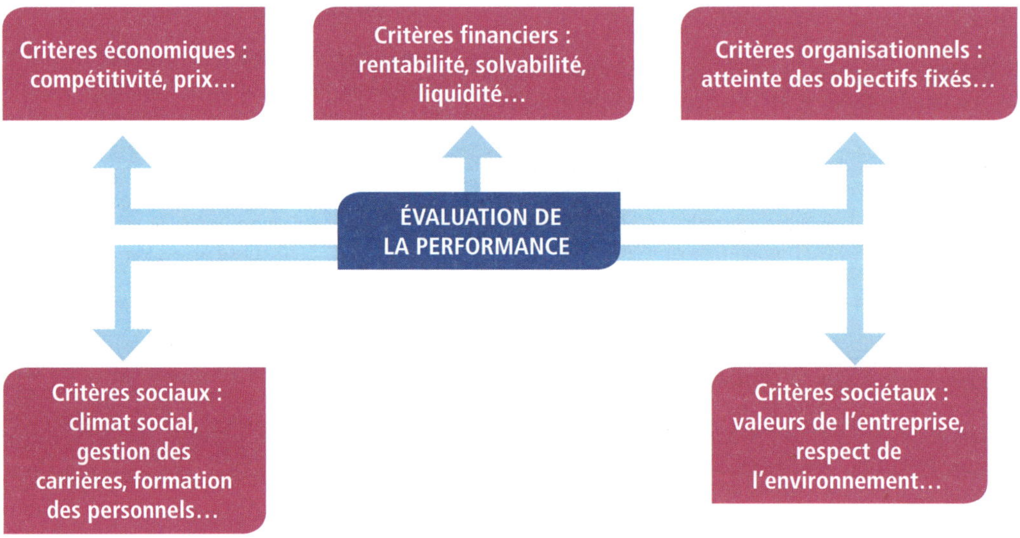


▲ Les différents critères d'évaluation de la performance

• **La mesure de la performance** d'une entreprise doit concilier :

– des éléments **quantitatifs et qualitatifs** : l'atteinte d'un objectif de production doit se faire dans le respect de normes de qualité ;

– des **objectifs à court et à long terme** ;

– la recherche d'une performance globale qui s'appuie sur une **efficacité à chaque étape du processus productif** ;

– la recherche d'une performance collective s'appuyant sur le **développement individuel de chaque membre** de l'entreprise ;

– **favoriser la stabilité** de l'entreprise tout en la rendant apte au changement ;

– **assurer une unité de pilotage** de l'entreprise tout en responsabilisant les acteurs (délégation du pouvoir de décision).

## 2 Le tableau de bord, un outil au service du manager

• **Le tableau de bord prospectif** permet d'orienter les décisions du manager. Avec cet outil d'évaluation, on passe du management stratégique au management opérationnel en rendant plus lisible la stratégie de l'entreprise. Le tableau de bord permet également d'équilibrer la répartition des critères de performance entre les acteurs.

• **Les principaux critères** utilisés pour concevoir un tableau de bord :

– le chiffre d'affaires ;
– le taux de marge ;
– les délais de paiement client et fournisseur ;
– le nombre de nouveaux clients ;
– le taux d'absentéisme ;
– le *turnover* des salariés ;
– les flux de trésorerie ;
– la rotation des stocks…

Les indicateurs utilisés sont des indicateurs quantitatifs. Ils doivent permettre de mesurer l'efficacité et l'efficience de chaque domaine.

Pour être pertinent, un indicateur doit être adapté, simple, précis, applicable et constant.

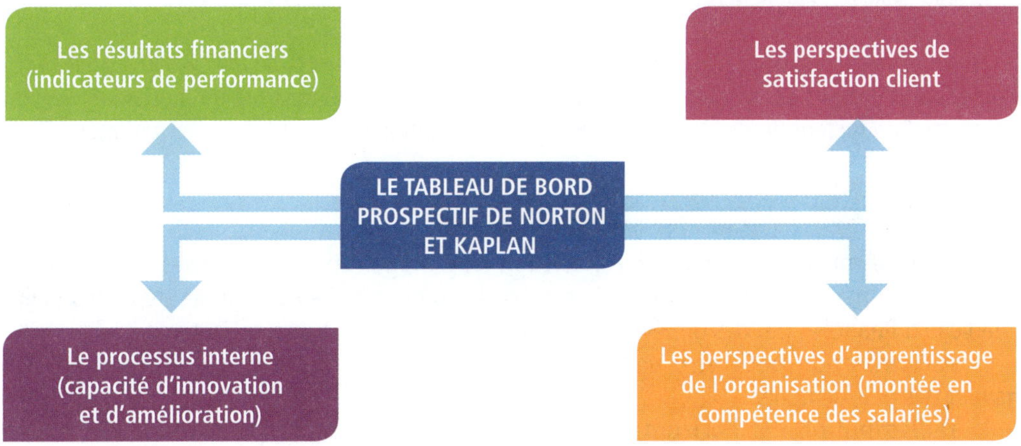


CEJM

# 15 Le rôle de l'État

Le poids de l'État est très différent d'un pays à l'autre. Néanmoins, quelles que soient les économies de marché, l'État assume **3 grandes fonctions** selon Richard Musgrave : **allocation, redistribution** et **régulation.**

## 1 La fonction d'allocation

Voir p. 225

• **L'État met en place le cadre juridique et institutionnel** indispensable au bon fonctionnement du marché : **droit de la propriété, des contrats, de la concurrence**…

**Exemple**
L'absence de droit des contrats pénaliserait sans doute l'activité économique : les travailleurs pourraient craindre de ne pas être rémunérés par l'employeur.

• **Lorsque le marché est défaillant,** l'État met en place les corrections nécessaires (par la fiscalité, par des droits spécifiques tels que les brevets…), voire se substitue au marché et devient lui-même producteur de services non marchands (éducation nationale, défense nationale…).

## 2 La fonction de redistribution

• L'État intervient pour **corriger une répartition trop inégalitaire** des richesses et des revenus.
• Son action passe par le versement de prestations ou la prise en charge de dépenses (soins médicaux) financées par des prélèvements obligatoires (impôts, taxes, cotisations) :
– **la redistribution peut être verticale :** les prélèvements s'opèrent sur les plus aisés en faveur des plus démunis.
– **la redistribution est horizontale** lorsqu'elle couvre les risques sociaux (maladie, maternité…) indépendamment des revenus.

## 3 La fonction de régulation (ou stabilisation)

• **La politique de régulation consiste à agir à court terme sur les fluctuations économiques.** Selon Kaldor, la situation économique d'un pays peut être envisagée *via* quatre critères ; la recherche d'équilibre passe par une attention à chacun des critères pour former un « **carré magique** ».

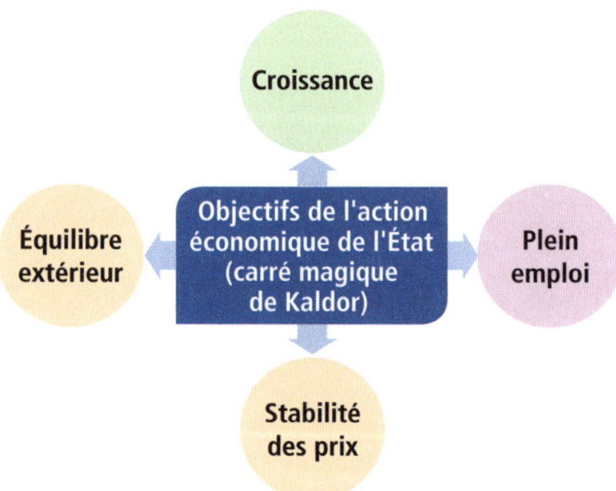


• En matière de politique économique, l'État s'appuie sur deux leviers principaux :
– **la politique budgétaire** : l'État cherche à influer sur l'activité économique *via* ses dépenses et ses mesures fiscales ;
– **la politique monétaire** : l'État (la BCE pour les pays membres de l'UEM) cherche à influer sur l'activité économique *via* ses émissions de monnaie et son action sur les taux d'intérêt.

# 16 La croissance économique

## 1 Mesure et portée de la croissance économique

• La croissance économique est mesurée par le **taux de variation du PIB (produit intérieur brut) d'un pays.** Ce dernier peut s'envisager selon 3 perspectives :

| | |
|---|---|
| **Optique production** | Le PIB correspond aux richesses produites sur le territoire national. Il est égal à la somme des valeurs ajoutées (VA) produites par les agents.<br>VA = Production – Consommations Intermédiaires |
| **Optique demande** | • Le PIB correspond à l'ensemble des éléments constitutifs de la demande globale.<br>PIB = Consommation + Investissement + (Exportations – Importations)<br>• Le PIB reflète les débouchés pour les entreprises : la demande interne (consommation et investissement), la demande externe (exportations). Une partie de ces débouchés est toutefois captée par des entreprises étrangères (importations). |
| **Optique revenu** | Le PIB correspond à l'ensemble des revenus versés aux agents économiques résidents. Ainsi le PIB par habitant (PIB / population) est un indicateur de revenu moyen. |

• **La croissance est un objectif majeur de politique économique** car elle conditionne l'augmentation du niveau de vie des individus.

• Pour qu'il y ait véritablement croissance économique, il faut que le PIB/habitant s'élève (PIB qui progresse plus rapidement que la population).

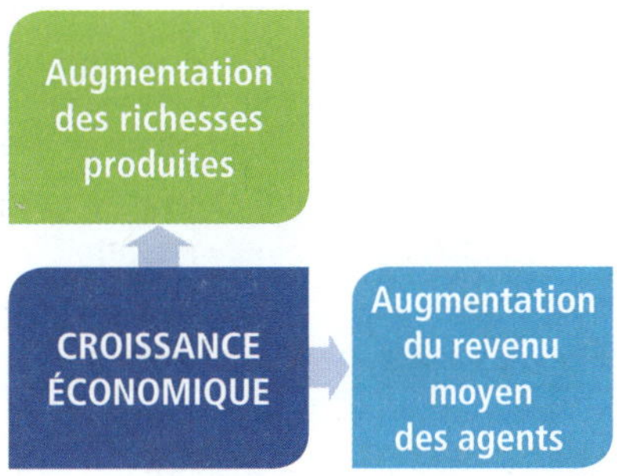


## 2 Les limites de la croissance

• **La croissance n'est pas toujours synonyme de progrès :**
– le progrès et le bien-être ne peuvent se résumer à des aspects exclusivement monétaires ;
– la croissance peut s'accompagner d'effets indésirables tels que la pollution (externalité négative) ;
– la croissance peut aller de pair avec un creusement des inégalités.

• Les pouvoirs publics s'attachent donc aujourd'hui à des **objectifs plus larges que la simple croissance**. La prise en compte d'un **développement durable** en est un exemple : concilier croissance et répartition équitable des richesses ainsi que préservation de l'environnement.

• **D'autres indicateurs ont été élaborés** afin de « mieux » mesurer la notion de progrès. L'**IDH (indicateur de développement humain)** est un outil de mesure qui ne néglige pas totalement le PIB (prise en compte du revenu national brut par habitant) mais qui intègre également l'espérance de vie et l'accès aux études.

# 17 L'existence de déséquilibres : inflation, chômage

## 1 L'inflation et la déflation

### A Les effets de l'inflation et de la déflation

• **Une inflation trop forte est nuisible pour l'économie :**
– elle **réduit le pouvoir d'achat** des individus (hausse du coût de la vie) ;
– elle **crée de l'incertitude** sur les recettes et les coûts futurs des entreprises (les coûts d'achat vont-ils progresser plus vite que les prix de vente ?), ce qui peut paralyser l'activité économique.

• **La déflation peut toutefois s'avérer pire qu'une inflation forte** car elle est un symptôme de crise particulièrement grave : la baisse généralisée des prix conduit les entreprises à réduire leurs coûts (notamment salariaux) fragilisant ainsi la demande et les débouchés, ce qui a pour effet d'entretenir la crise (**spirale déflationniste**).

• C'est pourquoi les pouvoirs publics visent une relative **stabilité des prix** (objectif d'une inflation positive de moins de 2 % au sein de l'UEM).

**Définitions**

• **Inflation :** élévation généralisée et soutenue des prix.
• **Déflation :** baisse généralisée des prix (ou inflation négative).

### B Les multiples causes de l'inflation

| | |
|---|---|
| **Inflation par la demande** | Une forte demande incite les entreprises à augmenter leurs prix. Une croissance forte peut ainsi s'accompagner d'une dérive inflationniste. |
| **Inflation monétaire** | L'inflation est causée par un excès de création monétaire (crédit bancaire notamment). |
| **Inflation par les coûts** | La hausse des coûts conduit les entreprises à augmenter leurs prix pour maintenir leurs marges. |

## 2 Le chômage

### A Définition

• **Selon le BIT** (Bureau International du Travail), est chômeur toute personne en âge de travailler : sans emploi, disponible dans les 15 jours, à la recherche active d'un emploi.
• **En France,** la mesure habituelle du chômage diffère de celle du BIT et s'appuie sur le **nombre de demandeurs d'emplois en fin de mois** (Pôle emploi).

### B Les effets du chômage

Outre la perte de revenu dont souffrent les chômeurs, **le chômage fragilise le potentiel de croissance** d'une économie (facteur travail disponible mais non utilisé) **et les débouchés pour les entreprises**.

### C Les multiples causes du chômage

• **Faiblesse de la croissance et de l'activité** des entreprises.
• **Manque de flexibilité du marché du travail** (freine l'embauche des entreprises quand la conjoncture est favorable de peur d'avoir à licencier ultérieurement).
• **Problème de formation** (inadéquation avec les besoins des entreprises)...

# 18 Les politiques économiques et leurs finalités

## 1 Les objectifs des politiques économiques

Voir p. 242

• L'économiste Nicolas Kaldor a identifié quatre objectifs principaux pour les politiques économiques : la croissance économique, le plein-emploi, la stabilité des prix, l'équilibre extérieur.
• On parle à ce sujet d'un « carré magique » pour signifier qu'il n'est pas possible de poursuivre simultanément ces 4 objectifs. Ainsi par exemple :

**Privilégier une croissance forte** → **Favorise les créations d'emplois**

MAIS
→ Favorise une demande dynamique qui peut entraîner un dérapage inflationniste
→ Favorise la demande de biens importés et la dégradation de la balance commerciale

• Les pouvoirs publics doivent donc constamment effectuer des arbitrages et privilégier certains objectifs au détriment d'autres selon le contexte et les déséquilibres observés.

## 2 Les principaux leviers de la politique économique

### A La politique budgétaire

La politique budgétaire (et fiscale) consiste à agir sur les dépenses et recettes publiques.
• **Une politique budgétaire expansionniste** (ou de relance) consiste à **augmenter les dépenses publiques et/ou alléger la fiscalité** :
– elle favorise les revenus des agents (embauche de fonctionnaires, baisses d'impôts) ;
– elle favorise les débouchés des entreprises (consommation, investissement) ;
– elle favorise la croissance.
• **À l'inverse, une politique budgétaire visant à rétablir l'équilibre budgétaire** en réduisant les dépenses et/ou en alourdissant la fiscalité sera qualifiée de **politique de rigueur ou d'austérité**.

### B La politique monétaire

La politique monétaire consiste principalement à agir sur les taux d'intérêt et la quantité de monnaie dans l'économie (*via* le crédit bancaire).
• **Une politique monétaire restrictive** (ou de rigueur ou d'austérité) consiste principalement à augmenter les taux d'intérêt :
– elle renchérit le coût du crédit bancaire ;
– elle freine la création monétaire et la demande ;
– elle réduit le risque inflationniste.
• **À l'inverse, une politique monétaire visant à faire baisser les taux d'intérêt** sera qualifiée de **politique expansionniste** (ou de relance).

### C Les autres leviers

• La politique économique s'appuie aussi sur ce qui relève de la fonction d'allocation de l'État, notamment son pouvoir règlementaire : définir le niveau du SMIC, des cotisations, faire évoluer le droit du travail, élever le niveau de formation des individus…
• La politique économique de l'État peut également être plus ciblée : **politique industrielle, politique de change, politique commerciale**, etc.

# 19 Politiques conjoncturelles et politiques structurelles

## 1 Les politiques conjoncturelles

**Les politiques conjoncturelles visent à agir sur la demande globale** afin de stabiliser la conjoncture économique. Leurs effets se font en principe ressentir à court terme.

| | Politique économique mobilisée | Moyens employés | Objectifs privilégiés |
|---|---|---|---|
| **Politiques expansionnistes (ou de relance)** | Politique budgétaire | Creusement du déficit budgétaire (↗ dépenses, ↘ impôts) pour stimuler la demande | Croissance et emploi |
| | Politique monétaire | ↘ taux d'intérêt pour stimuler le crédit et la demande | |
| **Politiques de rigueur (ou d'austérité)** | Politique budgétaire | Résorption du déficit budgétaire pour freiner la demande | Stabilité des prix et équilibre extérieur |
| | Politique monétaire | ↗ taux d'intérêt pour freiner le crédit et la demande | |

## 2 Les politiques structurelles

**Les politiques structurelles sont plus particulièrement centrées sur l'offre**. Les actions de l'État visent principalement à mettre en place un contexte favorable à l'activité des entreprises et à favoriser les mécanismes d'un marché concurrentiel ; les effets ne se font donc généralement ressentir qu'à moyen terme voire à long terme.

**Exemples**
– Politiques de formation (élévation du niveau de formation, promotion de la formation continue…).
– politique de déréglementation du travail (flexibilité horaires, moindres freins aux licenciements…).

## 3 Limites et difficultés de l'intervention de l'État

• Les politiques conjoncturelles et structurelles peuvent être difficiles à concilier.

**Exemple**

**Politique de baisse des impôts**

→ **Sur le plan conjoncturel**
Favorise la demande (consommation, investissement) donc la croissance

MAIS → **Sur le plan structurel**
Peut conduire l'État à réaliser des économies nuisibles pour la croissance de long terme (réduction des dépenses de formation, des investissements dans les infrastructures de transport et de communication

Voir p. 242

• L'État fait face à certaines contraintes et difficultés qui réduisent ses marges de manœuvre :
– une légitimité de l'État en matière de régulation économique parfois contestée ;
– des marges de manœuvre réduites sur le plan budgétaire : une fiscalité en France considérée comme lourde, une dette publique élevée ;
– une mondialisation qui créée des interdépendances plus fortes entre les pays.

# 20 Les limites de l'intervention de l'État dans une économie internationalisée

## 1 L'ouverture commerciale croissante

• **Le degré d'ouverture des économies** (poids des échanges extérieurs dans le PIB) a fortement progressé depuis la Seconde Guerre mondiale : progrès en matière de transports et de communications, rôle de l'OMC et réduction des barrières à l'échange telles que les droits de douane.

• **Les politiques de relance ont une efficacité moindre :** la stimulation de la demande profite en partie à des produits importés ; elle ne dynamise donc pas l'activité des entreprises locales.

## 2 La mobilité internationale des capitaux

• La plus grande mobilité des capitaux (mouvements financiers internationaux, délocalisations d'activité) **créée des interdépendances fortes entre les pays** et accentue les problèmes et contraintes suivants :
– **les disparités en matière de coût du travail et de fiscalité** qui affectent la compétitivité et l'attractivité des pays ;
– **la perte d'autonomie** des politiques monétaires et des politiques de change ;
– la nécessaire **prise en compte du problème du financement des dettes souveraines** (émises par un État ou une banque centrale).

## 3 Les problèmes à appréhender à l'échelle internationale

• Les règlementations et politiques menées à l'échelle nationale ne suffisent plus face à certains phénomènes (évasion fiscale, puissance des multinationales qui tendent à devenir apatrides) et à certains problèmes qui ne peuvent être traités qu'à l'échelle internationale, parmi lesquels :
– **les crises bancaires ou financières d'ampleur mondiale**. La mise en place de règles contraignantes pour les organismes financiers, si elles ne concernent qu'un pays, peut entraîner une fuite des capitaux ;
– **certains problèmes environnementaux** tels que les gaz à effet de serre et le réchauffement climatique.

Voir p. 230

## 4 Les perspectives

• La mondialisation économique rend donc les économies de plus en plus interdépendantes, ce qui réduit l'autonomie et l'efficacité des politiques économiques nationales.

• Un pays ne peut mener une politique économique propre sans s'interroger au préalable sur son impact en matière de compétitivité, sans envisager de possibles fuites de capitaux qui fragiliseraient le financement de l'activité économique…

**Remarque**

La réponse à ce problème passe par une coordination plus forte des politiques menées par les États (lors de réunions internationales telles que les G7), voire par l'établissement de règles supranationales.

# 21 Les principes de la régulation supranationale dans le cadre européen

## 1 UE et contraintes en matière de politique économique nationale

• La France est membre de l'Union européenne depuis sa création (traité de Rome de 1957 instituant la Communauté économique européenne).

• L'intégration européenne s'est renforcée au fil du temps. Aujourd'hui, l'UE est une Union économique et monétaire (UEM) dont les membres ont dû abandonner une partie de leur souveraineté économique.

| | |
|---|---|
| **Le marché unique** | • La politique commerciale et douanière est définie par l'UE (suppression des barrières à l'échange au sein de l'UE, adoption d'un tarif extérieur commun).<br>• Certaines politiques sont du ressort, en partie ou en totalité, de l'UE (concurrence, politique agricole commune…). |
| **La monnaie unique** | • L'adoption d'une monnaie unique (pour les pays membres de la zone euro) a eu pour principaux effets :<br>– de confier la politique monétaire à la Banque centrale européenne dont la mission est de contenir l'inflation en dessous de 2 % ;<br>– de priver les pays de la zone de toute politique de change propre ;<br>– de soumettre les pays de la zone à une discipline budgétaire. |

## 2 La monnaie unique

• L'adoption d'une monnaie unique a eu pour effet d'imposer aux pays membres de la zone euro une **discipline budgétaire** qui réduit leurs marges de manœuvre en matière de politique économique.

• Le laxisme budgétaire dont peut faire preuve un pays pourrait avoir des **répercussions négatives sur le taux de change de l'euro ou sur les taux d'intérêt** en vigueur et en ferait supporter le coût à l'ensemble des membres de la zone.

• C'est ainsi que les pays qui ont adopté l'euro :

– doivent en principe **contenir leur déficit public en dessous de 3 % du PIB** sous peine de sanction (et la dette publique ne doit en principe pas excéder 60 % du PIB) ;

– doivent **tendre vers un budget structurel équilibré** avec un déficit maximal de 0,5 % du PIB (hors aléas conjoncturels tels qu'une crise qui détériore le solde budgétaire) ;

– ne sont **pas autorisés à racheter la dette publique d'un autre pays** membre.

• Il convient de noter que **l'UE a su faire preuve de pragmatisme** à plusieurs reprises :

– la majorité des pays européens ont vu leurs déficits déraper à l'occasion de la crise de 2008 sans pour autant faire l'objet de sanctions ;

– pour soutenir la croissance européenne et écarter le risque d'une déflation, la BCE a racheté de la dette publique au milieu des années 2010.

# 22 Le rôle du droit dans la régulation économique

## 1 Les caractères de la règle de droit

- La règle de droit peut :

| | | |
|---|---|---|
| **Obliger à faire** | **Imposer** | Une entreprise cotée en bourse doit publier ses comptes annuels. |
| **Obliger à ne pas faire** | **Interdire** | Une entreprise ne doit pas pratiquer une entente avec une autre entreprise. |
| **Ne pas obliger** | **Permettre** | L'entrepreneur dispose d'un choix varié de formes juridiques pour démarrer son activité. |

- Le législateur et les institutions de l'État au sens large jouent donc un rôle fondamental comme représentants et expression des volontés des citoyens pour régir les rapports sociaux.

- Les juges complètent par leur jurisprudence les insuffisances de la loi ou les vides juridiques à travers les décisions de justice rendues.

## 2 L'ordre public et le respect des libertés individuelles

- Le droit est donc une source de régulation de la vie des humains en général et des entreprises en particulier dans le monde économique.

- **L'autonomie de la volonté**, **la liberté contractuelle** et **la liberté du commerce et de l'industrie** ne sont garanties qu'à condition qu'elles respectent un intérêt général impérieux appelé **ordre public**. La cohésion de l'ensemble prime sur les prérogatives individuelles.

> **Exemple : article 1102 du Code civil**
> « Chacun est libre de contracter […] **dans les limites fixées par la loi.**
> **La liberté contractuelle ne permet pas de déroger aux règles qui intéressent l'ordre public.** »

- La notion d'ordre public fait référence à des **règles impératives** auxquelles on ne peut pas déroger, par opposition aux **règles supplétives** où l'individu peut proposer des aménagements selon son bon vouloir.

## 3 Ordre public de direction et ordre public de protection

Généralement le législateur régule l'activité économique selon :

– **l'ordre public de direction :** l'ensemble des règles qui ont pour vocation de fixer les limites entre ce qui est interdit et ce qui est autorisé ;

> **Exemple**
> L'interdiction de la mise sur le marché des organes humains pour de l'argent.

– **l'ordre public de protection :** l'ensemble des règles impératives qui ont pour vocation de protéger les parties faibles.

> **Exemple**
> Le montant du SMIC protège les salariés face à leur employeur.

# 23 Le droit de la concurrence

**La liberté du commerce et de l'industrie** a été proclamée en 1791. **Le droit de la concurrence** a pour objectif majeur de protéger le marché, d'une part en favorisant la concurrence, d'autre part en la protégeant. Ainsi, certains comportements sont considérés comme étant anticoncurrentiels, donc interdits, et d'autres sont règlementés.

## 1 L'interdiction des pratiques anticoncurrentielles

| Pratique anticoncurrentielle | Article | Principe |
|---|---|---|
| **L'entente** | • Article L. 420-1 du Code du commerce<br>• Article 101 du Traité sur le fonctionnement de l'UE | Toute forme d'accord entre entreprises qui cherche à limiter l'accès au marché, faire obstacle à la libre fixation des prix, limiter les débouchés ou répartir les marchés est interdit. |
| **L'abus de position dominante** | • Article L. 420-2 du Code de commerce<br>• Article 102 du Traité sur le fonctionnement de l'UE | Une entreprise a le droit d'exploiter une position dominante mais pas d'en abuser.<br>**Exemple :** imposer des conditions discriminatoires en menaçant de rompre les relations. |

• **À titre exceptionnel,** les ententes et les abus de position dominante sont autorisés lorsqu'un texte règlementaire ou législatif le prévoit explicitement, ou lorsque l'entente peut assurer un progrès économique, la création d'emploi ou le partage équitable du profit qui en résulte, notamment pour le consommateur.

• **Les pratiques anticoncurrentielles sont sanctionnées** par l'autorité de la concurrence en droit français et par la Commission européenne sur le marché européen. Les sanctions sont pénales : des amendes financières et/ou la cessation du comportement illicite.

## 2 Le contrôle des concentrations

Les entreprises ont naturellement vocation à lutter contre leurs concurrents, à acquérir des parts de marché et à tendre vers une situation de monopole. Le but de la régulation est de contrôler les opérations de concentration afin que le niveau de concurrence soit maintenu.

### A Définition des opérations de concentration

Les articles L. 430-1 et suivants du Code de commerce précisent les opérations visées. **La concentration suppose :**
– soit une **opération de fusion** entre entreprises ;
– soit une **prise de contrôle** d'une ou plusieurs entreprises par prise de participation.

### B La procédure de contrôle

• L'autorité de la concurrence intervient lorsque l'opération de concentration dépasse certains seuils financiers (chiffre d'affaires du nouvel ensemble, par exemple) définis par une ordonnance du 29 mars 2011.

• La Commission européenne procède au même type de contrôle selon les seuils fixés par le règlement communautaire du 20 janvier 2004.

## 3 La concurrence déloyale

COMPRENDRE EN VIDÉO — *Voir vidéo : Qualifier des faits juridiques*

### A Les conditions de l'action en concurrence déloyale

Une victime de concurrence déloyale **peut agir en justice par une action en concurrence déloyale pour obtenir réparation.** Cette action se fonde sur la responsabilité civile extracontractuelle (articles 1240 et 1241 du Code civil). Pour être efficace, le demandeur doit apporter la preuve de trois conditions :

**Définition**

**Concurrence déloyale :** ensemble des procédés concurrentiels contraires à la loi ou aux usages, constitutifs d'une faute intentionnelle ou non et de nature à causer un préjudice aux concurrents.

**La faute du professionnel** ← **Le lien de causalité entre les deux** → **Le préjudice de la victime**

**Direct et certain**

**4 formes possibles :**
– le dénigrement
– l'imitation ou la recherche de confusion
– la désorganisation de l'entreprise
– la désorganisation du marché

**5 types de dommage :**
– la dépréciation d'un élément attractif de la clientèle (comme une marque)
– la diminution d'un avantage concurrentiel
– le détournement de clientèle
– la gêne dans les initiatives commerciales
– l'atteinte à l'image de marque

### B Les sanctions de la concurrence déloyale

• **Le versement de dommages et intérêts** pour indemniser la victime du préjudice subi peut être **financier**, **matériel** ou **moral** (atteinte à l'image de l'entreprise).

• **La cessation du comportement déloyal.**

• **La publication du jugement.**

**Remarque**

L'action pour actes déloyaux se prescrit en 5 ans à partir du moment où le dommage a été réalisé, ou au moment où le dommage a été constaté par la victime ou lors de la cessation des agissements déloyaux.

## 4 Le rôle des AAI

• **Sur un marché, le droit est mis en œuvre par des autorités de régulation :** les autorités administratives indépendantes (AAI).

• **L'Autorité de la concurrence est un exemple d'AAI.** Elle peut :
– **sanctionner** les pratiques anticoncurrentielles par des amendes ;
– **autoriser ou interdire** les opérations de concentration des entreprises ;
– **formuler des avis** et des recommandations.

**Exemple**

Autres exemples d'AAI :
– la Commission nationale de l'informatique et des libertés (CNIL) ;
– l'Autorité de régulation des jeux en ligne (ARJEL) ;
– la Commission de régulation de l'énergie (CRE).

# 24 Le droit de la propriété industrielle : brevet et marque

Dans un monde concurrentiel, l'État cherche à encourager l'innovation des entreprises et leur différenciation face aux concurrents.
À cette fin, il accorde un monopole d'exploitation temporaire et une protection contre les reproductions sans autorisation aux entreprises qui se démarquent par une innovation ou par un signe distinctif.
Grâce au droit de la propriété industrielle, l'État concilie régulation du jeu de la concurrence économique et incitation au progrès technique.

## 1 Les brevets

(art. L611-1 et suivants du Code de la propriété intellectuelle)

### A Définition

Le brevet est un **titre juridique délivré par un organisme public** (Institut national de la propriété industrielle en France, INPI) qui confère à son titulaire un **monopole temporaire d'exploitation de l'invention** (20 ans). En contrepartie, le titulaire du brevet doit divulguer le contenu de son invention et payer une redevance annuelle à l'INPI.

### B Conditions de brevetabilité

• **Pour être brevetable,** une invention doit remplir quatre conditions :
– **avoir un caractère industriel :** être utilisable dans l'industrie ou l'agriculture ;
– **être nouvelle** : produits ou procédés nouveaux, combinaisons nouvelles de procédés déjà connus ; ne pas avoir déjà fait l'objet d'une demande de brevet ; ne pas avoir été divulguée ;
– **impliquer une activité inventive :** il en est ainsi lorsque, pour un homme du métier, l'invention ne découle pas d'une manière évidente de l'état de la technique ;
– **être licite** : ne pas être contraire à l'ordre public et aux bonnes mœurs.

• **Par principe, le propriétaire du brevet est le déposant.** Toutefois, une entreprise est propriétaire du brevet dès lors que l'invention a été mise au jour par un salarié travaillant pour le compte de l'entreprise.

**Exemple**
Ne sont pas brevetables les procédés de clonage des êtres humains, les obtentions végétales et les races animales.

## 2 Les marques

(art. L711-1 et suivants du Code de la propriété intellectuelle)

### A Définition

• La marque est un **signe susceptible de représentation graphique servant à distinguer les produits ou services d'une personne physique ou morale**. Elle joue un rôle actif dans la pérennité de l'entreprise, permettant notamment d'attirer et de retenir la clientèle.

• Une fois déposée, la marque est protégée pendant 10 ans renouvelables indéfiniment.

### B Conditions de protection de la marque

Pour être valablement déposée, la marque doit remplir 4 conditions :

| Condition : la marque doit… | Explication | Exemple |
|---|---|---|
| **être originale et distinctive** | Elle ne doit pas être la désignation générique ou usuelle du produit ou la forme imposée par la nature. | La marque « Orange » ne peut pas être utilisée pour désigner le fruit orange, mais elle peut l'être pour la téléphonie. |
| **ne pas être déceptive** | Elle ne doit pas tromper le public sur le produit ou le service. | « Évian Fruité » pour un produit qui ne comprend pas d'Évian. |
| **être nouvelle** | Elle ne doit pas porter atteinte à des droits antérieurs : une autre marque déjà enregistrée, une marque notoire, même non déposée s'il y a risque de confusion… | « Car2go » a été interdite car son nom était trop proche de la marque « Car'Go » qui propose des services de location de voiture. |
| **être licite** | Certains signes sont réservés ou prohibés. | La Croix rouge est réservée à l'aide humanitaire et internationale. |

## 3 La protection de la propriété industrielle

### A Les formalités de protection

• **Pour bénéficier de la protection liée au brevet ou à la marque,** les entreprises doivent réaliser un dépôt à l'Institut national de la propriété industrielle (INPI) en France. La protection est également accordée au niveau européen par le dépôt d'un brevet européen ou d'une marque communautaire.

• **Une procédure, dite d'extension,** permet de protéger également le brevet ou la marque dans les pays membres de l'OMC ou signataires de la convention de l'Union de Paris.

### B L'action en contrefaçon

• **Le brevet comme la marque représente pour la plupart des entreprises une grande valeur patrimoniale,** c'est pourquoi il est nécessaire de le protéger. **Dès lors que le brevet ou la marque sont déposés, ils confèrent un monopole d'exploitation** que le propriétaire peut utiliser à sa guise comme un **droit de propriété**. Il peut le conserver pour lui, octroyer des licences d'exploitation ou encore le céder.

• **Si quelqu'un porte atteinte à ce monopole d'exploitation** sans avoir eu l'autorisation du propriétaire du titre juridique, ce dernier peut agir en contrefaçon. La contrefaçon est un **délit pénal**.

• **Si la contrefaçon n'est pas une reproduction identique** de l'invention ou de la marque, l'entreprise titulaire du titre peut agir en concurrence déloyale contre l'entreprise malveillante.

**Remarque**

• 9 Français sur 10 pensent que l'on peut acheter un produit contrefait sans s'en rendre compte.
• En 2017, la douane française a saisi 8,4 millions de faux produits.

• Selon l'Office de l'Union européenne pour la propriété intellectuelle, 435 000 emplois seraient perdus à cause de la contrefaçon en Europe et 15 milliards d'euros de recettes fiscales en moins pour les États.

# 25 Les caractéristiques de l'environnement

## 1 Les sources de l'avantage concurrentiel

- Une entreprise s'intéresse en premier lieu aux **forces et faiblesses** dont elle dispose vis-à-vis de ses principaux concurrents sur le marché.
- Pour définir ses sources d'avantage concurrentiel, une entreprise doit mener un **diagnostic global de son environnement**.
- Selon Michael Porter, les **5 forces de la concurrence** sont :

– **l'existence de produits de substitution** qui exerce une pression indirecte sur le marché de l'entreprise ;
– **le pouvoir de négociation des fournisseurs** qui mesure le degré de dépendance d'une entreprise par rapport à ses fournisseurs ;
– **le pouvoir de négociation des clients** qui mesure les conditions d'achat qui peuvent être négociées par les clients ;
– **l'intensité de la concurrence sur le marché** (taille et nombre des entreprises concurrentes) ;
– **le rôle ou l'influence de l'État** qui freine l'insertion de nouveaux concurrents potentiels.

**Définition**

**Avantage concurrentiel :** offres proposées par une entreprise qui la différencie de ses concurrents et lui procure un avantage sur eux ; c'est un facteur clé de succès, un atout stratégique.

**Exemple**

Pour relancer les ventes de l'ex-Cserie de Bombardier rebaptisé A220, Airbus veut renégocier les contrats de sous-traitants et réduire les coûts de 20 %, en échange d'une hausse des volumes afin de rester compétitif vis-à-vis de son concurrent Boeing.

## 2 Le modèle Pestel

- **Le modèle PESTEL** propose une **analyse plus globale de l'environnement** que celle de Porter.
- **Le diagnostic stratégique** fait donc apparaître les forces et faiblesses de chaque entreprise vis-à-vis des différentes composantes de son environnement et lui permet ainsi d'adapter sa stratégie pour réagir.

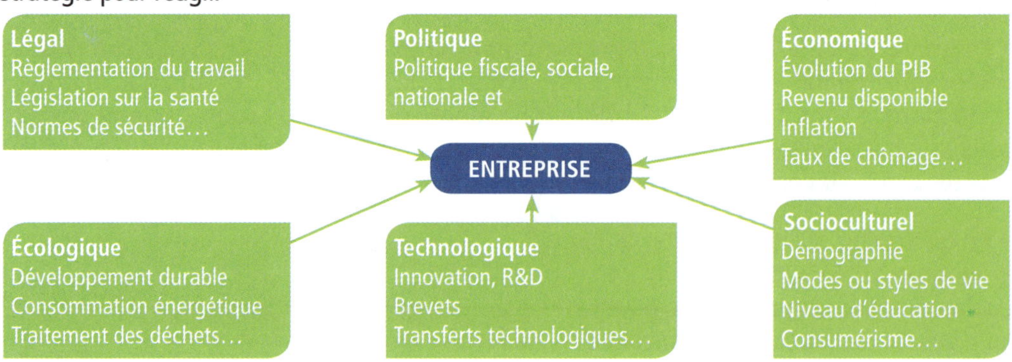


**Exemple**

Les confiseurs ont signé en juin 2018 une charte de déontologie et d'engagement pour rendre les bonbons plus transparents. Fini donc l'ajout du colorant E171, cancérogène, et place à un étiquetage plus clair pour les consommateurs. Par ailleurs, les fabricants de sucreries prévoient d'innover en créant des produits allégés en sucre, voire sans sucre.

# 26 Le rôle de l'innovation

L'innovation regroupe l'ensemble des démarches scientifiques, technologiques, organisationnelles, financières et commerciales qui aboutissent à la réalisation de produits, procédés ou processus nouveaux ou améliorés.

## 1 L'innovation

L'innovation distingue notamment :
– **la création de produits nouveaux** qui répondent mieux aux besoins des consommateurs ;
– **la satisfaction d'un besoin nouveau** ;
– **l'amélioration de la qualité** d'un produit ;
– **la conquête de nouveaux débouchés** ;
– **la mise au point d'une nouvelle méthode de production**.

**Exemples**

La PME Le Slip français réinvente la fabrication textile en France et se lance sur le Web puis en magasin ; les grands constructeurs automobiles se lancent dans la production de véhicules électriques pour remplacer les véhicules diesel et à essence ; Dyson abandonne l'aspirateur avec fil suite à ses innovations technologiques…

## 2 Le patrimoine technologique

• **Le patrimoine technologique** regroupe l'ensemble des technologies possédées par une entreprise, qu'elles soient émergentes (technique en phase de développement), **clés** (déterminantes dans l'avantage concurrentiel de l'entreprise) ou **de base** (nécessaires mais non discriminantes par rapport à la concurrence).
• **La connaissance du patrimoine technologique** de l'entreprise est un élément déterminant de la politique d'innovation qui pourra être décidée par le manager.

## 3 Le développement du patrimoine technologique

Pour accroître son patrimoine technologique, l'entreprise dispose de nombreux outils :
• **la recherche et le développement :** l'ensemble des travaux de création entrepris de façon systématique en vue d'accroître la somme des connaissances et son utilisation pour de nouvelles applications ;
• **la veille technologique :** l'ensemble des techniques licites qui organisent de façon systématique la collecte d'informations technologiques, l'analyse, la diffusion et l'exploitation de ces informations utiles à la croissance et au développement de l'entreprise ;
• **la démarche qualité :** mode de management qui consiste à rechercher l'amélioration continue et progressive des pratiques existantes.

**Remarque**

• Les dépenses de recherche et développement représentent un peu plus de 2 % du PIB en France ; en 2017, les entreprises françaises ont déposé 16 250 brevets à l'INPI, 90 500 marques et 6 000 dessins et modèles.
• Prépondérance des secteurs industriels parmi les principales entreprises innovantes : Valeo, PSA, Safran, Renault, Airbus, Michelin, L'Oréal, Thales.

# 27 Les facteurs de production

Afin d'assurer la production de biens ou de services, **l'entreprise s'appuie sur des facteurs de production** qui correspondent aux moyens humains, matériels et immatériels qu'elle utilise.

## 1 Le choix d'un mode de production

Voir p. 226

La majorité des entreprises opère dans un but lucratif : elles cherchent à adopter un **mode de production** tel que la valeur de la production excède les coûts engendrés par l'utilisation de facteurs.

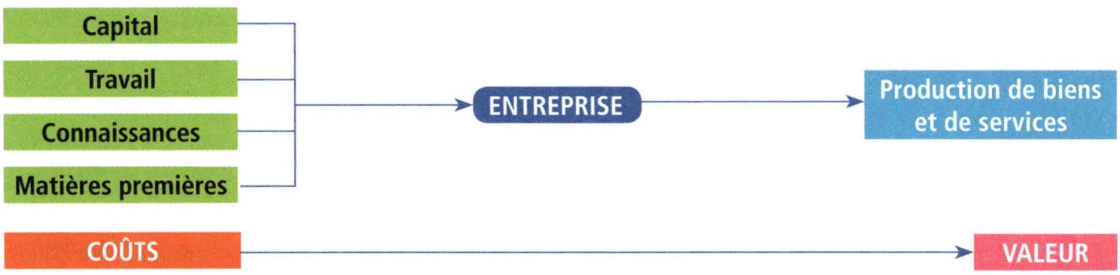


## 2 Les principaux facteurs de production

Les entreprises combinent plusieurs facteurs de production pour fabriquer des biens ou proposer des services.

• **Le facteur capital** peut être envisagé de deux façons :
– **les moyens financiers nécessaires au développement de l'activité.** Sur le plan comptable, le capital s'apparente à un **passif**, par exemple, le capital social ;
– **les moyens matériels (et immatériels) permettant la production.** Sur le plan comptable, le capital s'apparente à des **immobilisations** (actif), par exemple, les équipements et les machines.

• **Le facteur travail** regroupe **l'ensemble des moyens humains nécessaires à la production**, qu'ils soient permanents (CDI) ou temporaires (CDD, intérim).

• **Les connaissances** prennent une part de plus en plus importante dans le processus de production, car elles sont **source de différenciation, d'innovation et de progrès technique**. Elles résultent par exemple d'activités de R&D, de la formation des salariés.
Elles s'apparentent à un **capital immatériel** lorsqu'elles prennent la forme de **brevets**, de **logiciels**. Sur le plan comptable, on parle d'**immobilisations incorporelles**.

• **Les matières premières.** Contrairement au capital, elles sont détruites lors du processus de production et généralement incorporées aux biens et aux services réalisés.

# 28 Les gains de productivité et coûts de production

La productivité est une mesure de la contribution d'un ou plusieurs facteurs à la production : **production ÷ quantité de facteurs**.

## 1 Productivité et gains de productivité

• Les gains de productivité correspondent à un **accroissement de la productivité** :
– l'entreprise produit autant avec moins de facteurs ;
– l'entreprise produit plus en volume ou créée plus de valeur avec une même quantité de facteurs.
• Les gains de productivité sont le **fruit du progrès technique** qui peut provenir :
– d'une élévation des qualifications des travailleurs ;
– d'investissement dans des équipements plus performants ;
– d'une meilleure organisation de la production.

**Exemple**
Production ÷ temps de travail = productivité horaire.

## 2 Coûts de production

| Facteurs de production | Éléments de coût |
| --- | --- |
| **Capital (financier)** | • Le coût du capital est surtout reflété par le taux d'intérêt.<br>• Le taux d'intérêt représente le coût d'un financement lorsqu'il s'agit d'emprunt. |
| **Travail** | • Tensions sur le marché du travail (faible/forte demande pour un métier, pénurie de main d'œuvre…)<br>• Aspects fiscaux et sociaux (cotisations)<br>• Formations à mettre en place pour les nouveaux embauchés… |
| **Connaissances** | • Coûts des activités de R&D, coût de formation des salariés<br>• Achats ou licences d'exploitation de brevets… |
| **Matières premières** | • Cours des matières premières<br>• Éventuels coûts induits (externalités négatives → paiement d'écotaxes) |

## 3 Choix d'une combinaison productive

• La part des différents facteurs utilisés dans le processus de production est le **fruit d'un arbitrage entre le coût des facteurs et leur productivité**. Ainsi, une entreprise peut choisir d'automatiser plus fortement sa production (renforcer la part du capital au détriment du facteur travail) lorsque plusieurs phénomènes le favorisent, par exemple :

- Les taux d'intérêt baissent → **baisse du coût du capital**
- L'automatisation améliore la qualité de la production et créée de la valeur aux yeux des consommateurs → **gain de productivité (capital)**
- Les taux de cotisation augmentent → **hausse du coût du travail**

→ **Choix d'une nouvelle combinaison productive :** plus de facteur capital, moins de facteur travail (ou substitution du capital au travail)

• Au-delà des seules considérations économiques, **la combinaison productive choisie par l'entreprise peut tenir compte d'objectifs de développement durable**, par exemple : privilégier des produits ou procédés plus économes en matières premières, envisager un possible recyclage en fin de vie du produit…

# 29 La chaîne de valeur

## 1 Présentation de la chaîne de valeur

• **La chaîne de valeur de Porter** a pour objectifs de **recenser les activités de l'entreprise** et de **mesurer en quoi elles sont créatrices de valeur pour les clients** (et donc de marge pour l'entreprise).

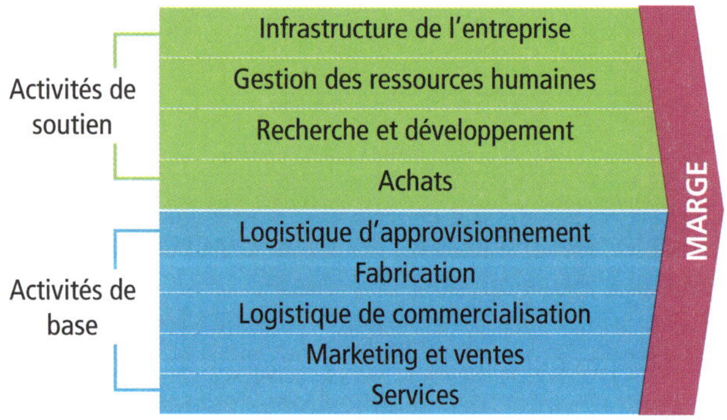

▲ La chaîne de valeur de Porter

• **Porter distingue :**
– **les activités de base** (fabrication, vente…) qui participent directement à la création et à la vente du produit de l'entreprise ;
– **et les activités de soutien ou de support** (gestion de l'infrastructure de l'entreprise, R&D, GRH…) qui rendent possibles les activités de base et en assurent la coordination, le bon fonctionnement.

• **La valeur que l'entreprise parvient à générer provient des activités elles-mêmes,** mais elle peut être le fruit de complémentarité entre activités.

**Exemple**
L'un des atouts d'Amazon est d'avoir su mettre à profit son activité de R&D (activité de soutien) pour robotiser et améliorer son activité de logistique en matière de gestion des stocks (activité de base).

## 2 Les enseignements à tirer de la chaîne de valeur

| | |
|---|---|
| **Activités fortement créatrices de valeur** | • Les **développer pour construire un avantage concurrentiel**<br>• Doivent rester dans le **cœur de métier de l'entreprise**<br>• Logique d'optimisation pour l'entreprise : **maximiser création de valeur / coût** (ne pas chercher à faire des économies qui feraient diminuer plus fortement encore la valeur créée) |
| **Activités faiblement créatrices de valeur** | • Activités avant tout **génératrices de coûts**<br>• Logique d'optimisation **: minimiser les coûts**<br>• Peuvent faire l'objet d'une **externalisation** |

**Exemple**
La société Nike a su bâtir son expansion en s'appuyant sur son image de marque :
– les **dépenses marketing et publicitaires** (en faisant appel à des sportifs reconnus) et la **conception des nouveaux modèles** valorisent cette image de marque et sont ainsi fortement créatrices de valeur ; elles restent le **cœur de métier** de la société ;
– en réalité, la fabrication des produits **crée peu de valeur**. Nike fait appel à des **sous-traitants**.

# 30 Les principes et finalités de l'impartition

La stratégie d'impartition consiste à faire réaliser ou produire des biens et services par d'autres entreprises.

## 1 Les techniques d'impartition

L'impartition **va de pair avec la domination ou le contrôle d'une entreprise sur une autre**. Les principales techniques d'impartition sont :

| | |
|---|---|
| **La concession** | • Modalité très présente dans la distribution automobile.<br>• Une entreprise (le concédant) s'engage à approvisionner en produits de sa marque une autre entreprise (le concessionnaire).<br>• Le concessionnaire doit respecter des contraintes (éventuels quotas, politique commerciale de vente du concédant…). |
| **La franchise** | • Modalité présente dans divers secteurs, notamment la restauration rapide (Subway, McDonald's), l'entretien automobile (Feu vert, Point S)...<br>• Une entreprise (le franchiseur) met à la disposition d'une autre entreprise (le franchisé) sa gamme de produits ou de services et une assistance commerciale ou technique. Le franchisé s'acquitte du paiement d'une redevance.<br>• Permet une croissance rapide, sans moyens importants pour le franchiseur (il achète lui-même son point de vente). |
| **La sous-traitance** | Une entreprise (donneuse d'ordre) confie à une autre entreprise (le sous-traitant) des travaux à exécuter. |

## 2 Les finalités de l'impartition

• Le recours à l'impartition est envisageable :

– **lorsqu'il y a un gain à recourir à une autre entreprise** car elle propose des prestations moins coûteuses et/ou de meilleure qualité qu'une prestation réalisée soi-même ;

– **les coûts de transaction** (liés à la coopération à mettre en place avec l'entreprise partenaire) **ne l'emportent pas sur les gains attendus**. L'entreprise peut ainsi se concentrer sur les activités créatrices de valeur.

**Remarque**

La question du recours à l'impartition est une réponse à la question : Faire ou faire faire ?

• **Mais l'impartition ne doit pas concerner les activités fortement créatrices de valeur,** source d'avantage concurrentiel.

• **L'impartition entraîne un risque de perte de savoir-faire et de compétences** qui peut causer une dépendance du donneur d'ordre envers le sous-traitant ; l'activité sous-traitée devient alors essentielle en termes de création de valeur pour le produit ou service d'ensemble.

# 31 Le choix de la structure juridique pour l'entreprise

L'entreprise rassemble des moyens humains, matériels et financiers afin de fonctionner. Le choix de la structure juridique de l'entreprise dépend logiquement des moyens dont elle veut se doter. Plusieurs formes juridiques existent.

## 1 Les facteurs de choix d'une structure juridique

La structure juridique est le cadre légal de l'activité de l'entrepreneur. Choisir une structure juridique s'effectue à partir de différents critères qui peuvent être invoqués à la création de l'entreprise et au cours de son évolution.

### A Entreprendre seul ou à plusieurs

- Le premier choix à effectuer pour créer son entreprise est de se demander si l'on souhaite lancer son activité seul ou à plusieurs. Le choix s'effectue selon quelques critères décisifs :

| Critère clé | Entrepreneur individuel | Société commerciale |
|---|---|---|
| **Nombre d'entrepreneurs** | Une personne physique | Plusieurs personnes physiques ou morales appelées associés |
| **Autonomie** | Le chef d'entreprise décide seul. Il a tous les pouvoirs. | Les décisions sont prises au moins à la majorité des associés. |
| **Formalisme** | En quelques minutes une personne physique peut créer sa microentreprise. | L'existence de la personne morale suppose la signature des statuts et l'immatriculation de la société au RCS. |
| **Le régime fiscal applicable aux bénéfices de l'activité** | Impôt sur le revenu dans la rubrique « bénéfices industriels et commerciaux » (BIC) | Impôt sur les sociétés des bénéfices réalisés |
| **La transmission de l'entreprise** | Le chef d'entreprise doit transmettre l'ensemble des biens constituant son activité. | Les associés doivent simplement transmettre leurs parts sociales. Le transfert est facilité. |

- Le choix de la forme juridique peut de nouveau se poser au cours de la vie de l'entreprise.

**Exemple**
Pour augmenter sa capacité financière, il est fréquent qu'une entreprise individuelle adopte la forme d'une société commerciale telle qu'une société à responsabilité limitée (SARL) ou une société par actions simplifiée (SAS).

### B Protéger son patrimoine

| Critère clé | Entrepreneur individuel | Société commerciale |
|---|---|---|
| **Capacité financière de développement** | Selon le patrimoine de l'entrepreneur | Possibilité de faire appel à des capitaux extérieurs et de créer des alliances avec d'autres structures |
| **Étendue de la responsabilité** | En principe, à l'ensemble du patrimoine de l'entrepreneur | Au montant des apports des associés, dans les SARL |

• En matière d'entreprise individuelle, **le législateur a instauré plusieurs dispositifs afin de protéger le patrimoine de l'entrepreneur contre les risques de saisie par les créanciers** :
– depuis le 1er janvier 2011, **une personne physique peut opter pour le régime de l'EIRL** ; il permet de compartimenter son patrimoine et d'affecter une partie seulement de ses biens à une activité professionnelle ; alors, les biens en dehors de cette affectation ne sont pas saisissables ;
– depuis la loi du 6 août 2015, **la résidence principale de l'entrepreneur est insaisissable de plein droit** (auparavant il devait effectuer une déclaration d'insaisissabilité).

## C Choisir son régime matrimonial

• Le régime matrimonial de l'entrepreneur marié ou pacsé peut avoir un impact sur les biens saisissables en cas de déconfiture de l'activité. Trois régimes coexistent :

| Régime | Principe | Conséquence |
|---|---|---|
| **La communauté légale** | • **Régime par défaut du Code civil :** les biens acquis à titre onéreux pendant le mariage sont communs aux deux époux.<br>• Seuls les biens acquis avant le mariage demeurent propres à chaque époux. | • L'époux non commerçant est engagé par l'activité commerciale de l'époux commerçant.<br>• Tous les deux répondent des dettes professionnelles nées après le mariage. |
| **La communauté universelle** | **Régime conventionnel issu d'un contrat de mariage** : l'ensemble des biens, même ceux acquis avant le mariage, appartient à l'un et à l'autre des époux. | • Intéressant en cas de décès d'un des époux. Le conjoint survivant récupère tous les biens.<br>• Régime incompatible avec les risques de la vie des affaires : aucun bien ne peut échapper aux poursuites des créanciers ! |
| **La séparation des biens** | **Régime conventionnel issu d'un contrat de mariage** : ce qui est acquis par un conjoint, avant ou après le mariage, lui appartient exclusivement. | Si l'un des époux est commerçant, l'autre ne peut pas voir ses biens engloutis dans la déconfiture de l'exploitation. |

• Lorsqu'un conjoint se lance dans une entreprise individuelle, **le régime matrimonial recommandé est la séparation des biens**. Le choix est plus libre si l'entreprise créée est une société.

# 2 L'entreprise individuelle et les structures sociétaires

Le choix de l'une ou l'autre forme juridique confère des régimes fiscaux et sociaux différents que le créateur d'entreprise doit prendre en compte.

| Critère clé | Entrepreneur individuel | Société commerciale |
|---|---|---|
| Le régime fiscal applicable aux bénéfices de l'activité | Impôt sur le revenu dans la rubrique « bénéfices industriels et commerciaux » (BIC) | • EURL : impôt sur le revenu ou impôt sur les sociétés sur option<br>• SA, SAS, SARL : impôt sur les bénéfices mais possibilité d'impôt sur les revenus sous conditions |
| Le statut social de l'entrepreneur | Travailleur non-salarié ou assimilé salarié | • Associés d'EURL : travailleurs non-salariés<br>• Associés de SA, SAS, SARL : régime des salariés |

# 32 Les formes juridiques de l'économie sociale et solidaire (ESS)

L'économie sociale et solidaire (ESS) est une **déclinaison du concept de développement durable**. Elle cherche à concilier trois piliers : la performance économique, le respect des humains en appliquant des valeurs d'équité et d'utilité sociale, et le respect de l'environnement.

## 1 Principes communs aux formes juridiques de l'ESS

• **L'ESS représente plus de 10 % du PIB en France et environ 12 % des emplois.** Les domaines d'activité sont multiples : santé, éducation, logement, insertion sociale, environnement, banque…
• **Les entreprises de l'ESS se définissent par des modes de gestion et de décision démocratiques et participatifs.** L'utilisation des résultats financiers est strictement encadrée : **leur finalité est de réinvestir des bénéfices dans l'activité, pas de distribuer des profits.**
• **Les formes juridiques de l'ESS** bénéficient d'un cadre renforcé par la loi du 31 juillet 2014 relative à l'économie sociale et solidaire : des sociétés commerciales peuvent être labellisées ESS, ce qui leur permet de bénéficier d'une fiscalité avantageuse et de dispositifs de financement spécifiques.

## 2 Règles spécifiques aux formes juridiques de l'ESS

**Les coopératives**

– Sociétés de personnes et non de capitaux : 1 adhérent = 1 voix
– Groupement ayant la capacité civile
– Création soumise à déclaration
– Principe de l'autogestion
– But non lucratif
– Obligations strictes de prudence financière pour garantir les intérêts des adhérents
– Dirigeants bénévoles élus au sein de leurs rangs

**Les mutuelles**

Différentes selon la qualité de leurs membres : les coopératives agricoles ont pour membres des agriculteurs ; celles de consommateurs ont pour membres des consommateurs.

↓

**Les sociétés coopératives (SCOP)** de forme SA, SARL ou SAS sont composées majoritairement de salariés qui détiennent au moins 51 % du capital et 65 % des droits de vote.

• **Les sociétés coopératives d'intérêt collectif** (SCIC) sont des SCOP dans les domaines de l'énergie, l'environnement, la culture, la santé. Toutefois, les membres associés au capital peuvent avoir des qualités très variées : salariés mais aussi clients, bénévoles, collectivités territoriales, partenaires privés… **L'essentiel est de s'impliquer dans le projet.**
• **Au sein de la SCOP :**

| | |
|---|---|
| **Nomination du dirigeant** | Élu par les salariés associés. |
| **Partage du profit : respect du principe d'équité** | • Une part pour tous les salariés, sous forme de participation et d'intéressement ;<br>• Une part pour les salariés associés sous forme de dividendes ;<br>• Une part pour les réserves de l'entreprise. |
| **Réserves** | Non partageables et définitives, elles contribuent à la pérennité de l'entreprise. |

# 33 La responsabilité de l'entreprise face aux risques juridiques

Dans un environnement concurrentiel et incertain, l'entreprise peut être amenée à affronter divers risques qui peuvent engager sa responsabilité juridique civile ou pénale lorsque plusieurs conditions sont remplies.

## 1 Les risques

• En termes de droit, **le risque est un événement dommageable dont la survenance est incertaine quant à sa réalisation**. L'entreprise est confrontée à de nombreux risques.

| Type de risque | Illustration |
|---|---|
| **Environnemental** | Lorsqu'une entreprise porte atteinte à l'environnement, elle peut être amenée à réparer le préjudice écologique qu'elle a commis (Article 1246 du Code civil). |
| **Technologique** | Lorsqu'une machine tombe en panne ou qu'un brevet a été copié, l'entreprise peut réduire sa production et voir son chiffre d'affaires diminuer rapidement. |
| **Numérique** | L'entreprise peut faire l'objet d'une attaque par un virus informatique. |
| **Politique** | Le programme d'un homme politique peut avoir un impact sur l'activité de l'entreprise. *Ex. : Les mesures protectionnistes prises par Donald Trump aux États-Unis ont un impact sur les activités économiques des entreprises européennes.* |
| **Économique** | Un client fragile ne paie pas ses factures dans les délais. |

• Lorsque le risque est subi, l'entreprise peut (mais pas toujours) agir en justice pour demander réparation au partenaire fautif. Lorsque l'entreprise est elle-même à l'origine du risque, consciemment ou non, elle engage sa responsabilité juridique.

## 2 La responsabilité civile et la responsabilité pénale

• Le droit distingue deux formes de responsabilité. Leurs caractéristiques diffèrent :

| Type de responsabilité | Pénale | Civile |
|---|---|---|
| **Manifestation** | Atteinte à l'intérêt général | Atteinte à un intérêt privé |
| **Fondement** | Réalisation intentionnelle d'une infraction (contravention, délit ou crime) | Faute volontaire ou non<br>Risque encouru |
| **Type de sanction** | Amende et/ou peine d'emprisonnement | Dommages et intérêts |
| **Objectif de la sanction** | Réparer le dommage causé à la société | Réparer le dommage causé à la victime |

Pour qu'une infraction soit constituée, trois composantes doivent être réunies :

– **un élément légal :** un texte prévoit de sanctionner l'infraction. Il n'y a pas d'infraction sans texte.

– **un élément matériel :** l'infraction est exécutée et consommée par des actions précises ou parfois par une abstention ;

– **un élément intentionnel :** le délinquant doit avoir agi en connaissance de cause. La mauvaise foi doit être prouvée.

**Remarque**

En matière pénale, ce qui n'est pas interdit n'est pas une infraction.

**Exemple**

Le commissaire aux comptes commet un délit s'il ne dénonce pas une faute constatée dans la tenue des comptes de l'entreprise qu'il certifie.

CEJM

# 34 L'inexécution du contrat et la responsabilité civile contractuelle

Le contrat génère une stabilité dans le temps dont l'entreprise peut jouir. Mais si les contrats sécurisent effectivement les relations, ils peuvent être également source d'inexécution et donc de risque. Or l'article 1103 du Code civil rappelle bien que tout « contrat légalement formé tient lieu de loi à ceux qui les ont faits. » **L'inexécution du contrat entraîne donc la responsabilité contractuelle du débiteur défaillant.**

## 1 La responsabilité civile contractuelle

Les 3 conditions de la mise en jeu de la responsabilité civile contractuelle sont :

### A La faute

Elle consiste en l'inexécution de ses obligations par l'une des parties et peut prendre trois formes :
– **l'inexécution totale,** comme le fait pour un vendeur de ne pas livrer le bien ;
– **l'inexécution partielle,** comme le fait pour un transporteur de ne livrer qu'une partie du colis confié (une inexécution défectueuse est considérée comme une inexécution partielle) ;
– **le retard dans l'exécution,** dans le cas de l'emprunteur qui ne respecte pas les dates d'échéance.

### B Le dommage

Le créancier victime de la faute du débiteur peut exiger réparation dès lors qu'une des obligations au contrat n'a pas été remplie. Le dommage peut être patrimonial ou extrapatrimonial.

| | |
|---|---|
| **Dommage extrapatrimonial** | Matériel : dégradation ou perte d'un bien |
| | Financier : manque à gagner, perte d'une chance ou conséquences économiques d'un dommage corporel |
| **Dommage patrimonial** | Moral ou psychologique : « le prix des larmes » |
| | Corporel ou physique |

### C Le lien de causalité

Ce lien entre la faute et le dommage doit être **direct et certain**. Seul le dommage prévisible donne lieu à réparation car chacun doit pouvoir calculer les risques qu'il prend en contractant.

**Exemple**
En cas de perte de l'objet confié, un transporteur ne remboursera que la valeur dont il a pu avoir connaissance.

## 2 Les 5 sanctions de l'inexécution contractuelle

Selon l'article 1217 du Code civil, des sanctions sont envisageables :

| Sanction | Explication |
|---|---|
| **L'exception d'inexécution** | Dans un contrat synallagmatique, une partie peut refuser d'exécuter son obligation si l'autre n'exécute pas la sienne. |

| | |
|---|---|
| **L'exécution forcée en nature** | Lorsque l'obligation inexécutée est une obligation de payer une somme d'argent, l'exécution forcée s'effectue en nature : les biens du débiteur sont saisis et vendus. Le créancier est payé sur le prix de la vente. |
| **La réduction du prix** | Le créancier peut accepter une exécution imparfaite du contrat et solliciter une réduction proportionnelle du prix. Si l'obligation n'est que partiellement remplie, il est logique que le prix soit moindre. |
| **La résolution du contrat** | Le créancier dénonce la faute du débiteur et les parties reviennent dans la situation dans laquelle elles étaient avant la conclusion du contrat. |
| **La réparation du préjudice** | Le débiteur fautif verse des dommages et intérêts au créancier victime. Les intérêts versés peuvent être compensatoires et / ou moratoires. |

## 3 Les formalités à accomplir

étape 1 Par une **mise en demeure**, le créancier envoie un dernier avertissement solennel au débiteur pour qu'il se conforme à ses obligations.

étape 2 Si cet ultimatum n'est pas suivi d'effet, le créancier peut **saisir la justice** et obtenir réparation de son préjudice ou l'exécution forcée du contrat.

**Remarque**

L'exécution forcée est envisageable pour le versement des sommes d'argent mais ne l'est pas pour la remise d'un bien ou la réalisation d'une prestation de service.

## 4 Le régime de la preuve

Comme dans le régime de droit commun, il appartient au créancier victime d'apporter la preuve de la défaillance de son cocontractant. Toutefois, la charge de la preuve peut dépendre de la nature de l'obligation en jeu.

| Type d'obligation | Régime de la preuve | Mode d'exonération |
|---|---|---|
| **Les obligations de résultat** | En cas d'inexécution d'une obligation de résultat, la faute du débiteur consiste à ne pas avoir exécuté ce à quoi il s'était engagé. Cette faute est présumée dès qu'il y a inexécution du contrat. | Le débiteur ne peut pas s'exonérer de sa responsabilité en prouvant qu'il n'a pas commis de faute. Seule la preuve d'une cause étrangère lui permet de se libérer. |
| **Les obligations de moyens** | • En cas d'inexécution d'une obligation de moyens, le créancier doit prouver que l'inexécution résulte d'un manquement du débiteur à ses obligations, c'est-à-dire que celui-ci ne s'est pas comporté comme un homme prudent, avisé, diligent.<br>• Le débiteur peut apporter la preuve qu'il n'a pas commis de faute. | Si la faute du débiteur est établie, celui-ci pourra encore se dégager de sa responsabilité en démontrant l'existence d'une cause étrangère ou d'une faute de la victime. |

## 5 Les causes d'exonération

• **Une « cause étrangère »** peut correspondre à 2 situations :
– **un cas de force majeure** : il découle des forces de la nature ;

**Exemple :** Une inondation empêche un transporteur de livrer le bien convenu.

– **ou un cas fortuit :** il découle de l'intervention fortuite d'une tierce personne.

**Exemple :** Le retard du train est dû à une personne qui est passée sur la voie.

• Dans tous les cas, la cause étrangère est un événement extérieur, imprévisible et surtout irrésistible : le débiteur ne peut pas le surmonter.

# 35 Les principes de la responsabilité civile extracontractuelle

Lorsqu'une personne subit un dommage dans le cadre non d'un contrat mais d'une situation relevant d'un fait juridique, la victime peut invoquer le régime de la responsabilité civile extracontractuelle pour obtenir une indemnisation.

## 1 La RC extracontractuelle : de la faute au risque

### A Le principe : la faute

• Historiquement, la responsabilité d'une personne est engagée dès lors que l'on peut prouver qu'elle a **commis une faute intentionnelle**.

**Exemple :** Un entrepreneur se rend responsable de concurrence déloyale et engage sa responsabilité s'il laisse des commentaires désobligeants sur le blog tenu par son concurrent direct.

• La responsabilité est qualifiée de **subjective** car **elle n'est retenue que si la faute est établie**.

• Cette responsabilité a toutefois été étendue aux cas où l'auteur du fait juridique a agi avec imprudence et négligence. La faute est moins prégnante mais toujours présente. La jurisprudence parle de **faute involontaire** ou encore de **quasi-délit**.

**Exemple :** Sur un échafaudage, un peintre fait tomber malencontreusement un pot de peinture sur un piéton qui passait en dessous et le blesse.

### B Les limites du fondement de la faute

• L'ère de la révolution industrielle et de la production en masse de produits complexes a rendu plus difficile l'identification des auteurs d'une faute. Est-ce l'ouvrier ou la machine qui cause le dommage ? Est-ce le distributeur du produit ? Le sous-traitant ? Le fabricant ?

• Pour éviter ces incertitudes, le droit s'est progressivement tourné vers une **systématisation de l'indemnisation**.

### C Priorité à l'indemnisation de la victime : la théorie du risque

• La théorie du risque s'est bâtie pour permettre d'engager la responsabilité d'une personne physique ou morale sans avoir à prouver une faute de sa part. Le risque, c'est d'abord celui qu'il faut assumer parce qu'il accompagne le profit tiré d'une activité.

**Exemple :** L'employeur tire profit du travail de son salarié. Il est logique que l'employeur soit responsable de son salarié sans que ce dernier ait besoin de prouver que l'employeur aurait commis une faute.

• Dans ce cas, l'existence seule du dommage permet à la victime de devenir créancière. La responsabilité est dite **objective** ou de **plein droit**.

### D Jusqu'au bout de la logique : la théorie de la garantie

Dans cette théorie, **la réparation du préjudice subi par la victime est considérée comme une priorité sociale** et son indemnisation est fortement facilitée.

**Exemple :** En cas d'attentat terroriste, les victimes sont indemnisées automatiquement via un fonds créé pour ce type d'événement.

On ne cherche plus à identifier l'auteur et sa faute (qui le sont d'ailleurs difficilement). Ce mécanisme s'appuie sur un **principe d'assurance**.

## 2 Les conditions de mise en œuvre

• Aujourd'hui, pour être engagée, la responsabilité civile extracontractuelle suppose de réunir trois conditions :
– **un fait générateur.** Le Code civil prévoit le fait personnel, le fait d'autrui et le fait des choses ;
– **un dommage :** son appréciation est la même qu'en matière contractuelle. Il est patrimonial ou extrapatrimonial ;
– **un lien de causalité** direct et certain entre le fait générateur et le dommage.

## 3 Les régimes spéciaux de la RC extracontractuelle

### A La responsabilité du fait des produits défectueux (loi du 19 mai 1998)

• **Elle définit les conditions de la responsabilité de plein droit** du producteur lorsqu'un produit défectueux a porté atteinte à une personne physique ou à un bien (pour un dégât supérieur à 500 €).
• **Ce régime de responsabilité est autonome,** que son auteur soit lié ou non par un contrat à la victime.

• **Un produit est considéré comme défectueux** dès lors qu'il n'offre pas à son utilisateur la sécurité à laquelle il peut légitimement s'attendre. Dans ce cas, la victime doit prouver le défaut du produit, le dommage subi et le lien de causalité entre les deux. Toute personne ayant participé à la chaîne de production (fabricant, sous-traitant, revendeur…) est responsable solidairement du dommage causé.

• Le régime prévoit quelques cas d'exonération du producteur (article 1245-10 du Code civil).

### B La responsabilité de l'employeur vis-à-vis de ses salariés

• **L'employeur a une obligation de sécurité de résultat vis-à-vis de ses salariés.** Il est responsable des dommages qu'ils peuvent subir dès lors qu'il « avait ou aurait dû avoir conscience des risques » qu'il leur faisait encourir. Ces risques ont un lien direct avec la santé et la sécurité des salariés. Il s'agit donc d'accidents du travail et de maladies professionnelles (troubles musculo-squelettiques), mais aussi de risques psychosociaux.

• **L'employeur doit donc prendre toutes les mesures nécessaires à la sécurité et à la santé physique et mentale de ses salariés.** Si à l'occasion de la réalisation de ces risques, la faute inexcusable de l'employeur est prouvée, il peut voir engager sa responsabilité civile mais aussi sa responsabilité pénale.

### C La responsabilité du fait de l'atteinte à l'environnement

Depuis la loi du 8 août 2016, la responsabilité de l'entreprise peut être engagée à l'occasion de la survenance d'un **préjudice écologique**. L'article 1246 du Code civil énonce : « Toute personne responsable d'un préjudice écologique est tenu de le réparer. »

### D L'obligation précontractuelle d'information

Lors de la négociation du contrat, l'ordonnance du 10 février 2016 prévoit une sanction sur le fondement de la responsabilité extracontractuelle lorsque l'une des parties ne respecte pas l'obligation de bonne foi et l'obligation précontractuelle d'information qui en découle.

# 36 Les ressources tangibles et intangibles

Selon la théorie des ressources d'Edith Penrose, l'entreprise est un ensemble de ressources tangibles (matérielles) et intangibles (immatérielles). Les ressources sont appelées ressources stratégiques lorsqu'elles permettent d'obtenir un avantage concurrentiel.

## 1 Les ressources tangibles

Les ressources tangibles constituent les **ressources matérielles propres à l'entreprise**.

**RESSOURCES TANGIBLES**

- Ressources humaines : les salariés
- Ressources physiques : bâtiments, équipements, installations techniques
- Ressources financières : financement à court et long terme (dettes, trésorerie)

## 2 Les ressources intangibles

• Dans une économie toujours plus fondée sur les technologies de l'information et de la communication (TIC), l'avantage compétitif d'une entreprise dépend de ses **ressources intangibles (immatérielles ou compétences)**.

**RESSOURCES INTANGIBLES**

- Organisation de l'entreprise (structure, SI)
- Ressources technologiques (brevets, savoir-faire)
- Ressources commerciales (image de marque, notoriété)

• La compétence des entreprises repose sur 3 éléments complémentaires détenus par ses salariés :
– **les connaissances** (le savoir) ;
– **les pratiques** (le savoir-faire) ;
– **les attitudes** (le savoir-être).

• Les compétences constituent un élément de plus en plus important de l'avantage compétitif d'une entreprise.

**Exemple**

Le groupe LVMH, leader mondial du luxe, a créé en 2014 un Institut des métiers d'excellence afin de proposer des formations en alternance et d'assurer la transmission de ses savoir-faire dans l'artisanat, la création et la vente.

**Définitions**

**Savoir :** il relève de la connaissance acquise par l'étude, par l'apprentissage, par l'expérience.
**Savoir-faire :** ensemble des expériences acquises par un individu ou une organisation, dans son domaine d'activité.
**Savoir-être :** capacité de produire des actions et des réactions adaptées à l'environnement humain et écologique. On parle aussi de « savoir-être relationnel ».
**Compétence :** capacité d'une entreprise à mettre en œuvre ses ressources afin d'atteindre ses objectifs.

# 37 Les mécanismes de coordination et de contrôle

Une entreprise se caractérise par une organisation (structure) particulière qui suppose des mécanismes de coordination et de contrôle adaptés.

## 1 Les composants d'une structure selon Henry Mintzberg

La pertinence d'une structure s'évalue notamment par les mécanismes de coordination et de contrôle qui en assurent le bon fonctionnement.

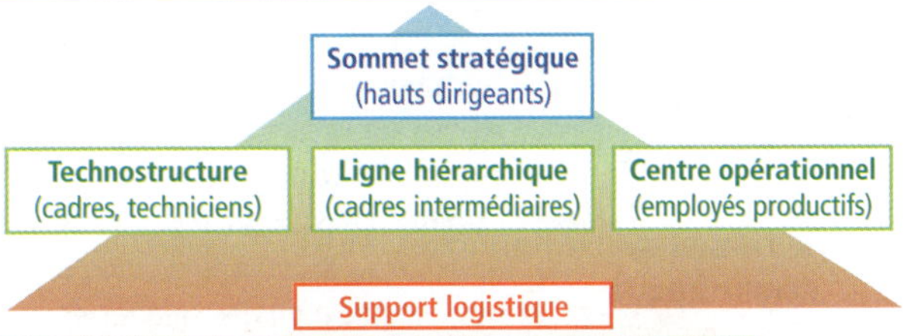


## 2 Les mécanismes de coordination d'une structure

Henry Mintzberg distingue **6 mécanismes de coordination** possibles selon le type d'organisation d'une entreprise.

| | |
|---|---|
| **❶ Supervision directe** | Une seule personne donne les ordres et s'assure de la coordination du travail. |
| **❷ Ajustement mutuel** | La coordination des tâches se fait par la négociation et le compromis entre individus d'un même niveau hiérarchique. |
| **❸ Standardisation des procédés** | Processus d'uniformisation des règles de fonctionnement et des méthodes de travail. La technostructure assure l'essentiel de ce travail pour le compte des personnels du centre opérationnel. |
| **❹ Standardisation des qualifications** | Processus d'uniformisation du savoir et des compétences des salariés grâce à l'utilisation de références communes (langage, procédures…). Cela permet de coordonner le travail des salariés de l'entreprise. |
| **❺ Standardisation des résultats** | Processus d'uniformisation des objectifs (et donc des résultats) définis pour chaque département d'une organisation. |
| **❻ Standardisation des normes** | Processus d'uniformisation des croyances des membres de l'entreprise autour d'une culture commune. |

## 3 Les mécanismes de contrôle

• **Il existe divers types de contrôles de la performance :**
– **par la règle** (bureaucratique) : respect des normes et des procédures.
– **par le marché :** contrôle des résultats obtenus par rapport aux objectifs initiaux.
– **par la standardisation** : respect des consignes et standardisation des opérations et de compétences.
– **par l'idéologie, les valeurs et la culture d'entreprise :** l'action des individus doit être conforme aux valeurs communes développées dans l'entreprise.
• **Ces types de contrôle ne sont pas exclusifs.** L'objectif n'est pas simplement d'analyser l'atteinte ou non des objectifs fixés, mais plutôt d'évaluer les écarts éventuels, d'en identifier les causes et de prendre les mesures correctives pour les réduire. La **pertinence** des indicateurs utilisés par l'entreprise doit permettre une bonne évaluation de **l'efficacité** (ou de l'efficience) de celle-ci.

# 38 Les styles de management et prises de décision

Le type de structure de l'entreprise influe sur le style de management et les prises de décision, facteurs importants de productivité.

## 1 Les différents styles de management selon Rensis Likert

| Style de management | Caractéristiques |
|---|---|
| **Style autoritaire ou autocratique** | Décisions imposées par le dirigeant aux salariés sans concertation : ce système repose sur la sanction et le respect des instructions données par une **communication descendante**. |
| **Style consultatif ou démocratique** | La direction consulte les salariés avant de prendre ses décisions grâce à un système de communication aussi bien **ascendant** que **descendant**. Cette implication des salariés est un facteur de motivation. |
| **Style paternaliste ou bienveillant** | Système proche du style autoritaire : le dirigeant cherche à mettre en avant un rôle protecteur, bienveillant envers les salariés qui restent soumis aux décisions **descendantes**. |
| **Style participatif** | Décisions prises dans une démarche consensuelle avec l'ensemble des membres de l'entreprise impliqués. Selon Likert, cette démarche rend l'entreprise plus efficace. |

L'exercice du pouvoir de décision dépend en grande partie du style de management mais s'analyse aussi selon une vision classique (descendante, hiérarchique) telle que décrite par **Henri Fayol**.

## 2 Les facteurs qui influent sur la prise de décision

Selon **Herbert Simon**, la prise de décision ne peut être dissociée de celui qui la prend et du contexte de l'entreprise dans laquelle elle est prise. Parmi les principaux facteurs qui l'influencent, on peut noter :
– **le style de direction** (concerté ou non) ;
– **le style du manager** (personnalité, histoire, attitude défensive ou offensive, expérience…) ;
– **la structure de l'entreprise** (entreprise décentralisée ou non) ;
– **le degré de risque** (niveau d'incertitude dans lequel est prise la décision) ;
– **la répétitivité de la décision**…

**Exemple :** Dans les TPE-PME, le dirigeant est généralement le propriétaire de l'entreprise et son mode de management déprendra en grande partie de sa personnalité (d'autoritaire à paternaliste). Dans de plus grandes sociétés, le manager ne possède pas l'entreprise. Son mode de management est plus orienté vers la recherche d'efficacité en lien avec les résultats attendus de la part des actionnaires.

## 3 Les trois types de décisions selon Igor Ansoff

• **Les décisions stratégiques** concernent les objectifs globaux de l'entreprise. Elles sont prises par la direction et sont irréversibles. Elles peuvent remettre en cause la pérennité de l'entreprise.
• **Les décisions tactiques** concernent le choix d'affectation des ressources au sein de l'entreprise. Elles sont prises par la direction opérationnelle et fonctionnelle de l'entreprise. Elles sont réversibles, mais à un coût très important pour l'entreprise.
• **Les décisions opérationnelles** concernent la vie quotidienne de l'entreprise. Elles sont prises par les différents niveaux de responsabilité de l'entreprise. Elles sont donc facilement réversibles.

# 39 Les processus de l'entreprise

La connaissance et l'analyse des processus d'une entreprise lui permettent de réaliser un diagnostic stratégique et d'identifier ses forces et faiblesses.

## 1 Le modèle de Porter de la chaîne de valeur

Voir p. 258

Le modèle de Porter repose sur une représentation générale de l'entreprise s'appuyant sur un processus composé d'un **enchaînement d'activités** transformant les inputs (matières premières) en outputs (produits finis) vendus aux consommateurs. **L'entreprise est définie selon son processus de transformation à partir duquel elle génère de la valeur.** Ces activités créatrices de valeur sont de deux sortes : **activités principales** et **activités de soutien**.

## 2 Les activités principales

Les activités principales recouvrent l'ensemble des étapes nécessaires à la création et à la distribution au client du produit ou service réalisé par l'**entreprise**.

- **La logistique interne :** activités logistiques (en amont) de réception, de stockage et de manutention interne pour affecter les moyens indispensables à la production.

- **La production :** transformation des moyens de production en produits finis (y compris emballage et contrôle qualité).

- **La logistique externe :** ensemble des activités de livraison des biens et services aux clients (collecte, stockage, distribution).

- **La commercialisation (marketing) et la vente :** ensemble des moyens et méthodes utilisés pour promouvoir l'offre de l'entreprise (publicité, force de vente, choix des circuits de distribution).

- **Les services :** ensemble des activités associées à la fourniture de services complémentaires dans le but d'accroître la valeur du produit ou service fourni (maintenance, assistance...).

## 3 Les activités de soutien

Les activités de soutien constituent les **fonctions support** de l'entreprise :
– **les approvisionnements :** activités liées aux achats de matière, de marchandises, de fournitures diverses, mais aussi des moyens de productions de l'entreprise ;
– **le développement technologique :** activités qui permettent à l'entreprise de disposer des technologies indispensables à la production et aux activités de soutien (Recherche et développement, systèmes d'information de l'entreprise, développement des connaissances...) ;
– **la gestion des ressources humaines :** activités liées aux aspects RH de l'entreprise (recrutement, rémunération, motivation, formation, gestion de carrière...) ;
– **l'infrastructure de l'entreprise :** activités administratives liées au fonctionnement de l'entreprise (direction générale, planification, finance, comptabilité, communication, service juridique).

**Remarque**

Ces activités ne doivent pas être négligées, car elles contribuent largement à la compétitivité globale de l'entreprise.

# 40 La responsabilité éthique, sociale, sociétale et environnementale

Les entreprises sont dites « socialement responsables » quand elles prennent en compte la responsabilité de leur impact sur la société en dehors de la simple obligation légale.

## 1 La responsabilité sociétale des entreprises (RSE)

Les sociétés expriment généralement leur approche éthique par un ensemble de valeurs ou de principes fondamentaux qui sont clairement formulés et communiqués en interne et en externe.

On identifie généralement 5 dimensions à la RSE :

❶ **la gestion de l'entreprise :** prendre en compte le développement durable, l'intérêt des parties prenantes ;

❷ **la qualité de vie au travail :** privilégier la qualité de l'emploi, le dialogue social, l'équité des relations et la non-discrimination, assurer des conditions de travail saines et sûres ;

❸ **la protection de la planète :** réduire l'impact environnemental des activités et des produits ;

❹ **l'acteur responsable sur le marché :** dans le respect des droits de l'homme et de l'environnement, agir avec responsabilité envers les partenaires économiques (fournisseurs et clients) ;

❺ **l'implication locale :** en fonction de la localisation des activités, agir en respectant le développement des territoires.

**Définition**

**Éthique des affaires :** ensemble des règles, codes ou principes qui vont orienter les décisions des organisations vers plus de morale et de transparence.

## 2 Une démarche globale

- Au-delà de simples opérations de **communication**, les grandes entreprises sont plus sensibles à une démarche RSE du fait de l'évolution des modes de consommation, de la montée des **enjeux sociétaux et environnementaux** et des risques liés à leur **réputation** (image de marque).
- Une démarche RSE se traduit par un engagement continu d'amélioration en différentes étapes :

**Exemples**

– Le groupe **Lego** a présenté en 2018 ses premières briques *eco-friendly* obtenues à partir de canne à sucre. Le développement de pièces végétales vise à lutter contre l'utilisation du plastique.

– **Orange** a présenté fin 2017 une application mobile « Ellomi » qui présente les différents types de handicaps et précise l'engagement et les aménagements prévus par l'entreprise pour accompagner et maintenir ses salariés en situation de handicap dans l'emploi.

# 41 Les effets d'expérience

La maxime « C'est en forgeant qu'on devient forgeron » signifie qu'en exécutant de façon répétée une ou plusieurs tâches, on gagne en expérience et en savoir-faire. À l'échelle d'une entreprise, cela revient à faire valoir les effets d'expérience acquis par une organisation au fil du temps.

## 1 L'effet d'expérience pour l'entreprise

- L'effet d'expérience permet à l'entreprise de **produire plus rapidement, plus efficacement**, d'**améliorer la qualité de ses produits et de ses processus de production**.
- Ces éléments permettent à l'entreprise de se doter de manière durable d'un avantage de coût qui lui assurera un **avantage comparatif à long terme.**

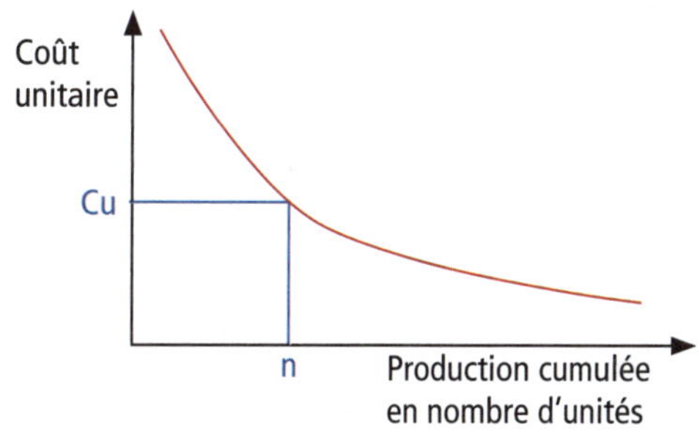


## 2 Les principales causes de l'effet d'expérience

Les principales raisons qui expliquent cette **diminution du coût unitaire de production** sont :

– **l'effet d'apprentissage.** L'expérience acquise par les salariés d'une entreprise qui se traduit par des gains de productivité. Beaucoup d'entreprises sont sensibilisées à ces pertes d'apprentissage lors du remplacement de salariés (nécessité d'assurer une transmission des savoir-faire en interne) ;

– **la spécialisation des personnels.** Approche tayloriste qui consiste à spécialiser les salariés en divisant les tâches pour accroître la compétitivité globale de la chaîne de production au fur et à mesure que les volumes produits augmentent ;

– **l'investissement continu.** Il permet des modifications dans le processus de production (nouvelles machines plus performantes, nouvelle organisation du travail, évolutions technologiques…). Cette amélioration continue se traduit par des gains de productivité et une diminution du coût unitaire de production ;

– **l'effet d'échelle.** Il permet de répartir les frais fixes sur un volume plus important de biens produits (une hausse des volumes permet ainsi de faire diminuer le coût d'achat auprès des fournisseurs en jouant sur les quantités commandées…).

**Exemple**

En 2014, Volkswagen a investi dans 7 imprimantes 3D sur son site au Portugal afin de fabriquer des produits manufacturiers habituellement fournis par des prestataires extérieurs. À la clé, plus de souplesse, d'ergonomie et un gain de temps.

CEJM

# 42 La distinction cycle d'exploitation-cycle d'investissement

Il existe un lien direct entre la définition de la stratégie et la réflexion à mener par l'entrepreneur sur le volume des ressources financières dont doit disposer l'entreprise pour faire face à ses besoins de financement.

## 1 Les besoins liés au cycle d'exploitation

• Par principe, une entreprise doit produire avant de vendre sa production, ce qui se traduit par un **décalage entre ses recettes futures et ses dépenses immédiates**.

• **Ces dépenses immédiates (cycle d'exploitation)** sont liées à l'ensemble des opérations nécessaires à une entreprise pour produire et vendre un bien ou un service :
– **acquisition des matières premières et biens intermédiaires** auprès de ses fournisseurs ;
– **fabrication du produit ou du service** (salaires, frais de la chaîne de production…) ;
– **stockage et approvisionnement** des points de vente (logistique…) ;
– **financement éventuel de la fonction commerciale** (vendeurs, commerciaux, crédits aux clients).

• **Le besoin en fonds de roulement (BFR)** détermine le montant que doit financer l'entreprise afin de couvrir le **besoin** résultant de ces décalages entre les **décaissements** (financement matières premières et biens intermédiaires, salaires, charges logistiques, frais de stockage…) et les **encaissements** (encaissement des ventes) liés à son activité.

**Calcul**

**BFR =** Actif circulant – Passif circulant

## 2 Les besoins liés au cycle d'investissement

• Outre le financement de son cycle d'exploitation, l'entreprise doit engager un ensemble de dépenses d'investissements (**cycle d'investissement**) pour financer l'acquisition d'**immobilisations**.

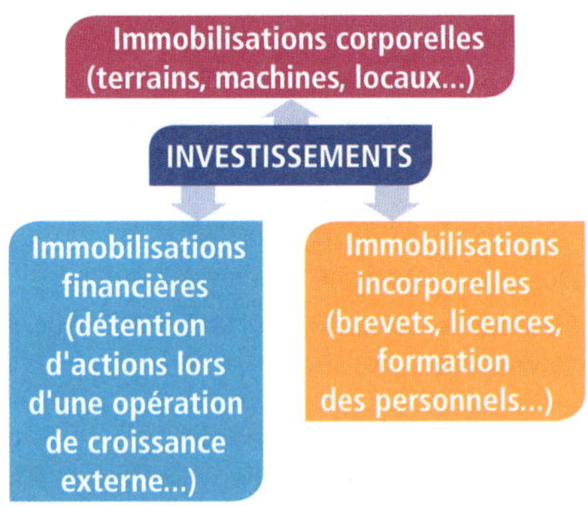


• **Ces immobilisations seront utilisées sur plusieurs cycles de production** et permettent à l'entreprise soit d'accroître, soit d'améliorer ses capacités de production.

• **Le financement du cycle d'investissement** repose sur des **financements à long terme** (ressources durables).

• **Le fonds de roulement net global** correspond à la différence entre les **ressources durables** d'une entreprise et les dépenses d'investissements engagées pour financer les immobilisations. **S'il est positif**, le fonds de roulement net global **permet à l'entreprise de financer tout ou partie de son besoin en fonds de roulement**.

**Calcul**

**FRNG =** Ressources stables – Emplois stables

# 43 Le bilan fonctionnel de l'entreprise

Le bilan fonctionnel permet d'analyser la situation financière d'une entreprise en comparant ses emplois (actifs) à ses ressources (passifs).

## 1 Analyse du bilan fonctionnel

L'analyse du bilan permet de s'assurer de l'équilibre financier d'une entreprise en distinguant les différents cycles qui impactent sa structure financière :
– **le cycle de financement et d'investissement** permet de vérifier l'adéquation entre les ressources financières d'une entreprise et leur emploi (un emploi stable doit être financé par une ressource stable) ;
– **le cycle d'exploitation et hors exploitation** permet d'analyser les besoins de financement générés par le cycle d'exploitation de l'entreprise et les modalités de son financement ;
– **le cycle de trésorerie** mesure l'impact des cycles précédents sur la trésorerie de l'entreprise.

## 2 Présentation simplifiée du bilan fonctionnel

| Emplois (actifs) | Ressources (passif) |
|---|---|
| **Emplois stables (principaux postes)**<br>– immobilisations corporelles<br>– immobilisations incorporelles<br>– immobilisations financières | **Ressources stables**<br>– capitaux propres<br>– provisions pour risques et charges<br>– amortissements<br>– dettes financières |
| **Actifs circulant**<br>– d'exploitation (stocks, créances clients)<br>hors exploitation (autres créances) | **Passif circulant**<br>– d'exploitation (dettes fournisseurs)<br>– hors exploitation (autres dettes) |
| **Trésorerie active**<br>– liquidités disponibles | **Trésorerie passive**<br>– concours bancaires à court terme |

## 3 Les principaux ratios financiers d'analyse du bilan

L'analyse du bilan fonctionnel d'une entreprise permet d'obtenir des informations utiles sur sa situation financière et sur sa capacité à assurer son développement et sa pérennité.

- **Délais de paiement accordés à la clientèle :** mesure la durée moyenne du crédit client.

$$\frac{\text{(Créances clients et Comptes rattachés)} \times 360}{\text{CA TTC}}$$

- **Taux d'endettement :** mesure le poids du financement externe dans les ressources stables d'une entreprise.

$$\frac{\text{Dettes financières}}{\text{Capitaux propres}}$$

- **Ratio d'indépendance financière :** permet de déterminer l'indépendance financière d'une entreprise vis-à-vis des établissements bancaires.

$$\frac{\text{Capitaux propres}}{\text{Dettes financières}}$$

- **Capacité de remboursement :** mesure le nombre d'années que l'entreprise mettra à rembourser ses dettes en utilisant sa capacité d'autofinancement.

$$\frac{\text{Dettes financières}}{\text{CAF}}$$

CEJM

# 44 Le compte de résultat de l'entreprise

Le compte de résultat (ou CR) est un document comptable qui présente l'ensemble des produits (encaissements) et des charges (décaissements) de l'entreprise pendant un an (exercice comptable).
Il fournit des informations sur les performances réalisées par une entreprise et constitue un outil indispensable à l'entrepreneur pour évaluer l'impact de sa stratégie sur la santé financière de son entreprise (**performance économique et rentabilité**).

## 1 Présentation simplifiée du compte de résultat

| Charges | Produits |
|---|---|
| **Charges d'exploitation (principaux postes)**<br>– coût d'achat des marchandises vendues<br>– charges externes (fournitures, loyers, frais postaux…)<br>– salaires et charges sociales<br>– impôts et taxes sur la production<br>– dotations aux amortissements, dépréciations et provisions | **Produits d'exploitation**<br>– vente de marchandises<br>– production vendue, stockée et immobilisée<br>– reprises sur amortissements, dépréciations et provisions<br>– autres produits |
| **Charges financières**<br>– dotations aux amortissements et provisions<br>– intérêts d'emprunts et charges assimilées | **Produits financiers**<br>– intérêts sur placements<br>– reprises sur provisions |
| **Charges exceptionnelles**<br>– sur opérations de gestion ou en capital | **Produits exceptionnels**<br>– sur opérations de gestion ou en capital |
| **Bénéfice** si produits – charges > 0 | **Perte** si produits – charges < 0 |

Le **résultat net** (bénéfice ou perte) résulte de la différence entre les produits (encaissements) et les charges (décaissements).

## 2 Les principaux soldes intermédiaires de gestion (SIG)

Une analyse plus détaillée du compte de résultat permet d'établir les soldes intermédiaires de gestion.

- **Valeur ajoutée (VA) :** mesure la richesse brute créée par l'entreprise dans le cadre de son activité.

**VA** = Marge commerciale + Production de l'exercice
– Consommations de l'exercice en provenance de tiers

- **Excédent brut d'exploitation (EBE) :** mesure la performance commerciale et industrielle indépendamment de la politique de financement et d'investissement de l'entreprise et des événements exceptionnels.

**EBE** = VA de l'entreprise + Subventions d'exploitation
– Impôts, taxes et versements assimilés – Charges de personnel

- **Résultat d'exploitation :** mesure la capacité de l'entreprise à générer des ressources avec son activité principale, sans prendre en compte les éléments financiers et exceptionnels. Il met en avant la performance économique de l'entreprise.

**Résultat d'exploitation** = Produits d'exploitation – Charges d'exploitation

- **Capacité d'autofinancement (CAF) :** mesure l'ensemble des ressources internes générées par l'entreprise dans le cadre de son activité qui permettent d'assurer son financement.

**CAF** = Produits encaissables – Charges décaissables

# 45 Les différents modes de financement

## 1 Les principaux modes de financement

| Financement interne (utilisation des ressources financières dégagées par l'entreprise elle-même) | Financement externe (obtention de ressources financières par des financeurs externes) |
|---|---|
| **Utilisation de la CAF (capacité d'autofinancement)** : ensemble des ressources financières internes sécrétées par l'entreprise et utilisables pour satisfaire ses besoins de financement à long terme. | **Apports financiers des associés qui constituent le capital social d'une entreprise mais qui peuvent l'abonder par la suite en cas de besoin.** |
| | **Augmentation de capital** : opération qui consiste pour l'entreprise à accroître son capital par émission de nouvelles actions. |
| **Cession d'actifs (désinvestissement)** : opération qui consiste pour une entreprise à céder à une autre entreprise une partie de ses actifs en échange d'une contrepartie monétaire. | **Crédit-bail** : opération permettant à une entreprise de disposer d'un bien d'équipement de son choix, sans en être propriétaire, en le louant à une société spécialisée qui l'achète au fabricant. |
| | **Emprunts bancaires** : opérations par lesquelles un établissement financier met à la disposition d'une entreprise une somme d'argent contre la promesse de remboursement et moyennant le paiement d'un intérêt. |

## 2 Leurs caractéristiques

Le choix du mode de financement dépendra des avantages et inconvénients propres à chacun :
– **l'utilisation de la CAF** présente un risque de mauvaise utilisation des fonds disponibles qui sont immobilisés sans garantie initiale de rentabilité. La CAF constitue aussi une réserve financière que pourra utiliser l'entreprise en cas de difficultés ;
– **les cessions d'actifs** engendrent un risque de perte de compétences et de sortie définitive d'un marché par l'entreprise. Les cessions d'actifs peuvent par ailleurs entraîner un coût (moins-value) par rapport à la valeur comptable des actifs cédés ;
– **l'augmentation de capital** engendre un risque de perte de pouvoir de l'entrepreneur du fait de l'arrivée de nouveaux actionnaires et un coût financier futur lié à la nécessité de verser des dividendes plus importants ;
– **l'emprunt bancaire** engendre un coût financier lié à la nécessité de payer des charges d'intérêts sur les sommes contractées et un risque d'endettement trop important de l'entreprise ;
– **le coût de la location du crédit-bail** accroît les charges de l'entreprise. Le risque est plus limité puisque l'entreprise ne devient pas propriétaire des biens acquis par ce procédé.

**Remarque**

Une fois les contraintes financières identifiées, l'entrepreneur doit choisir le mode de financement adéquat pour adapter les ressources de l'entreprise à la stratégie mise en œuvre.

# 46 L'équilibre financier de l'entreprise

Dans le cadre de la gestion financière, l'entrepreneur ou le manager doivent faire face à deux types de besoins qui supposent des réponses spécifiques (mais non nécessairement dissociées) :
– des **besoins de financement à court terme**, pour faire face aux besoins de financement du cycle d'exploitation ;
– des **besoins de financement à long terme**, pour assurer le financement des investissements de l'entreprise à moyen et long termes en fonction de la stratégie de développement adoptée.

## 1 Les principales contraintes financières d'une entreprise

**Définition**

**Gestion financière :** ensemble des décisions et actions destinées à équilibrer les besoins et les ressources de financement de l'entreprise à long terme comme à court terme.

L'entrepreneur doit s'assurer d'une gestion financière qui intègre différentes contraintes :
– **la contrainte de solvabilité :** capacité de l'entreprise à honorer ses dettes exigibles à tout moment (contrainte de liquidité des fonds disponibles) ;
– **la contrainte de pérennité :** assurer la cohérence entre le besoin de financement (court ou long terme) et le mode de financement retenu pour le financer. Par principe, le financement d'un besoin doit être assuré par une ressource ayant la même échéance ;
– **la contrainte de disponibilité des ressources à court terme :** assurer le bon usage des ressources disponibles à court terme. Une entreprise doit par ailleurs disposer de réserves disponibles pour faire face à des besoins temporaires ou exceptionnels ;
– **la contrainte du coût du mode de financement retenu :** le coût du financement doit notamment être mis en parallèle avec la rentabilité attendue des dépenses envisagées.

## 2 La gestion du fonds de roulement

• **La gestion du fonds de roulement est un enjeu essentiel** pour l'entrepreneur qui doit s'assurer en priorité de la solvabilité de son entreprise.
• **Pour diminuer son besoin de financement à court terme** (différence entre le FRNG et le BFR), l'entrepreneur cherche au maximum à diminuer les besoins en fonds de roulement, notamment les besoins de financement à court terme de son cycle d'exploitation, c'est-à-dire réduire les postes qui mobilisent le plus de ressources financières ou accroître ses ressources financières disponibles à court terme.
• Cela suppose :
– de **réduire les délais de paiement accordés à ses clients** ;
– d'**accroître les délais de paiement consentis par ses fournisseurs** ;
– de **réduire les stocks intermédiaires** des productions réalisées.
• Ces différents éléments montrent l'importance de la relation qu'entretient l'entrepreneur avec les partenaires extérieurs de l'entreprise (clients, fournisseurs, banques…).
• **Le choix du mode de production qui sera retenu** par un manager doit prendre en compte les incidences financières qui vont en découler en termes de besoin en fonds de roulement (financement de stocks de produits…).

# 47 Place de marché et relations d'échange

L'essor des TIC et du numérique ont entraîné une **dématérialisation des échanges.**

## 1 Les différents types de relations d'échange

• **Les relations peuvent être directes** entre le producteur-vendeur et l'acheteur (e-commerce). C'est pourquoi l'on parle d'un phénomène de **désintermédiation**. Cette dématérialisation n'affecte pas uniquement les échanges marchands, elle favorise également les relations non marchandes, comme les formalités administratives en ligne.
• **Néanmoins, des plateformes électroniques appelées places de marché** se développent très rapidement et favorisent des **relations indirectes** entre vendeurs et acheteurs. On parle alors de phénomène de **réintermédiation**.

## 2 La notion de place de marché (*market place*)

• **Une place de marché est une application Web** qui joue un rôle d'intermédiaire et permet de mettre en relation des vendeurs et des acheteurs potentiels pour effectuer des transactions de biens et/ou de services.
• **Les places de marché sont ainsi des plateformes** aux mains d'un opérateur qui transmet la commande et les informations relatives à la livraison au vendeur partenaire, et qui sécurise les transactions.

### A Les trois intervenants dans une transaction

| | |
|---|---|
| **La plateforme** | L'opérateur de la place de marché se rémunère généralement par une commission. |
| **Le vendeur** | Le vendeur gagne en visibilité grâce à la place de marché et dispose d'un canal de distribution supplémentaire. Il a l'assurance d'**être payé.** |
| **L'acheteur** | L'acheteur bénéficie d'un plus large choix de produits et de prix et effectue ses achats dans un cadre sécurisé. |

• La place de marché ne s'occupe pas des tâches relatives au stockage des articles. Sa performance repose sur sa **capacité à générer du trafic et à attirer ainsi des clients potentiels** pour les offreurs qui passent par elle.

**Remarque**

La qualité de service et la réputation d'une place de marché sont essentielles pour son attractivité.

### B Des plateformes et des relations d'échange multiples

• Les places de marché peuvent mettre en relation des particuliers ou des professionnels entre eux, voire y associer des administrations.
• Les places de marché peuvent mettre en relation des particuliers ou des professionnels entre eux, voire y associer des administrations. Existent ainsi des plateformes B to C telles qu'Amazon ou e-Bay, B to B telles qu'Amazon Business ou Alibaba ou encore C to C telles qu'Airbnb ou Blablacar.
• Outres des ventes traditionnelles où le prix de vente s'affiche sur la plateforme, il peut y avoir des transactions qui s'opèrent avec des systèmes d'**enchères classiques**, d'**enchères inversées** (ou appels d'offre) ou sous forme de **troc**.

# 48 Les externalités de réseau

## 1 Essor des plateformes et externalités de réseau

### A L'essor des plateformes

Voir p. 279

L'essor du numérique a favorisé le développement de plateformes qui ne se limitent pas aux seules places de marché : une plateforme est un service qui occupe une fonction d'intermédiaire dans l'accès aux informations, contenus, services ou biens édités ou fournis par des tiers (Conseil national du numérique).

### B Le principe des externalités de réseau

• **Ces plateformes numériques créent souvent des externalités de réseau.** Elles correspondent aux **gains** qu'il y a à utiliser un réseau et apparaissent lorsque suffisamment de personnes utilisent le réseau en question : **la grande taille des plateformes en améliore la qualité et l'intérêt pour l'utilisateur** :
– **plus les places de marché sont grandes,** plus les acheteurs bénéficient de produits ou services, et les vendeurs d'une clientèle potentiellement plus importante ;
– **les grands réseaux sociaux** sont aussi intéressants pour leurs utilisateurs : davantage de contacts potentiels à nouer, plus de contenu à trouver sur le réseau (vidéos…).
• **Au-delà de l'intérêt pour les utilisateurs,** la taille du réseau **améliore la qualité de service de la plateforme** : un plus grand nombre d'utilisateurs fournit des données précieuses qui permettent à la plateforme de mieux connaître le client, donc de mieux cibler les contacts, les publicités…

## 2 Conséquences des externalités de réseau

### A Les positions dominantes

Externalité de réseau → Qualité de service en hausse / Plateforme dont la taille grandit → Développement des plateformes qui peut conduire à des positions dominantes, telles que les GAFA (Google, Apple, Facebook, Amazon).

### B Les politiques de concurrence

• **L'essor des plateformes numériques entraîne des interrogations quant aux politiques de concurrence.** L'émergence de positions dominantes fait craindre des pratiques anti-concurrentielles : abus de cette position dominante pour éliminer la concurrence, pour exercer une pression exagérée sur les fournisseurs ou annonceurs…
• **Mais les risques restent à nuancer :**
– les politiques de régulation de la concurrence visent avant tout à **protéger les consommateurs** or ceux-ci ne sont généralement pas lésés : la grande taille des réseaux améliore la qualité de service, la clientèle n'est pas captive… ;
– il n'y a généralement **pas de barrières à l'entrée** sur ces marchés : peu de moyens sont nécessaires pour créer une plateforme, la position d'un leader peut être rapidement remise en question…

### C La régulation

L'essor des plateformes numériques suscite aussi des craintes et problèmes en matière de régulation : difficultés d'imposition, contournement des règles de droit du travail (ubérisation), protection des données personnelles…

# 49 L'évolution des modèles économiques

Le développement du numérique entraîne des changements de modèle économique (*business model*) pour les entreprises, c'est-à-dire la façon dont les entreprises créent de la valeur pour en tirer des revenus.

## 1 Les impacts sur la société

- Au-delà du modèle économique des entreprises, ces évolutions ont des impacts plus profonds sur la société ; dans de nombreux domaines, le développement du numérique remet en question **la notion d'achat et de droit de propriété**.
- Par souci économique ou environnemental, les individus privilégient un simple **droit d'usage** des biens (par exemple, les systèmes de location de vélos, de voitures, de trottinettes).

## 2 Les différents modèles économiques

| | |
|---|---|
| **Modèle « traditionnel »** | Produire et tirer des revenus de la vente de sa production. |
| **Quelques nouveaux modèles économiques** | **Modèle gratuit financé par la publicité** : maximiser l'audience d'un site pour obtenir une rémunération grâce à des bannières publicitaires payées par des annonceurs. |
| | **Modèle *freemium*** : faire adhérer un maximum de gens à un service gratuit pour les rediriger vers un service payant plus complet.<br>*Ex. : Le domaine des média, la presse « classique » devant faire face à la baisse des ventes de journaux papier.* |
| | **Modèle de l'abonnement pour un accès** : vendre un droit d'usage plutôt qu'un droit de propriété. Courant pour les vidéos ou musiques à la demande : le client n'achète plus un film, mais le droit de le visionner pendant un certain temps. |
| | **Économie collaborative** : des plateformes telles qu'eBay qui mettent différents acteurs en relation et se rémunèrent généralement par des commissions.<br>Toutes ces plateformes ne relèvent pas du domaine marchand : troc, échange de logement pour les vacances, covoiturage… |
| **Relations non marchandes** | • De nombreux **logiciels sont gratuits** (gratuiciels ou *freeware*) ; certains sont open source (on peut accéder au code source du programme et le modifier).<br>*Ex. : OpenOffice.*<br>• Un grand nombre de **MOOCs** (formations ouvertes à distance) sont gratuits.<br>*Ex. : My-mooc.com.* |

## 3 Les impacts sur les activités traditionnelles

Le numérique et des TIC affectent aussi le modèle économique d'activités traditionnelles.

**Exemple**

Être référencé par des sites dédiés (Booking.com...) → Facteurs-clés de succès pour l'hôtellerie aujourd'hui

**Optimiser le taux de remplissage** grâce au *yield management* (tarifs différenciés) → Facteurs-clés de succès pour l'hôtellerie aujourd'hui

# 50 Le développement du numérique et ses effets sur l'économie

Les évolutions technologiques liées à la numérisation ont entraîné une dématérialisation de certaines activités et des relations d'échange. Elles favorisent l'automatisation des tâches.

## 1 Des mutations sectorielles

- Les entreprises de tout secteur ont intégré les TIC dans leurs modes de production afin de gagner en flexibilité et en réactivité pour adapter leur offre de biens et de services aux attentes des clients.

- Mais l'essor du numérique a entraîné des mutations plus profondes encore :

<table>
<tr><td>Déclin de certaines activités au profit de nouveaux secteurs émergents soumis à de nouveaux modèles économiques</td><td>Des innovations, de nouvelles technologie (effet de création) rendent obsolètes certaines activités (effet de destruction).<br>Ex. : l'hébergement de données.</td></tr>
<tr><td rowspan="2">Transformation du périmètre des entreprises ou de leur métier</td><td>• Les TIC favorisent le recentrage sur les activités créatrices de valeur et l'externalisation des autres activités (développement des entreprises-réseaux) : une gestion facilitée des relations entre entreprises partenaires permet par exemple d'automatiser les commandes entre client et fournisseur avec les systèmes d'échange de données informatisées.<br>• Les relations étroites entre entreprises partenaires nécessitent des interconnexions entre les systèmes d'information (SI) qui doivent être compatibles, d'où l'importance croissante des normes et des standardisations.</td></tr>
<tr><td>Les TIC ont profondément modifié les règles du jeu de certains secteurs :<br>– les plateformes type Uber pour le transport des personnes ;<br>– la vente d'un droit d'usage et non plus d'un droit de propriété : musique, vidéo, transport urbain.</td></tr>
</table>

## 2 Des mutations qui impactent le travail

<table>
<tr><td rowspan="3">En volume</td><td>Destruction d'emplois due à l'automatisation de tâches routinières</td><td rowspan="3">Les créations d'emplois compensent-elles totalement les destructions ?<br>→ Idées d'un revenu universel, d'une taxation des robots pour y faire face</td></tr>
<tr><td>Création d'emplois : nouveaux métiers au sein des secteurs émergents</td></tr>
<tr><td>Possibles relocalisations d'activités du fait de l'automatisation de tâches à faible qualification</td></tr>
<tr><td rowspan="2">En structure</td><td colspan="2">L'essor du numérique favoriserait des emplois qualifiés : les moins qualifiés subiraient les destructions.</td></tr>
<tr><td colspan="2">• Ubérisation de certains secteurs<br>• Précarisation du travail</td></tr>
</table>

# 51 Le rôle de la CNIL

La Commission nationale informatique et libertés (**CNIL**) est une autorité administrative indépendante instituée par la loi du 6 janvier 1978. Son rôle a été complété à l'occasion de l'entrée en vigueur du Règlement général sur la protection des données (**RGPD**) entré en vigueur le 25 mai 2018. **Sa mission se décline autour de quatre axes.**

## 1 Informer et protéger

**La CNIL informe les particuliers et les professionnels et répond à leurs demandes.** Elle met à leur disposition des outils pratiques et pédagogiques et intervient très régulièrement pour animer des actions de formation et de sensibilisation, notamment dans le cadre de l'éducation au numérique.

**Remarque**

La CNIL peut désigner des référents au sein d'entreprises ou de collectivités publiques, les « correspondants informatique et libertés » (CIL). Ils permettent un dialogue direct avec la CNIL. Le référent est responsable dans l'organisation du traitement des données : par exemple, à l'occasion d'un vote électronique par correspondance, il s'engage au respect de l'anonymat du vote.

## 2 Accompagner et conseiller

La CNIL dispose d'outils pour encourager les organisations à se conformer à des **pratiques respectueuses de la vie privée des personnes et de leurs données personnelles** :
- elle fournit des avis sur des projets de loi ou de décret ;
- elle formule des autorisations pour les traitements les plus sensibles ;
- ses recommandations peuvent être à l'origine de décisions du législateur et servent de conseils pour les professionnels ;
- elle propose des modèles qui simplifient les formalités pour se conformer à la loi ;
- elle est un interlocuteur avec qui dialoguer. Elle donne des conseils sur demande ;
- elle peut certifier la conformité d'un processus de traitement des données.

## 3 Contrôler et sanctionner

| Phase de contrôle | Phase de sanction |
|---|---|
| La CNIL peut :<br>– accéder à tous les locaux professionnels ;<br>– demander communication de tout document nécessaire et en prendre copie ;<br>– recueillir tout renseignement utile et entendre toute personne ;<br>– accéder aux programmes informatiques et aux données. | La sanction peut prendre la forme :<br>– d'une amende ;<br>– d'une publication de la sanction ;<br>– d'une injonction de cesser le traitement des données personnelles non conforme ;<br>– d'un retrait de l'autorisation de la CNIL.<br>→ Les décisions rendues peuvent faire l'objet d'un recours devant le conseil d'État. |

## 4 Anticiper

La CNIL met en place une **veille pour détecter et analyser les technologies ou les nouveaux usages pouvant avoir des impacts importants sur la vie privée.**

**Remarque**

De janvier à novembre 2017, la CNIL a mené un débat public sur les algorithmes et l'intelligence artificielle. Il a impliqué 60 partenaires partout en France et a donné lieu à la publication d'un rapport.

# 52 La protection des actifs immatériels

Dans l'économie numérique actuelle, les **actifs immatériels** des entreprises (sites Internet, noms de domaines, logiciels, bases de données, brevets, marques…) prennent une place croissante dans leur stratégie. Ils font partie du **patrimoine de l'entreprise** et sont **source de création de valeur**. Le droit protège ces actifs immatériels.

## 1 Les titulaires des droits d'auteur

- **Les droits patrimoniaux** appartiennent en principe à l'auteur de la création.

| Type d'auteur | Propriétaire des droits patrimoniaux |
|---|---|
| L'auteur travaille de façon indépendante | L'auteur |
| Création collective (plusieurs auteurs) | Droits partagés entre les divers auteurs |
| Salarié | L'employeur |

- **Les droits moraux** sont toujours de la propriété de leur auteur et de leurs descendants.

**Exemple**

L'auteur d'une œuvre peut choisir de percevoir des droits d'auteur ou de vendre son œuvre à un client, c'est le **droit patrimonial**. En revanche, il dispose d'un droit de paternité, de retrait, de repentir et d'intégrité sur son œuvre, non limité dans le temps. Il le transmet à ses héritiers ou ayants-droit : c'est le **droit moral**.

## 2 Le régime juridique des actifs immatériels

| Créations intellectuelles | Régime juridique |
|---|---|
| **Sites Internet** | Les sites Web sont protégés par le droit d'auteur lorsque la condition d'originalité est remplie. |
| **Noms de domaines** | Le déposant du nom de domaine dispose d'un droit exclusif d'usage de ce nom. |
| **Logiciels** | • Le code source, le code objet et les travaux préparatoires du logiciel **font l'objet d'une protection**.<br>• Les fonctionnalités, algorithmes et interfaces graphiques **sont exclus** de la protection. |
| **Bases de données** | Elles combinent deux régimes indépendants de protection :<br>– une protection conforme aux droits d'auteur pour leur architecture ;<br>– une protection spécifique des intérêts économiques du producteur de ces bases. |

## 3 La protection des actifs immatériels

La dématérialisation bouscule la diffusion et l'utilisation des actifs immatériels qui se visionnent, se reproduisent, se transmettent sans entrave. Les atteintes au droit de propriété sont ainsi facilitées. Le droit envisage donc des protections adaptées :

– **par la protection *a priori*,** le titulaire des droits d'auteur dispose de **droits moraux et patrimoniaux**. Ces derniers consistent dans l'octroi d'un **monopole d'exploitation** ;

– **avec la protection *a posteriori*,** deux actions sont envisageables : **l'action en contrefaçon** sanctionne un délit pénal et **l'action en concurrence déloyale** se fonde sur la responsabilité civile extracontractuelle.

# 53 La protection de la personne dans la société numérique

Dans une société de l'information où de nombreux procédés existent pour collecter des données en grande quantité (manière de surfer sur Internet, cookies, formulaires remplis en ligne avec des données personnelles...), la vie privée et le droit à l'image des personnes physiques sont mis à mal.

## 1 Le droit au respect de la vie privée

• Les articles 9 du Code civil et 8 de la Convention européenne des droits de l'homme qui consacrent le respect de la vie privée doivent être renforcés pour protéger davantage.

| Recul de la vie privée dans... | Exemples d'outils numériques |
|---|---|
| les informations collectées | • Les données à caractère personnel *via* des photos, des films ou des écrits<br>• Les données de connexion<br>• Les adresses IP de l'internaute |
| les procédés utilisés | • Les cookies<br>• Les spams<br>• La commercialisation des données |

Voir p. 281

• **En France,** le droit a recherché un équilibre entre la liberté de circulation de l'information et la protection de la personne. Dès 1978, la **CNIL** a été créée pour assurer cette protection. Le droit communautaire a complété le dispositif à plusieurs reprises et récemment avec le **RGPD** entré en vigueur en mai 2018.

• **Le RGPD** a créé un nouveau poste en entreprise : le **DPO** (*Data Protection Officer*), responsable de la protection des données, est chargé de faire respecter la vie privée et les droits des salariés.

**Les personnes** disposent ainsi, sur leurs données personnelles :
– d'un droit au consentement préalable et éclairé sur l'utilisation des données ;
– d'un droit d'opposition au traitement des données ;
– d'un droit d'accès aux données collectées sur sa personne ;
– d'un droit de rectification en cas d'inexactitude ;
– d'un droit à l'oubli par effacement des données ou déréférencement sur les moteurs de recherche.

**Les entreprises collectrices** sont soumises à de nombreuses règles :
– déclaration à la CNIL ;
– demande d'autorisation ;
– obligation de sécurisation des données, qui doivent rester confidentielles ;
– transparence sur les modalités de collecte des données et sur la finalité du traitement.

• **La personne qui utilise à des fins malveillantes** des éléments de l'identité numérique d'une personne commet un délit pénal appelé **usurpation d'identité**.

## 2 La protection du salarié dans le cadre du travail

• **L'employeur peut contrôler davantage le travail de ses salariés** en :
– accédant au contenu du disque dur de leur poste de travail ;
– surveillant et chronométrant leur navigation Web ;
– surveillant leurs déplacements ou leur comportement (vidéosurveillance, géolocalisation).

• **Pour encadrer ce pouvoir,** l'employeur doit respecter le principe énoncé dans l'article L1121-1 du Code du travail : « Nul ne peut apporter aux droits des personnes et aux libertés individuelles et collectives de restrictions qui ne seraient pas justifiées par la nature de la tâche à accomplir ni proportionnées au but recherché. »

# 54 Le contrat de vente électronique

La dématérialisation des échanges a conduit le droit de la preuve à s'adapter en **intégrant la preuve électronique comme mode de preuve**.

## 1 L'existence du contrat : le régime de la preuve électronique

• Depuis 2000, l'article 1316-1 du Code civil énonce que **l'**écrit sous forme électronique est admis en preuve au même titre que l'écrit sur support papier, à deux **conditions cumulatives** :

| Conditions cumulatives | Procédé technique : la signature électronique |
|---|---|
| **1.** Pouvoir identifier la personne qui en est l'émetteur. | La signature électronique suppose l'intervention d'un tiers certificateur et le recours à la cryptographie à clés asymétriques (une clé privée et une clé publique). Elle remplit ces deux conditions. |
| **2.** Pouvoir garantir l'intégrité du contenu du message : pas de faux possible et préservation de cette intégrité dans le temps. | |

• Dès lors, la preuve électronique peut aussi bien servir à **constituer un support** *ad probationem* (pour se constituer une preuve, mais pas obligatoire) que *ad validitatem* (l'écrit est indispensable à la validité de l'acte sous peine de nullité).

## 2 Le contenu du contrat de vente électronique

• Le développement du numérique entraîne la **conclusion de contrats de vente par voie électronique** avec les consommateurs. Ce sont des contrats spécifiques car le **consentement est donné à distance** *via* **Internet**. Afin que l'acheteur/le consommateur/l'internaute soient protégés, le droit de la consommation prévoit des obligations à la charge du cybervendeur.

| Protection accordée | Précisions |
|---|---|
| **Obligation d'information Art. L111-1 Code de la consommation** | • Le vendeur informe sur son identité, sur le bien et sur les procédés de paiement avant la vente du bien.<br>• Il précise ses modalités de validation de la commande, ses procédés de traitement des données à caractère personnel… |
| **Droit de rétractation du consommateur Art. L121-21 du Code de la consommation** | • Une fois les informations fournies, un délai de rétractation de 14 jours court à compter de la conclusion du contrat. Tant que l'obligation d'information n'a pas été remplie, le délai de rétractation peut être reporté.<br>• Il est d'ordre public, le consommateur ne peut pas y renoncer. |
| **Obligation de résultat de l'exécution du contrat Art. L121-19-4 du Code de la consommation** | • Le professionnel est responsable de plein droit à l'égard du consommateur de la bonne exécution des obligations résultant du contrat conclu à distance.<br>• Exception : le professionnel peut s'exonérer de sa responsabilité en apportant la preuve que l'inexécution ou la mauvaise exécution du contrat est imputable soit au consommateur, soit au fait, imprévisible et insurmontable, d'un tiers au contrat, soit à un cas de force majeure |

**Remarque**

Le professionnel vendeur ne peut pas inclure de clauses abusives dans le contrat. En outre, les clauses limitatives ou exonératoires de responsabilité en faveur du vendeur sont ici prohibées.

# 55 Les contrats de prestation de services numériques

Le développement du numérique rend indispensable le recours par les entreprises à des **services de prestataires informatiques** pour les besoins de leur activité.
Les contrats de prestation de service numérique (fourniture d'accès aux réseaux, hébergement de données, maintenance matérielle ou logicielle, développement de logiciels ou de sites Internet, conseils en ingénierie…) se multiplient. Ils présentent des obligations spécifiques.

## 1 Le contrat de fourniture d'accès aux réseaux

### A Le principe

Le fournisseur a pour activité d'offrir un **accès au réseau de communication**, notamment de permettre une connexion à Internet. Les prestataires fournissent également des services complémentaires de télévision, de téléphonie et des services accessoires (disque de stockage, borne wifi…).

### B Le contenu du contrat

| | |
|---|---|
| **Le prix** | • Si le client est un consommateur ou un non professionnel, le droit de la consommation s'applique : droit de rétractation, obligation d'information préalable sur le prix et ses composantes…<br>• Si le client est un professionnel, il peut exiger les conditions générales du prestataire afin de débuter des négociations.<br>• En général, comme ce contrat est échelonné dans le temps, le prix à payer prend la forme d'un forfait ou d'un abonnement. |
| **La prestation technique** | • La connexion au réseau est une obligation de résultat qui pèse sur le fournisseur. Le client doit s'assurer que sa ligne est éligible au service demandé, mais c'est souvent le fournisseur qui le vérifie.<br>• Le fournisseur garantit également un débit à son client. |

## 2 Le contrat d'hébergement de données

### A Le principe

L'hébergeur fournit un service de **stockage d'informations** et un accès à cette information au bénéfice de son client et/ou du public (cas du site Web).

### B Les obligations des parties

| Obligations de l'hébergeur | Obligations du client |
|---|---|
| • Fournir un espace mémoire pour stocker les informations<br>• Garantir l'accès 24 h/24 aux données<br>• Maintenir en état le fonctionnement du matériel | • Payer le prix (abonnement), sauf si l'hébergeur se rémunère par la publicité<br>• Respecter le droit de la propriété intellectuelle (interdiction des téléchargements illégaux)<br>• Respecter une charte de bonne conduite sur le Net |

La jurisprudence semble s'accorder pour qualifier d'obligations de résultat les obligations de l'hébergeur. Elle limite les possibilités d'insérer des clauses limitatives de responsabilité en les considérant comme abusives pour les consommateurs ou créant un déséquilibre significatif entre commerçants.

## 3 Le contrat de maintenance informatique du matériel ou des logiciels

### A Le principe

La maintenance est un contrat par lequel le « mainteneur » ou prestataire **s'engage à réparer ou entretenir le matériel et/ou les logiciels utilisés** par le client. Le client recherche souvent une solution complète et opte pour une maintenance rattachée au même prestataire que celui qui a fourni le matériel.

### B Les obligations des parties

| Obligations du mainteneur | Obligations du client |
|---|---|
| • **Obligation d'information,** qui suppose une obligation de conseil, de mise en garde et de renseignement. Le mainteneur doit s'informer des besoins de son client.<br>• **Obligation d'exécution de la prestation,** qui peut englober deux volets : maintenance préventive et maintenance corrective.<br>• **Obligation de confidentialité,** évidente lorsque le mainteneur agir sur le site de son client et entre en contact avec des données sensibles. | • **Obligation de collaboration :** le client joue un rôle proactif pour donner l'accès au matériel informatique et remettre au mainteneur les documents utiles.<br>• **Obligation de payer le prix en contrepartie de la maintenance.** Le paiement peut être forfaitaire ou facturé pour chaque intervention.<br>• **Obligation de recevoir la prestation :** le client doit accuser réception de la prestation de service. Il peut émettre des réserves ou même la refuser. |

## 4 Les clauses des contrats de prestation

• **Les contrats de prestation de service numérique** conclus entre professionnels sont soumis au droit commun des contrats, mais **leur nature impose la rédaction de clauses spécifiques**.

| Clause | Définition |
|---|---|
| **de confidentialité** | Le professionnel du numérique ne doit pas divulguer les informations confidentielles dont il pourra prendre connaissance en manipulant les données de son client. |
| **de réversibilité des données** | Elle permet au client de récupérer les données nécessaires pour transférer à un autre prestataire la gestion externalisée de son parc informatique. |
| **de délai d'intervention** | Lorsqu'une panne ou une anomalie technique apparaît, le SI de l'entreprise peut être neutralisé ; les parties peuvent prévoir des délais d'intervention selon le type de panne. |
| **de suppléance ou *back up*** | Les parties prévoient qu'en cas de panne, le prestataire proposera de manière temporaire un matériel de remplacement. |
| **de droits d'auteur** | Elle précise qui conserve les droits d'auteur lors de la livraison du logiciel : son concepteur ou son utilisateur. Elle fait de même lorsque le logiciel fait l'objet d'améliorations dans le cadre de sa maintenance. |

• **La jurisprudence a mis à jour des pratiques abusives.** Pour protéger le client contre les clauses abusives du prestataire, celles-ci sont réputées **non écrites** :
– la facturation de frais d'impayés ;
– la fixation d'un délai pour contester les factures ;
– la clause de résiliation suivant laquelle tout mois commencé est dû.

# 56 Les caractères du SI dans l'entreprise

Dans un contexte où les entreprises se livrent à une vive concurrence, l'information, qu'elle soit d'origine interne ou externe à l'entreprise, est devenue une variable stratégique essentielle. Pour qu'elle soit exploitable par l'organisation, il est nécessaire de **la formaliser pour l'intégrer dans le processus de décision** ; c'est l'une des fonctions du système d'information (SI).

## 1 Les définitions du SI

| Selon | Définition |
|---|---|
| **Robert Reix** | Le SI est « un ensemble organisé de ressources techniques, organisationnelles et humaines requises par le traitement des informations nécessaires à la stratégie et aux métiers de l'entreprise. » |
| **Jean-Christophe Peaucelle** | Un SI « se définit par l'information qu'il véhicule et par la manière dont il l'exprime sur ses différents supports. C'est un langage de communication d'une organisation, adapté à la nature plus ou moins répétitive de l'information que l'on veut y échanger. » |

On distingue les **fonctions du SI** (la finalité recherchée par le SI) des **dimensions du SI** (la façon dont l'information est construite).

## 2 Les quatre fonctions du SI

- **Collecter :** l'entreprise acquiert des données provenant de son environnement interne ou externe.
- **Stocker :** le système d'information conserve l'information acquise afin de pouvoir la restituer.
- **Traiter :** l'information est transformée, analysée, structurée.
- **Diffuser :** le SI transmet ensuite l'information dans son environnement interne ou externe.

## 3 Les trois dimensions du SI

- **Le SI doit se structurer à plusieurs niveaux** pour remplir ses fonctions.

**Dimension technique**

Système informatique qui regroupe des ressources matérielles (machines, ordinateurs et câbles) et immatérielles (logiciels, progiciels, bases de données). C'est le niveau de l'information brute.

**Dimension humaine**

Les hommes et les femmes qui conçoivent, traitent et donnent du sens à l'information.
Le jugement humain est toujours au départ (conception du SI) et à la fin du processus (prise de décision).

**Dimension organisationnelle**

Le SI déploie un ensemble de règles, de procédures et de processus pour que l'information aide à la décision ou à l'action.

- **Les progiciels de gestion** sont des ressources immatérielles (logiciels intégrés) qui traitent des informations relatives à plusieurs fonctions de l'entreprise. Ils mettent en relation des données afin de décloisonner les services de l'entreprise et la rendre plus performante.

**Remarque**

– Le SCM (*Supply Chain Management*) intègre l'ensemble de la chaîne logistique d'une entreprise. Cet outil est interne à l'entreprise.
– Le CRM (*Customer Relationship Management*) gère de l'information externe (qui provient du client) pour une utilisation interne.

# 57 Les apports du SI face aux défis de l'entreprise

Aujourd'hui, le développement du *Big Data* constitue un défi pour l'entreprise. Le SI doit être capable de collecter les données utiles, ce qui peut supposer une sélection préalable, et les agréger afin de constituer des informations pertinentes qui aideront à la prise de décision au sein de l'entreprise aux niveaux stratégique, tactique et opérationnel.

## 1 Le SI source d'avantage concurrentiel stratégique

### A L'information est une ressource à part

- L'information ne s'use pas lors de son utilisation. À la différence d'une matière première traditionnelle, sa consommation n'entraîne pas sa destruction.
- La production de l'information représente un coût, mais son coût de réplication est nul ou quasi nul.
- Les deux éléments précédents rendent difficile la valorisation de l'information, contrairement à un bien tangible (immobilisation corporelle de l'entreprise telle qu'un immeuble ou une machine).

### B L'information est une ressource différenciante

- **Un SI flexible est source de création de valeur** pour l'entreprise et peut générer un avantage concurrentiel s'il est mis au service du processus stratégique.

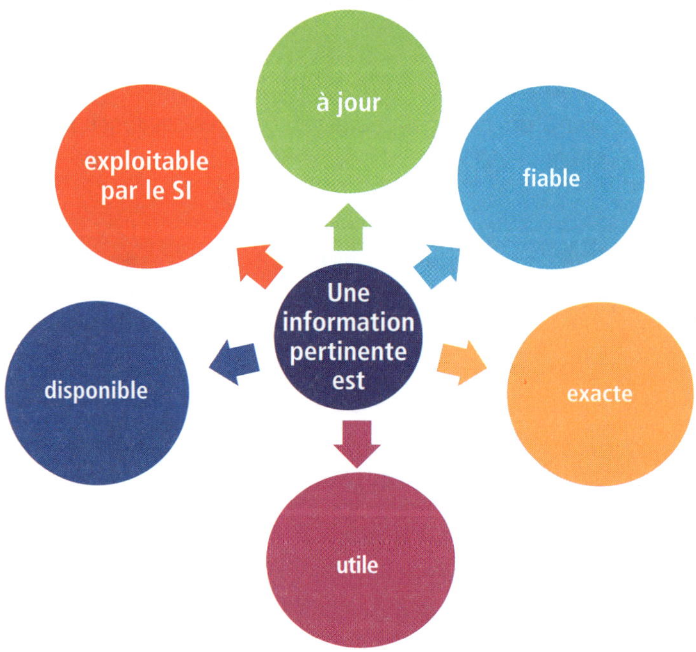

• **Le SI doit combiner une fonction d'intégration**, afin d'agréger un maximum d'informations et assurer une vue d'ensemble de l'entreprise, et une **fonction de spécialisation**, pour se placer au plus près de là où l'information est nécessaire pour décider et agir vite. Ces contraintes ont poussé les entreprises à développer de nouvelles configurations structurelles.

**Remarque**

Si le SI permet une bonne connaissance de l'ensemble des coûts de l'entreprise (et surtout la mise à jour de ses coûts cachés), celle-ci peut développer sa compétitivité prix.

## 2 Le SI source d'innovation structurelle

• Face à un environnement ouvert, changeant et incertain, les entreprises ont cherché à gagner en réactivité et peuvent s'appuyer sur le SI pour développer des structures organisationnelles plus souples et adaptables.

• Voici quelques tendances :

| | |
|---|---|
| ***Empowerment*** | Démarche qui consiste à réduire le nombre de niveaux hiérarchiques afin d'accélérer la prise de décision. |
| ***Reengineering*** | • C'est une reconfiguration générale de la structure de l'organisation autour non pas des fonctions mais du processus.<br>• Cette méthode a été mise en avant par Hammer et Champy. |
| **Structure par projet** | • Gestion des activités bâtie autour de la gestion d'un projet. Ce type de structure privilégie une gestion des coûts selon la méthode ABC et non pas seulement la méthode des coûts complets.<br>• En termes de condition de travail, le *coworking* ou travail collaboratif est privilégié.<br>• En termes de mécanisme de coordination, l'ajustement mutuel ou la communication transversale et non pas verticale est mise en avant. |
| **Structure en réseau** | • Les frontières de l'entreprise sont redéfinies. Le SI facilite une structure où les fonctions peuvent être externalisées mais les liens restent forts grâce à des partenariats étroits.<br>• On parle d'« entreprise étendue ». Les fournisseurs, les clients, les sous-traitants peuvent co-concevoir, co-innover, co-construire. |

# 58 Les risques et défis humains liés au SI

Le SI est un facteur de performance pour l'entreprise mais il pose également des difficultés que le directeur du système d'information (DSI) doit prendre en considération.

## 1 La typologie des risques liés aux SI

Les risques liés aux SI sont de plusieurs types : sécuritaire, opérationnel, juridique, sociaux et financiers.

| Types de risque | Manifestation |
| --- | --- |
| **Sécuritaire** | **Atteintes au patrimoine informationnel** de l'entreprise :<br>– cyber-attaques ;<br>– diffusion d'un virus informatique ;<br>– vol, piratage, espionnage industriel ;<br>– destruction ou perte des données. |
| **Opérationnel** | **Tout événement qui empêche le fonctionnement normal** de l'organisation :<br>– obsolescence ou panne du matériel ;<br>– défaut de maintenance ;<br>– mauvaise gestion des licences logicielles. |
| **Juridique** | **L'avènement du numérique a fait évoluer les règles du droit** sur de nombreux points :<br>– négociation et gestion des contrats de prestations informatiques ;<br>– respect de la réglementation en matière de protection des données à caractère personnel (RGPD) ;<br>– protection des bases de données au titre des droits d'auteur. |
| **Sociaux** | L'outil informatique a envahi les lieux de travail et a entraîné l'**apparition de nouvelles pratiques qui doivent être surveillées** :<br>– utilisation excessive, voire illégale, à des fins privées des moyens informatiques professionnels mis à la disposition des salariés ;<br>– intrusion dans la vie privée sur les données récoltées relatives aux salariés ;<br>– perméabilité entre les sphères professionnelle et privée (droit à la déconnexion). |
| **Financiers** | Le SI génère des coûts importants qu'il faut maîtriser :<br>– coût d'acquisition et de maintenance du matériel, des licences logicielles ;<br>– coût de l'intégration et du paramétrage du PGI et de la formation des utilisateurs. |

## 2 Le SI source de crises et de résistance aux changements

- Au cours de la vie de l'entreprise, sa taille et sa structure évoluent ; avec elle, le SI s'adapte et évolue à son tour.
- Dans cette épopée entrepreneuriale, le changement de SI peut générer des difficultés humaines et des crises managériales à traiter.

### A Les crises tout au long de la croissance de l'entreprise selon Greiner

Greiner identifie 5 crises possibles tout au long des 6 phases de développement des entreprises :

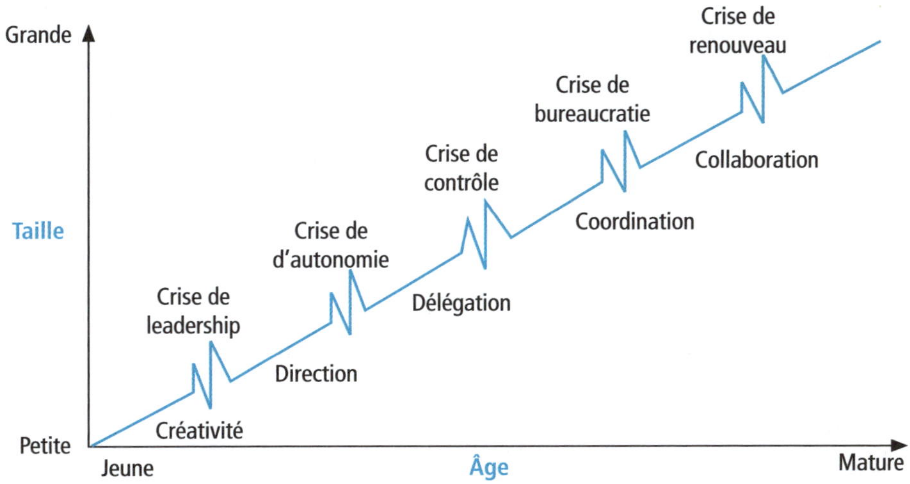

▲ Le modèle de Greiner

| Phase | 1. créative | 2. directive | 3 de délégation | 4. de coordination | 5. de collaboration | 6. d'externalisation |
|---|---|---|---|---|---|---|
| Crise | de leadership | d'autonomie | de contrôle | de bureaucratie | de saturation psychologique des salariés | |

### B Les facteurs de résistances au changement

Le changement peut entraîner une résistance de la part des acteurs en présence. Les facteurs de ces résistances (selon Crozier notamment mais aussi Lewin, Lawrence, Coch et French) peuvent être multiples :

### C Les recommandations pour gérer le changement selon Lewin

Lewin recommande de respecter les phases de résistance afin de gérer correctement le changement.

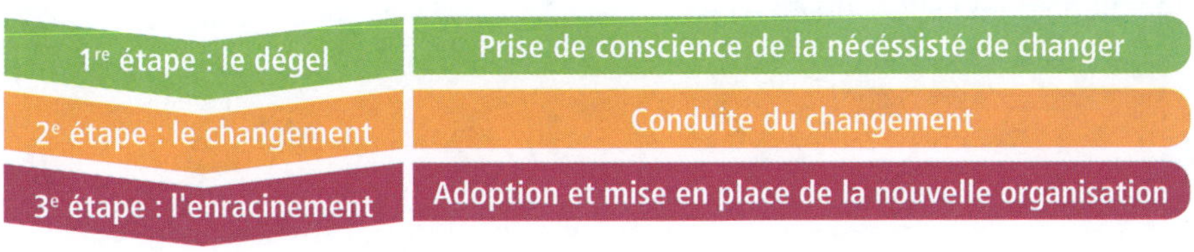


CEJM

# 59 Offre, demande de travail et segmentation du marché du travail

Attention à ne pas faire de confusion avec le langage usuel :
– **l'offre de (facteur) travail** correspond aux individus qui disposent ou souhaitent disposer d'un travail rémunéré, leur permettant de financer leur consommation et leur épargne.
– **la demande de travail** émane des entreprises et organismes publics, pour qui il s'agit d'un facteur de production.

Offre de travail ←——→ Demande d'emploi
Demande de travail ←——→ Offre d'emploi

## 1 Offre et demande de travail sur le plan théorique

• L'offre de travail est censée être le fruit d'un **arbitrage entre temps de travail** (en contrepartie des efforts les salaires permettent de consommer) **et temps de loisir** (qui apporte une satisfaction immédiate mais génère un manque à gagner ou coût d'opportunité).

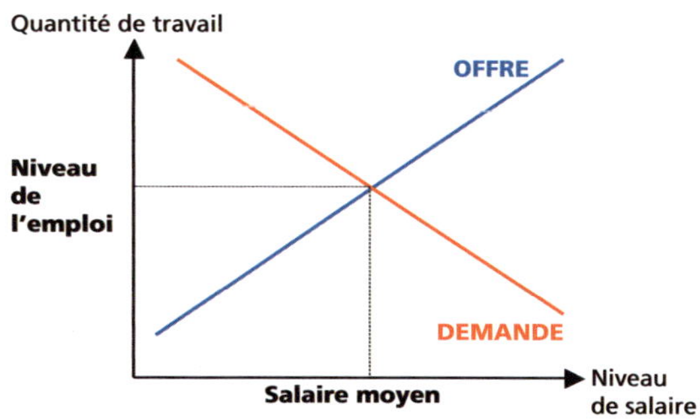


• L'augmentation du niveau des salaires rend en principe le travail plus attractif (et il accroit le coût d'opportunité du temps de loisir) et **se traduit par une hausse de l'offre de travail.**

• La demande de travail est une demande de facteur permettant aux entreprises de produire. **Elle dépend essentiellement de sa productivité et de son coût.** En principe, la demande de travail diminue lorsque le niveau de salaire s'élève, car cela signifie un coût du travail plus élevé qui peut conduire les entreprises à privilégier d'autres facteurs de production (davantage d'automatisation).

**Remarque**

En théorie donc, le chômage ne peut exister sauf s'il est volontaire, puisque l'ajustement des salaires permet d'équilibrer offre et demande de travail.

## 2 Une réalité plus complexe

• En réalité, il n'y a pas un mais une multitude de marchés du travail, car ce dernier n'est **pas homogène**, tant du côté de l'offre que de la demande. Il ne peut y avoir **un seul** niveau de salaire permettant l'équilibre du marché.

| L'hétérogénéité du travail | |
|---|---|
| **Offre de travail** | **Demande de travail** |
| Différents :<br>– niveaux de qualification des individus<br>– parcours et expériences professionnels<br>– degrés de mobilité fonctionnelle et/ou géographique... | Des profils différents demandés selon :<br>– les compétences, qualités...<br>– le degré de spécialisation<br>– le temps de travail (temps complet, temps partiel...)<br>– le type de contrat proposé (CDI, CDD, intérim)... |

• Ainsi, en dépit d'un chômage élevé observé en France, il existe des domaines où le marché du travail est en tension et où **les entreprises peinent à recruter** et à trouver ou attirer les profils qu'elles recherchent : il y a **coexistence de personnes au chômage et d'emplois vacants**.

## 3 Un marché du travail segmenté

• **L'hétérogénéité du travail** se traduit par une segmentation du marché qui conduit à distinguer plus particulièrement deux segments :

| | |
|---|---|
| **Marché interne (segment des *insiders*)** | Concerne des travailleurs relativement protégés face au chômage ; leurs caractéristiques :<br>– niveau de qualification élevé ;<br>– contrats de travail relativement stables (CDI) ;<br>– niveaux de rémunération élevés ;<br>– perspectives de promotion. |
| **Marché externe (segment des *outsiders*)** | Concerne des travailleurs relativement défavorisés en termes d'emploi, plus susceptibles de connaître des épisodes de chômage :<br>– statuts plus précaires (CDD, intérim...) ;<br>– emplois soumis aux aléas de la conjoncture économique ;<br>– faibles perspectives d'évolution dans l'entreprise. |

• **Le marché du travail français est caractérisé par des tendances lourdes**, dont une partie est imputable à cette dualité du marché :

| Déséquilibres et tendances lourdes du marché du travail français | |
|---|---|
| **Tendances révélatrices d'une forte segmentation du marché du travail** | • Accès à l'emploi difficile pour les personnes ne disposant pas de qualifications professionnelles<br>• Temps d'accès à un emploi durable de plus en plus long, notamment pour les primoaccédants sur le marché du travail (y compris avec des qualifications élevées)<br>• Taux d'emploi pour les personnes âgées de plus de 50 ans plus faible que dans les autres pays européens<br>• Écart de rémunérations entre hommes et femmes persistant (même s'il diminue)<br>• Temps partiel subi par un nombre croissant d'employés qui souhaiteraient travailler à temps plein |
| **Tendances liées à d'autres facteurs** | • Le niveau relativement élevé du SMIC (par rapport aux autres pays européens) pèse sur l'emploi dans certains secteurs à faible productivité (commerce, restauration...)<br>• Tensions sur le marché du travail liées aux règlementations propres à certains secteurs comme des conditions de diplôme pour pouvoir exercer (médecins, pharmaciens, notaires, avocats...)<br>• L'ubérisation croissante de certaines activités multiplie les formes atypiques d'emplois (indépendants, autoentrepreneurs) |

• Certains économistes craignent par ailleurs que les progrès rapides dans le domaine numérique entraînent une disparition de métiers plus forte que les créations de nouveaux emplois.

# 60 La politique de l'emploi

Face aux déséquilibres du marché du travail, l'État mène une politique de l'emploi qui vise tout à la fois à résorber le chômage et aider les personnes sans emploi.

## 1 Les politiques actives de l'emploi

• **Également qualifiées de traitement économique du chômage,** ces politiques visent à réduire le chômage, notamment en augmentant le volume d'emplois dans l'économie.

| | | |
|---|---|---|
| **Leviers théoriques visant à réduire le chômage** | Réduire l'offre de travail | Retarder l'entrée sur le marché du travail (allonger la durée des études), réduire l'âge de départ en retraite... |
| | Accroître la demande de travail | Stimuler la croissance et l'activité des entreprises, réduire le coût du travail (SMIC, cotisations sociales)... |
| | Favoriser une meilleure adéquation en offre et demande de travail | Développer la formation des individus, accroître la flexibilité du travail... |

• **Tous ces leviers ne sont pas nécessairement exploités** par les pouvoirs publics ; ainsi, les difficultés de financement des pensions de retraite ont conduit à retarder les départs à la retraite.

• **Les pouvoirs publics ont cherché à cibler les populations les plus fragiles** ces dernières années (jeunes, non qualifiés) et à privilégier les actions suivantes :
– **favoriser une meilleure adéquation entre les demandes des entreprises et l'offre de travail,** notamment par la politique de formation (élévation du niveau des études, développement de la formation professionnelle…) ou *via* l'action de Pôle Emploi ;
– **mettre en place des contrats aidés** (ou subventionnés) pour favoriser l'embauche de personnes en situation de précarité par des employeurs publics (ou privés).

## 2 Les politiques passives de l'emploi

• **Les politiques passives de l'emploi** visent à faire face aux conséquences négatives du chômage, notamment la perte de revenu qui en découle.

• **L'indemnisation des chômeurs** repose sur des leviers tels que le niveau ou la durée d'indemnisation du chômage. La générosité de l'indemnisation se heurte :
– **aux contraintes de financement** qui pèsent sur les organismes sociaux (financement de l'Unedic) ;
– **à une éventuelle désincitation** au retour à l'emploi.

• **Le traitement social du chômage** est moins mis en avant que par le passé, mais il reste important au regard des mutations extrêmement rapides du travail et des compétences dont les entreprises ont besoin. Il s'agit notamment d'aider les individus en période de transition professionnelle.

# 61 Les sources du droit du travail imposées et négociées

Le droit du travail régit les rapports individuels et collectifs créés par la relation de travail entre les employeurs et les salariés.
Chaque source du droit du travail se positionne dans la hiérarchie des normes : la norme juridique supérieure s'impose à la norme inférieure. Nous les présentons de la plus élevée à la moins élevée.

## 1 Les sources internationales

### A Les traités internationaux

Ce sont des **conventions internationales** signées entre les États.

**Exemple**
Les États signataires de la convention de l'Organisation internationale du travail (OIT) s'engagent à ce que la procédure de rupture d'un contrat de travail respecte les droits de la défense du salarié.

### B Les normes européennes

| Normes | Définition | Exemple |
|---|---|---|
| **Règlements communautaires** | Généraux et abstraits, ils s'appliquent immédiatement dans le droit national des États membres. | Les règlements communautaires n° 1408/71 et n° 574/72 régissent la coordination des régimes de sécurité sociale des différents États membres afin de permettre au travailleur d'exercer son droit à la libre circulation dans l'UE. |
| **Directives communautaires** | Fixent des objectifs à atteindre dans un délai fixé ; elles nécessitent une transposition dans le droit national par les États membres. | • La directive européenne sur le temps de travail (2003/88/CE) impose aux pays de l'UE de garantir à tous les travailleurs des droits minimaux sur les congés payés, la durée du repos quotidien…<br>• Les pays ne disposant pas encore de lois sur ce sujet sont donc tenus de transposer la directive en droit national. |

La **Cour de justice de l'Union européenne (CJUE)**, sur saisine de la Commission européenne, d'une institution communautaire, d'un État membre ou d'un particulier selon les cas, veille au bon respect de ces normes.

## 2 Les sources nationales

• **La Constitution de 1958 prime sur les autres normes juridiques** selon le principe de la hiérarchie des normes.

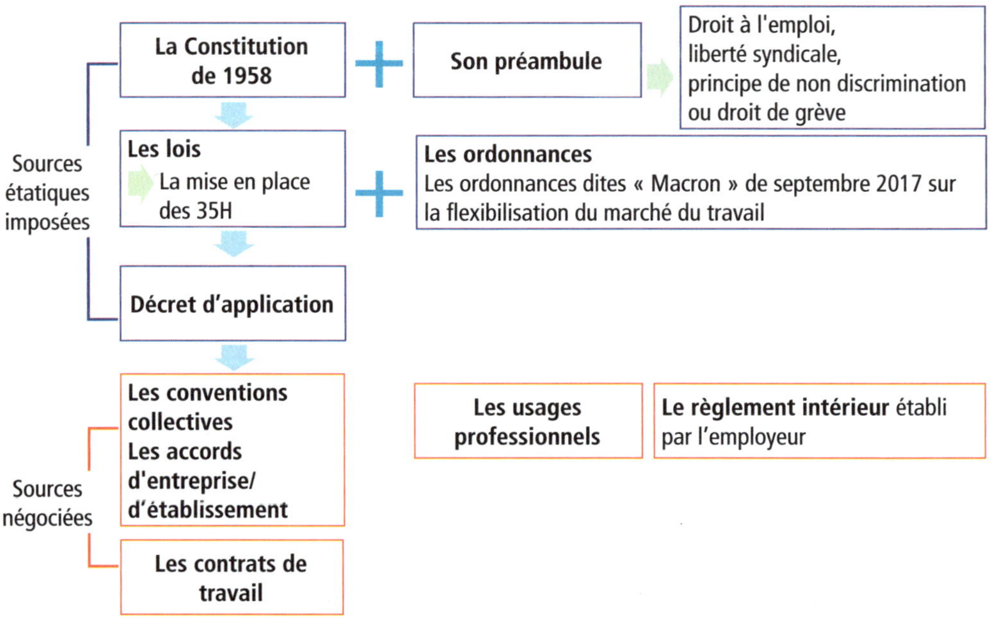


• **Le droit négocié** concerne l'ensemble des textes qui **résulte de la concertation entre les partenaires sociaux** : les organisations syndicales de salariés représentatives (OSR) et une ou plusieurs organisations d'employeurs ou tout autre groupement d'employeurs ou un employeur pris individuellement.

• **La négociation collective** vise à **trouver un équilibre entre efficacité économique et justice sociale**.

• **Le droit négocié, issu de la convention collective,** a pour objectif d'**adapter les règles du Code du travail aux spécificités** de la branche, de l'entreprise, voire de l'établissement.

# 62 Les régimes juridiques du salarié et du travailleur indépendant

Une activité professionnelle peut s'exercer selon plusieurs statuts.

## 1 Le salariat par un contrat de travail

### A Présence d'un contrat de travail

• **Le contrat de travail** est la convention par laquelle une partie, le salarié, met son travail à disposition de l'autre partie, l'employeur, moyennant rémunération et dans un lien de subordination juridique.

**Définition**

**Subordination :** exécution d'un travail sous l'autorité de l'employeur qui a le pouvoir de donner des ordres et des directives à son salarié, de contrôler le déroulement de son travail et d'en sanctionner les manquements.

• **Le lien de subordination** ne peut faire l'objet d'une renonciation par les parties. Lorsqu'il existe dans la relation de travail mais que celle-ci n'est pas considérée comme un contrat de travail, le contrat peut être requalifié et l'employeur peut être condamné pour délit de travail dissimulé.

**Exemple**

Lorsqu'un travailleur indépendant ne travaille dans les faits que pour un seul client et que ce dernier impose les conditions de travail, le juge peut requalifier la relation en contrat de travail et condamner le client pour délit de travail dissimulé.

### B Le statut du salarié

| | |
|---|---|
| **Qui est concerné ?** | Les gérants minoritaires ou égalitaires rémunérés des SARL et les dirigeants des sociétés anonymes, mais également tous les ouvriers, employés, agents de maîtrise, techniciens et cadres. |
| **Statut social** | Cotisations obligatoires pour les régimes de protection sociale. |
| **Statut fiscal selon la forme juridique** | En principe, l'imposition se fait sur les revenus. |

## 2 Contrat d'entreprise ou de prestation de service

Une entreprise qui fournit une prestation de service à son donneur d'ordre respecte un cahier des charges mais conserve sa liberté dans l'exécution de sa prestation. **Elle n'est donc pas subordonnée à son client mais indépendante.**

| | |
|---|---|
| **Qui est concerné ?** | Entrepreneurs individuels, micro-entrepreneurs, gérants majoritaires de SARL, associés de sociétés de personnes. |
| **Statut social** | Possibilité de choisir une fourchette de cotisations. |
| **Statut fiscal selon la forme juridique** | En principe, l'imposition se fait soit sur les bénéfices de la société (IS) pour une personne morale, soit sur les revenus perçus pour une personne physique (IRPP). Pour ces derniers, l'imposition dépend encore de la nature des bénéfices : industriels et commerciaux (BIC), agricoles (BA), non commerciaux (BNC). |

## 3 Des frontières floues

• **Les distinctions entre salariés et travailleurs indépendants s'estompent.** Depuis la création du statut d'autoentrepreneur en 2008 (devenu micro-entrepreneur), les entreprises incitent parfois leurs salariés à devenir leurs fournisseurs ou leurs distributeurs en adoptant ce nouveau statut : le statut change alors que les conditions de travail, donc de subordination, varient peu…

• **Dans le secteur numérique,** les plateformes de mise en relation entre prestataires de services et clients (de type Uber) diminuent encore cette frontière : le prestataire de service n'est pas salarié mais est fortement dépendant des conditions de travail imposées par la plateforme.

# 63 Les contrats de travail

Le contrat de travail individualise la relation de travail et crée des obligations entre les parties. Il doit respecter la réglementation du travail ainsi que les conditions de validité du droit commun des contrats.

## 1 Les 5 éléments fondamentaux du contrat de travail

| | |
|---|---|
| **Les parties** | Le salarié est forcément une personne physique. |
| **Le salaire versé** | La rémunération peut se composer d'une part fixe et d'une part variable et d'avantages en nature. |
| **La fonction occupée** | Elle découle de la qualification du salarié : son expérience, ses diplômes. |
| **Le lieu de travail** | Fixe ou variable ; il peut inclure une clause de mobilité. |
| **La durée du contrat** | Le contrat doit respecter la durée légale du travail. Il peut être signé à temps partiel. |

## 2 Les types de contrat de travail

| | | |
|---|---|---|
| CDI | Contrat de droit commun. Durée indéterminée. 86 % des contrats de travail. | |
| CDD | Contrat de travail dérogatoire. Durée déterminée. | Conditions de durée, de recours, de renouvellement, spécifiques afin de protéger le salarié. |
| CTT | Contrat de travail dérogatoire. Travail temporaire. Recours à une entreprise intérimaire. | |

## 3 Les clauses du contrat de travail

En fonction de la protection des intérêts légitimes de l'entreprise et des souhaits du salarié, les parties peuvent négocier des clauses.

| | |
|---|---|
| **Période d'essai Articles L 1221-19 et suivants du Code du travail** | • Pendant une période de 2 à 4 mois maximum, le salarié vérifie que l'emploi lui convient et l'employeur vérifie que le salarié correspond bien à ses fonctions.<br>• Chaque partie peut rompre la période d'essai sans motif et sans indemnité, mais doit respecter un délai de préavis. Le salarié touche ses droits aux allocations chômage même s'il est à l'initiative de la rupture. |
| **Clause de non concurrence** | En contrepartie, d'une compensation financière, l'employeur interdit à son salarié de pratiquer une concurrence directe ou indirecte contre son entreprise si ce dernier venait à la quitter. |
| **Clause de confidentialité** | Les parties s'engagent à ne pas divulguer des informations dites sensibles telles que des secrets de fabrique. |
| **Clause de mobilité** | Le salarié accepte que l'employeur puisse modifier le lieu d'exécution du contrat de travail ; l'étendue géographique envisagée doit être précise. |

# 64 Les principes de la protection du salarié

Face à la supériorité de l'employeur sur son salarié (lien de subordination), le droit du travail protège le salarié en **rééquilibrant la relation contractuelle** : il impose des obligations à l'employeur et confère des droits aux salariés. Enfin, le juge s'assure que les clauses du contrat de travail ne sont pas abusives ou déloyales.

## 1 Les obligations de l'employeur

L'art L1121-1 du Code du travail fixe **4 limites au pouvoir de direction** de l'employeur.

| Obligation | Explication |
|---|---|
| **Absence de discrimination** | L'employeur ne peut exercer des discriminations d'ordre religieux, politique, sexuel ou syndical. |
| **Respect d'une obligation de sécurité de résultat** | L'employeur engage une responsabilité sans faute vis-à-vis de la santé de ses salariés. Il doit tout mettre en œuvre pour éviter tout accident du travail ou maladie professionnelle. |
| **Respect des libertés fondamentales et de la vie privée** | Le salarié dispose de sa liberté d'expression ou encore du secret de ses correspondances sur son lieu de travail. |
| **Respect de la bonne foi** | L'employeur doit agir dans l'intérêt de l'entreprise. |

## 2 Les droits et libertés du salarié

### A Pour évoluer pendant sa vie professionnelle : la formation

- La formation est le moyen pour un salarié d'acquérir ou d'actualiser ses connaissances, de développer ses compétences et son employabilité. C'est aussi une nécessité pour l'entreprise qui contribue à son financement.

**Remarque**

Selon l'article 6111-1 du Code du travail, « la formation professionnelle tout au long de la vie constitue une obligation nationale ».

- Les salariés disposent de plusieurs dispositifs de formation :
  - le **compte personnel de formation** (CPF)
  - la **validation des acquis de l'expérience** (VAE)
  - le **conseil en évolution professionnelle** (CEP)

### B Pour défendre ses conditions de travail

- Le salarié bénéficie également des libertés consacrées par le préambule de la Constitution de 1958 :
  - **le droit de grève :** cessation totale et collective du travail en vue d'appuyer des revendications professionnelles préalablement présentées à l'employeur ;
  - **la liberté syndicale :** tout salarié est libre d'adhérer à une section syndicale au sein de son entreprise.
- Le salarié peut également participer aux différentes instances représentatives du personnel : comité social et économique, délégué syndical.

## 3 La protection judiciaire du salarié

Le Conseil de prud'hommes tranche les contentieux liés au contrat de travail. Il reste impartial mais protège souvent les salariés face aux abus des employeurs dans la rédaction de certaines clauses.

# 65 Les modifications du rapport d'emploi

Le contrat de travail est un **contrat à exécution successive** : la relation de travail peut évoluer dans le temps. Le droit protège le salarié face à ces évolutions.

## 1 Modification à l'initiative de l'employeur

• En raison de la force obligatoire du contrat, l'employeur ne peut modifier unilatéralement le contrat de travail, mais la jurisprudence distingue deux cas :

| La modification du contrat de travail | La modification des conditions de travail |
|---|---|
| L'employeur souhaite modifier le lieu, la rémunération ou la qualification du contrat. | L'employeur modifie un élément accessoire au contrat comme les horaires de travail. |
| Le salarié doit donner son accord.<br>Un refus ne constitue pas une faute. | Le refus du salarié constitue une faute. |

• Les parties peuvent convenir qu'un élément fondamental devienne une simple condition de travail.

**Exemple :** En signant une clause de mobilité, le salarié accepte que le lieu d'exécution de son travail puisse être modifié ultérieurement par l'employeur sans son accord.

## 2 Changement d'employeur

Selon l'article L1224-1 du Code du travail, lorsque l'employeur du salarié change du fait d'une fusion ou d'un rachat, tous les contrats de travail en cours au jour de la modification subsistent entre le nouvel employeur et le personnel de l'entreprise.

## 3 La rupture du contrat de travail

| Initiative de la rupture | Dispositif | Régime juridique applicable |
|---|---|---|
| Salarié | Démission | Elle doit être écrite et non équivoque. |
| | Départ à la retraite | Possible dès 62 ans. À 67 ans, le salarié a droit à une retraite complète même s'il n'a pas cotisé tous les trimestres exigés. |
| Employeur | Licenciement pour motif personnel | Il repose sur une cause réelle et sérieuse inhérente à la personne du salarié. Il peut s'agir d'un motif disciplinaire. L'employeur convoque le salarié à un entretien puis lui notifie son licenciement par une lettre écrite. |
| | Licenciement pour motif économique | Il résulte d'une suppression ou d'une transformation d'emploi ou d'une modification refusée par le salarié d'un élément essentiel du contrat de travail, consécutive notamment à des difficultés économiques, des mutations technologiques, à une réorganisation de l'entreprise nécessaire à la sauvegarde de la compétitivité, à la cessation d'activité de l'entreprise. |
| Les 2 parties | Rupture conventionnelle | Elle peut être individuelle ou collective. |

• **Le droit cherche à prévenir les licenciements économiques** en proposant des négociations autour des emplois menacés. Ces mesures peuvent être regroupées dans un **plan de sauvegarde de l'emploi**.

# 66 De la GRH à la GPEC

## 1 La gestion des ressources humaines (GRH)

### A Les enjeux de la GRH

• **La gestion des ressources humaines** regroupe l'ensemble des politiques et des actions qui permettent à une entreprise de disposer en permanence d'un effectif à la fois suffisant et compétent pour réaliser le travail demandé de manière performante.
• **La gestion prévisionnelle de l'emploi et des compétences (GPEC)** est donc un enjeu essentiel pour le maintien de la compétitivité de l'entreprise en anticipant ses besoins futurs.

### B La mise en œuvre de la GRH

• **Souvent identifiée par sa dimension quantitative** (recrutements, licenciements…), la gestion des ressources humaines intègre de plus en plus d'éléments en lien avec la gestion qualitative des ressources humaines (cartographie des compétences, besoins en formation des salariés…).
• **L'entreprise doit mener un audit de ses ressources existantes** avant de définir sa politique en matière de ressources humaines. Il est (relativement) facile de faire un audit quantitatif des ressources disponibles (nombre de salariés, nombre d'heures travaillées…), mais il est plus difficile d'établir le bilan des compétences détenues et exercées par l'ensemble des salariés.

## 2 La GPEC

### A Les enjeux de la GPEC

• **La gestion prévisionnelle des emplois et des compétences (GPEC)s constitue un enjeu important** dont l'objectif est de permettre à une entreprise de trouver un juste milieu entre le coût de sa masse salariale et la richesse créée par les salariés.
• **Les ressources humaines étant une source d'avantage concurrentiel durable,** l'entreprise doit favoriser l'émergence d'une **main-d'œuvre polyvalente** (pour répondre à un environnement de plus en plus complexe), **spécialisée** (sur les domaines de compétences recherchés), **réactive** (adaptable), **créative** (source de création de valeur ajoutée) et **disponible** (motivée et impliquée).

**Définition**

**GPEC :** démarche d'optimisation de l'allocation des ressources humaines. Elle vise à identifier les besoins à venir d'une organisation et à les mettre en relation avec les ressources actuelles. L'écart entre l'existant et les besoins entraîne la mise en œuvre d'actions d'ajustement (formation, recrutement…).

## B Les outils de la GPEC

La mise en œuvre d'un **plan de formation** va donc concerner :
– **la réalisation de bilans de compétences** afin que les salariés puissent analyser leurs aptitudes et compétences, définir leurs priorités professionnelles et solliciter les formations en lien avec leurs objectifs de carrière ;

**ACTIONS DE FORMATION À DESTINATION DES PERSONNELS**

- Actions permettant une adaptation du salarié au poste de travail
- Actions liées à l'évolution des emplois ou participant au maintien dans l'emploi
- Actions permettant le développement personnel des salariés

– **la validation des acquis de l'expérience** pour permettre à chaque salarié de faire reconnaître par un diplôme, titre ou qualification, l'expérience professionnelle (et les compétences associées) acquise sur le lieu de travail ;
– **les congés individuels de formation** permettant à tout salarié de suivre à son initiative et à titre individuel des actions de formation ;
– **le compte personnel de formation** (500 ou 800 euros par an cumulables sur 10 ans) utilisable par le salarié après accord de son employeur pour suivre une action de formation.

**Remarque**

Un an d'expérience en rapport avec le contenu de la certification visée est nécessaire pour obtenir une validation des acquis de l'expérience (VAE).

**Exemple**

La pénurie de compétences s'amplifie dans les PME. Au premier semestre 2018, plus de 50 % des petites entreprises estimaient que leurs difficultés à recruter constituaient le principal frein à leur développement. Pour y remédier, les entreprises tentent d'augmenter les heures supplémentaires et la polyvalence des salariés en poste.

# 67 Les facteurs de la motivation et de la satisfaction au travail

Des actions en lien avec les facteurs de motivation identifiés doivent être menées par le manager pour favoriser la motivation individuelle des salariés.

## 1 Les facteurs de motivation selon Maslow, Herzberg et Vroom

• **Dans sa théorie des besoins,** Abraham Maslow détermine cinq catégories de besoins, hiérarchiquement structurés, que tout individu cherche à satisfaire et qui sont à la source de sa motivation : les **besoins physiologiques, de sécurité, sociaux, d'estime, d'auto-accomplissement**.

• **Frederick Herzberg** distingue les facteurs « **de motivation** » afférents au contenu du travail (réussite, considération, responsabilité) et des facteurs « **ambiance** » liés au contexte du travail (politique salariale, sécurité de l'emploi, conditions de travail…).

• **Victor Vroom,** dans sa théorie des attentes, explique la motivation des individus selon la récompense qu'ils peuvent attendre des efforts déployés. Elle ne saurait se limiter à un aspect purement financier et doit correspondre aux aspirations du salarié (comme le besoin de reconnaissance).

## 2 Les outils au service de la motivation des salariés

### A Les facteurs liés à la rémunération

| | |
|---|---|
| **Le système de primes** | Des primes, variables en fonction du critère retenu, permettent de mener une politique de rémunération flexible qui lie une partie du salaire aux résultats obtenus de manière individuelle ou collective. |
| **La participation aux résultats** | Système (obligatoire dans les entreprises de 50 salariés et plus) permettant aux salariés de percevoir une part des résultats de l'entreprise. |
| **L'intéressement** | Avantage financier fondé sur les résultats de l'entreprise distribué à tout ou à une partie du personnel de l'entreprise dans le but d'accroître l'implication. |
| **Le plan épargne entreprise (PEE)** | Système d'épargne collectif et facultatif mis en place pour permettre aux salariés de se constituer un capital sous forme de valeurs mobilières. |
| **Les stock-options** | Droit accordé à certains salariés d'acquérir dans le futur des actions de leur entreprise à un prix fixé lors de l'attribution du droit et pendant un nombre d'années donné. |

### B Les facteurs qualitatifs

• **Le contenu et l'environnement du travail :** élargissement des tâches, augmentation du degré d'autonomie, ergonomie du poste de travail…
• **Les perspectives d'évolution professionnelle :** promotions, montée en compétence, formation tout au long de la vie professionnelle…
• **L'adhésion à la culture de l'entreprise :** motivation collective par le biais du sens donné aux buts poursuivis par l'entreprise (éthique, valeurs…).

# 68 Les conditions de travail et leurs évolutions

L'organisation productiviste du travail qui a prévalu dans le cadre de **l'organisation scientifique du travail** a progressivement fait place à une autre approche des conditions de travail.

## 1 Les composantes des conditions de travail

**Conditions de travail**

**Facteurs physiques et environnementaux**
Bureau individuel/*open space*
Travail debout ou assis, sédentaire/itinérant…

**Facteurs sociaux**
Relations de travail
Style de management
Travail précaire/CDI…

**Facteurs organisationnels**
Consignes, règlements
Organisation du travail
Procédures et contrôle…

**Facteurs psychologiques**
Situations qui impactent la santé du salarié (stress, souffrance)

## 2 Les évolutions des conditions de travail

### A L'organisation scientifique du travail

• **Les 30 glorieuses ont marqué la prédominance d'une organisation scientifique du travail** reposant sur une division verticale et horizontale des tâches dans une optique centrée sur une amélioration continue de la productivité des salariés (ordonnancement des tâches, contrôle du temps et des mouvements, organisation des méthodes et techniques de production).

• **Ce mode de production,** adapté à une production de masse standardisée, a été progressivement remis en cause :
– par le développement de la production de services ;
– par le développement d'une demande de plus en plus individualisée ;
– par les inconvénients de ces conditions de travail : démotivation, absentéisme, accidents du travail, turnover des salariés (pénibilité, ennui).

### B Les nouvelles formes d'organisation du travail

Elles privilégient des conditions de travail différentes axées sur :
– **une nouvelle organisation du travail :** rotation des salariés sur les postes de travail, élargissement et enrichissement des tâches, travail en équipe, management plus participatif pour impliquer les salariés à la prise de décision ;
– **la mise en place de systèmes de gratification plus incitatifs et plus individualisés :** hausse de la part variable de la rémunération, intéressement collectif et/ou individuels ;
– **l'amélioration des conditions de vie au travail :** sur le lieu de travail (approche ergonomique du poste) ou pour les services proposés aux salariés (crèche, restaurant d'entreprise…) ;
– **l'accompagnement des salariés** dans une évolution des compétences et donc des carrières (promotion, formation continue) ;
– **le développement de l'adhésion à la culture d'entreprise :** favoriser la notion d'identité et d'objectif commun, développement des actions en lien avec la politique de responsabilité sociale de l'entreprise…

# 69 Le diagnostic interne et externe

L'environnement d'une entreprise constitue tout autant des **opportunités** que des **menaces** ; un manager doit savoir les identifier avant d'élaborer sa stratégie.

## 1 L'établissement d'un diagnostic externe et interne

### A Le diagnostic externe et l'analyse de l'environnement

Voir p. 252

• L'entreprise doit s'interroger sur sa capacité à pouvoir agir sur les différents facteurs de son environnement. **Le modèle PESTEL** en constitue une synthèse.

• On distingue :
– **les facteurs macro-environnementaux** (non directement liés à l'entreprise) : croissance économique, environnement sociétal, facteurs juridiques et culturels… ;
– **les facteurs micro-environnementaux :** spécifiques à une entreprise, en lien avec son environnement direct (marché, concurrents, fournisseurs…).

• L'environnement est perçu comme une **contrainte** ou une **opportunité** selon différents critères parmi lesquels :
– **son degré de stabilité :** évolutions réglementaires, rythme des innovations technologiques…
– **son degré de complexité :** multiplicité des concurrents, substituabilité des produits…

### B Le diagnostic interne et les ressources stratégiques de l'entreprise

• **À travers l'analyse des ressources internes tangibles et intangibles,** l'entreprise identifie ses compétences distinctives ; ce sont ses **facteurs clés de succès** (**FCS**) : ils permettent à l'entreprise d'apprécier sa compétitivité et constituent ses principales forces face à ses concurrents.

**Définition**

**Facteurs clés de succès :** éléments à caractère commercial ou technologique qu'une entreprise doit maitriser pour être compétitive dans une activité donnée.

• **Le concept de chaîne de valeur** de M. Porter permet d'**identifier les sources de différenciation que l'entreprise pourra exploiter** en fonction des FCS révélés par le diagnostic interne :

Voir p. 256

– elle pourra y allouer ses ressources internes pour accroître son avantage compétitif ;
– ou envisager une externalisation de certaines activités ;
– ou envisager des stratégies de diversification en développant certains FCS.

## 2 La synthèse des diagnostics internes et externes

Elle permet au manager de prendre les décisions stratégiques qui vont orienter l'activité de l'entreprise et affecter l'allocation interne des ressources disponibles. Plusieurs outils aident à faire cette synthèse.

• **La matrice SWOT** (FFOM en français pour Forces, Faiblesses, Opportunités, Menaces) permet de faire la synthèse du diagnostic interne et externe.

| | **Aspects positifs** | **Aspects négatifs** |
|---|---|---|
| Diagnostic interne | Forces<br>*Strenghts* | Faiblesses<br>*Weaknesses* |
| Diagnostic externe | Opportunités<br>*Opportunities* | Menaces<br>*Threats* |

▲ Matrice SWOT

• **La matrice d'Igor Ansoff** présente les choix stratégiques possibles pour une entreprise en fonction de deux facteurs : la **gamme de produits existants ou en développement** et la **position de l'entreprise sur le marché visé**. Cette matrice est donc plus opérationnelle pour un manager qui souhaite développer une stratégie de croissance.

| **Marché \ Produit** | **Existant** | **Nouveau** |
|---|---|---|
| **Existant** | Pénétration de marché | Développement de produit |
| **Nouveau** | Développement de marché | Diversification |

▲ Matrice d'Igor Ansoff

# 70 La démarche stratégique

La stratégie conduit à la détermination par l'entreprise de choix globaux déclinés en objectifs à atteindre ainsi que des ressources nécessaires pour y parvenir. On peut la définir de plusieurs manières.

## 1 Définitions de la stratégie

• **Définition d'Alfred Chandler :** déterminer les buts et objectifs à long terme d'une entreprise, adapter les moyens d'action et allouer les ressources nécessaires pour atteindre ces objectifs.
• **Définition d'Igor Ansoff :** piloter les modifications des relations du système-entreprise avec son environnement et de la frontière de ce système avec ce qui n'est pas lui.

## 2 Les étapes de la démarche stratégique

• **La démarche stratégique** est souvent représentée par le **modèle de Harvard** (modèle LCAG).
• **La définition de la stratégie est le résultat d'un double diagnostic** interne et externe avec les **valeurs et aspirations du manager** d'une part, et des **valeurs de l'entreprise** dans laquelle elle s'insère d'autre part (responsabilité sociale de l'entreprise).
• Cette phase achevée, le manager précise les modalités de mise en œuvre de la stratégie choisie.

**Remarque**

**La « démarche stratégique »** renvoie au processus de réflexion et de conception de la stratégie s'appuyant sur un diagnostic interne et externe.

| | |
|---|---|
| étape 1 | **Évaluation externe :** analyser l'environnement de l'entreprise (menaces et opportunités) |
| étape 2 | **Évaluation interne :** identifier les avantages compétitifs potentiels de l'entreprise par rapport à ses concurrents (forces et faiblesses) |
| étape 3 | **Identifier les stratégies possibles** à partir de la synthèse des diagnostics internes et externes |
| étape 4 | **Choisir la stratégie à mettre en œuvre**, ce qui implique de définir les actions à réaliser pour accomplir les objectifs fixés |

▲ Les étapes de la démarche stratégique

## 3 Stratégie délibérée et stratégie émergente

**Henry Mintzberg** distingue deux approches de la stratégie.
• **La stratégie délibérée** est issue d'une **démarche active de l'entreprise** qui effectue un choix délibéré en fonction de ses capacités et de l'analyse de son environnement. Cette stratégie met en œuvre une **planification stratégique pour** atteindre les objectifs visés.
• **La stratégie émergente** est **non planifiée**. Les entreprises sont souvent obligées de faire preuve d'adaptation pour pouvoir réagir aux évolutions subites de l'environnement.

**Remarque**

De plus en plus d'entreprises évoluent vers des stratégies émergentes pour s'adapter et réagir à un environnement rendu incertain et complexe par la révolution numérique et la mondialisation.

# 71 Les options stratégiques globales et par domaines d'activités

Suite au diagnostic stratégique, l'entreprise peut définir sa **stratégie globale** et sa **stratégie par domaines d'activités**.

## 1 La notion de domaine d'activité stratégique (DAS)

• Lorsqu'une entreprise intervient sur différents marchés, la segmentation de ses activités en **domaines d'activités stratégiques (DAS)** lui permet d'obtenir une **vision synthétique** de ses activités. Elle pourra donc **mettre en place des stratégies spécifiques** pour chaque DAS identifié.

• Les DAS sont généralement définis selon des **couples produits/marchés** caractérisés par un certain nombre de **facteurs communs** (fournisseurs, concurrents, consommateurs, technologies, etc.) pour lesquels il est possible de définir une stratégie particulière.

**Exemple**
Sur le marché des cosmétiques, l'entreprise L'Oréal met en place des stratégies spécifiques adaptées à son portefeuille de marques en fonction de la clientèle visée et du canal de distribution de ses produits selon 4 DAS : produits pour professionnels, produits de luxe, produits grand public, produits issus de la cosmétique active (avec des vertus médicales).

• Il convient de différencier :
– **les critères de segmentation marketing** utilisés pour définir le *marketing mix* (composition de sous-groupes de consommateurs ayant des besoins différents à assouvir) ;
– **les critères de segmentation stratégique** qui permettent de diviser les activités de l'entreprise en segments homogènes régis par des facteurs clés de succès identiques.

• **Parmi les critères d'homogénéité** les plus fréquemment proposés pour circonscrire les DAS, figurent le métier, la mission, le type de clientèle, l'espace géographique, le circuit de distribution.

• **Les principales stratégies associées** à une approche par domaines d'activité stratégiques, ou « stratégies génériques » selon la classification de M. Porter, sont les **stratégies de domination par les coûts, de différenciation, de focalisation**.

## 2 Les stratégies spécifiques par DAS (M. Porter)

| Stratégies | Objectif | Exemple |
| --- | --- | --- |
| **Domination par les coûts** | • Développer un avantage compétitif prix par rapport aux concurrents.<br>• Permet à l'entreprise d'accroître ses parts de marché, et peut contribuer à lui assurer un avantage durable du fait des économies d'échelle procurées par l'effet volume. | Le constructeur automobile Renault a acquis une expertise dans la production de véhicules à bas coût (marque Dacia). |
| **Différenciation** | Quand le prix ne constitue pas le facteur déterminant du choix des consommateurs (*ex. : IPhone*), cette politique conduit à une stratégie de segmentation du marché de la part de l'entreprise. | Stratégie développée par Apple sur l'ensemble de sa gamme qui lui permet de se positionner sur les segments haut de gamme. |

CEJM

| Stratégies | Objectif | Exemple |
|---|---|---|
| **Concentration / focalisation** | Focalisation de l'entreprise sur un segment de son marché afin d'y concentrer ses ressources pour obtenir un avantage compétitif suffisant. | En janvier 2018, Kering lâche le sport et se concentre sur le luxe. Le groupe de luxe a indiqué vouloir céder 70 % de ses parts à ses actionnaires. |

## 3 Les stratégies globales selon Igor Ansoff

Igor Ansoff définit deux grands types de **stratégies globales pour les entreprises**.

| Stratégies | Objectif | Exemple |
|---|---|---|
| **Spécialisation** | L'entreprise limite son activité à un seul métier sur lequel elle détient un avantage concurrentiel certain. | En août 2017, le constructeur automobile français PSA a conclu le rachat des filiales européennes Opel et Vauxhall de l'américain General Motors. Avec plus de 17 % de part de marché, PSA devient le second constructeur européen. |
| **Diversification** | Offre à l'entreprise l'opportunité de se développer sur un marché correspondant à un nouveau métier. | En juin 2017, La Poste poursuit la diversification de ses activités en entrant dans le secteur de la prestation de santé à domicile grâce à une prise de participation dans la société Asten Santé (accompagnement à domicile de patients atteints de maladies chroniques). |

### A Les diverses stratégies de spécialisation

- **La pénétration du marché** vise à accroître la part de marché de l'entreprise sur un domaine particulier.

- **La politique d'élargissement de la gamme** consiste à couvrir l'ensemble des segments d'un marché particulier.

- **L'expansion géographique** consiste à couvrir un espace géographique avec un produit identique (ou adapté à la demande locale) pour accroître sa part de marché globale.

### B Les stratégies de diversification

- **La diversification de placement :** l'entreprise utilise ses ressources disponibles pour investir de nouveaux marchés.

- **La diversification de survie :** l'entreprise qui ne dispose pas d'un avantage concurrentiel initial satisfaisant se tourne vers un nouveau marché.

- **La diversification de redéploiement :** l'entreprise qui dispose d'un avantage concurrentiel initial se repositionne sur des marchés offrant de meilleurs potentiels de croissance.

- **La diversification de confortement :** l'entreprise ne disposant pas d'un avantage concurrentiel initial décisif conforte sa position en se développant sur une activité complémentaire.

## 4 Intégration - externalisation

Dans une démarche globale, **une entreprise s'interroge sur ce qui constitue son cœur d'activité**. Les choix qui s'offrent à elle relèvent de la stratégie d'intégration, ou au contraire d'externalisation.

| Stratégies | Objectif | Exemple |
|---|---|---|
| **Intégration** | • L'entreprise cherche à se positionner sur un maximum d'éléments de la chaîne de valeur du produit qu'elle réalise (des matières premières jusqu'à la distribution).<br>• Cette intégration peut être verticale (vers l'amont et/ou vers l'aval) ou horizontale (création de co-entreprises avec un concurrent). | Michelin se distingue depuis des années des autres grands acteurs du pneu en possédant des plantations d'hévéas ; ils produisent le latex qui donne le caoutchouc naturel, matière première indispensable à son activité. |
| **Externalisation** | L'entreprise concède à une autre entreprise la réalisation d'une partie de sa production ou d'une fonction particulière (informatique, RH, comptabilité…) pour concentrer ses propres ressources sur son cœur de métier. | La Société Générale a externalisé certaines activités de ses sites franciliens : maintenance technique (chauffage, entretien des bâtiments), services et supports aux occupants (accueil, courrier), propreté, hygiène et environnement, sécurité et sûreté. Après un appel d'offres, ces fonctions ont été attribuées à des entreprises prestataires spécialisées. |

## 5 Synthèse des principales stratégies

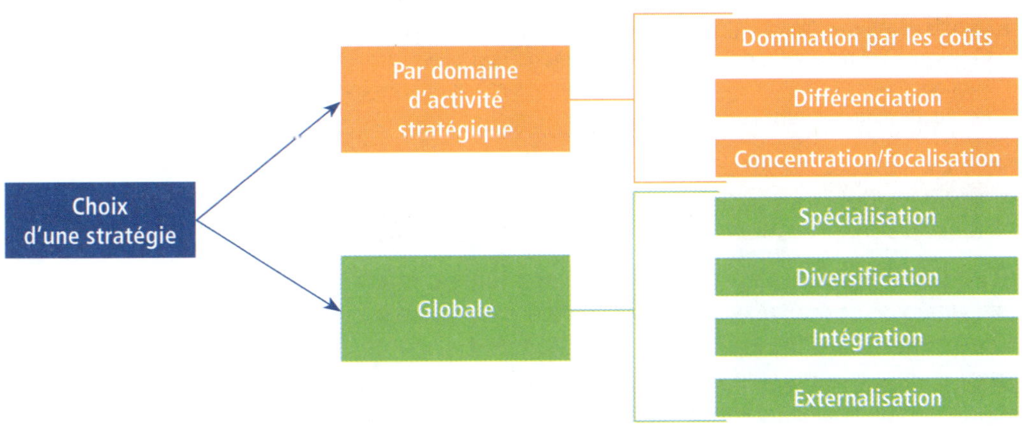

# 72 Les modalités de croissance des entreprises

## 1 Les différentes stratégies de croissance

| | |
|---|---|
| **Croissance organique ou interne** | Développement des ressources et des compétences en interne |
| **Croissance externe** | Acquisition de ressources et de compétences en externe |
| **Croissance conjointe** | Association pour développer des ressources et des compétences en externe |

## 2 Avantages et limites

### A La croissance externe

| Avantages | Limites |
|---|---|
| • Disparition d'un concurrent, donc moins de pression concurrentielle<br>• Acquisition de savoir-faire non détenus initialement par l'entreprise<br>• Croissance rapide de l'entreprise<br>• Économies d'échelle | • Capacités financières de l'entreprise limitées pour pouvoir mettre en œuvre ce type de stratégie<br>• Difficulté à intégrer de nouvelles ressources rapidement et risque de conflit lié à des opérations de rationalisation entre les différentes unités de l'entreprise<br>• Perte potentielle de pouvoir du manager dans la nouvelle organisation de l'entreprise |

### B La croissance interne

| Avantages | Limites |
|---|---|
| • Processus progressif adapté aux capacités de l'entreprise<br>• Croissance qui repose sur de l'autofinancement<br>• Facteur de motivation des personnels | • Stratégie longue à produire ses effets<br>• Problème potentiel de taille critique et de compétitivité face à des concurrents qui développeraient des stratégies de croissance externe<br>• Développement limité par les compétences existantes au sein de l'entreprise |

## 3 La stratégie d'internationalisation

• **Dans une logique de production,** une **stratégie d'internationalisation** peut permettre à une entreprise de **maîtriser ses coûts** de production ou de maîtriser ses **approvisionnements**.

• **La stratégie d'internationalisation permet aussi d'élargir le marché de l'entreprise,** soit en accédant à de nouveaux consommateurs, soit en se positionnant sur des marchés étrangers en croissance. L'entreprise devient alors un producteur « national » dans le pays étranger concerné et évite ainsi les restrictions liées aux importations dans le pays visé.

• **L'internationalisation peut passer soit par l'exportation** à partir du pays d'origine de l'entreprise, **soit par une implantation directe sur les marchés étrangers**, directement (filiale, joint-venture avec un producteur local) ou indirectement (franchise, licences, accord de distribution avec un partenaire).

**Exemples**

**Croissance externe** : l'entreprise Blablacar a annoncé en août 2018 le rachat de son concurrent russe Beepcar dans le cadre de sa stratégie de croissance internationale.

**Croissance interne** : en août 2018, le constructeur automobile Tesla a annoncé la construction d'un site de production en Chine pour répondre à l'importante demande locale de véhicules électriques. Actuellement, les véhicules vendus en Chine sont produits aux États-Unis.

# QCM L'intégration de l'entreprise dans son environnement

Corrigé p. 336

## Parmi les affirmations suivantes, lesquelles sont vraies ?

**1. Les fonctions économiques principales des ménages sont :**

a. le financement de l'activité économique.
b. la consommation.
c. l'épargne.
d. la production de biens et services.

**2. La fonction d'allocation de l'État intègre les actions suivantes :**

a. la mise en place de règles en matière de droit de la concurrence.
b. le versement de prestations sociales telles que les allocations familiales.
c. les mesures de politique économique.
d. la production de services non marchands.

**3. Les revenus du capital (ou du patrimoine) des ménages intègrent :**

a. les salaires.
b. les prestations sociales.
c. les loyers tirés d'investissements locatifs.
d. les intérêts tirés de la détention d'actions.

**4. Sur un marché concurrentiel, la hausse du prix d'un bien peut provenir :**

a. d'une pénurie d'offre.
b. d'une offre abondante.
c. d'une demande dynamique.
d. d'une demande fragile.

**5. La compétitivité hors-prix d'une entreprise repose sur :**

a. sa maîtrise des coûts.
b. sa capacité à vendre ses produits à un prix inférieur à ceux de la concurrence.
c. sa capacité à se différencier par l'image de marque.
d. sa capacité à proposer des produits innovants.

**6. L'existence de barrières à l'entrée d'un marché :**

a. rend ce marché pleinement concurrentiel.
b. correspond à une asymétrie d'information.
c. correspond à une externalité.
d. tend à faire baisser les prix du marché.
e. Aucune réponse ne convient.

**7. Les écotaxes :**

a. sont une réponse possible au problème des externalités négatives.
b. sont une réponse possible au problème des externalités positives.
c. sont une réponse possible au problème des asymétries d'information.
d. obéissent au principe du pollueur-payeur.

**8. Les externalités positives sont une défaillance du marché :**

a. car le marché ne parvient pas à récompenser les agents qui en sont à l'origine. ☐
b. car le marché ne parvient pas à sanctionner les agents qui en sont à l'origine. ☐
c. qui justifient la mise en place d'un droit de la concurrence. ☐
d. qui justifient la mise en place d'un droit des brevets. ☐

**9. La liberté contractuelle :**

a. est consacrée par l'article 1103 du Code civil. ☐
b. consiste notamment à choisir librement le contenu du contrat. ☐
c. permet de contracter avec la personne de son choix quel que soit le type de contrat conclu. ☐

**10. Le principe d'irrévocabilité :**

a. est consacré par l'article 1102 du Code civil. ☐
b. signifie qu'une fois que le contrat est formé, les parties ne peuvent pas revenir dessus. ☐
c. suppose que pour rompre le contrat, les parties doivent respecter un délai de préavis. ☐

**11. Pendant la phase de négociation, les parties :**

a. sont engagées et si elles rompent les négociations, elles engagent leur responsabilité. ☐
b. sont soumises à une obligation de bonne foi. ☐
c. peuvent prévoir des clauses de confidentialité pour protéger des secrets de fabrication. ☐

**12. L'obligation générale d'information :**

a. découle de l'obligation de bonne foi. ☐
b. s'applique uniquement pendant la phase de négociation du contrat. ☐
c. si elle n'est pas respectée, peut permettre d'obtenir des indemnités. ☐

**13. Le formalisme *ad probationem* :**

a. signifie que si le contrat ne respecte pas un certain formalisme, il est déclaré nul. ☐
b. ne s'applique que pour les contrats dits « solennels ». ☐
c. signifie que rédiger par écrit le contrat est obligatoire. ☐
d. Aucune réponse ne convient. ☐

**14. Dans la formation du contrat, l'erreur :**

a. est le fait pour un contractant d'obtenir le consentement de l'autre par des manœuvres ou des mensonges. ☐
b. peut porter sur le prix du contrat. ☐
c. entraîne la nullité du contrat. ☐

**15. Une clause pénale est une clause :**

a. dont le montant peut être révisé par le juge. ☐
b. qui prévoit que le contrat sera résolu si une partie ne respecte pas ses obligations. ☐
c. qui prévoit que la propriété du bien vendu n'est transférée à l'acheteur que lorsque l'intégralité du prix a été versée. ☐
d. Aucune réponse ne convient. ☐

**16. Quelle est la décomposition de la finalité d'une entreprise ?**

a. une mission. ☐
b. une responsabilité. ☐
c. un but. ☐
d. une vocation. ☐

**17. Parmi les parties prenantes primaires, on trouve :**

a. les actionnaires.
b. les clients.
c. les concurrents.
d. les consommateurs.

**18. La notion d'intrapreneuriat est une logique permettant :**

a. de faire la synthèse de la logique entrepreneuriale et managériale.
b. d'opposer la logique entrepreneuriale et managériale.
c. que la logique entrepreneuriale soit supérieure à la logique managériale.

**19. Les critères d'évaluation de la performance de l'entreprise sont :**

a. uniquement quantitatifs.
b. uniquement qualitatifs.
c. à la fois quantitatifs et qualitatifs.

**20. Quels sont les différents critères d'évaluation de la performance ?**

a. économique.
b. juridique.
c. financier.
d. organisationnel.
e. sociaux.

QCM

# La régulation de l'activité économique

Corrigé p. 336

## Parmi les affirmations suivantes, lesquelles sont vraies ?

**1. Selon Musgrave, les fonctions économiques que doit assumer l'État sont :**

a. la fonction d'ajustement de l'offre et de la demande.
b. la fonction de régulation.
c. la fonction de redistribution.
d. la fonction d'allocation.

**2. Le PIB peut être dynamisé par la progression de :**

a. la consommation.
b. l'investissement.
c. les exportations.
d. les importations.

**3. La croissance économique peut avoir pour effet indésirable :**

a. une diminution des richesses produites sur le territoire.
b. une diminution du revenu moyen par habitant.
c. l'apparition d'externalités négatives.
d. l'apparition d'asymétries d'information.

**4. Dans un pays, un dérapage inflationniste peut avoir pour origine :**

a. une contraction du crédit bancaire.
b. une hausse du cours des matières premières.
c. une baisse du coût du travail.
d. une demande très dynamique.

**5. L'objectif de la banque centrale européenne (BCE) en matière de stabilité des prix est :**

a. d'être en situation de déflation (inflation négative) car la baisse des prix profite aux consommateurs.
b. d'atteindre une inflation de 0 %.
c. de contenir l'inflation à moins de 2 %.
d. de contenir l'inflation à moins de 5 %.

**6. Une politique monétaire de hausse des taux d'intérêt :**

a. est une politique de rigueur.
b. est une politique expansionniste.
c. favorise la lutte contre l'inflation.
d. favorise le dynamisme de la croissance.

**7. Une politique budgétaire de creusement du déficit public :**

a. est une politique de rigueur.
b. est une politique expansionniste.
c. favorise la lutte contre l'inflation.
d. favorise le dynamisme de la croissance.

**8. L'appartenance d'un pays à la zone euro l'oblige (en principe) :**

a. à confier sa politique monétaire à la BCE.
b. à contenir son déficit public en dessous de 3 % du PIB.
c. à contenir sa dette publique en dessous de 100 % du PIB.
d. à tendre vers un budget public structurel équilibré.

**9. L'ordre public de direction est l'ensemble des règles :**

a. impératives qui ont pour vocation à protéger les parties faibles.
b. qui ont pour vocation de fixer les limites entre ce qui est interdit et ce qui est autorisé.
c. qui régissent les rapports des individus entre eux.

**10. L'abus de position dominante :**

a. est une pratique anticoncurrentielle interdite.
b. est sanctionné au niveau national mais pas au niveau communautaire.
c. est un accord entre entreprises qui cherche à limiter l'accès au marché ou à faire obstacle à la libre fixation des prix.

**11. Les ententes entre entreprises :**

a. sont légales.
b. sont autorisées lorsque l'entente peut assurer un progrès économique.
c. sont toujours sanctionnées par la Commission européenne.

**12. L'action en concurrence déloyale :**

a. se fonde sur les règles de la responsabilité civile contractuelle.
b. découle des articles 1240 et 1241 du Code civil.
c. suppose la preuve d'un défaut, d'un dommage et d'un lien de causalité entre le défaut et le dommage.

**13. Les opérations de concentration :**

a. rassemblent toutes les prises de contrôle et de rachat d'actifs.
b. sont interdites car anticoncurrentielles.
c. sont contrôlées par l'Autorité de la concurrence en France.

**14. Un brevet est :**

a. un titre de propriété qui confère un monopole d'exploitation d'une découverte scientifique.
b. un document qui permet de dater de manière certaine une invention.
c. protégé pendant 10 ans renouvelables auprès de l'INPI.
d. Aucune réponse ne convient.

**15. Une marque :**

a. est un signe figuratif distinctif qui est protégé pendant 20 ans.
b. est protégée par le biais de l'action en contrefaçon.
c. appartient à celui l'a déposée à l'INPI.

**16. Les sources de l'avantage concurrentiel selon Michael Porter sont :**

a. l'existence de produit de substitution.
b. le pouvoir de négociation des fournisseurs.
c. le pouvoir de négociation des clients.
d. l'absence de concurrence sur le marché.
e. le rôle de l'État.
f. Aucune réponse ne convient.

**17. Le modèle PESTEL permet d'analyser l'environnement :**

a. politique.
b. légal.
c. touristique.
d. écologique.

**18. L'innovation permet à une entreprise de :**

a. conquérir de nouveaux marchés.
b. améliorer la qualité d'un produit.
c. améliorer sa rentabilité.
d. développer son profit.

**19. Connaître son patrimoine technologique permet à l'entreprise de :**

a. déterminer sa politique de production.
b. déterminer sa politique d'innovation.
c. Aucune réponse ne convient.

# QCM L'organisation de l'activité de l'entreprise

Corrigé p. 336

**Parmi les affirmations suivantes, lesquelles sont vraies ?**

**1. Le capital, en tant que facteur de production, peut correspondre :**

a. aux équipements matériels utilisés pour la production. ☐
b. à des brevets, des logiciels. ☐
c. aux moyens financiers qui permettent à l'entreprise de se développer. ☐
d. aux matières premières incorporées dans la production. ☐

**2. Il y a des gains de productivité lorsque :**

a. la production progresse plus vite que la quantité de facteurs utilisés. ☐
b. la quantité de facteurs utilisés progresse plus vite que la production. ☐
c. la production reste stable et la quantité de facteurs utilisés diminue. ☐
d. la quantité de facteurs utilisés reste stable et la production diminue. ☐

**3. Une entreprise peut être incitée à recourir plus fortement au facteur travail dans sa combinaison productive lorsque :**

a. les taux d'intérêt diminuent. ☐
b. les charges sociales augmentent. ☐
c. le niveau du SMIC augmente. ☐
d. les équipements techniques gagnent en productivité. ☐
e. Aucune réponse ne convient. ☐

**4. Les principales modalités de l'impartition sont :**

a. le rachat de sociétés par OPA (offre publique d'achat). ☐
b. la concession. ☐
c. la sous-traitance. ☐
d. le franchisage. ☐

**5. L'impartition se justifie lorsque :**

a. l'activité sous-traitée est fortement créatrice de valeur. ☐
b. l'activité sous-traitée est faiblement créatrice de valeur. ☐
c. l'activité sous-traitée correspond à un avantage concurrentiel du donneur d'ordre. ☐
d. le sous-traitant dispose d'un plus grand savoir faire que le donneur d'ordre. ☐

**6. Lorsqu'un entrepreneur individuel est marié, généralement, le régime matrimonial recommandé pour mettre les biens de son conjoint à l'abri de son risque de déconfiture est :**

a. le régime de la communauté légale. ☐
b. le régime de la communauté universelle. ☐
c. le régime de la séparation des biens. ☐

**7. L'entrepreneur qui crée son entreprise avec une société commerciale peut :**

a. opter pour une SA s'il veut être le seul associé et protéger son patrimoine personnel. ☐
b. opter pour une EIRL s'il veut bénéficier des avantages d'une personne morale. ☐
c. choisir d'être imposé sur le revenu, dans la rubrique « bénéfices industriels et commerciaux » (BIC). ☐
d. Aucune réponse ne convient. ☐

**8. Les sociétés coopératives de production (SCOP) :**

a. font partie avec les sociétés par actions simplifiées des formes juridiques de l'ESS.
b. reposent sur le principe démocratique : 1 personne = 1 voix.
c. confèrent à l'actionnaire un pouvoir proportionnel aux actions qu'il détient.

**9. Au sein des mutuelles :**

a. les dirigeants sont des bénévoles élus au sein de leurs rangs.
b. les actionnaires disposent d'un pouvoir proportionnel au nombre de parts sociales détenues.
c. la personne morale a un but lucratif et une capacité civile.

**10. Les catégories de risques juridiques sont nombreuses. Lorsqu'une entreprise est victime d'un brevet copié par un concurrent, il s'agit :**

a. d'un risque écologique.
b. d'un risque technologique.
c. d'un risque politique.

**11. La responsabilité civile :**

a. cherche à protéger l'atteinte à l'intérêt général.
b. se manifeste par des sanctions telles que des amendes et des peines d'emprisonnement.
c. suppose la réalisation d'une infraction.
d. Aucune réponse ne convient.

**12. L'inexécution d'une obligation de résultat dans un contrat par le débiteur peut faire l'objet d'une exonération si :**

a. le débiteur peut prouver l'existence d'une cause étrangère.
b. le débiteur peut prouver que le créancier a contribué à la réalisation du dommage.
c. le créancier prouve la faute, le dommage et le lien de causalité.

**13. Les ressources tangibles ne comprennent pas :**

a. les ressources humaines.
b. les ressources commerciales.
c. les ressources physiques.

**14. Les ressources intangibles ne comprennent pas :**

a. les ressources technologiques.
b. les ressources humaines.
c. les ressources financières.
d. les ressources commerciales.

**15. Parmi les caractéristiques suivantes, repérez celle qui n'appartient pas au style de direction autoritaire.**

a. Aucune coopération entre subordonnés.
b. Crainte, sanctions et récompenses.
c. Concertation collective.

**16. Le rôle du management opérationnel est de :**

a. rendre opérationnels les objectifs stratégiques.
b. mobiliser autour d'objectifs partagés.
c. gérer les ressources de manière performante.

**17. La chaîne des valeurs :**

a. permet de mesurer la valeur d'une immobilisation. ☐
b. est synonyme de valeur ajoutée. ☐
c. apprécie la création de richesse de chacune des fonctions de l'entreprise. ☐

**18. La RSE correspond à :**

a. la prise en compte des impacts environnementaux. ☐
b. l'attention portée aux salariés. ☐
c. la recherche de la rentabilité maximale. ☐

**19. Parmi les affirmations suivantes, quelles sont les causes de l'effet d'expérience ?**

a. la rémunération des salariés. ☐
b. l'effet d'apprentissage. ☐
c. l'effet de taille. ☐
d. les économies d'échelle. ☐

**20. Les besoins liés au cycle d'exploitation résultent :**

a. d'un décalage entre les recettes futures et les dépenses immédiates d'une entreprise. ☐
b. d'un décalage entre les recettes immédiates et les dépenses futures d'une entreprise. ☐
c. d'un décalage entre les recettes immédiates et les dépenses d'investissement d'une entreprise. ☐

**21. Le besoin en fonds de roulement :**

a. détermine les besoins en financement du cycle d'exploitation d'une entreprise. ☐
b. détermine les besoins en financement du cycle d'investissement d'une entreprise. ☐

**22. L'investissement permet de financer des immobilisations :**

a. corporelles. ☐
b. incorporelles. ☐
c. financières. ☐

**23. Le taux d'endettement se calcul en divisant :**

a. les dettes fournisseurs par le total de l'actif circulant. ☐
b. les capitaux propres par le passif circulant. ☐
c. les dettes financières par les capitaux propres. ☐

**24. Pour obtenir des financements externes, l'entreprise :**

a. peut procéder à une augmentation de capital. ☐
b. peut procéder à des cessions d'actifs. ☐
c. peut contracter des emprunts bancaires. ☐
d. peut utiliser sa CAF. ☐

Corrigé p. 33

# QCM L'impact du numérique sur la vie de l'entreprise

## Parmi les affirmations suivantes, lesquelles sont vraies ?

**1. Une place de marché (ou *market place*) :**
- a. est un site Web qui permet de passer des ordres de bourse.
- b. est un site Web de vente en ligne.
- c. est un site Web qui met en relation des acheteurs et des vendeurs.
- d. est un grossiste spécialisé dans le B to B.

**2. Les externalités de réseau :**
- a. découlent des gains qu'il y a à utiliser une plateforme de grande taille.
- b. correspondent aux dommages causés à l'environnement par l'essor du numérique.
- c. favorisent l'émergence de monopoles ou quasi-monopoles dans le secteur du numérique.
- d. se traduisent par une hausse de la qualité de service lorsque les plateformes numériques grandissent.

**3. Malgré l'émergence de positions dominantes, la régulation des plateformes numériques en matière de droit de la concurrence est complexe car :**
- a. les consommateurs souffrent de la grande taille des plateformes.
- b. les consommateurs profitent de la grande taille des plateformes.
- c. les plateformes adoptent des pratiques anticoncurrentielles.
- d. il y a d'importantes barrières à l'entrée sur ces marchés des plateformes.

**4. L'acronyme GAFA fait référence aux sociétés suivantes :**
- a. Google.
- b. Airbus.
- c. Facebook.
- d. Airbnb.

**5. La principale source de revenu de la société Google provient :**
- a. de la publicité.
- b. d'abonnements souscrits par ses clients.
- c. de la vente d'articles en ligne.
- d. de subventions publiques.

**6. Le modèle économique *freemium* a été adopté par :**
- a. Netflix.
- b. lemonde.fr.
- c. Google.
- d. Amazon.

**7. Les principales retombées attendues de l'essor du numérique en matière de travail :**
- a. l'apparition de nouveaux métiers.
- b. la disparition de certains métiers.
- c. une baisse de la durée moyenne de formation.
- d. une précarisation de certains emplois.

**8. La CNIL est :**

a. la Commission du numérique pour l'individualisation des libertés. ◯
b. une autorité administrative indépendante. ◯
c. une commission compétente pour supprimer les clauses abusives dans les contrats de consommation. ◯

**9. Parmi les actifs immatériels suivants, le(s)quel(s) est (sont) protégé(s) par les droits d'auteur :**

a. les brevets. ◯
b. les courriels. ◯
c. les logiciels. ◯

**10. Les sites Web sont protégés par les droits d'auteur lorsque la condition d'originalité est remplie. Si une entreprise copie un site Web existant en reprenant sa structure et sa charte graphique, la victime de la copie peut demander réparation :**

a. en exerçant une action en concurrence déloyale. ◯
b. en exerçant une action en contrefaçon. ◯
c. en exerçant une action en responsabilité civile contractuelle. ◯

**11. Le règlement général sur la protection des données est entré en vigueur en mars 2018. Ce règlement :**

a. crée un nouveau poste dans les entreprises : le DPO, pour Direction par objectifs. ◯
b. permet aux salariés de prendre connaissance des données collectées par son employeur sur les autres salariés. ◯
c. supprime la CNIL et crée une nouvelle instance de régulation européenne. ◯
d. Aucune réponse ne convient. ◯

**12. L'article L1221-1 du Code du travail dispose : « nul ne peut apporter aux droits des personnes et aux libertés individuelles et collectives des restrictions qui ne seraient pas justifiées par la nature de la tâche à accomplir ni proportionnées au but recherché. » Cela signifie :**

a. que l'employeur ou un de ses représentants peut toujours fouiller un salarié à l'entrée de l'entreprise quand il le juge nécessaire. ◯
b. que l'employeur peut imposer une tenue à ses salariés pour respecter les conditions d'hygiène et de sécurité nécessaires à la bonne exécution du travail. ◯
c. que le salarié peut refuser que l'employeur recherche des fichiers dans le disque dur de l'ordinateur de bureau de ce salarié. ◯

**13. Les principales fonctions d'un système d'information comprennent :**

a. la collecte d'information. ◯
b. la saisie des informations. ◯
c. le stockage des informations. ◯

**14. Une information est performante lorsqu'elle est :**

a. synthétique. ◯
b. exacte. ◯
c. disponible. ◯
d. transférable. ◯

**15. Pour gagner en réactivité, les entreprises peuvent adopter des structures :**

a. par projet.
b. matricielles.
c. en réseau.

**16. Les principaux risques liés aux systèmes d'information sont d'ordre :**

a. opérationnel.
b. matériel.
c. juridique.
d. financier.

**17. Lewin propose différentes phases pour gérer le changement :**

a. le dégel.
b. le mouvement permanent.
c. la flexibilité.
d. l'enracinement.

Corrigé p. 336

# QCM Les mutations du travail

## Parmi les affirmations suivantes, lesquelles sont vraies ?

**1. La demande de travail tend à diminuer lorsque le niveau des salaires s'élève car :**

a. les travailleurs privilégient le temps de loisirs. ☐
b. les travailleurs privilégient les revenus du patrimoine. ☐
c. le travail « au noir » est favorisé. ☐
d. le travail est moins attractif pour les salariés. ☐
e. Aucune réponse ne convient. ☐

**2. L'idée selon laquelle il y aurait un marché du travail est contestée car :**

a. il n'y a pas de prix d'échange sur un tel marché. ☐
b. il n'y a pas homogénéité de la demande de travail. ☐
c. il n'y a pas homogénéité de l'offre de travail. ☐
d. les individus ne sont pas des marchandises. ☐

**3. En matière de segmentation du marché du travail, le groupe des « *insiders* » a pour principale(s) caractéristique(s)…**

a. un faible niveau de qualification. ☐
b. une forte précarité de l'emploi. ☐
c. de faibles perspectives de promotion. ☐
d. une forte exposition au chômage. ☐
e. Aucune réponse ne convient. ☐

**4. Le traitement économique du chômage s'appuie sur des mesures telles que :**

a. le versement d'indemnités aux chômeurs. ☐
b. la création de contrats aidés. ☐
c. la politique de formation. ☐
d. l'allègement des charges sociales pour réduire le coût du travail. ☐

**5. Le traitement social du chômage s'appuie sur des mesures telles que :**

a. le versement d'indemnités aux chômeurs. ☐
b. la création de contrats aidés. ☐
c. le développement de la flexibilité du travail. ☐
d. l'allègement des charges sociales pour réduire le coût du travail. ☐

**6. L'essor du numérique et l'accélération des mutations technologiques…**

a. rendent les politiques passives de l'emploi moins nécessaires. ☐
b. rendent les politiques actives de l'emploi moins nécessaires. ☐
c. renforcent l'intérêt des politiques de formation. ☐
d. justifient les réflexions autour de l'instauration d'un revenu universel. ☐

**7. Le droit de grève :**

a. est une règle qui prend sa source dans le droit communautaire. ☐
b. est un droit qui a été négocié dans les conventions collectives par les partenaires sociaux. ☐
c. est un principe juridique affirmé dans le préambule de la Constitution de 1958. ☐

**8. Dans la hiérarchie des normes, une convention collective est une norme juridique :**

a. située entre un accord d'entreprise et un contrat de travail.
b. située entre la Constitution de 1958 et une ordonnance.
c. située entre un accord d'entreprise et une ordonnance.

**9. Le contrat de travail à durée indéterminée suppose :**

a. un lien de subordination de l'employeur vis-à-vis de son salarié.
b. l'accomplissement d'une prestation de travail contre une rémunération.
c. obligatoirement la fixation d'une durée du travail au moins égale à 35 heures.
d. Aucune réponse ne convient.

**10. Le lien de subordination dans le contrat de travail :**

a. est d'ordre public.
b. signifie que l'employeur ou le salarié peut y renoncer.
c. découle du pouvoir de direction de l'employeur.

**11. La clause de non-concurrence est une clause par laquelle :**

a. les parties prévoient une période limitée pendant laquelle chacune vérifie que le poste lui convient.
b. les parties s'engagent à ne pas divulguer des informations dites sensibles telles que des secrets de fabrique.
c. le salarié accepte que l'employeur puisse modifier le lieu d'exécution du contrat de travail.
d. Aucune réponse ne convient.

**12. Dans le cadre de la relation de travail, l'employeur assume une obligation de sécurité :**

a. de moyens.
b. de résultat.
c. qui peut entraîner sa responsabilité même lorsqu'il n'a pas commis de faute.

**13. Conformément au respect des libertés fondamentales, le salarié :**

a. peut être fouillé par son employeur.
b. peut consulter sa messagerie personnelle sur son lieu de travail.
c. peut être filmé par son employeur.

**14. La gestion prévisionnelle de l'emploi et des compétences :**

a. vise à réduire la masse salariale d'une entreprise.
b. permet d'optimiser l'allocation des ressources humaines.
c. identifie les besoins à venir d'une organisation.

**15. La théorie des besoins de Maslow identifie comme catégories de besoins :**

a. les besoins financiers.
b. les besoins immatériels.
c. les besoins d'estime.

**16. Parmi les facteurs de motivation non liés à la rémunération, on trouve :**

a. l'élargissement des tâches des salariés. ▢
b. la VAE. ▢
c. l'intéressement. ▢
d. les stock-options. ▢

**17. Les composantes des conditions de travail comprennent :**

a. des facteurs sociaux. ▢
b. des facteurs psychologiques. ▢
c. des facteurs organisationnels. ▢

**18. Les nouvelles formes d'organisation du travail privilégient :**

a. une nouvelle organisation du travail. ▢
b. une standardisation des tâches pour gagner en productivité. ▢
c. une amélioration des conditions de vie au travail. ▢

QCM

# Les choix stratégiques de l'entreprise

Corrigé p. 336

## Parmi les affirmations suivantes, lesquelles sont vraies ?

**1. Pour faire la synthèse des diagnostics internes et externes on peut utiliser :**

a. la matrice SPOT.
b. la matrice SWAP.
c. la matrice SWOP.
d. Aucune réponse ne convient.

**2. La démarche stratégique :**

a. consiste à déterminer une stratégie en fonction des ressources internes de l'entreprise.
b. repose sur un diagnostic externe fait par l'entreprise.
c. s'appuie sur les diagnostics internes et externes menés par l'entreprise.

**3. Face à un environnement qui évolue de plus en plus vite :**

a. les entreprises développent des stratégies délibérées.
b. les entreprises développent des stratégies émergentes.
c. les entreprises développent des stratégies de croissance.

**4. La segmentation stratégique :**

a. consiste essentiellement à pratiquer une segmentation mercatique de l'offre d'une entreprise.
b. concerne l'ensemble de l'entreprise.
c. permet de répondre rapidement aux évolutions des besoins des consommateurs.

**5. Une entreprise :**

a. doit se spécialiser sur un seul domaine d'activité stratégique.
b. peut segmenter ses activités par domaines d'activité stratégique.
c. cherche à répondre à l'ensemble des besoins de ses clients.

**6. Parmi les principales stratégies spécifiques par domaine d'activité stratégique, une entreprise peut mener :**

a. une stratégie de diversification.
b. une stratégie de domination par les coûts.
c. une stratégie de concentration.

**7. Une stratégie d'internationalisation :**

a. peut permettre à l'entreprise de maîtriser ses approvisionnements.
b. passe nécessairement par une délocalisation de l'outil de production.
c. permet d'élargir le marché d'une entreprise.

Corrigé p. 337

# ÉTUDE DE CAS Le cas Roolett

L'entreprise Roolett est une société à responsabilité limitée de 58 salariés basée à La Duchère, dans l'agglomération lyonnaise. Son métier consiste à fabriquer des roues et des roulettes sous toutes les formes (en métal, en plastique, en caoutchouc avec ou sans chambre à air) et pour toutes les destinations (roues de diables de manutention, roulettes de caddie, pneus de brouette...).

L'entreprise créée en 1947 s'est transmise de père en fils, depuis le fondateur Alfonse Roulibre à son fils Albert puis à son petit fils Alain. L'entreprise s'est fortement développée depuis sa création mais aujourd'hui elle doit affronter de nouveaux défis : continuer d'innover et se développer pour faire face à la concurrence.

Vous êtes l'assistant(e) de Monsieur Alain Roulibre et il vous a confié plusieurs missions qu'il vous demande de remplir à partir des documents portés en annexe.

COMPRENDRE EN VIDÉO

*Voir 3 vidéos : Répondre à une question de manière structurée et organisée ; Comment organiser son travail lors de l'épreuve de CEJM ; rédiger un cas pratique*

## Mission 1

**1. Caractérisez l'entreprise Roolett.**

**2. Établissez un diagnostic de l'entreprise et justifiez la pertinence de mettre en œuvre une stratégie d'intégration verticale.**

**3. Présentez les solutions de financement qui permettraient de réaliser cette stratégie.**

## Mission 2

**4. Qualifiez la structure organisationnelle de Roolett avant et après le rachat de son fournisseur Nevea. Présentez les avantages de la nouvelle structure au vu de la stratégie adoptée.**

**5. Expliquez le sort du contrat de travail des salariés de Nevea suite au rachat de cette entreprise par Roolett.**

## Mission 3

Monsieur Deloin, simple particulier, fait ses courses dans le supermarché Market-In. Alors qu'il se promène dans la galerie, son caddie rempli de victuailles, une roulette cède et le caddie vient s'écraser sur son pied. Gravement blessé, Monsieur Deloin est immobilisé et son médecin lui a rédigé un arrêt de travail pour 4 semaines. Les experts diligentés pour comprendre les causes de l'accident certifient qu'un défaut de fabrication de la roue en est à l'origine.

**6. Contre qui et sur quel fondement juridique Monsieur Deloin peut-il agir en justice pour demander réparation de son préjudice ?**

COMPRENDRE EN VIDÉO

*Voir vidéo : Analyser une décision de justice*

## Mission 4

**7. Expliquez en quoi l'abonnement de Roolett à une place de marché B to B pourrait constituer une opportunité de développement de ses ventes. Précisez l'incidence que cela pourrait entraîner sur ses charges et ses recettes.**

## Annexes — Description de l'opération promotionnelle

| | |
|---|---|
| **Annexe 1** | Fiche d'identité de l'entreprise Roolett |
| **Annexe 2** | Le marché de l'entreprise Roolett : vue d'ensemble et tendances |
| **Annexe 3** | Nevea, un partenaire clé pour Roolett |
| **Annexe 4** | Organigramme de l'entreprise Roolett avant et après le rachat de Nevea |
| **Annexe 5** | Vente en ligne B to B : faut-il investir les *marketplaces* ? |
| **Annexe 6** | Quelques articles tirés du Code civil et du Code du travail |

## Annexe 1 — Fiche d'identité de l'entreprise Roolett

Forme juridique : SARL
Date de création : 1947
Siège social : La Duchère (69)
Gérant majoritaire : Alain Roulibre
Effectif équivalent temps plein : 58 salariés
Chiffre d'affaires : 500 millions d'euros
Capital social : 10 millions d'euros répartis comme suit :

| Associés | Part dans le capital social |
|---|---|
| Alain Roulibre | 60 % |
| SARL *holding* familiale | 20 % |
| Gérald Bicicle, investisseur | 10 % |
| Adeline Tourniquet, investisseur | 10 % |

Endettement en cours : 1 million d'euros, soit un taux d'endettement de 10 %.

- Les roues et roulettes de Roolett sont le fruit des technologies de pointe et du savoir-faire de l'entreprise, issu d'une longue expérience. Depuis trois générations, la famille Roolett conçoit, fabrique et commercialise des roues et roulettes de tous types afin de répondre à de multiples besoins : manutention, industrie, collectivités, ameublement, grande distribution, jouets…
- Les différentes étapes de fabrication sont réalisées en interne au sein d'un parc machines important : fraiseuses numériques, presses à injecter des thermoplastiques, presses mécaniques, cisailles, plieuses, postes à souder, etc.
- Depuis sa création, l'entreprise Roolett cherche à innover pour répondre aux besoins des acteurs du marché en proposant de nouveaux produits. La société est spécialisée depuis plus de 30 ans dans le moulage des caoutchoucs par compression.
- Son département « approvisionnement / achat » lui permet d'assurer la fourniture de ses matières premières grâce à plusieurs partenaires.

| Matière première | Part des partenaires dans l'approvisionnement | | | |
|---|---|---|---|---|
| **Caoutchouc** | Nevea (40 %) | Caooth (25 %) | Latexis (20 %) | Autres (15 %) |
| **Métal** | Steelor (30 %) | Holametal (30 %) | Assiri (20 %) | Autres (20 %) |

- Grâce aux exportations, l'entreprise étend ses marchés à l'international :

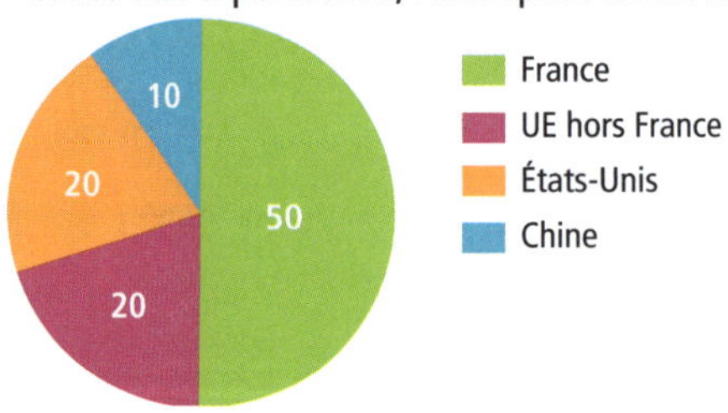


COMPRENDRE EN VIDÉO — *Voir 2 vidéos : Exploiter un tableau ; exploiter un graphique*

## Annexe 2 Vue d'ensemble et tendances du marché de l'entreprise Roolett

- Le développement de la logistique et de la mobilité sous toutes ses formes donne un formidable relais de croissance au marché de la petite roue et de la roulette : trottinette urbaine pour les particuliers, chariots et diables pour les entrepôts des professionnels en sont de bonnes illustrations. Mais la concurrence internationale est rude : elle est espagnole, allemande et, dans une moindre mesure, américaine et chinoise.
- Pour faire face à la concurrence, l'entreprise Roolett peut s'appuyer sur ses produits de qualité réputés pour leur solidité et leur résistance aux frottements. Son unité de recherche et développement met au point des innovations pour améliorer les qualités techniques des roulettes : clipsage et déclipsage pour une maintenance facilitée, roues avec axe rotatif pour faciliter les manipulations sur des petits espaces…
- En termes d'approvisionnement, l'entreprise Roolett a besoin de se prémunir contre les aléas. Il est arrivé une fois que Nevea, son fournisseur de latex, subisse une grève de ses salariés, si bien que Roolett a connu une rupture de stock de quelques jours et a dû réorganiser au plus vite ses réapprovisionnements auprès de ses autres partenaires pour y remédier. Cet incident avait occasionné un arrêt de la chaîne de production et une diminution du chiffre d'affaires de l'entreprise.

## Annexe 3 Nevea, un partenaire clé pour Roolett

- Nevea est une société d'exploitation agricole (SEA) implantée à Nançay dans le département du Cher (18). Son activité consiste à profiter du sol riche et humide de cette région en exploitant une plantation d'hévéas, arbres dont la sève permet de fabriquer le latex nécessaire à la production du caoutchouc. Nevea se compose d'un dirigeant, Monsieur Borocia, et de 12 salariés.
- Avec sa production annuelle de 200 000 tonnes de caoutchouc naturel, Nevea est un petit acteur sur ce marché, face à une production mondiale qui s'élève à plus de 12 millions de tonnes, qui émane principalement des producteurs asiatiques. Malgré cette concurrence forte, l'entreprise bénéficie d'un positionnement de proximité intéressant pour la France et ses pays frontaliers.
- Le chiffre d'affaires de Nevea est volatil, car il dépend du prix à la tonne du caoutchouc naturel. En 2018, le prix s'est stabilisé autour de 1 500 € la tonne, soit un chiffre d'affaires de 300 millions d'euros environ pour un capital social de 2 millions d'euros.
- Grâce à un partenariat signé il y a 10 ans, 82 % de la production de Nevea est revendue à l'entreprise Roolett. Toutefois, M. Borocia s'inquiète de cette quasi-dépendance envers un seul partenaire et s'interroge sur l'utilité de diversifier sa clientèle pour répartir les risques de son activité ; par exemple, des Espagnols souhaiteraient lui acheter un tiers de sa production. Pour autant, l'exploitation de Nevea n'est pas extensible : compte tenu de son parc d'hévéas, sa production de caoutchouc ne peut pas augmenter ; s'il satisfaisait la demande des Espagnols, ce serait au détriment des besoins de l'entreprise Roolett.
- Enfin, en raison des acteurs asiatiques du marché qui maintiennent une pression à la baisse des prix, M. Borocia est obligé d'être dur avec ses salariés et de surveiller de près leur progression de salaire. D'ailleurs, les employés mécontents ont récemment usé de leur droit de grève pour que leurs salaires soient reconsidérés. L'interruption de travail de 12 jours a empêché Nevea d'honorer une commande à destination de Roolett.

## Annexe 4 Organigramme de l'entreprise Roolett avant et après le rachat de Nevea

### AVANT

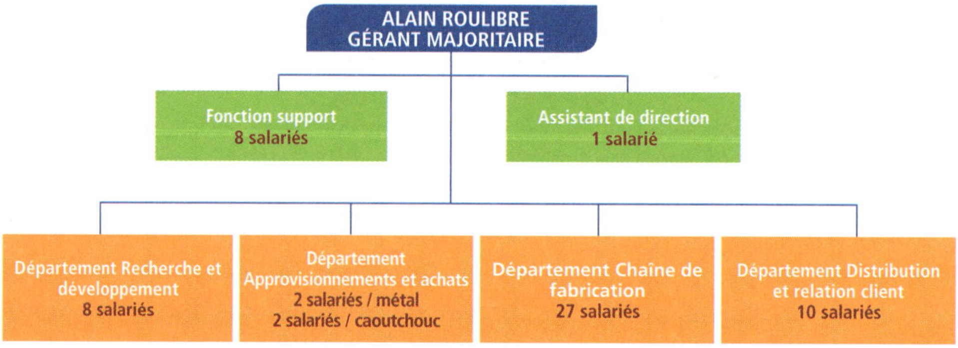


### APRÈS

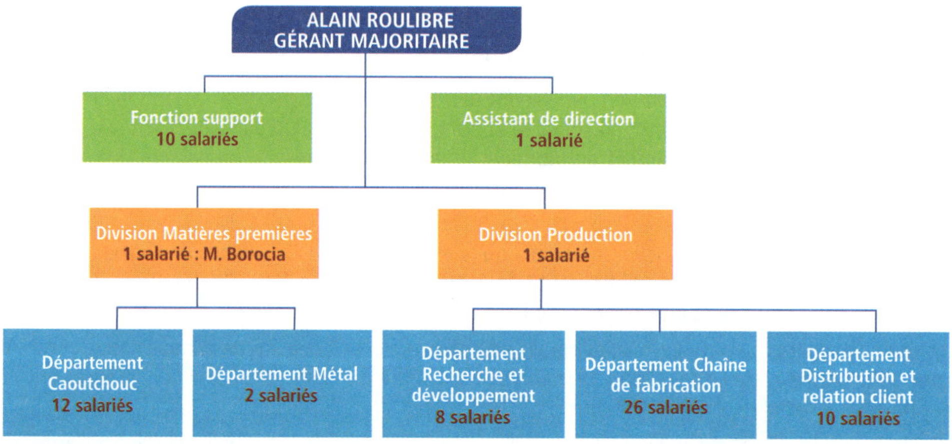


## Annexe 5 Vente en ligne B to B : faut-il investir les *marketplaces* ?

La vente en ligne B to B est en pleine transformation digitale. Initiées par les géants du Web Amazon et Alibaba, les *marketplaces* sont devenues le modèle à suivre pour vendre en ligne aux professionnels. [...]

**Vente en ligne B to B : un marché boosté par les attentes des acheteurs professionnels**

À l'ère de la transformation digitale des entreprises, l'e-commerce est devenu un enjeu stratégique pour les entreprises. Les pratiques d'achat B to B tendent à se digitaliser de plus en plus grâce notamment au développement de services numériques dédiés aux professionnels et à l'arrivée de nouveaux modèles numériques comme les places de marché B to B ou les *marketplaces* spécialisées.

Face à cette mutation du commerce B to B, les comportements d'achats des professionnels évoluent au même titre que les services. Les acheteurs B to B sont ainsi de plus en plus nombreux à faire leurs recherches sur le Web et à acheter en ligne via une solution d'*e-procurement* ou directement sur un site e-commerce. Les professionnels transitent ainsi des canaux offline (catalogue papier, commerciaux, bon de commande, téléphone...) vers les canaux digitaux. Depuis la recherche de fournisseurs en passant par la sélection des produits et jusqu'à la prise des commandes et au suivi des achats, les clients professionnels utilisent le digital tout au long du process d'achat. Les acheteurs B to B font ainsi la tendance en matière de vente en ligne B to B. Face à ce mouvement, les vendeurs B to B adoptent l'e-commerce comme un nouveau canal de vente et adaptent leur stratégie de vente en intégrant le digital comme un nouveau levier de croissance.

[...]

**Les *marketplaces* B to B : le modèle gagnant pour les entreprises ?**

L'e-commerce B to B représente une formidable opportunité pour les entreprises qui souhaitent conquérir et fidéliser une nouvelle clientèle. Si la création d'une plateforme de commerce en ligne B to B peut engendrer des coûts importants et une restructuration des systèmes d'information, les places de marché représentent un canal privilégié pour les vendeurs B to B qui souhaitent se lancer dans l'e-commerce et tester la vente en ligne sur un segment de produits avant d'initier de gros chantiers au sein de leur entreprise.

Parce qu'elles regroupent un grand nombre d'acheteurs et de vendeurs, les places de marché sont devenues la référence en matière de vente et d'achat B to B en ligne. Amazon et Alibaba sont les géants qui ont initié cette tendance. Les vendeurs professionnels suivent ce mouvement et intègrent les *marketplaces* dans leur stratégie de vente et d'acquisition clients pour capter une nouvelle clientèle et accroître leurs ventes de manière rapide, le tout en bénéficiant de la notoriété de la plateforme et des services qu'elle garantit à ses acheteurs professionnels. Grâce à un trafic qualifié, les places de marché permettent aux vendeurs B to B de générer des ventes supplémentaires et d'être plus visibles auprès des acheteurs professionnels sans avoir besoin de débourser un budget dans des campagnes publicitaires online. En contrepartie, les vendeurs devront payer un abonnement à la *marketplace* et reverser un pourcentage des ventes. Un coût perçu comme un investissement marketing pour les vendeurs B to B. Les *marketplaces* sont aussi une réelle opportunité pour les petits vendeurs qui peuvent se payer une présence en ligne à un coût abordable.

La concentration de l'offre et de la demande sur les *marketplaces* et la garantie de services fiables font le succès de ces plateformes où les fournisseurs et les acheteurs commercent sans intermédiaire.

Amazon a lancé en avril 2015 Amazon Business en Amérique du Nord, sa place de marché entièrement dédiée aux professionnels. Selon une étude d'Acquity Group, 17 % des acheteurs B to B achètent régulièrement sur cette plateforme.

L'arrivée du digital dans le commerce inter-entreprises a permis de faciliter les échanges entre professionnels et de réduire les intermédiaires dans le commerce B to B. La vente en ligne B to B est un véritable relais de croissance pour les marchands professionnels. Avec plus de 20 % des entreprises françaises qui réalisent des achats via Internet, l'e-commerce représentait 18 % du montant total des ventes B to B en 2015. Selon les prévisions de la Fevad, l'e-commerce B to B français pourrait atteindre une part de marché de 24 % dans le volume des ventes B to B en 2020.

https://www.webetsolutions.com

## ANNEXE 6 Quelques articles de droit

**Code civil**

- Article 1217 : « La partie envers laquelle l'engagement n'a pas été exécuté, ou l'a été imparfaitement, peut :

– refuser d'exécuter ou suspendre l'exécution de sa propre obligation ;
– poursuivre l'exécution forcée en nature de l'obligation ;
– obtenir une réduction du prix ;
– provoquer la résolution du contrat ;
– demander réparation des conséquences de l'inexécution.

Les sanctions qui ne sont pas incompatibles peuvent être cumulées ; des dommages et intérêts peuvent toujours s'y ajouter. »

- Article 1240 : « Tout fait quelconque de l'homme, qui cause à autrui un dommage, oblige celui par la faute duquel il est arrivé à le réparer. »
- Article 1245 : « Le producteur est responsable du dommage causé par un défaut de son produit, qu'il soit ou non lié par un contrat avec la victime. »
- Article 1246 : « Toute personne responsable d'un préjudice écologique est tenue de le réparer. »

**Code du travail**

Article L1224-1 : « Lorsque survient une modification dans la situation juridique de l'employeur, notamment par succession, vente, fusion, transformation du fonds, mise en société de l'entreprise, tous les contrats de travail en cours au jour de la modification subsistent entre le nouvel employeur et le personnel de l'entreprise. »

# CORRIGÉS

## QCM

### L'INTÉGRATION DE L'ENTREPRISE DANS SON ENVIRONNEMENT
*Énoncé p. 315*

1. b, c
2. a, d
3. c
4. a, c
5. c, d
6. e
7. a, d
8. a, d
9. b
10. b, c
11. b
12. a, c
13. d
14. c
15. d
16. a, c, d
17. a, b
18. a
19. c
20. a, c, d, e

### LA RÉGULATION DE L'ACTIVITÉ ÉCONOMIQUE
*Énoncé p. 318*

1. b, c, d
2. a, b, c
3. c
4. b, d
5. c
6. a, c
7. b, d
8. a, b, d
9. b
10. a
11. b
12. b
13. c
14. d
15. b, c
16. a, b, c, e
17. a, b, d
18. a, b
19. b

### L'ORGANISATION DE L'ACTIVITÉ DE L'ENTREPRISE
*Énoncé p. 321*

1. a, b, c
2. a, c
3. e
4. b, c, d
5. b, d
6. c
7. d
8. b
9. a
10. b
11. d
12. a
13. b
14. b, c
15. c
16. a
17. c
18. a, b
19. b, c, d
20. a
21. a
22. a, b, c
23. c
24. a, c

### L'IMPACT DU NUMÉRIQUE SUR LA VIE DE L'ENTREPRISE
*Énoncé p. 324*

1. c
2. a, c, d
3. b
4. a, c
5. a
6. b
7. a, b, d
8. b
9. c
10. a, b
11. d
12. b
13. a, c
14. b, c
15. a, c
16. a, c, d
17. a, d

### LES MUTATIONS DU TRAVAIL
*Énoncé p. 327*

1. e
2. b, c
3. e
4. b, c, d
5. a, b
6. c, d
7. c
8. c
9. d
10. a, c
11. d
12. b, c
13. b
14. b, c
15. c
16. a, b
17. a, b, c
18. a, c

### LES CHOIX STRATÉGIQUES DE L'ENTREPRISE
*Énoncé p. 330*

1. d
2. c
3. b
4. b
5. b
6. b, c
7. a, c

## ÉTUDE DE CAS : CAS ROOLETT

**Mission 1** *Énoncé p. 331*

1. **L'entreprise Roolett** est une société commerciale, personne morale de type SARL que l'on peut qualifier de moyenne entreprise par sa taille (plus de 50 salariés) mais grande par son chiffre d'affaires (supérieur à 50 millions d'euros). L'entreprise développe son activité dans le secteur industriel. Elle vend ses produits à des professionnels et relève de la catégorie du B to B (Business to Business).

2. **L'objectif** : faire ressortir les difficultés d'approvisionnement de l'entreprise et justifier la pertinence d'une politique d'intégration verticale de la filière caoutchouc qui représente les 2/3 de la production de roues et roulettes dans un univers concurrentiel.

| L'environnement externe | |
|---|---|
| **Menaces** | **Opportunités** |
| Forte concurrence internationale : espagnole, allemande, américaine et chinoise | Secteur en pleine croissance grâce à la mobilité et à l'essor de la logistique |
| **Le diagnostic interne** | |
| **Faiblesses** | **Forces** |
| • 40 % de l'approvisionnement en caoutchouc provient d'une seule entreprise, Nevea : forte dépendance<br>• Roolett a dû faire face à une rupture de l'approvisionnement de Nevea<br>• Cette dépendance crée un risque pour le chiffre d'affaires de Roolett | • Capacité d'innovation<br>• Solidité et bonne qualité des produits |

**La stratégie d'intégration verticale** est une stratégie de croissance qui consiste à ce qu'une entreprise décide de racheter une activité en amont ou en aval de sa propre activité. En l'occurrence, il peut être opportun pour Roolett, afin de chasser les aléas sur ses approvisionnements, de racheter l'entreprise Nevea.

**Les arguments en faveur de l'intégration de Nevea** :

– Roolett pourra contrôler 40 % de son approvisionnement en caoutchouc. Les aléas sur sa production sont donc réduits ;

– Nevea est basée en France, comme Roolett. C'est positif pour son image. L'approvisionnement ne posera pas de difficulté de transport ;

– les clients de Roolett sont principalement voisins : la France et l'Union européenne représentent 70 % du chiffre d'affaires. Le positionnement local est conforté ;

– Roolett contrôle la totalité de la production et dissuade ainsi M. Borocia d'aller fournir ses concurrents espagnols ;

– l'entreprise est de petite taille, tant en termes de salariés qu'en termes financiers de l'entreprise. Le capital social de Nevea est de 2 millions d'euros contre 10 millions pour Roolett. Le chiffre d'affaires de Nevea tourne autour de 300 millions contre 500 millions d'euros pour Roolett. Le rachat semble possible.

**Remarque** Il nous faudrait également l'estimation de la valeur des parts sociales au vu du montant des réserves de l'entreprise.

3. **Les solutions de financement envisageables pour la stratégie de Roolett :**

| | |
|---|---|
| **Augmenter son capital social en achetant les parts sociales de Nevea** | Solliciter une nouvelle souscription de la part de ses associés avec maintien de la répartition si chaque associé contribue proportionnellement à son apport initial. |
| | Solliciter une nouvelle souscription de la part de ses associés avec modification de la répartition si tous les associés ne contribuent pas. |
| **Augmenter son capital social en intégrant la SEA Nevea comme nouvel associé de Roolett** | Si Nevea représente 2 millions d'euros, la société peut apporter cette somme au capital social de Roolett. Elle détiendra alors 2/12$^{e}$ du capital social du nouvel ensemble, soit environ 16,6 %.<br>La part de M. Roulibre passerait de 60 à 50 % (6 millions sur 12). Il ne perdrait pas la majorité du capital. Les autres associés verraient également leur part diminuer. |
| **Augmenter son taux d'endettement auprès des banques** | Roolett peut ne pas modifier son capital social et solliciter un emprunt bancaire externe afin de financer le rachat pur et simple de l'entreprise, car son taux d'endettement est relativement faible. La SARL Roolett deviendrait alors l'associé de référence de la SEA Nevea. |

Il est possible de proposer un mix de ces différentes options.

## Mission 2

4. **La structure organisationnelle de Roolett** avant et après le rachat de Nevea ; les avantages de la nouvelle structure.

| Avant | Après |
|---|---|
| • La structure est hiérarchique et fonctionnelle.<br>• La production semble constituer un seul bloc.<br>• Les fonctions de la production sont les critères de division de l'activité, quel que soit le produit fini. | • La structure est divisionnelle autour de deux stades clés de la production : approvisionnement et fabrication.<br>• Un niveau hiérarchique supplémentaire est ajouté. |

L'avantage de la structure divisionnelle est d'intégrer facilement Nevea sans modifier complètement la structure. On retrouve les 10 salariés de Nevea dans le département caoutchouc. M. Borocia demeure au contact de ses salariés et gagne en responsabilité puisqu'il dirige la division « matières premières » et supervise donc les salariés du département métal. 2 salariés de Nevea ont évolué vers la fonction support. C'est également l'occasion de promouvoir un salarié de Roolett du département de la chaîne de fabrication comme responsable de la nouvelle division « production ».

5. **Selon l'article L1224-1 du Code du travail**, à l'occasion d'un rachat d'une entreprise par une autre, les contrats de travail de l'entreprise rachetée sont maintenus et le nouvel employeur est l'entreprise acheteuse. Roolett devient donc l'employeur de tous les salariés de l'entreprise Nevea.

## Mission 3

6. **M. Deloin est lié par un contrat** au supermarché Market-In mais n'est pas lié à l'entreprise Roolett. Toutefois, le dommage qu'il a subi provient d'une roulette de caddie fabriquée par Roolett.
Selon l'article 1245 du Code civil, M. Deloin peut engager la responsabilité du fait des produits défectueux du producteur du bien qui lui a causé un défaut. Il n'a pas besoin d'être lié contractuellement à l'auteur du défaut. Les producteurs sont solidaires entre eux.

M. Deloin peut donc se retourner :
– soit contre Roolett ;
– soit contre Market-In. Si ce dernier prouve que Roolett est à l'origine du défaut du caddie, il pourra se retourner dans un second temps contre lui.

## Mission 4

7. **L'abonnement à une place de marché numérique** pour Roolett aurait les avantages suivants en termes de développement des ventes :
– visibilité sur le marché plus forte et meilleure mise en relation de Roolett avec ses clients potentiels ;
– le digital est un nouveau canal de vente et donc un levier de croissance supplémentaire.

| Conséquences sur les charges | Conséquences sur les recettes |
|---|---|
| • Pas de dépense de publicité *online*<br>• Réduction des coûts liés à l'édition de catalogue papier<br>• Pas de charges liées à la sécurisation des paiements en ligne (gestion par la *marketplace* elle-même)<br>• Mais coût de restructuration du système d'information et paiement d'un contrat de maintenance ou d'un abonnement avec la plateforme numérique, et paiement de commission sur les ventes au bénéfice de la plateforme | • Risque de réduction de la marge unitaire à cause du prélèvement de commissions et la facilité pour les clients de comparer les prix grâce aux comparateurs. Ces derniers peuvent obliger Roolett à devoir réduire ses prix.<br>• Mais hausse probable du volume des ventes grâce à une meilleure visibilité et accessibilité de l'offre |

# Culture générale et expression



COMPRENDRE EN VIDÉO

**Retrouvez tous nos tutos vidéos sur notre chaîne YouTube « Objectif BTS Hachette ».**

- Comment lire un texte et en cerner les enjeux ?
- Comment introduire ? Comment conclure ?
- Comment définir une problématique ?
- Comment définir un terme ?
- Comment faire une analyse iconographique ?

Présentation de l'épreuve E1

# Culture générale et expression

Épreuve écrit[e]
Durée : 4 heure[s]
Coefficient : 3

## 1 Les modalités d'évaluation

COMPRENDRE EN VIDÉO — *Voir vidéo : Comment lire un texte et en cerner les enjeux ?*

• **Les formes de l'évaluation.** On propose 3 à 4 documents de nature différente (textes littéraires, textes non littéraires, documents iconographiques, tableaux statistiques, etc.) choisis en référence à l'un des deux thèmes inscrits au programme. Chacun d'eux est daté et situé dans son contexte.

• **L'épreuve**

**Première partie : synthèse (notée sur 40).** Vous devez rédiger une **synthèse objective** en confrontant les documents fournis.

**Deuxième partie : écriture personnelle (notée sur 20).** Vous répondez de **façon argumentée** à une question relative aux documents proposés. La question posée invite à confronter les documents proposés en synthèse et les études de documents menées dans l'année en cours de culture générale et expression.

La note globale est ramenée à une note sur 20 points.

## 2 Conseils de méthode

COMPRENDRE EN VIDÉO — *Voir vidéo : Comment introduire ? Comment conclure ?*

• **La synthèse**

La synthèse est l'exercice qui prend le plus de temps. Votre rédaction doit faire à peu près quatre pages, soit deux feuilles. L'ensemble doit être structuré, comprenant une introduction, un développement, une conclusion.

• **La lecture des documents**

Avant de vous lancer dans la rédaction, prenez bien le temps de lire chaque document, d'en vérifier la bonne compréhension et surtout d'en résumer le contenu très succinctement, en mettant en lumière les idées principales, ainsi que les mots-clés.

Ensuite, envisagez les liens entre les documents et leur façon d'aborder le thème général.

Au brouillon, vous pouvez faire un tableau rapide pour synthétiser toutes ces données. Attention de ne pas oublier de document.

• **La rédaction**

L'introduction et la conclusion s'élaborent d'une traite au brouillon afin qu'elles soient dans une réelle continuité. N'oubliez pas que ces deux parties sont fondamentales dans la mesure où elles orientent d'emblée l'appréciation du correcteur face à votre copie.

Une composition de qualité présente un ensemble :

– clair ;
– structuré : avec des paragraphes, alinéas, sauts de ligne cohérents et la présence de connecteurs ;
– concis : pas de « bavardage », ni de répétition, un vocabulaire juste et précis ;
– sans fautes : une bonne relecture finale évite parfois bien des étourderies.

| INTRODUCTION | |
|---|---|
| **4 composantes** | 1. **Présentation** du thème de l'année + **traitement** par les documents proposés.<br>2. **Présentation du corpus** (nature du document, auteur, date de parution, une phrase résumant chaque document).<br>3. **Problématique** : la question pivot du corpus à laquelle répondent les documents.<br>4. **Annonce du plan.** |

| | |
|---|---|
| **Présentation** | – **Introduction** = un paragraphe monobloc avec un alinéa au début et un saut de ligne avant de passer au développement.<br>– **Documents :** ne pas les citer de façon numérotée (« dans le document 1 »), mais reprendre **le nom de l'auteur**.<br>– **Problématique** à introduire par une formule du type : « **De fait, une question émerge : … ?** ».<br>– **Pour l'annonce du plan**, utiliser des connecteurs : « Dans un premier temps, sera abordé(e)... (= **attention à l'accord avec le sujet inversé**) ; dans un second temps, sera évoqué(e)... ; dans un troisième temps, sera souligné(e)... ». |
| **DÉVELOPPEMENT** | |
| **Composantes** | – **2 ou 3 grandes parties**, chacune constituée de 2 ou 3 sous-parties.<br>– 1 sous-partie = **un connecteur** + **une idée principale** + **traitement dans les documents** = mettre en évidence comment ils **se complètent ou s'opposent**.<br>– **Transition à la fin** d'une partie : résumé de ce qui a été démontré + annonce de la suite. |
| **Présentation** | – Pas de saut de ligne entre les sous-parties, mais **entre les parties.**<br>– Saut de ligne entre **la dernière partie et la conclusion.**<br>– **Connecteurs en début** de chaque sous-partie (« Il en résulte / En effet / C'est pourquoi / Ensuite / Enfin... »).<br>– Attention : ne pas trop citer d'extraits des documents mais en reformuler les idées principales.<br>– SURTOUT pas d'avis personnel. Restez objectif et nuancé.<br>– **Plan logique et cohérent** et non un simple inventaire des documents pris un à un. |
| **CONCLUSION** | |
| – **Synthèse** de ce qui a été démontré.<br>– Reprendre les mots-clés et ne pas introduire de nouvelles données.<br>– 1 **paragraphe** (alinéa + connecteur : « Pour conclure / En somme / Pour finir… »).<br>– Ne pas utiliser de formules maladroites : « Nous avons montré que... ».<br>– Le tout = 3 à 5 phrases dont une phrase au minimum pour chaque partie. | |

### • L'écriture personnelle

L'écriture personnelle, plus courte que la synthèse, consiste en une réponse argumentée à la question posée. Prévoyez entre 1 heure et 1 h 30 pour la composer. L'essentiel est de répondre clairement, de façon nuancée, pertinente (évitez l'emploi du « nous » et surtout du « je ») et structurée (introduction, développement, conclusion). Les principes de présentation sont les mêmes que pour la synthèse.

| | |
|---|---|
| **Introduction** | 1. **Amorce** : présentez le sujet.<br>2. **Problématique :** reprenez la question telle qu'elle vous est donnée.<br>3. **Annonce du plan.**<br>Le tout = **un paragraphe** (alinéa + saut de ligne à la fin). |
| **Développement** | – **Réponse apportée à la question** + **d'autres possibilités.** Pas un point de vue, mais plusieurs.<br>– Pas de simple reprise des éléments de réflexion des documents.<br>ATTENTION : évaluation de culture générale (connaissances sur le thème) = enrichir la démonstration par **des références culturelles personnelles variées** (littérature, cinéma, peinture, sport, actualité, sciences, histoire, géographie…). |
| **Conclusion** | – **Une prise de position claire**, **nuancée** et répondant à la question posée en introduction.<br>– **Brève** et **succincte** (reprenant les **mots-clés**) = **un paragraphe**, introduit par un connecteur. |

### • La préparation au cours de l'année

Pour vous préparer au mieux durant toute l'année, il faut un travail régulier et continu :
– Entraînez-vous à écrire pour entretenir la fluidité de votre expression.
– Faites des fiches de vocabulaire des différents mots-clés pour les réutiliser dans votre composition.
– Élargissez vos connaissances en consultant le maximum d'œuvres que vous référencerez sur des fiches synthèse.

THÈME 1

# À toute vitesse !

## Introduction

La vitesse permet de multiplier les possibles, de vivre avec intensité de nombreuses expériences. La vitesse est grisante, elle procure une ivresse qui nous ravit. Qu'il s'agisse du coureur, du cavalier ou du pilote, la quête du record nécessite exploits physiques et techniques. Le dépassement des limites qu'elle implique a quelque chose de fascinant.

La modernité et les progrès techniques modifient notre rapport au temps et à l'espace. La rapidité devient une compétence essentielle : il faut être réactif, prendre des décisions dans l'urgence, parfois au détriment de la réflexion et de la suspension du jugement. Les phénomènes d'accélération s'amplifient dans tous les domaines : moyens de transport toujours plus rapides, transmission des données en temps réel, gains de productivité, etc. Avec l'accomplissement quasi simultané de multiples tâches, notre perception de la réalité change et notre rythme de vie s'accélère. Il n'y a plus une minute à perdre.

Aller plus vite devrait permettre de dégager du temps. Nous avons pourtant souvent l'impression d'en manquer et d'être soumis à une permanente course contre la montre qui suscite pression et angoisse. Nous avons tendance à multiplier les activités ponctuelles qui n'apportent que des satisfactions éphémères. Comment ne pas céder à l'illusion du gain de temps ? La vitesse qui nous emporte incite à vivre dans un présent sans cesse renouvelé, dans une frustration perpétuelle. Comment, dès lors, garder le contrôle de nos vies sans nous laisser happer par la vitesse ?

La vitesse et l'intensité ont toujours été associées à des vies fulgurantes et exceptionnelles. Pratique de sports extrêmes, conduites à risque : certains choisissent de vivre vite et pleinement, quitte à mettre leur existence en danger. La lenteur semble être dévalorisée. Cependant, de multiples activités humaines – création, recherche, artisanat, etc. – nécessitent patience et longueur de temps. Nombreux sont ceux qui refusent l'accélération constante de nos vies et prônent le retour à des rythmes plus lents, mieux ancrés dans les cycles de la nature et le respect des temps biologiques. Ne faut-il pas accepter de perdre du temps pour s'inscrire dans une durée épanouissante ? Comment trouver le bon tempo, le rythme qui convient ? Comment donc prendre le temps de vivre sans pour autant se priver de tous les possibles qu'offre la vitesse ?

### 1er axe de réflexion : *Éloge de la vitesse (p. 344)*

**Problématiques**

- Quels sont les bienfaits de la vitesse ?
- Entre ivresse, jouissance décuplée et dépassement de soi, la vitesse n'appelle-t-elle pas à l'amélioration et au renouvellement de son être ?

#### 1. « À toute vitesse » : entre immédiateté et brièveté

Trois caractéristiques fondamentales : immédiateté, brièveté, efficacité.

***Mots-clés :*** *Blitzkrieg*, élan, hâte, promptitude, tempo, immédiateté, imminence, information en temps réel, *illico presto*, instantanéité, tapis volant, téléportation, tirer plus vite que son ombre, vitesse de la lumière.

**2. Le culte de la performance**

La vitesse est à la fois un idéal pour la société et un modèle sociétal.

***Mots-clés :*** accélération, aérodynamisme, bolide, circuit, contemplation, diffusion de l'information, sprint, tergiversation, TGV, ubiquité, vélocité, virtuosité, Formule 1, 24 Heures du Mans, « c'est un vrai marathon », fondre sur sa proie, *Citius, Altius, Fortius.*

**3. Vivre vite**

S'adonner à la vitesse pour connaître l'intensité du présent et un épicurisme salvateur.

Les icônes de la vie brève.

***Mots-clés :*** fulgurance, allegro, griserie, hâte, ivresse, vivre à cent à l'heure, « tout schuss », à vitesse grand V, excès de vitesse.

## 2^e^ axe de réflexion : *« À toute vitesse », un credo aliénant (p. 349)*

**Problématiques**

- À pousser à l'extrême la vitesse, ne connaît-on pas des déviances affligeantes ?
- À toujours chercher la performance, n'est-ce pas une déperdition du sens, une accumulation d'un accomplissement qui, à terme, annihile l'individu ?

**1. Une déshumanisation de l'être**

La vitesse s'assimile à un devoir, rabaissant l'homme au rôle de simple exécutant.

L'homme se perd et s'asservit, telle une machine.

***Mots-clés :*** embouteillage, pesanteur, prendre de vitesse, à deux vitesses.

**2. La précipitation**

La vitesse s'assimile à la précipitation, exposant l'homme au risque de se fourvoyer.

Action irréfléchie, papillonnage, éparpillement engendrent une action stérile.

***Mots-clés :*** atermoiement, confondre vitesse et précipitation, éparpillement, perdre son temps, stérilité, superficialité.

**3. La perte de soi**

L'aveuglement rend la vitesse semblable à une idole qui amène l'homme à sa chute.

***Mots-clés :*** aveuglement, dopage, mort.

## 3^e^ axe de réflexion : *À rebours de « à toute vitesse » : éloge de la lenteur (p. 353)*

**Problématiques**

- La lenteur n'est-elle qu'indolence répréhensible ou l'art simple de goûter aux bonheurs vrais de la vie ?
- Ne serait-ce pas un art du farniente ou de l'*otium* qui aiderait l'être à s'unir au sens d'une nature bienveillante et éclairante ?
- Saisir la vie, n'est-ce pas prendre le temps ?

**1. Le parti pris du refus de la vitesse**

Refuser la vitesse pour mieux assumer la lenteur en vertu, garante d'authenticité.

Lenteur rime avec labeur, un travail de fond et de qualité.

***Mots-clés :*** contemplation, ennui, immobilité, immobilisme, indolence, inertie, lenteur, marche, méditation, paresse, patience, vitesse de croisière, prendre son temps.

**2. Lenteur et saveur**

La lenteur, c'est préserver un rythme naturel et salvateur.

Le temps comme saveur qui se déguste.

La lenteur préserve la santé.

***Mots-clés :*** *slow food*, prendre son temps, un train de sénateur, se hâter avec lenteur, *festina lente*, au ralenti, *illico presto*, *Chi va piano, va sano e va lontano*, faire long feu.

# 1 Éloge de la vitesse

Thème 1 : À toute vitesse !

La vitesse cristallise un idéal : celui de **l'accomplissement d'actions dans un temps limité**, de la **maîtrise du temps, d'une vie vécue à fond et dans l'instant**. Ce rythme qui bouleverse les sens, rend ivre et nous permet de conclure : « Je sais vivre intensément et donc passionnément. »

## 1 « À toute vitesse » : entre immédiateté et brièveté

Le terme « vitesse » implique deux concepts majeurs : l'**immédiateté** et la **brièveté**. Ainsi, le processus de réalisation et le rapport au temps s'entrelacent.

• **L'immédiateté.** Lorsqu'on entreprend quelque chose avec **célérité** on vise à accomplir une tâche rapidement, voire **dans l'immédiat**, ce qui s'inscrit dans **une logique concrète et pragmatique**. Notre société nous en donne de nombreux exemples : Internet résonne comme l'avènement d'un flux incessant et continu. L'information se diffuse « à toute vitesse », presque de façon simultanée au fait accompli. Le **direct** prime sur le différé. Des chaînes d'informations continues, comme BFM TV, commentent en permanence une actualité qui se déroule presque dans l'immédiateté de l'écran. Le téléspectateur devient témoin d'une histoire qui s'écrit devant ses yeux.

**Définition**
**Pragmatique :** pratique

• **La brièveté.** L'expression « à toute vitesse » implique une action qui sera **peu étendue** dans le temps, condensée au minimum dans le but d'une réalisation immédiate, qui ne supporte aucun temps mort ni transition. Il s'agit d'**accomplir sans détour** afin de limiter ce qui peut être considéré comme une perte de temps. Ainsi, la logique économique du **flux tendu** est une méthode d'optimisation des entreprises qui a pour conséquence de minimiser les délais de production : la réduction au minimum des stocks d'une entreprise – avec pour but de limiter les coûts de stockage – implique en effet qu'il faille raccourcir les temps de production et ainsi livrer le client dans les plus brefs délais.

▲ La *Blitzkrieg* ou la « guerre éclair »

L'injonction « à toute vitesse » prévaut dans les préceptes de la stratégie militaire. Durant la Seconde Guerre mondiale, l'Allemagne nazie expérimente une nouvelle tactique : la *Blitzkrieg* ou « guerre éclair ». Le terme « éclair » rend compte de la finalité : vaincre par une série de campagnes de courte durée. Le facteur temps est alors prédominant. Il s'agit de concentrer un maximum d'armements offensifs comme les chars, les avions ou encore l'artillerie sur un front réduit. L'adversaire se voit affaibli par différentes brèches qui permettent une avancée des blindés nazis qui manœuvrent librement derrière les lignes ennemies. En renfort, l'aviation allemande enraye le réapprovisionnement allié et la venue de troupes auxiliaires ; en résulte un encerclement qui contraint les troupes adverses à se rendre.
L'Allemagne accumule ainsi les succès en très peu de temps : la Pologne (attaquée le 1er septembre 1939), le Danemark (le 9 avril 1940), la Norvège (avril 1940), la Belgique (le 10 mai 1940), les Pays-Bas (mai 1940), le Luxembourg (mai 1940), la France (mai 1940), la Yougoslavie (avril 1941) et la Grèce (avril 1941).

• **La vitesse en quête de l'efficacité.** L'association de ses deux sèmes, la **brièveté** et l'**immédiateté**, vise un **idéal d'efficacité**. Preuve en est de la *Blitzkrieg* avec laquelle l'Allemagne a connu en très peu de temps un nombre significatif de victoires. Cette recherche pragmatique évoque l'idée d'une **vitesse foisonnante et féconde**. Les expressions comme **« vivre à cent à l'heure »**, **« vitesse de la lumière »**, **« à la vitesse de l'éclair »** évoquent cet idéal de dépassement de l'être humain.

## Le futurisme

▲ Umberto Boccioni, *Dynamisme d'un cycliste* (*Dinamismo di un ciclista*), 1913, Collection Peggy Guggenheim.

Cette toile de Boccioni est emblématique du futurisme. Ce mouvement artistique du début du XXe siècle célèbre le monde moderne, à savoir la civilisation urbaine, les machines et, bien sûr, la vitesse. On y retrouve la représentation de la sensation de mouvement (dynamisme) et l'attrait pour les méthodes modernes de transport.

## 2 Le culte de la performance

• **La vitesse, un idéal de l'humanité.** L'injonction « À toute vitesse » résonne comme le parangon du discours sociétal actuel. Dans une époque de cumul, la société érige en modèles des personnages sachant aller toujours plus vite. N'est-ce pas une volonté depuis bien longtemps clamée par l'humanité de **s'approprier le temps, la vitesse d'exécution** ? Car maîtriser la vitesse, c'est **flirter avec la divinité**, avec des capacités qui peuvent sembler au-delà du commun des mortels, tant elles présentent des records hors normes. La vitesse s'affiche alors comme une **quête de l'infini** qui outrepasse les limites de la condition humaine. Des icônes modernes comme **Flash Gordon** ou **Flèche** du film d'animation ***Les Indestructibles*** aux **récits mythologiques**, on ne compte pas les figures humaines qui ont désiré « aller au-delà ». Mais, généralement, leur destinée se finalise dans un rapport à l'ordre qui leur fait réintégrer leur condition humaine. Ainsi, lorsque **Phaéton** ne parvient plus à maîtriser le char du Soleil, dont les chevaux s'emballent et manquent d'embraser la Terre, Zeus se doit d'intervenir afin de rétablir l'ordre : il foudroie Phaéton, qui se retrouve finalement précipité sur Terre.

### Document

« Peut-être as-tu eu vent d'une fille qui surpassait à la course
des hommes rapides ; cette rumeur n'était pas une fable ;
elle les surpassait en effet ; et on ne pourrait dire si elle l'emportait
grâce au prestige de son agilité ou grâce à l'avantage de sa beauté.
Interrogeant le dieu à propos d'un époux, elle l'entendit lui répondre :
"Tu n'as nul besoin d'un époux, Atalante ; fuis toute union conjugale ;
pourtant, tu n'y échapperas pas et, vivante, tu seras privée de ta vie."
Terrifiée par l'oracle divin, elle vit seule au fond des forêts
et, en leur imposant une condition cruelle, elle fait fuir ses prétendants
qui se pressent en foule : "Je ne serai à personne, dit-elle,
à moins d'être vaincue à la course ; luttez de vitesse avec moi. Comme prix, le plus rapide
obtiendra ma main et mon lit, le prix des plus lents sera la mort ; telle sera la loi du combat."
Loi sans douceur, certes ; mais, le pouvoir de la beauté est tel que la masse des prétendants s'y
soumet sans réfléchir. Hippomène, qui assistait en spectateur à cette course inégale, avait dit :
"Qui peut vouloir une épouse au prix de si grands dangers ?"
Et il avait désapprouvé l'amour excessif de ces jeunes gens.
Mais dès qu'il vit le visage d'Atalante, et son corps dévêtu,
un corps comparable au mien, ou au tien, si tu étais femme,
il resta interdit et, levant les mains, il dit : "Pardonnez-moi,
vous que je viens d'accuser ! Le prix que vous cherchiez
ne m'était pas encore connu." En la louant, il sent un feu en lui,
souhaite qu'aucun des jeunes gens ne la dépasse à la course,
et, jaloux, le redoute. "Mais pourquoi laisser passer
ce concours sans tenter moi-même ma chance ?, dit-il.
La divinité même favorise les audacieux !" Plongé en lui-même,
Hippomène réfléchit, tandis que la jeune fille s'envole de son pas ailé.
La flèche d'un Scythe n'a pas paru aux yeux du jeune Aonien
moins rapide qu'Atalante, mais pourtant c'est sa beauté
qui l'émerveille le plus ; d'ailleurs la course même la rend belle.
La brise entraîne les liens de ses chevilles derrière ses pieds agiles,
on voit flotter ses cheveux sur ses épaules d'ivoire,

▸▸▸

et sous ses genoux, ses genouillères avec leur lisière brodée ;
son corps juvénile, éclatant de blancheur, s'était teinté de rose, comme lorsque un voile pourpre, tendu au-dessus des *atria*,
couvre leurs marbres blancs d'ombres qui semblent pourprées.
Tandis que l'étranger note ces détails, Atalante, une ultime fois,
a contourné la borne et reçoit la couronne qui fête sa victoire.
Les perdants en gémissant subissent la peine convenue. »

Ovide, *Les Métamorphoses*, X.

La vitesse révèle un être d'exception : une femme, Atalante, qui défie les hommes à la course. En les surpassant, elle recule les limites de son sexe. Elle apparaît comme une révélation à Hippomène. Il la considère comme une quête, une vision. La course fait d'Atalante un être presque divin, dévoilant une beauté sans pareille, capable de susciter et de justifier l'espoir d'une union qui peut coûter la vie à un prétendant. Ancrée dans le récit mythologique, la vitesse acquiert un sens suprême : celui d'une humanité qui se rêve dans un infini.

• **La vitesse, un modèle sociétal.** Ainsi, aller « à toute vitesse » devient une quête, dans le **culte du record**. Le **sport** est le domaine de prédilection de la performance. Les records s'établissent mais peuvent rapidement être dépassés. Ils sont comme des défis pour chaque athlète qui voit en eux la possibilité de reculer ses limites et de s'inscrire dans la performance. La devise olympique ***Citius, Altius, Fortius*** (*Plus vite, plus haut, plus fort*) témoigne de cette logique du **dépassement de soi**. Savoir aller au-delà de ses limites, tout en tendant vers l'excellence, donne une nouvelle mesure à l'être. Le palmarès de l'athlète jamaïcain **Usain Bolt** affiche un nombre de records jusque-là inégalé : huit médailles d'or en sprint aux Jeux olympiques, onze victoires en championnats du monde, trois records du monde battus lors des mêmes Jeux, détenteur de manière simultanée des records du monde du 100 mètres, 200 mètres et 4 x 100 mètres. Considéré comme le meilleur sprinter de tous les temps, il affiche une vitesse de 44,7 km/h, se plaçant ainsi entre le lévrier, qui pointe à 70 km/h, et le chat, mesuré à 40 km/h.

**Document**

« Nous pouvons en avoir un avant-goût, puisqu'il nous arrive d'être pris, ce qui s'appelle pris, par la vitesse – ce plaisir que le siècle a ajouté à la somme des plaisirs connus. Admettons-le donc, beaucoup parmi nous sont sensibles au chant des sirènes de la vitesse. Au fait, que nous chantent-elles ? Pourquoi nous charment-elles ? Comment le dire ? Comment dire ce que nous dit la vitesse, ce souffle qui dans les nerfs passe sous la peau comme un charme tient à rien d'apparent mais nous ravit dans un monde à lui, jusqu'à risquer de nous perdre, de ne plus sentir la limite, d'aller trop vite ? Comment dire ce plaisir géométrique dans un virage où nous passons sur la ligne, l'exacte ligne au-delà de laquelle la voiture deviendrait incontrôlable ? Et comment le sentons-nous, ce point limite d'équilibre de la voiture, de cette voiture précisément à cet endroit précis, si ce n'est pas notre corps, qui sent au-dedans la masse de la voiture autour ? »

Jean-Philippe Domecq, *Ce que nous dit la vitesse*, Quai Voltaire, 1994.

Les premières lignes de cet ouvrage consacré à la Formule 1 révèlent l'engouement que peut susciter la vitesse. Tellement fascinante, elle s'assimile presque à un chant envoûtant, un *carmen*, comme l'indique le champ lexical de la fascination (« charment », « chant des sirènes », « chantent »). Cela rappelle le mythe d'Ulysse souhaitant écouter les sirènes et leur chant hypnotisant, qui séduit les hommes pour mieux les perdre. Cet ensorcellement relève de l'indicible, de ce qui ne peut être dit. Les mots paraissent en effet bien pauvres et insuffisants pour parvenir à décrire les sensations éprouvées. La vitesse fait œuvre d'alchimie entre l'homme et la voiture. Elle provoque une volupté, un plaisir, un frisson de l'être et de l'âme.

## 3 Vivre vite

• **Jouissance et intensité.** L'expression « à toute vitesse » renvoie également au temps utilisé pour l'accomplissement de son être et donc à l'**intensité du moment**. Dans une optique métaphorique, elle évoque ainsi une façon de vivre, une **capacité de jouissance exacerbée**. Il s'agit de traverser le temps en multipliant l'exaltation des sens pour mieux profiter de l'instant présent. S'établit alors un **culte** dévolu à l'**instantanéité**. Cet **épicurisme** appelle à une ivresse de n'importe quelle nature, l'essentiel étant de vivre intensément, marquant ainsi une capture de l'instant présent.

**Document**

« Il faut être toujours ivre. Tout est là : c'est l'unique question. Pour ne pas sentir l'horrible fardeau du Temps qui brise vos épaules et vous penche vers la terre, il faut vous enivrer sans trêve. Mais de quoi ? De vin, de poésie ou de vertu, à votre guise. Mais enivrez-vous.
Et si quelquefois, sur les marches d'un palais, sur l'herbe verte d'un fossé, dans la solitude morne de votre chambre, vous vous réveillez, l'ivresse déjà diminuée ou disparue, demandez au vent, à la vague, à l'étoile, à l'oiseau, à l'horloge, à tout ce qui fuit, à tout ce qui gémit, à tout ce qui roule, à tout ce qui chante, à tout ce qui parle, demandez quelle heure il est ; et le vent, la vague, l'étoile, l'oiseau, l'horloge vous répondront : "Il est l'heure de s'enivrer ! Pour n'être pas les esclaves martyrisés du Temps, enivrez-vous ; enivrez-vous sans cesse ! De vin, de poésie ou de vertu, à votre guise."

Charles Baudelaire, « Enivrez-vous », *Le Spleen de Paris*, XXXIII.

Ce poème en prose de Baudelaire s'insurge contre le temps qui passe et qui amène irrémédiablement l'homme à la mort. Face à cette condamnation de l'être, seule l'ivresse permet d'exulter et de décupler un rapport au monde qui sera inexorablement anéanti par la mort. La vitesse s'assimile alors à l'intensité, à cette capacité de développer les sensations pour mieux profiter de l'instant présent. L'antithèse du temps et de l'instant présent structure l'existence humaine : un temps linéaire, destructeur s'empare de chaque être. Un seul moyen permet d'y remédier : l'intensité, la capacité de jouir du moment de chaque activité, comme l'énumération « de vin, de poésie ou de vertu ». La vitesse devient alors un catalyseur de la volupté et du plaisir, conduisant à l'étourdissement de l'être.

• **Les icônes de la vie brève.** Alors, un culte s'instaure : celui de **personnalités à la vie brève** qui ont vu leur existence abrégée, consumée dans une **orgie des sens**. Le fameux « **Club des 27** » ou « *Forever 27* » désigne une assemblée tragique d'artistes célèbres ayant la particularité d'être tous décédés à 27 ans : **Brian Jones**, **Jimi Hendrix**, **Janis Joplin**, **Jim Morisson**, **Kurt Cobain** et, plus récemment, **Amy Winehouse**. Ces jeunes vies fauchées dans l'aube de leur existence deviennent des icônes, des **météores**. D'autres personnalités restent notables par leur brièveté. **Arthur Rimbaud**, par exemple, ne se consacrera qu'une dizaine d'années à l'écriture, connaîtra une relation tumultueuse avec Verlaine puis quittera définitivement le milieu littéraire. Seule une décennie aura suffi au poète aux semelles de vent pour intégrer le panthéon des génies littéraires. L'expression « à toute vitesse » évoque une rapidité d'exécution qui vise à l'efficacité ou à l'intensité. Comme une revanche sur le temps, elle enferme l'être dans une logique de célérité qui peut devenir aliénante.

# 2 « À toute vitesse », un credo aliénant

Thème 1 : À toute vitesse !

Aller « à toute vitesse », comme pour se donner de l'élan, pour faire une embardée dans notre existence, pour chambouler la routine sclérosante du quotidien. Mais, à vouloir aller trop vite, ne tombons-nous pas dans l'extrême ? Dans une course effrénée, à l'accumulation d'actes qui s'enchaînent sans fin, une course qui en devient presque dénuée de sens ? Ne confondons-nous pas précipitation et vitesse d'exécution ?

## 1 Une déshumanisation de l'être

**Définition**

**Credo :** principe fondateur

• **Le devoir de la vitesse.** Dans ce rythme débridé, la finalité première de la rapidité de l'exécution domine, au détriment du sens de nos actions. Seul compte l'accomplissement et nous sommes ainsi réduits à de **simples exécutants**. Cette cadence poussée à l'extrême conduit à une déshumanisation. La pratique de la vitesse devient un devoir et donc une nécessité. La montre asservit l'être. Elle rend compte d'un temps dont l'écoulement est subi comme une **fatalité**. Cela génère un type : celui de **l'homme pressé**, titre d'une des chansons de Noir Désir.

**Document**

« Les hommes pressés – et tels sont les hommes chargés de responsabilités – ne flânent pas. Ils n'ont pas, disent-ils, de temps à perdre, et surtout leur saisie de la ville les en détourne. Qu'ils organisent des spectacles ou qu'ils cherchent à produire un autre espace, ils vivent dans la fébrilité, font face à l'urgence. Un animateur organise d'incessantes manifestations pour divertir les habitants, pour ne pas laisser tarir sa créativité, parce que la production du nouveau incombe à sa mission. L'urbaniste, quand il veut modifier les murs et les esprits, ne connaît pas de relâche à son action. La ville souffre de tant de maux : il y a lieu de s'occuper de chaque quartier mais aussi de l'image globale de la cité, que le moderne ne soit pas une pâle copie du passé mais qu'il ne choque point ! Il en faut pour les enfants et pour les personnes âgées, pour les indigènes et les touristes. L'urbaniste met en place des projets puis s'en détourne. La faute en revient à un pouvoir politique versatile – ou bien lui-même a-t-il vu trop grand ou trop modeste. »

Pierre Sansot, *Du bon usage de la lenteur*, © Éditions Payot & Rivages, 1998, 2000.

L'homme pressé est un homme à responsabilités, il devient l'antithèse de ceux qui savent profiter de la lenteur et donc de la vie. Pour lui, le quotidien se conçoit comme une accumulation d'actes, d'idées à développer, de projets à superviser. Cette logique pragmatique enferme l'homme dans une fonction, dans un type. Il devient un actant, qui pourvoit à la réalisation de la modernité. La production se définit alors comme la finalité de son existence et la vitesse d'exécution en est le principal moyen.

• **Une aliénation.** À trop donner au temps la primauté, l'être **se perd et s'asservit.** Cet abîme qui engloutit l'individu le réduit à une **machine.** Tout se conçoit dans la vitesse : les actes simples du quotidien se réalisent « à vitesse grand V », quitte à se couper de la véritable nature de ce qui est effectué. Il en va ainsi d'une chose aussi fondamentale que l'alimentation : on néglige le temps du dîner ou du déjeuner, on engloutit le plus souvent uniquement dans le but de réaliser le besoin nutritif. Le phénomène des **fast-foods** – cette restauration standardisée de plats qui se commandent, se produisent et se consomment rapidement – illustre parfaitement ce travers de notre société.

• **L'homme-machine.** Poussée à son extrême, l'expression « à toute vitesse » **exacerbe le pragmatisme d'une production déshumanisée** qui galope contre le temps. Le rythme de l'industrie, qui auparavant respectait une pause dominicale, voire un arrêt nocturne, ne tolère de nos jours plus aucune pause. Produire toujours et toujours plus dans une logique à **flux tendus** requiert une présence incessante des travailleurs dans les usines. Les **trois-huit** qui ont cédé leur place aux **quatre-huit** font tourner sans relâche les usines. Le fordisme et le taylorisme ont déjà tracé le sillon de cet asservissement outrancier. Rapidement, des voix s'élèvent contre ces déviances. En 1936, le film *Les Temps modernes* de Charlie Chaplin dénonce par exemple la déshumanisation des travailleurs.

## 2 La précipitation

• **« Il ne faut pas confondre vitesse et précipitation ».** À force d'aller contre le temps, l'acuité, la vivacité peuvent parfois faire défaut. La vitesse cède alors sa place à la **précipitation**. Elle se définit comme une **hâte excessive qui donne à ce que l'on fait un caractère irréfléchi et désordonné**. Ainsi le fait de « prendre le temps » permet parfois d'être plus efficace dans nos réalisations. Même si la volonté initiale est de mettre fin à des **atermoiements infinis**, à trop vouloir aller vite, on peut se perdre, voire se fourvoyer.

• **Une action irréfléchie.** La lenteur de certains processus – naturels, administratifs, etc. –, peut agacer, exaspérer. Se manifeste alors une **impatience**, cette crispation que ressent l'être intolérant face à une action qui ne se déroule pas assez vite à ses yeux. Cette **frustration** face à la lenteur peut amener à une précipitation malencontreuse ou à une frénésie irréfléchie. L'impatience et l'impulsivité génèrent un comportement inadapté qui **aliène l'individu**. Agir sans réfléchir, sans mesurer les conséquences, voire sur un coup de tête, illustre un réel manque de maîtrise de soi. Absence de la réalité, **papillonnage**… rien de fécond ni de constructif ne naît de cette attitude, à part une superficialité. Cet acharnement stérile enferme l'homme dans des lubies, des tocades qui frôlent l'obsessionnel ou la **compulsion**.

**Document**

« Une femme qui s'était imposé de si grands sacrifices pouvait bien se passer des fantaisies. Elle s'acheta un prie-Dieu gothique, et elle dépensa en un mois pour quatorze francs de citrons à se nettoyer les ongles ; elle écrivit à Rouen, afin d'avoir une robe en cachemire bleu ; elle choisit chez Lheureux la plus belle de ses écharpes : elle se la nouait à la taille par-dessus sa robe de chambre ; et, les volets fermés, avec un livre à la main, elle restait étendue sur un canapé dans cet accoutrement. Souvent, elle variait sa coiffure : elle se mettait à la chinoise, en boucles molles, en nattes tressées ; elle se fit une raie sur le côté de la tête et roula ses cheveux en dessous, comme un homme.

Elle voulut apprendre l'italien : elle acheta des dictionnaires, une grammaire, une provision de papier blanc. Elle essaya des lectures sérieuses, de l'histoire, de la philosophie. La nuit, quelquefois, Charles se réveillait en sursaut, croyant qu'on venait le chercher pour un malade :

— J'y vais, balbutiait-il ; et c'était le bruit d'une allumette qu'Emma frottait afin de rallumer la lampe. Mais il en était de ses lectures comme de ses tapisseries, qui, toutes commencées encombraient son armoire ; elle les prenait, les quittait, passait à d'autres.

Gustave Flaubert, *Madame Bovary*, 1857.

Cet extrait met en relief le caractère fantasque d'Emma Bovary. L'expression « à toute vitesse » se reflète dans l'éparpillement de son être. Sans constance, sans volonté de mener à leur terme les projets entrepris, Madame Bovary symbolise ces individus qui ne savent pas aller au bout des choses. Le terme initial de « fantaisies » utilisé par Flaubert cristallise cet amoncellement d'achats et cette superficialité, vacuité, frivolité. Le vocabulaire de la diversité (« variait », « essaya », « prenait », « quittait », « passait ») s'associe à l'accumulation. Les phrases s'enchaînent dans des énumérations qui révèlent l'inachèvement de la précipitation. « À toute vitesse » pour Emma Bovary, c'est affirmer la réalité d'un être qui s'épuise en des futilités et effleure la vie ; un trait de caractère qui l'amènera à sa perte.

## 3 La perte de soi

Faire les choses « à toute vitesse » peut en effet conduire une perte de ses repères et, à terme, à une perte de soi-même.

• **L'aveuglement.** Donner la primauté à la vitesse d'exécution peut se faire parfois au détriment du sens. **Automatisée,** dénuée de signification, l'action s'emballe et se fourvoie dans des perspectives obscures. L'être ne se résume plus qu'à un **actant,** à un **potentiel d'activités vides,** creuses qui relèvent de l'aveuglement. Cette métaphore souligne le fait d'être privé de discernement, de sens critique. Semblable à une passion, la vitesse s'assimile à un joug qui perd l'homme dans une recherche effrénée d'une action au sens qui n'est plus.

▲ Pieter Bruegel l'Ancien, *La Parabole des aveugles*, 1568, Musée de Capodimonte, Naples.

Cette peinture de 1568 illustre une parabole du Christ : « Si un aveugle conduit un aveugle, ils tomberont tous les deux dans un trou » (Évangile selon saint Matthieu, XV,14). À la période où Bruegel l'Ancien réalise cette toile, une répression religieuse ensanglante les Pays-Bas. En avant-plan, les aveugles suivent une diagonale déclinante qui s'achève par une chute. La procession de ces six aveugles, marchant l'un derrière l'autre, est en effet vouée à l'échec. Le premier est tombé dans le fossé et bientôt le suivant fera de même. *A priori*, tous les aveugles subiront le même sort que celui qui les « guidait ».

Au-delà du sens strictement religieux, cette parabole, associée à l'expression « à toute vitesse », peut dénoter un sens plus moderne. Elle révèle un mouvement de masse d'une humanité aveuglée dans une logique aliénante. Irrémédiablement, l'échec se lit dans cette chute. « À toute vitesse » s'impose comme un credo illusoire et nuisible.

• **La chute.** À trop vouloir maîtriser le temps, l'être perd ses repères. Dans le sport, l'athlète se retrouve parfois confronté à ses propres limites : il doit toujours aller de l'avant, défier des nouveaux records. Mais, les capacités de l'être humain ne sont pas infinies. Borné dans sa nature, mais infini dans ses vœux, l'homme tente par tous les moyens d'outrepasser sa condition première. C'est pourquoi le **dopage** commet des ravages dans le sport. Ainsi **Lance Armstrong** a remporté sept fois consécutives le Tour de France, de 1999 à 2005. Malgré de telles prouesses, il demeure un temps en dehors des suspicions de dopage. Mais après des doutes plus sérieux, il est avéré qu'il a utilisé des substances afin d'améliorer ses performances. Il est alors **déchu** et tous ses résultats sont rendus caduques.

• **La mort.** La chute peut également se lire dans son sens premier. Combien sont-ils à avoir été victimes de cette recherche effrénée de la performance et de la vitesse ? Combien sont-ils à y avoir laissé la vie ? **Marco Pantani** (34 ans), **José María Jiménez** (32 ans) figurent parmi tant d'autres victimes du dopage. Ces **morts prématurées** révèlent le lourd sacrifice que certains sont prêts à faire au nom de la vitesse. En 1994, sous le regard du monde entier, le pilote automobile **Ayrton Senna** décède à Bologne, à la suite d'un accident lors du Grand Prix de Saint-Marin.

• Cette jeunesse, ces êtres d'exception qui suscitaient tant d'espoir et qui ont fait de la vitesse leur credo se sont vu immoler sur l'autel de cette course sans fin. L'expression « à toute vitesse » résonne alors comme une **sombre épitaphe**.

# 3 À rebours de « à toute vitesse » : éloge de la lenteur

Thème 1 : À toute vitesse !

L'expression « à toute vitesse » cristallise les sèmes de rapidité et d'efficacité. Mais, à trop vouloir privilégier la vitesse, on en perd le sens et la saveur, et donc la **substance même de l'existence**. Savoir saisir la vie, ne serait-ce pas plutôt – à rebours de ce dogme de la vitesse – aller chacun à son rythme, voire refuser la vitesse pour mieux prendre le temps ?

## 1 Le parti pris du refus de la vitesse

• **Refuser la vitesse.** Aller contre la vitesse, c'est affirmer la lenteur comme une **vertu assumée**. Généralement, cette notion est perçue péjorativement : manque de rapidité d'une personne ou d'un animal à effectuer une action, absence de vivacité intellectuelle. La lenteur s'assimile à la **paresse**, au retard, voire à la **stupidité** et donc à une incapacité de réagir. Mais, saisie dans une optique antithétique à la vitesse, elle peut révéler des **bienfaits salvateurs**. Le lent n'est plus cet être insupportable, incapable à se lancer à tout va dans la course contre la montre. Il est celui qui sait **prendre son temps**, goûter à la saveur des minutes qui passent. L'oisiveté n'est alors plus répréhensible, mais **garante d'authenticité**.

• **Lenteur et labeur.** La lenteur peut aussi résulter d'une **adaptation du temps à ses propres capacités**. Elle est le fer de lance du labeur, de ce **travail en profondeur** qui, loin de l'esbroufe de la vitesse, sait se structurer, se forger solidement et sûrement afin de créer un édifice **stable**. La qualité prime alors sur la quantité. Il n'est plus question d'accumuler des tâches stériles, mais de se concentrer sur l'**essentiel**, sur ce qui doit être fait en priorité. La lenteur ménage l'être et intègre un temps propre à soi, respectueux de ses exigences. La personne qui va lentement sait **hiérarchiser ses priorités** et surtout faire preuve d'**endurance**.

**Document**

« Rien ne sert de courir ; il faut partir à point.
Le Lièvre et la Tortue en sont un témoignage.
Gageons, dit celle-ci, que vous n'atteindrez point
Si tôt que moi ce but. Si tôt ? Êtes-vous sage ?
Repartit l'Animal léger.
Ma Commère, il vous faut purger
Avec quatre grains d'ellébore.
Sage ou non, je parie encore.
Ainsi fut fait : et de tous deux
On mit près du but les enjeux.
Savoir quoi, ce n'est pas l'affaire ;
Ni de quel juge l'on convint.
Notre Lièvre n'avait que quatre pas à faire ;
J'entends de ceux qu'il fait lorsque prêt d'être atteint
Il s'éloigne des Chiens, les renvoie aux calendes,
Et leur fait arpenter les landes.

▸▸▸

Ayant, dis-je, du temps de reste pour brouter,
Pour dormir, et pour écouter
D'où vient le vent, il laisse la Tortue
Aller son train de Sénateur.
Elle part, elle s'évertue ;
Elle se hâte avec lenteur.
Lui cependant méprise une telle victoire ;
Tient la gageure à peu de gloire ;
Croit qu'il y va de son honneur
De partir tard. Il broute, il se repose,
Il s'amuse à toute autre chose
Qu'à la gageure. À la fin, quand il vit
Que l'autre touchait presque au bout de la carrière,
Il partit comme un trait ; mais les élans qu'il fit
Furent vains : la Tortue arriva la première.
Eh bien, lui cria-t-elle, avais-je pas raison ?
De quoi vous sert votre vitesse ?
Moi l'emporter ! et que serait-ce
Si vous portiez une maison ? »

Jean de La Fontaine, « Le Lièvre et la Tortue », *Fables*, 1668.

Cette fable connue de tous illustre parfaitement le contraste entre la vitesse stérile trop sûre d'elle et la lenteur laborieuse, mais endurante. Les deux animaux tutélaires, la Tortue et le Lièvre, se confrontent dans une course qui semble déterminée d'avance : le Lièvre par sa vélocité semble assuré d'un succès certain. Mais, contre toute attente, la prétention engendre un comportement narcissique qui modifie pleinement le cours des événements, le Lièvre flâne, sûr de sa victoire. Au contraire, la Tortue se focalise sur son objectif et met tout en œuvre pour y parvenir. Ce sera finalement la Tortue qui l'emportera.
Les lexiques de la lenteur et de la vitesse s'opposent afin de mieux figurer la scène. L'expression savoureuse « aller son train de Sénateur » suggère une lenteur excessive, mais qui, loin d'être une faiblesse, devient une force. La pointe finale, « si vous portiez une maison », amplifie le mérite de la Tortue. Ainsi, l'expression oxymorique, « se hâter avec lenteur », figure cette lenteur conquérante face à une vitesse illusoire.
La vitesse est alors complètement contournée, rejetée, pour mieux faire éclater le succès flamboyant de la lenteur.

## 2 Lenteur et saveur

• **Superficialité contre authenticité.** On l'a dit, « lenteur » rime avec « **saveur** ». Elle instaure un rythme qui n'est pas effréné, mais au contraire **naturel**. Il est essentiel, voire **salutaire**, de savoir prendre le temps, dans une société qui ne cesse de clamer la vitesse comme valeur fondatrice. Mais l'intensité tant recherchée n'est-elle vraiment atteignable que grâce à la vitesse ? Ne serait-ce pas au contraire dans l'**art éphémère de bonheurs simples**, de minutes vécues en harmonie avec l'essentiel que se déploierait la vraie vie ? Car la vitesse effleure le monde, quand la lenteur l'aborde en profondeur : d'un côté la superficialité, de l'autre l'authenticité. Savoir vivre, c'est se rappeler la **simplicité**, les **actes purs** sans détour d'un quotidien qui revêt alors un charme **spontané** et sincère.

**Document**

« Aider à écosser des petits pois »

« […] C'est facile, d'écosser les petits pois. Une pression du pouce sur la fente de la gousse et elle s'ouvre, docile, offerte. Quelques-unes, moins mûres, sont plus réticentes – une incision de l'ongle de l'index permet alors de déchirer le vert, et de sentir la mouillure et la chair dense, juste sous la peau faussement parcheminée. Après, on fait glisser les boules d'un seul doigt. La dernière est si minuscule. Parfois, on a envie de la croquer. Ce n'est pas bon, un peu amer, mais frais comme la cuisine de onze heures, cuisine de l'eau froide, des légumes épluchés – tout près, contre l'évier, quelques carottes nues brillent sur un torchon, finissent de sécher.

Alors on parle à petits coups, et là aussi la musique des mots semble venir de l'intérieur, paisible, familière. On parle de travail, de projets, de fatigue – pas de psychologie […]. »

Philippe Delerm, « Aider à écosser des petits pois »,
in *La Première Gorgée de bière et autres plaisirs minuscules*, © Gallimard.

Les menues tâches du quotidien acquièrent une saveur retrouvée. Il n'est plus question d'enchaîner rapidement des actes insignifiants, dénués de tout sens. Au contraire, dans cet ouvrage, Philippe Delerm prend le contre-pied du credo de la vitesse pour célébrer la beauté du quotidien, le plaisir simple – mais essentiel – de ces occupations qui peuvent paraître bien futiles, voire astreignantes, pour un disciple de la vitesse. Il s'agit de réinvestir le quotidien et d'en renouveler le sens.

• **Le temps comme saveur,** car le temps se déguste. Rien que le fait de savoir prendre son temps, c'est faire un choix : celui de l'attente, celui d'un temps ami. L'**oisiveté délasse**, comble les âmes fatiguées d'une accumulation incessante des actes. Ce temps bienfaiteur, c'est celui de l'immobilité, de l'indolence, qui appelle à la méditation, au retour au vrai. Ainsi, la *slow-food* s'oppose au *fast-food*. Ce mouvement « **écogastronomique** » s'est construit en opposition directe avec la mal-bouffe avalée sur le pouce. Il encourage le consommateur à se réapproprier les plaisirs de la table, moment de convivialité et de partage. Loin de la frénésie de la vitesse qui dénature l'alimentation, ce mouvement appelle le consommateur à devenir acteur de sa nourriture. Cette cuisine simple mais vraie promeut une **philosophie du plaisir**, celle des **repas partagés en famille** ou entre amis, en prenant le temps et en en ayant conscience.

• **Lenteur et santé.** La lenteur se veut **salvatrice**. Elle permet l'écoute de soi-même, d'un corps qui va son train, tout en refaisant le lien avec une nature protectrice et bénéfique. La marche des expressions comme « **prendre son temps** », « **se hâter avec lenteur** », « ***festina lente*** » (« hâte-toi lentement »), « ***Chi va piano, va sano e va lontano*** » (« qui va doucement va sainement et sûrement »), « faire long feu » impliquent une durée qui apaise et **conserve**. Car l'ennui aussi est salvateur. Bien loin de cette vision péjorative d'un temps qui nous échappe, la rêverie devient féconde. Dans une société toujours plus frénétique où les enfants doivent cumuler les loisirs, les apprentissages, n'est-il pas sain qu'ils apprennent à s'ennuyer. On libère ainsi les forces créatrices de l'imagination, d'un **esprit vagabond** qui se perd dans des chimères certes éphémères, mais tellement plaisantes.

## Document

« La marche ne se joue pas seulement dans l'espace, le temps également est mobilité. Ce n'est plus la durée du quotidien scandée par les tâches du jour et les habitudes, mais un temps qui s'étire, flâne, se détache de l'horloge. Cheminement dans un temps intérieur, retour à l'enfance ou à des moments de l'existence propices à un retour sur soi, remémoration qui égrène au fil de la route des images d'une vie, la marche sollicite une suspension heureuse du temps, une disponibilité à se livrer à des improvisations selon les événements du parcours. Le marcheur est le seul maître de son temps, il décide de son rythme de progression, s'arrête à sa guise pour observer un détail du paysage ou une source, plonger dans l'eau fraîche d'un lac ou d'une rivière, ou pour musarder dans l'herbe, observer un cortège de fourmis ou suivre le cheminement tortueux d'une couleuvre ou d'un orvet. Il rebrousse chemin car il souhaite revoir de plus près un détail du fossé qui l'a intrigué sur le moment sans l'arrêter, il s'arrête à l'écoute d'un bruit dans les fourrés, ou pour regarder un renard passer avec une royale indifférence à quelques dizaines de mètres, il accélère pour apercevoir un cerf qui s'est glissé dans la végétation. »

David Le Breton, *Marcher. Éloge des chemins et de la lenteur*, Métailié, 2012.

La vitesse s'annihile au profit d'un temps qui se distend et permet un rythme intérieur. C'est la symbiose de l'être et son rapport au monde. Plus d'empressement, plus de vitesse effrénée, aliénant l'homme dans une logique d'efficacité. Le lexique de la réminiscence s'associe à des verbes de déplacement géographique qui valorisent l'acte même de marcher. L'homme se réapproprie son devoir de décision. Il n'est plus une entité passive, soumise à la vitesse, mais un être qui va à son gré et se délasse devant des détails qui prennent une importance fondatrice.

## Conclusion

L'expression « à toute vitesse » souligne un **paradoxe** : celui d'une humanité avide de **repousser ses limites**, mais qui, face à cette **quête de l'infini**, s'inscrit dans une surenchère dévorante. La vitesse demeure féconde et stimulante. Mais, **excessive**, elle enferme l'homme et le transforme en objet. L'être humain est alors complètement dépassé.

Face à cette logique de la démesure, il ne faut donc pas éluder la **lenteur salvatrice**, génératrice d'un rythme personnel et bienfaiteur. Elle est le lien indéfectible de l'homme à la nature, un équilibre parfois bien précaire, mis en péril par la **vitesse dévastatrice**.

# Tableau de références

## Thème 1 : À toute vitesse !

Dans le tableau suivant, vous trouverez des références culturelles non exhaustives liées aux différentes parties du thème « À toute vitesse ! ». Ces références couvrent l'ensemble des différents supports artistiques : les écrits littéraires (en **noir**) ; les références filmographiques (en **bleu**) ; les œuvres picturales (en **vert**) ; les œuvres photographiques (en **orange**).

| Problématiques | Notions-clés | Références |
|---|---|---|
| **1. Éloge de la vitesse** | | |
| **1. « À toute vitesse » : entre immédiateté et brièveté** | • Immédiateté<br>• Brièveté<br>• La vitesse en quête de l'efficacité | • La *Blitzkrieg* ou la « guerre éclair »<br>• Le futurisme<br>• Blaise Cendrars, *La Prose du Transsibérien et de la petite Jehanne de France*<br>• Stanley Kubrick, *2001, L'Odyssée de l'espace « au-delà de l'infini »*<br>• William Turner, *Pluie, vapeur, vitesse* |
| **2. Le culte de la performance** | • La vitesse, un idéal de l'humanité<br>• La vitesse, un modèle sociétal | • Ovide, *Les Métamorphoses*<br>• Jean-Philippe Domecq, *Ce que nous dit la vitesse*<br>• Jules Verne, *Le Tour du monde en 80 jours*<br>• Rob Cohen, *Fast and Furious* |
| **3. Vivre vite** | • Jouissance et intensité<br>• Les icônes de la vie brève | • Baudelaire, « Enivrez-vous », *Le Spleen de Paris*, XXXIII<br>• Carlos Saura, *Vivre vite* |
| **2. « À toute vitesse » : un credo aliénant** | | |
| **1. Une déshumanisation de l'être** | • Le devoir de la vitesse<br>• Une aliénation<br>• L'homme-machine | • Pierre Sansot, *Du bon usage de la lenteur*<br>• Émile Zola, *La Bête humaine* |
| **2. La précipitation** | • « Il ne faut pas confondre vitesse et précipitation »<br>• Une action irréfléchie | • Flaubert, *Madame Bovary* |
| **3. La perte de soi** | • L'aveuglement<br>• La chute<br>• La mort | • Pieter Bruegel l'Ancien, *La Parabole des aveugles*<br>• Hartmut Rosa, *Aliénation et accélération*<br>• Nicole Aubert, *Le Culte de l'urgence. La société malade du temps* |
| **3. À rebours de « à toute vitesse » : éloge de la lenteur** | | |
| **1. Le parti pris du refus de la vitesse** | • Refuser la vitesse<br>• Lenteur et labeur | • Jean de La Fontaine, « Le Lièvre et la Tortue », *Fables*<br>• Jean Giono, *L'homme qui plantait des arbres*<br>• Milan Kundera, *La Lenteur* |
| **2. Lenteur et saveur** | • Superficialité contre authenticité<br>• Le temps comme saveur<br>• Lenteur et santé | • Philippe Delerm, *La Première Gorgée de bière et autres plaisirs minuscules*<br>• David Le Breton, *Marcher. Éloge des chemins et de la lenteur* |

THÈME 2

# De la musique avant toute chose ?

## Introduction

« De la musique avant toute chose ». Cet **aphorisme**, tiré d'un vers de Verlaine, cristallise un état du monde : celui de la relation de l'homme à la musique. Cette dernière est définie dans son sens premier par le dictionnaire le *Trésor de la langue française* comme la « combinaison harmonieuse et expressive de sons ». **La musique est un langage souverain, évocateur et subtil, faisant appel à la sensibilité de tous. Elle est donc universelle.** Elle s'adresse à tous, fédératrice dans un même et unique élan, unanime et engageante. Pourtant, chaque individu possède un lien d'intensité variable avec elle. Du musicien forcené à l'auditeur distrait qui l'écoute en musique de fond, elle s'ancre dans les moindres instants de la vie. C'est pourquoi elle est dite polymorphe et polyvalente.

**Définitions**

Aphorisme : proverbe
Polymorphe : qui a plusieurs formes
Polyvalent : qui a plusieurs valeurs

**La musique reste une réalité sonore, complexe à saisir** dans sa définition. Elle se caractérise par des sonorités harmonieuses où interfèrent des instruments, la voix ou la nature. Dans cette optique, quelles sont les caractéristiques de la musique ? Quelle originalité fondamentale permet de la préciser ? Autour de quel enjeu substantiel s'organise la diversité des supports ? Comment se définit alors la musicalité ? Quels sont les bienfaits reconnus de la musique ? Quelle place occupe le chant ?

**La musique oscille entre nature et culture.** En effet, c'est un art exigeant qui requiert une assimilation et une appropriation. Elle évoque la pluralité et la diversité de l'humanité. Comment peut-elle être fondamentalement identitaire et pourtant unanime et fédératrice ? De quelle manière se manifeste ce paradoxe ? Comment se détermine la relation de chaque individu à la musique ? Dans quelle mesure peut-on parler de processus d'assimilation et d'appropriation ?

**Mais la musique s'ancre aussi dans la société de consommation.** Un rapport de force s'instaure alors, dans la mesure où la logique consumériste peut venir dénaturer son essence même. Quels enjeux interviennent quand la société de consommation s'empare de la musique ? Comment se crée la cohabitation entre les outils numériques et la musique ? Comment se traduit alors cette relation ambivalente, voire antithétique ? À force d'être commerciale, la musique ne risque-t-elle pas de se perdre ?

**Définition**

Consumériste : qui consomme

### 1er axe de réflexion : *La musique, une réalité polymorphe* *(p. 360)*

**Problématiques**

- Quelle définition donner de la musique, cette réalité polymorphe et familière ?
- Quelles sont ses caractéristiques essentielles ?

#### 1. Une sonorité harmonieuse

La musique est avant tout sonore et déterminée par l'harmonie. Elle mobilise un vocabulaire spécifique.

***Mots-clés :*** son, voix, instrument, silence, bruit, harmonie, dissonance, accord, note, euphonie, cacophonie, polyphonie, contrepoint, rythme, tempo, cadence, variations.

### 2. Beauté et bienfaits de la musique

La musique est vécue comme une expérience apaisante et bienfaisante.

***Mots-clés :*** musicalité, musicothérapie, chant, carmen, la musique adoucit les mœurs.

## 2e axe de réflexion : *Entre appropriation et assimilation, la musique comme artefact culturel (p. 364)*

Problématiques

- Comment s'acquiert la musique ?
- Quels processus, entre nature et culture, la musique met-elle en jeu ?

### 1. Une expression culturelle

La musique est plurielle dans son expression culturelle. Elle induit un rapport d'appropriation.

***Mots-clés :*** musique classique, électronique, populaire, folklorique, funèbre, sacrée, religieuse, militaire, de chambre, variétés, requiem, opéra, comédie-ballet, opérette, jazz, rock'n'roll, rap, slam, comédie musicale, reggae, culture.

### 2. Un art essentiellement fédérateur

Dans sa dimension collective, la musique représente la cohésion du groupe. Elle est identitaire et fédératrice.

***Mots-clés :*** cohésion, fédératrice, identitaire, artefact, assimilation, appropriation, genre musical.

## 3e axe de réflexion : *De l'art suprême à la standardisation : musique et technique (p. 368)*

Problématiques

- Quelle influence la logique matérialiste de la société de consommation a-t-elle sur la musique ?
- Comment la musique peut vaciller dans la standardisation, voire dans le nihilisme ?

### 1. La musique, un art

La musique est un art puissant, impliquant une logique de dépassement de soi.

***Mots-clés :*** réglé comme du papier à musique, faire ses gammes, se mettre au diapason.

### 2. Vers la dépravation de l'art musical ?

Mais, confronté à la société consumériste, cet art se retrouve dénaturé, car totalement artificialisé.

***Mots-clés :*** algorithme, musique électronique, playlist, télé-crochet musical, tube, marketing, standardisation, boys band, nihilisme, consumérisme, mercantilisme, artificialisation.

# 1 La musique, une réalité polymorphe

Thème 2 : De la musique avant toute chose ?

La musique est omniprésente. Mais, comme toute réalité qui nous est familière, il est parfois difficile d'en proposer une définition adéquate. En effet, la musique oscille entre simplicité dans ses caractéristiques essentielles et complexité dans ses diverses expressions.

## 1 Une sonorité harmonieuse

• **Une réalité sonore.** La musique donne la primauté à un seul sens : l'**ouïe**. Sa nature est avant tout **sonore**. Elle se perçoit entre un **émetteur** et un **récepteur** : l'**auditeur**. De cet échange bilatéral émerge la **création**, puis la **propagation** d'une **onde sonore**. C'est alors le domaine de l'**acoustique**, le phénomène qui concerne la production, la propagation et la réception des sons. La musique est constituée **de sons, de silences, de rythme, de hauteur, de nuances, de timbre**. Le rythme combine les sons dans le temps. La régularité garantit l'**égalité des temps** ; elle donne le **tempo**. La **fréquence d'un son** définit sa hauteur. Elle implique une notion de périodicité, c'est-à-dire une oscillation se reproduisant de façon identique un certain nombre de fois. La musique est produite par des instruments, mais aussi par le chant et parfois par des réalités bien différentes.

**Définition**

**Hauteur :** nom d'une note sur une échelle ou gamme

• **Une production instrumentale, vocale ou naturelle.** La musique est une émanation d'un **instrument**, c'est-à-dire d'un médium qui la génère. Dans un sens spécifique, l'instrument désigne un objet construit ou préparé pour produire des sons et servir de moyen d'expression au compositeur et à l'interprète. Mais la voix peut également devenir un organe musical. Elle diffuse le **chant**, expression de la **musique vocale**. La musique est donc plurielle dans ses manifestations, mais unique dans son harmonie sonore, essentielle à sa caractérisation. Elle est un **creuset** caractérisé par la musicalité.

• **L'harmonie, valeur maîtresse de la musique.** La musique est le **contraire du bruit**. Elle génère une combinaison harmonieuse ou expressive de sons. Elle impose une justesse, une cohérence, un ajustement entre les sons. La **cacophonie** se distingue alors de l'**euphonie**. Les préfixes grecs *eu-* (« bon ») et *kakos-* (« mauvais ») révèlent cette qualité antinomique. Peut prétendre au caractère musical tout ce qui se distingue du bruit par son harmonie. Ainsi, **Pythagore** théorise la **musique des sphères** ou l'**harmonie des sphères**. L'univers serait dominé par des rapports numériques harmonieux. De fait, les distances entre les planètes correspondraient à des intervalles musicaux car celles-ci seraient réparties selon des proportions musicales. Cette théorie concilie une notion métaphysique portant sur le tout, l'harmonie et la science (l'astronomie, les proportions, la musicologie).

**Définitions**

**Cacophonie :** mélange confus d'instruments ou de voix sans harmonie

**Euphonie :** mélange harmonieux de voix ou d'instruments

**Document**

De la musique avant toute chose,
Et pour cela préfère l'Impair
Plus vague et plus soluble dans l'air,
Sans rien en lui qui pèse ou qui pose.

Il faut aussi que tu n'ailles point
Choisir tes mots sans quelque méprise :
Rien de plus cher que la chanson grise
Où l'Indécis au Précis se joint.

C'est des beaux yeux derrière des voiles,
C'est le grand jour tremblant de midi,
C'est, par un ciel d'automne attiédi,
Le bleu fouillis des claires étoiles !

Car nous voulons la Nuance encor,
Pas la Couleur, rien que la nuance !
Oh ! la nuance seule fiance
Le rêve au rêve et la flûte au cor !

Fuis du plus loin la Pointe assassine,
L'Esprit cruel et le Rire impur,
Qui font pleurer les yeux de l'Azur,
Et tout cet ail de basse cuisine !

Prends l'éloquence et tords-lui son cou !
Tu feras bien, en train d'énergie,
De rendre un peu la Rime assagie.
Si l'on n'y veille, elle ira jusqu'où ?

Ô qui dira les torts de la Rime ?
Quel enfant sourd ou quel nègre fou
Nous a forgé ce bijou d'un sou
Qui sonne creux et faux sous la lime ?

De la musique encore et toujours !
Que ton vers soit la chose envolée
Qu'on sent qui fuit d'une âme en allée
Vers d'autres cieux à d'autres amours.

Que ton vers soit la bonne aventure
Éparse au vent crispé du matin
Qui va fleurant la menthe et le thym...
Et tout le reste est littérature.

Paul Verlaine, « Art poétique » in *Jadis et Naguère*, 1884.

Ce poème s'inscrit dans la lignée de *L'Art poétique* de Boileau, qui présente les préceptes à suivre pour écrire en vers classiques. Pour Verlaine, le renouvellement passe par le rythme, l'assouplissement des règles poétiques trop rigides qui enferment et empêchent la diffusion de l'émotion. Le lien analogique de la musique avec le poème se lit dans le carmen (ou « chant »), c'est-à-dire l'évocation d'un rythme vibrant et subtil capable d'épouser la diversité émotionnelle de la vie. La musique appelle à l'élévation, à l'exaltation pour d'autres cieux. Cette notion de musicalité prévaut face à la rigidité d'une codification considérée comme contraire à la beauté de l'existence.

## 2 Beauté et bienfaits de la musique

• **La musique naturelle.** La musique est donc une production, mais d'origine variée. En tant qu'émanation, elle a besoin d'un support pour être créée. Intervient alors un clivage entre ce qui est naturel et artificiel. La musique naturelle désigne les différents sons émis par la flore et la faune. Dans ce contexte, le terme « chant » équivaut à une parole, mais non articulée, une modulation heureuse et bienfaisante. Le chant des arbres, de l'eau, des fontaines, de la mer, du vent, de la forêt… associe pureté et authenticité. Dans les « Ariettes oubliées », l'une des quatre parties du recueil *Romances sans paroles*, Verlaine évoque le bruit doux de la pluie : *Ô bruit doux de la pluie, Par terre et sur les toits ! Pour un cœur qui s'ennuie, Ô le chant de la pluie !* L'osmose entre le cœur las du poète et le rythme de la pluie qui tombe crée un paysage intérieur.

• **Le chant.** La musique se fait chant quand la voix résonne. Cet organe naturel crée une élévation qui s'infléchit selon des modulations à différents degrés sur l'échelle diatonique (échelle musicale comportant sept degrés). L'étymologie latine du substantif ***carmen*** valorise la grâce, l'émotion, la mélodie, voire l'exception. Celui qui créé de la musique, que ce soit un homme, un animal ou la nature, évoque un moment de sublimation et d'idéalisation. Une légende prétend que le **cygne**, animal réputé pour son caractère dissonant, aurait au moment de mourir un instant de virtuosité vocale où se lirait toute la beauté de son âme prête à rejoindre les cieux. Dans l'*Odyssée* d'Homère, les **sirènes**, êtres fabuleux mi-femmes mi-oiseaux, étaient réputées pour séduire les marins grâce à leur chant. Oublieux de tout, ces derniers perdaient le sens de l'orientation en les entendant et venaient s'échouer sur les récifs avant d'être dévorés par ces créatures.

## Le mythe d'Orphée

▲ Edward John Poynter, *Orphée et Eurydice*, 1862.

Le mythe d'Orphée raconte l'histoire d'un jeune musicien prodigieux, joueur virtuose de lyre, qui a la capacité de subjuguer toute la création par sa musique. Il aurait même réussi à faire fléchir la sévère Perséphone, déesse des Enfers, pour récupérer sa défunte épouse Eurydice. Sa musique miraculeuse relève du carmen, ce chant séduisant et envoûtant.

• **« La musique adoucit les mœurs. »** La musique présente des caractéristiques émotionnelles intenses. Elle oscille entre **apaisement** et « **électricisation** ». Elle suscite une réaction affective variée. En effet, elle s'adresse à la sensibilité, canal extrêmement variable pour chaque individu. Dans le film *La Famille Bélier*, le dénouement montre comment la jeune chanteuse parvient à faire partager sa prestation à ses parents sourds et muets. Les vibrations créent un **pacte universel** qui lie les individus entre eux. La musique crée ainsi une dynamique énergétique singulière. Généralement, on la conçoit comme bienfaisante et stimulante, l'expression d'un contexte festif. Le proverbe « **la musique adoucit les mœurs** » révèle combien la sémantique musicale est **apaisante**. La musique a un réel effet **physiologique**. Elle peut permettre de développer les **capacités cognitives**, d'atténuer le stress et d'intensifier la motivation, la créativité et, parfois, de raviver les souvenirs. Ses bienfaits sont tels qu'une thérapie, la **musicothérapie**, s'appuie sur la musique pour traiter certaines pathologies.

**Définitions**

**Physiologique :** qui se rapporte au fonctionnement du corps

**Cognitive :** qui concerne la connaissance

**Document**

La musique souvent me prend comme une mer !
Vers ma pâle étoile,
Sous un plafond de brume ou dans un vaste éther,
Je mets à la voile ;

La poitrine en avant et les poumons gonflés
Comme de la toile,
J'escalade le dos des flots amoncelés
Que la nuit me voile ;

Je sens vibrer en moi toutes les passions
D'un vaisseau qui souffre ;
Le bon vent, la tempête et ses convulsions

Sur l'immense gouffre
Me bercent. D'autres fois, calme plat, grand miroir
De mon désespoir !

Charles Baudelaire, « La musique » in *Les Fleurs du mal*, 1857.

Ce poème invite le lecteur à entrer dans la beauté suscitée par l'audition d'un morceau de musique. Cette expérience sensitive, soutenue par la métaphore filée du voyage maritime, évoque les états d'âme contrastés du poète. Rythme et sonorités miment le flot musical. Fervent admirateur de Wagner, Baudelaire en appelle au mouvement et à l'immensité maritime, reflet de la musique. L'osmose unit la production musicale et poétique.

Forte de toutes ces caractéristiques, la musique est une expression privilégiée. Elle instaure un temps de **partage**. Mais elle est également une expression culturelle et technique, fortement **identitaire** et pourtant **fédératrice**.

**Document**

Donc, il y a treize mois, ce fut une grande rumeur dans Paris. Un compositeur allemand, qui avait vécu longtemps chez nous, à notre insu, pauvre, inconnu, par de misérables besognes, mais que, depuis quinze ans déjà, le public allemand célébrait comme un homme de génie, revenait dans la ville, jadis témoin de ses jeunes misères, soumettre ses œuvres à notre jugement. Paris avait jusque-là peu entendu parler de Wagner ; on savait vaguement qu'au-delà du Rhin s'agitait la question d'une réforme dans le drame lyrique, et que Liszt avait adopté avec ardeur les opinions du réformateur. M. Fétis avait lancé contre lui une espèce de réquisitoire, et les personnes curieuses de feuilleter les numéros de la *Revue* et *Gazette musicale de Paris* pourront vérifier une fois de plus que les écrivains qui se vantent de professer les opinions les plus sages, les plus classiques, ne se piquent guère de sagesse ni de mesure, ni même de vulgaire politesse, dans la critique des opinions qui leur sont contraires. Les articles de M. Fétis ne sont guère qu'une diatribe affligeante ; mais l'exaspération du vieux dilettantiste servait seulement à prouver l'importance des œuvres qu'il vouait à l'anathème et au ridicule. D'ailleurs, depuis treize mois, pendant lesquels la curiosité publique ne s'est pas ralentie, Richard Wagner a essuyé bien d'autres injures.

Charles Baudelaire, « Richard Wagner et Tannhäuser à Paris », *L'Art romantique*.

Cet extrait présente le relativisme de la musique. En effet, des génies comme Wagner peuvent, selon les époques, voire les peuples, être déconsidérés. L'antithèse du traitement, opposant le point de vue allemand et parisien, révèle combien le jugement est parfois loin d'être unanime. La virtuosité de leur composition échappe à l'appréciation de critiques. Ainsi, le champ lexical de la pauvreté souligne l'absurdité de la situation. En critique, Baudelaire s'insurge. En effet, comment un compositeur d'une telle qualité peut connaître une pauvreté si affligeante ? La musique oscille entre pluralité et unicité.

# 2 Entre appropriation et assimilation, la musique comme artefact culturel



Le clivage entre nature et culture détermine un processus d'élaboration. En effet, la musique existe dans son état naturel comme une réalité sonore harmonieuse mais elle prétend à plus de perfectionnisme quand elle est prise comme un art. Intervient alors la technique, impliquant un processus d'appropriation et donc d'assimilation.

## 1 Une expression culturelle

• **La dimension culturelle.** Dans un sens figuré, le *Trésor de la langue française* définit la culture comme la « fructification des dons naturels, permettant à l'homme de s'élever au-dessus de sa condition initiale et d'accéder individuellement ou collectivement à un état supérieur ». Il faut donc entendre la culture comme un **apprentissage**, une volonté de **dépassement** de la précarité de sa condition première. La musique peut se faire le creuset de ce désir. En effet, la musique est fédératrice car universelle au genre humain. Elle est un état du monde à la fois naturel, mais aussi culturel. C'est cette bivalence qui en fait sa **complexité**. La musique existe dans une forme **intuitive**, mais brute ; et pourtant, elle se cultive.

• **Le processus d'appropriation.** L'homme s'approprie la musique, créant ainsi une relation privilégiée. Cependant, dans ce processus, la musique devient un **prolongement de l'être**, de ce que l'on est. C'est un acte volontaire, résolu, qui implique une identification, un choix orienté par différents paramètres. La dimension d'appropriation en est variable :
– à une échelle **individuelle**, elle traduit des goûts ;
– à une échelle **collective**, elle devient **fédératrice**, mais toujours **identitaire**.
Cette adhésion renvoie à une logique de reflet, de combinaison.

• **Un art pluriel.** La musique est donc plurielle, car représentative de la diversité humaine. Elle a cette capacité de se décliner en différents genres, teintes, rythmes… **Transversale**, elle s'intègre dans n'importe quel domaine en tant que mode d'expression. Le pluralisme des genres est phénoménal. Chaque culture possède sa propre musique, comme une empreinte, façonnée par des rythmes, des instruments, des inflexions spécifiques et des caractéristiques. Les rythmes entraînants, soulignés par une gestuelle énergique, les mouvements corporels de la soul music, les rythmes endiablés du rock'n'roll et bien d'autres créent une mosaïque de genres. La notion même de **genre musical** regroupe plusieurs critères comme la source sonore, le lieu de destination, la durée des morceaux, le rôle social. On peut citer par exemple : la musique classique, électronique, populaire, folklorique, funèbre, sacrée, religieuse, militaire, de chambre, les variétés, le requiem, l'opéra, la comédie-ballet, l'opérette, le jazz, le rock'n'roll, le rap, le slam, la comédie musicale, ou encore le reggae.

**Document**

Rien n'était si beau, si leste, si brillant, si bien ordonné que les deux armées. Les trompettes, les fifres, les hautbois, les tambours, les canons, formaient une harmonie telle qu'il n'y en eut jamais en enfer. Les canons renversèrent d'abord à peu près six mille hommes de chaque côté ; ensuite la mousqueterie ôta du meilleur des mondes environ neuf à dix mille coquins qui en infectaient la surface. La baïonnette fut aussi la raison suffisante de la mort de quelques milliers d'hommes. Le tout pouvait bien se monter à une trentaine de mille âmes. Candide, qui tremblait comme un philosophe, se cacha du mieux qu'il put pendant cette boucherie héroïque.

Enfin, tandis que les deux rois faisaient chanter des Te Deum, chacun dans son camp, il prit le parti d'aller raisonner ailleurs des effets et des causes.

Voltaire, *Candide*, chapitre 3, 1759.

Cet extrait à visée ironique de *Candide* présente le contexte sonore comme fondamental dans le cadre militaire. Non seulement il apporte toute son intensité au combat, mais il révèle aussi la galvanisation que peut produire une marche militaire au sein d'un combat. L'énumération antithétique « les trompettes, les fifres, les hautbois, les tambours, les canons, formaient une harmonie telle qu'il n'y en eut jamais en enfer », exprime le fracas instrumental, doublant la violence des armes. Toutefois, le chant religieux du Te Deum montre la variété de la musique qui accompagne tous les moments de la vie.

## 2 Un art essentiellement fédérateur

• **Une dimension identitaire.** Malgré la notion de genre musical, la musique dépasse cette simple dimension de représentation. **Cohérente** et **fédératrice**, elle incarne la substance même d'un groupe ou d'un individu. Elle devient l'expression d'un essentialisme. En effet, son **pluralisme** s'adapte pleinement à la diversité du **genre humain** et à son **histoire**. L'ancrage de la musique dans la société fait qu'elle contribue à la détermination sociale. Des événements se trouvent étroitement liés à des chansons. Ainsi, la victoire française de la Coupe du monde de football en 1998 est fréquemment associée à la chanson *I will survive* interprétée par Gloria Gaynor. La musique rassemble. De fait, des ethnies sont liées à des genres musicaux, comme le **jazz** qui est associé aux Afro-Américains. Il raconte leur histoire, leur combat, leur souffrance, leurs révoltes, les inégalités endurées. Très proche de leur histoire, le jazz exprime les souffrances de l'esclavage, de la déportation et de l'oppression. La musique devient le chant de la souffrance d'un groupe car elle est fédératrice.

• **Un hymne.** Cette capacité fédératrice est telle qu'elle est institutionnalisée en tant que telle. Chaque pays, chaque nation se construit autour d'emblèmes patriotiques comme l'**hymne**. Dans le domaine profane, ce chant solennel célèbre la patrie et ses défenseurs. Ainsi, *La Marseillaise* de Rouget de Lisle est l'hymne national de la République française. Écrite en 1792, elle commémore la guerre de la France révolutionnaire contre l'Autriche et la Prusse qui avaient envahi le territoire national. Cet hymne incarne la France comme patrie de la Déclaration des Droits de l'Homme et du Citoyen, pays de la Révolution, farouche défenseur de valeurs comme la liberté, l'égalité et la fraternité. L'hymne célèbre donc l'essence même d'un pays et ses valeurs fondatrices, dans une logique d'exaltation.

## Document

> L'*Hymne à la joie* célèbre l'unité et la fraternité humaines. C'est pourquoi il a été choisi comme l'hymne officiel de l'Union européenne. Poème écrit par Friedrich von Schiller en 1785, il a ensuite été repris par Ludwig van Beethoven qui en a fait le final du quatrième et dernier mouvement de sa *Symphonie n° 9*.

Joie ! Joie ! Belle étincelle divine,
Fille de l'Élysée,
Nous entrons l'âme enivrée
Dans ton temple glorieux.
Ton magique attrait resserre
Ce que la mode en vain détruit ;
Tous les hommes deviennent frères
Où ton aile nous conduit.

Si le sort comblant ton âme,
D'un ami t'a fait l'ami,
Si tu as conquis l'amour d'une noble femme,
Mêle ton exultation à la nôtre !
Viens, même si tu n'aimas qu'une heure
Qu'un seul être sous les cieux !
Mais vous que nul amour n'effleure,
En pleurant, quittez ce chœur !

Tous les êtres boivent la joie,
En pressant le sein de la nature
Tous, bons et méchants,
Suivent les roses sur ses traces,
Elle nous donne baisers et vendanges,
Et nous offre l'ami à l'épreuve de la mort,
L'ivresse s'empare du vermisseau,
Et le chérubin apparaît devant Dieu.

Heureux,
tels les soleils qui volent
Dans le plan resplendissant des cieux,
Parcourez, frères, votre course,
Joyeux comme un héros volant à la victoire !

Qu'ils s'enlacent tous les êtres !
Ce baiser au monde entier !
Frères, au-dessus de la tente céleste
Doit régner un tendre père.
Vous prosternez-vous millions d'êtres ?
Pressens-tu ce créateur, Monde ?
Cherche-le au-dessus de la tente céleste,
Au-delà des étoiles il demeure nécessairement.

*L'Hymne à la joie*, texte chanté dans le quatrième mouvement de la *Symphonie n° 9* de Beethoven.

• **Vivre la musique individuellement : la condition de musicien.** Outre cette dimension collective, la musique se vit également individuellement. Elle façonne des destins entiers, des vies consacrées corps et âmes à cet art. Elle s'assimile totalement à des figures de musiciens illustres, érigés en compositeurs ou en interprètes d'exception, voire en **génies inégalables**. L'histoire musicale en abonde. Réputé pour sa précocité, **Mozart** a ébahi les cours européennes par ses prouesses musicales. À 3 ans, il déchiffre son premier allegro. À 5 ans, il compose un menuet. **Rossini** apprend seul la musique durant les tournées de ses parents. Ses œuvres de jeunesse, composées quand il avait 12 ans, sont encore jouées dans le monde entier. À 8 ans, **Chopin** éblouit les cours de Pologne et de Russie. À 15 ans, il compose ses *Variations* au sujet desquelles **Schumann** s'exclamera : « Chapeau bas ! Messieurs, c'est un génie ». Ces « génies » vivent la musique dans l'intensité de leur existence. C'est par elle, à travers elle, qu'ils se construisent et, surtout, qu'ils laissent leur empreinte sur le monde. Car la musique est un partage, l'exaltation d'un art, d'une technique qui requiert un apprentissage dès le plus jeune âge.

▲ Mozart, enfant, répète avec son père et sa sœur.

Mozart commence la musique à l'âge de 3 ans. À 5 ans, son père lui apprend le clavecin. Il éblouit les auditoires des cours d'Europe par ses improvisations et ses compositions instrumentales, notamment des concerti et sonates pour piano comme des symphonies. À 11 ans, il découvre l'opéra. Il commence à en créer : *Apollon et Hyacinthe* (1767), *Bastien et Bastienne* (1768), *La finta semplice* (1769). Son répertoire est émaillé de chefs-d'œuvre : *Les Noces de Figaro* (1786), *Don Giovanni* (1787), *Così fan tutte* (1790), *La Flûte enchantée*, le *Requiem* (1791). Il meurt à 35 ans en laissant l'image d'un météore dans la mémoire collective.

**Définition**

**Météore :** personne qui brille par son talent ou sa personnalité

Culture générale et expression

# 3 De l'art suprême à la standardisation : musique et technique



Face à ce polymorphisme et cette polyvalence de la musique, un paradoxe apparaît. Si la musique peut s'imposer comme la **quintessence** de l'art, exigeant l'apprentissage et le perfectionnement d'une existence, la société actuelle aide à dépasser ce **sacerdoce** d'une vie grâce à la technologie, qui démocratise l'expression musicale, la rendant accessible à tous, au risque parfois d'en perdre le perfectionnement.

**Définitions**

**Quintessence :** ce qu'il y a d'essentiel, de plus important

**Sacerdoce :** vocation

## 1 La musique, un art

• **La virtuosité, un idéal à atteindre.** La musique est un art d'exception et se définit en tant que tel. De nombreux mythes évoquant sa naissance lui confèrent une origine divine. Dans la mythologie grecque, Hermès, le messager des dieux, aurait créé la lyre à partir d'une simple carapace de tortue sur laquelle il aurait tendu des boyaux de bœuf. Par son étymologie, la musique est placée directement sous le patronage de l'art. Le terme latin *musica* est directement emprunté au grec *mousikê* (sous-entendu *tekhnê*) qui signifie l'« **art des muses** ». Cette filiation directe avec la divinité confère un caractère d'exception, de supériorité, suggérant l'élection et l'exigence.

▲ Euterpe, la muse de la musique, mosaïque.

Selon la mythologie grecque, Euterpe est la muse de la musique. Elle aurait inventé l'aulos, la double flûte. Sur les statues de l'époque romaine, elle est souvent représentée avec une flûte simple ou double, instrument du culte dionysiaque. Elle est primitivement reconnue comme une divinité de la joie et du plaisir, rappelant ainsi le lien étroit entre la musique et la fête. Représentée comme une jeune fille couronnée de fleurs, Euterpe est souvent accompagnée d'instruments comme les hautbois, et aussi de papier à musique. Faisant partie des muses, elle est médiatrice entre les hommes et les dieux.

• **Musique et dépassement de soi.** L'art sous-entend un idéal de beauté, une **sublimation** et donc un **dépassement**. Il repose sur un **talent**, une **habileté**, une **adresse** parfois associée à une technique exigeante et difficile à acquérir. La musique relève de cette subtile alliance de la technique et de la beauté. Devenir musicien s'acquiert et demande un long cheminement dans l'apprentissage. Les expressions « **réglé comme du papier à musique** » et « **se mettre au diapason** » en soulignent l'**exigence**, la **discipline** et la **méticulosité**. L'expression « **faire ses gammes** » montre la nécessité d'acquérir les rudiments pour la totale maîtrise d'un savoir. Un musicien souhaitant progresser et parfaire sa technique doit intégrer un conservatoire. Cet établissement organisé en cycles est axé sur la pratique musicale. Les virtuoses y acquièrent une **expérience**, consolidant ainsi leur pratique musicale. Dans le film ***Les Choristes*** de Christophe Barratier, le surveillant mais néanmoins musicien, Clément Mathieu, repère un jeune talent Pierre Morhange. C'est grâce à lui et à ses connaissances dans le milieu musical que le jeune homme pourra donner libre cours à son talent.

**Document**

SALIERI – Tous disent : « Il n'y a pas de justice sur la terre » mais il n'y a pas non plus de justice plus haut. Pour moi, cela est clair comme une simple gamme. Je suis né, moi, avec l'amour de l'art. Étant petit enfant, lorsque les sons de l'orgue retentissaient dans les hauteurs de notre vieille église, j'écoutais, et je ne pouvais me lasser d'entendre ; des larmes coulaient de mes yeux. Je repoussai de bonne heure les distractions futiles. Toute science étrangère à la musique me devint importune. Je m'en détournai avec obstination et fierté ; je me donnai à la seule musique. Tout premier pas est difficile, et tout début de route ennuyeux. J'avais à vaincre des obstacles qui m'assaillirent tout d'abord. Je plaçais le métier pour base de l'art ; je me fis artisan. Je donnais à mes doigts une rapidité sèche et obéissante ; je forçais mon oreille à être juste ; je tuais les accords et j'anatomisais la musique comme un cadavre. Je pris enfin l'algèbre pour preuve de l'harmonie. Ce n'est qu'alors, après avoir traversé le creuset de la science, que j'osai me livrer à la volupté créatrice. Je me mis à créer, mais dans le mystère, dans l'isolement, sans me permettre de penser même à la gloire. Souvent, après avoir passé deux ou trois jours dans ma cellule silencieuse, où j'oubliais la nourriture et le sommeil, après avoir goûté les élans et les larmes de l'inspiration, je brûlais mon travail et je regardais froidement comment ma pensée et les sons que je venais de créer disparaissaient avec la légère fumée.

Alexandre Pouchkine, *Mozart et Salieri*, 1830.

Cet extrait de la pièce de Pouchkine présente le monologue de Salieri, un musicien d'exception. Il illustre la condition même du musicien qui, par une intuition musicale singulière, se retrouve contraint au dépassement de soi. Son enfance est à la marge des autres. Il centre sa vie sur la musique, son apprentissage et surtout son perfectionnement. Cette singularité le voue à la solitude, mais aussi à la rareté de ses desseins : il est un être né pour la musique, qui se voue à son art. La musique acquiert ici une dimension mystique.

▲ Salieri, par Joseph Willibrod Mähler en 1825.

• **Un art exigeant et cruel.** La musique est un art exigeant, qui peut être aussi parfois cruel. Beaucoup la pratique, sans avoir la certitude de parvenir à en vivre, voire à « **percer** ». Le principe des **télé-crochets** permet de repérer des talents grâce au vote du public. De nombreuses émissions télévisées comme *The Voice* présentent des candidats, postulant à la célébrité. Car être musicien se vit pleinement quand l'échange se fait avec un public. La musique se meurt si elle est isolée, insulaire. Elle réclame un **auditoire**. Le film *L'Accompagnatrice* de Nina Berberova relate la vie de Sonia, une jeune Russe pauvre, fille d'une professeure de piano, qui devient l'accompagnatrice de Maria, un être solaire et une admirable chanteuse qui suscite la **ferveur** du public. Cette vie d'ombre et de ténèbres, Sonia la refuse et cherche à détruire sa protectrice, qui est pour elle une figure triomphatrice. L'une a tout, l'autre n'a rien.

## 2 Vers la dépravation de l'art musical ?

• **Le mercantilisme.** Cet idéal musical s'ancre dans la **société de consommation** avec parfois bien des difficultés. La pureté même de cet art s'entache d'enjeux commerciaux. La musique devient alors un objet de consommation, un produit, sujet d'un mercantilisme effréné. Les principes **marketing** d'émissions comme *The Voice* génèrent des gains considérables, faisant de chaque candidat un investissement. Le film ***A star is born*** souligne la grandeur et la déchéance de stars musicales, icônes d'une époque ou d'un genre musical. Le duo Jackson et Ally y révèle la destinée des êtres sous les feux de la rampe. Le premier connaît le désaveu, l'oubli, au point de plonger dans l'alcool et de finir par se suicider. La seconde incarne la vigueur d'une artiste prometteuse, au talent certain et en voie d'être reconnue. Mais, derrière le *star system*, on voit poindre la perte de l'humain, maigre et anonyme pantin, voire fantoche interchangeable de l'interprète. Dans les années 1990, le phénomène des *boys band* sonne comme le paroxysme de cette musique artificielle, standardisée, créée de toutes pièces dans une pure finalité mercantiliste.

• **Une totale artificialisation.** Car la société désincarne la musique au point de l'artificialiser totalement. Les **playlists** uniformisent les goûts, rompant la diversité musicale et empêchant la découverte. Aux heures de grande écoute, les **tubes** tournent en boucle sur les ondes. À l'origine, ce terme désigne le cylindre rotatif sur lequel étaient enregistrés les morceaux grâce au phonographe. Puis, dans les années 1950, Boris Vian, directeur artistique chez Philips, l'utilise pour désigner une chanson à succès, dont l'aspect **creux** des paroles fait allusion métaphoriquement au vide du tube. Il n'est plus question de sens, mais de **remplissage**, de **production**. Le tube de l'été est incontournable. Chaque occasion nécessite sa chanson : l'été, les fêtes de fin d'année… Même les algorithmes permettent d'anticiper les goûts musicaux.

• **Vers un nihilisme musical ?** Que faire donc face à cette artificialisation outrancière ? Se recentrer sur l'essence même de la musique ? C'est le pari à faire. Car la musique est partout, omniprésente, elle se cache dans les recoins de notre quotidien. Certains artistes utilisent même des objets de la vie de tous les jours (des verres, des ustensiles de cuisine, une pompe à vélo…) qu'ils détournent de leur fonction première pour faire de la musique. Tout peut alors devenir musique. Les **vibrations** sont là, et le talent en plus permet de faire jaillir la musique à partir de rien.

**Document**

« Faire du bruit. Matière bruyante, poisseuse, abrasive, qui colle au visage. Le rap de NTM. C'est le chant des villes, son pouls saccadé, les soubresauts des mouvements de foule, ce sont les sirènes, les flashes des gyrophares, les vrombissements des travaux, les accidents, les crissements de pneus. Kool Shen et Joey Starr retournent à l'envoyeur les spasmes de la vielle, les dissonances du béton. On ne fait pas plus moderne que le rap, plus industriel, plus historique ; c'est le poumon qui absorbe et recrache les bruits du monde ici et maintenant. Le clou du réel enfoncé dans nos oreilles. »

Joy Sorman, *Du bruit*, Gallimard, 2007.

Combien de personnes assimilent le groupe de rap NTM à du bruit ? Expression sonore amorphe, le groupe insupporte. On le juge, on le critique, on le rabaisse. Mais, dans la brutalité de ses textes et la profondeur de la voix de Joey Starr, la narratrice défend le rap comme le manifeste d'une génération résolument urbaine, vivant dans les banlieues. Là où bon nombre y voit du bruit, d'autres y perçoivent l'expression essentialiste d'une génération vivante.

**Conclusion**

« De la musique avant toute chose », mais surtout le chant de l'âme, l'osmose de la **musicalité** et de l'**humanité**. La musique est un cadeau, une réalité qui s'offre à tous. Auditeur, musicien, chanteur, compositeur, la musique se vit à chaque instant de la vie. Des comptines pour les enfants aux hymnes nationaux, tous éveillent en chacun des **souvenirs**, des **émotions**. La musique est l'antithèse de l'indifférence. Elle suscite irrémédiablement **une réaction, une intensité**. Elle s'écoute, se joue, mais surtout elle se vit, **vibrante et vivante**.

# Tableau de références

## Thème 2 : De la musique avant toute chose ?

Dans le tableau suivant, vous trouverez des références culturelles non exhaustives liées aux différentes parties du thème « De la musique avant toute chose ? ». Ces références couvrent l'ensemble des différents supports artistiques : les écrits littéraires (en **noir**) ; les références filmographiques (en **bleu**) ; les œuvres picturales (en **vert**) ; les œuvres musicales (en **orange**).

| Problématiques | Notions-clés | Références |
|---|---|---|
| **1. La musique, une réalité polymorphe** | | |
| **1. Une sonorité harmonieuse** | • Une réalité sonore<br>• Une production instrumentale, vocale ou naturelle<br>• L'harmonie, valeur maîtresse de la musique | • Arthur Rimbaud, *Poésies*, « À la musique »<br>• Paul Verlaine, *Jadis et Naguère*, « Art poétique »<br>• Luigi Russolo, *La Musica* |
| **2. Beauté et bienfaits de la musique** | • La musique naturelle<br>• Le chant<br>• « La musique adoucit les mœurs. » | • Charles Baudelaire, *Les Fleurs du mal*, « La musique »<br>• Emmanuel Bigand (dir.), *Les Bienfaits de la musique sur le cerveau*<br>• Hervé Platel, « Comment la musique modifie notre cerveau ? »<br>• Edward John Poynter, *Orphée et Eurydice* |
| **2. Entre appropriation et assimilation, la musique comme artefact culturel** | | |
| **1. Une expression culturelle** | • La dimension culturelle<br>• Le processus d'appropriation<br>• Un art pluriel | • Voltaire, *Candide*<br>• Nicolas de Staël, *Le Concert* |
| **2. Un art essentiellement fédérateur** | • Une dimension identitaire<br>• Un hymne<br>• Vivre la musique individuellement : la condition de musicien | • Lydie Salvayre, *Hymne*<br>• Gérard Corbiau, *Le Maître de musique ; Farinelli*<br>• Beethoven, *L'Hymne à la joie* |
| **3. De l'art suprême à la standardisation : musique et technique** | | |
| **1. La musique, un art** | • La virtuosité, un idéal à atteindre<br>• Musique et dépassement de soi<br>• Un art exigeant et cruel | • Alexandre Pouchkine, *Mozart et Salieri*<br>• Dominique Ané, *Ma vie en morceaux*<br>• Vladimir Jankélévitch, *La Musique et l'ineffable*<br>• *Euterpe*, mosaïque<br>• Jacques Audiard, *De battre mon cœur s'est arrêté*<br>• Jane Campion, *La Leçon de piano* |
| **2. Vers la dépravation de l'art musical ?** | • Le mercantilisme<br>• Une totale artificialisation<br>• Vers un nihilisme musical ? | • Joy Sorman, *Du bruit*<br>• Bryan Singer, *Bohemian Rhapsody* |

# Épreuve de Culture générale et expression

Corrigé p. 377

## A Synthèse de documents (40 points)

**Vous rédigerez une synthèse concise, objective et ordonnée des documents suivants.**

### Document 1 Portrait de Beethoven

### Document 2 Les frères Grimm, extrait de *Le Joueur de flûte de Hamelin*, 1816.

La vie était facile pour les habitants d'Hamelin en Allemagne. Les pauvres n'étaient pas trop pauvres, et les riches avaient beaucoup plus que nécessaire. Au lieu d'être contents, ces gens se montraient égoïstes, et ne pensaient qu'à festoyer. Les parents trouvaient que les enfants leur causaient trop de soucis. C'est alors qu'un horrible événement eut lieu à Hamelin...

En cette veille de Noël 1283, les habitants étaient en pleins préparatifs de la fête. Partout on pouvait humer les effluves de jambons et de dindes en train de rôtir, de gâteaux et de tartes en train de cuire. Au milieu de tout ce remue-ménage, personne ne remarqua un rat qui se faufilait à travers les portes de la ville. Il fut suivi d'un autre, puis d'un autre.

Au bout de cinq minutes, il y avait une centaine de rats, au bout d'une heure ils étaient plus d'un millier. Et bientôt, la ville entière fut envahie. Les rats se glissaient sous les portes, grimpaient le long des gouttières, et tombaient en grappes dans les cheminées. Les gens essayèrent vainement de sauver quelque nourriture, mais les rats dévoraient tout. Bientôt il ne resta plus rien des préparatifs de la fête.

Au matin de Noël, les rats étaient partout : dans les armoires, sous les lits, dans les chaussures, et jusque dans les berceaux. Épouvantés, les gens se rendirent à l'Hôtel de ville pour demander au maire de faire quelque chose. Lors d'une réunion d'urgence, le maire et ses conseillers mirent au point un plan à base de pièges et de poison pour débarrasser Hamelin des rats.

Hélas, les rats se montrèrent si malins et si vigoureux qu'ils évitèrent les pièges et dévorèrent le poison comme si c'était du sucre. [...]

Le quatrième jour, un étranger arriva à Hamelin et demanda à voir le maire :

– J'ai entendu dire que vous offriez mille pièces d'or à celui qui délivrerait la ville de ses rats.

Le maire demanda :

– Cela est vrai, mais qui êtes-vous ?

– On m'appelle le Joueur de flûte. Je sais comment vous aider.

– Très bien, acquiesça le maire, si vous pouvez nous débarrasser des rats, vous toucherez la récompense.

L'étranger quitta l'Hôtel de ville et se dirigea vers la place du marché. Il commença à jouer une étrange mélodie sur une simple flûte en bois. Dès les premières notes, les rats cessèrent de manger pour écouter la chanson du Joueur de flûte. Puis, d'un même mouvement, tous accoururent des ruelles, détalèrent des maisons, et s'élancèrent hors des boutiques pour venir se rassembler autour de lui.

Bientôt, la place du marché fut envahie de centaines de milliers de rats. Jouant toujours, l'étranger se mit à marcher à travers la ville. Les rats le suivirent et franchirent derrière lui les portes d'Hamelin.

Lorsqu'il atteignit les berges de la rivière, le Joueur de flûte s'immobilisa sans cesser de jouer de son instrument.

▸▸▸

Poursuivant leur galop, les rats se précipitèrent dans la rivière. Quand l'homme arrêta de jouer, tous les rats d'Hamelin sans exception avaient été engloutis. Les gens se mirent à chanter et danser de joie, les cloches de la ville carillonnèrent à toute volée.
Mais tout le monde avait oublié le Joueur de flûte, et lorsqu'il réapparut aux portes de la ville, le sourire du maire s'effaça.
– J'ai tenu ma promesse, dit l'étranger, veuillez me donner les mille pièces d'or.
– Ah ! répondit le maire, vous voulez dire les cinquante pièces d'or. Tenez, les voici.
– Nous étions d'accord pour mille, pas pour cinquante, répartit le Joueur de flûte, ne manquez pas à votre promesse.
– Vous croyez que nous allons vous donner mille pièces d'or pour avoir joué un petit air de rien du tout sur votre flûte ? Cela ne vous a guère demandé de travail. Je vous offre cinquante pièces d'or, c'est à prendre ou à laisser !
Le Joueur de flûte fixa froidement le maire.
– Vous allez regretter ceci, dit-il, et il le quitta sans prendre la récompense.
Les semaines passèrent et la vie reprit à Hamelin comme avant. La ruse du maire avait fait économiser mille pièces d'or à la ville, et c'est le seul souvenir que les gens gardaient du Joueur de flûte.
Mais un matin, les habitants entendirent les doux accents d'une flûte, et ils comprirent que l'étranger était de retour. Comme il jouait son étrange et merveilleuse mélodie, tous les enfants d'Hamelin se rassemblèrent autour de lui en chantant, riant et dansant.
Leurs parents tentèrent de les retenir, mais ils étaient sous le charme de la musique du Joueur de flûte. Sans la moindre crainte, les enfants suivirent l'étranger. En procession, ils franchirent le pont sur la rivière et disparurent derrière les montagnes. Ni le Joueur de flûte ni les enfants ne réapparurent jamais à Hamelin.
Mais depuis ce jour-là, lorsque le vent souffle de derrière les montagnes, l'on peut entendre des rires d'enfants heureux.

## Document 3 Guy de Maupassant, extrait de *Le Pain maudit*, 1883.

I. Le père Taille avait trois filles. Anna, l'aînée, dont on ne parlait guère dans la famille, Rose, la cadette, âgée maintenant de dix-huit ans, et Claire, la dernière, encore gosse, qui venait de prendre son quinzième printemps.
Le père Taille, veuf aujourd'hui, était maître mécanicien dans la fabrique de boutons de M. Lebrument. C'était un brave homme, très considéré, très droit, très sobre, une sorte d'ouvrier modèle. Il habitait rue d'Angoulême, au Havre.
Quand Anna avait pris la clef des champs, comme on dit, le vieux était entré dans une colère épouvantable ; il avait menacé de tuer le séducteur, un blanc-bec, un chef de rayon d'un grand magasin de nouveautés de la ville. Puis, on lui avait dit de divers côtés que la petite se rangeait, qu'elle mettait de l'argent sur l'État, qu'elle ne courait pas, liée maintenant avec un homme d'âge, un juge au tribunal de commerce, M. Dubois ; et le père s'était calmé. […]
Or, voilà qu'un matin, le fils Touchard, dont le père était tonnelier au bout de la rue, vint lui demander la main de Rose, la seconde. Le cœur du vieux se mit à battre. Les Touchard étaient riches et bien posés ; il avait décidément de la chance dans ses filles.
La noce fut décidée, et on résolut qu'on la ferait d'importance. Elle aurait lieu à Sainte-Adresse, au restaurant de la mère Jusa. Cela coûterait bon, par exemple, ma foi tant pis, une fois n'était pas coutume.
Mais un matin, comme le vieux était rentré au logis pour déjeuner, au moment où il se mettait à table avec ses deux filles, la porte s'ouvrit brusquement et Anna parut. Elle avait une toilette brillante, et des bagues, et un chapeau à plume. Elle était gentille comme un cœur avec tout ça. Elle sauta au cou du père qui n'eut pas le temps de dire « ouf », puis elle tomba en pleurant dans les bras de ses deux sœurs, puis elle s'assit en s'essuyant les yeux et demanda une assiette pour manger la soupe avec la famille.
Cette fois, le père Taille fut attendri jusqu'aux larmes à son tour, et il répéta à plusieurs reprises : « C'est bien, ça, petite, c'est bien, c'est bien. » Alors elle dit tout de suite son affaire. – Elle ne voulait pas qu'on fît la noce de Rose à Sainte-Adresse, elle ne voulait pas, ah mais non. On la ferait chez elle, donc, cette noce, et ça ne coûterait rien au père. Ses dispositions étaient prises, tout arrangé, tout réglé ; elle se chargeait de tout, voilà ! […]

▸▸▸

Elle en parla à son prétendu, en effet, le jour même ; et Philippe déclara que ça lui allait parfaitement. Le père et la mère Touchard furent aussi ravis de faire un bon dîner qui ne coûterait rien. Et ils disaient : « Ça sera bien, pour sûr, vu que monsieur Dubois roule sur l'or. »
Alors ils demandèrent la permission d'inviter une amie, Mle Florence, la cuisinière des gens du premier. Anna consentit à tout.
Le mariage était fixé au dernier mardi du mois.

**II.** Après la formalité de la mairie et la cérémonie religieuse, la noce se dirigea vers la maison d'Anna. Les Taille avaient amené, de leur côté, un cousin d'âge, M. Sauvetanin, homme à réflexions philosophiques, cérémonieux et compassé, dont on attendait l'héritage, et une vieille tante, Mme Lamondois. [...]
Dès que la jeune fille eut ouvert son logis, elle se rangea pour laisser passer le monde qui défilait devant elle en roulant de grands yeux et en tournant la tête de tous les côtés pour voir ce luxe mystérieux.
La table était mise dans le salon, la salle à manger ayant été jugée trop petite. Un restaurateur voisin avait loué les couverts, et les carafes pleines de vin luisaient sous un rayon de soleil qui tombait d'une fenêtre. [...]
Une certaine gêne respectueuse, une certaine intimidation devant la richesse du logis et la solennité du service paralysaient les convives. On mangeait bien, on mangeait bon, mais on ne rigolait pas comme on doit rigoler dans les noces. On se sentait dans une atmosphère trop distinguée, cela gênait. Mme Touchard, la mère, qui aimait rire, tâchait d'animer la situation, et, comme on arrivait au dessert, elle cria : « Dis donc, Philippe, chante-nous quelque chose. » Son fils passait dans sa rue pour posséder une des plus jolies voix du Havre.
La mariée aussitôt se leva, sourit, et se tournant vers sa belle-sœur, par politesse et par galanterie, il chercha quelque chose de circonstance, de grave, de comme il faut, qu'il jugeait en harmonie avec le sérieux du dîner.
Anna prit un air content et se renversa sur sa chaise pour écouter. Tous les visages devinrent attentifs et vaguement souriants.
Le chanteur annonça « Le Pain maudit » et arrondissant le bras droit, ce qui fit remonter son habit dans son cou, il commença :

*Il est un pain béni qu'à la terre économe*
*Il nous faut arracher d'un bras victorieux.*
*C'est le pain du travail, celui que l'honnête homme,*
*Le soir, à ses enfants, apporte tout joyeux.*
*Mais il en est un autre, à mine tentatrice,*
*Pain maudit que l'Enfer pour nous damner sema. (bis)*
*Enfants, n'y touchez pas, car c'est le pain du vice !*
*Chers enfants, gardez-vous de toucher ce pain-là ! (bis)*

Toute la table applaudit avec frénésie. Le père Touchard déclara : « Ça, c'est tapé. » La cuisinière invitée tourna dans sa main un croûton qu'elle regardait avec attendrissement. M. Sauvetanin murmura : « Très bien ! » Et la tante Lamondois s'essuyait déjà les yeux avec sa serviette.
Le marié annonça : « Deuxième couplet » et le lança avec une énergie croissante :

*Respect au malheureux qui, tout brisé par l'âge,*
*Nous implore en passant sur le bord du chemin,*
*Mais flétrissons celui qui, désertant l'ouvrage,*
*Alerte et bien portant, ose tendre la main.*
*Mendier sans besoin, c'est voler la vieillesse,*
*C'est voler l'ouvrier que le travail courba. (bis)*
*Honte à celui qui vit du pain de la paresse,*
*Chers enfants, gardez-vous de toucher ce pain-là ! (bis)*

Tous, même les deux servants restés debout contre les murs, hurlèrent en chœur le refrain. Les voix fausses et pointues des femmes faisaient détonner les voix grasses des hommes.
La tante et la mariée pleuraient tout à fait. Le père Taille se mouchait avec un bruit de trombone, et le père Touchard affolé brandissait un pain tout entier jusqu'au milieu de la table. La cuisinière amie laissait tomber des larmes muettes sur son croûton qu'elle tourmentait toujours.
M. Sauvetanin prononça au milieu de l'émotion générale : « Voilà des choses saines, bien différentes des gaudrioles. » Anna, troublée aussi, envoyait des baisers à sa sœur et lui montrait d'un signe amical son mari, comme pour la féliciter.

▸▸▸

Le jeune homme, grisé par le succès, reprit :

*Dans ton simple réduit, ouvrière gentille,*
*Tu sembles écouter la voix du tentateur !*
*Pauvre enfant, va, crois-moi, ne quitte pas l'aiguille.*
*Tes parents n'ont que toi, toi seule es leur bonheur.*
*Dans un luxe honteux trouveras-tu des charmes*
*Lorsque, te maudissant, ton père expirera ? (bis)*
*Le pain du déshonneur se pétrit dans les larmes.*
*Chers enfants, gardez-vous de toucher ce pain-là ! (bis)*

Seuls les deux servants et le père Touchard reprirent le refrain. Anna, toute pâle, avait baissé les yeux. Le marié, interdit, regardait autour de lui sans comprendre la cause de ce froid subit. La cuisinière avait soudain lâché son croûton comme s'il était devenu empoisonné.

M. Sauvetanin déclara gravement, pour sauver la situation : « Le dernier couplet est de trop. » Le père Taille, rouge jusqu'aux oreilles, roulait des regards féroces autour de lui.

Alors Anna, qui avait les yeux pleins de larmes, dit aux valets d'une voix mouillée, d'une voix de femme qui pleure : « Apportez le champagne. »

Aussitôt une joie secoua les invités. Les visages redevinrent radieux. Et comme le père Touchard, qui n'avait rien vu, rien senti, rien compris, brandissait toujours son pain et chantait tout seul, en le montrant aux convives :

*Chers enfants, gardez-vous de toucher ce pain-là,*

toute la noce, électrisée en voyant apparaître les bouteilles coiffées d'argent, reprit avec un bruit de tonnerre :

*Chers enfants, gardez-vous de toucher ce pain-là.*

## Document 4 Joseph-Marc Bailbé « Être artiste, hier et aujourd'hui », in *Romantisme*, 1987, n° 57

Le problème de l'artiste-musicien ne se sépare pas, à l'évidence, de cette enquête plus générale, même si celle-ci a sans doute moins sollicité les écrivains et les critiques que le peintre dans son atelier. C'est pourquoi Liszt et Berlioz, dans leurs réflexions successives sur la « subalternité » de l'artiste, sur le sens profond de la vocation artistique, et l'effort d'ensemble qu'elle suppose, stigmatisent l'égoïsme, l'individualisme, le goût de l'argent, le manque d'initiative qui paralysent l'art, et auxquels il convient de porter remède. D'où la vigilance constante, l'indépendance, le refus des concessions coupables, bref une vision de l'art non coupé de ses racines populaires, et supposant une mission fondamentale, sacrée, à laquelle nul ne doit se soustraire. Chacun répond à sa manière et dans la mesure de ses possibilités. Ainsi Pauline Viardot substitue à l'image évanescente de la diva romantique, celle d'une femme énergique, à l'intelligence vive et raffinée, qui n'a cessé de surprendre et d'émerveiller le public par ses métamorphoses. De son côté Alcan, pianiste et compositeur peu connu, s'insère dans le mouvement romantique sans renoncer à sa large formation classique et donne à ses œuvres nombreuses une originalité d'inspiration non dénuée d'humour, une disponibilité fervente qui le situe comme l'un des témoins indispensables — et qu'il faut découvrir — de la diversité musicale du dix-neuvième siècle. Dans un autre domaine l'organiste Lefébure-Wély, présent dans son temps, a certes cédé à la virtuosité facile en recherchant avec un art consommé la puissance, les contrastes de timbres, tous les effets les plus inattendus susceptibles de flatter une société complaisante, et avide de cérémonies religieuses qui fussent aussi de somptueuses représentations. Mais on doit convenir qu'il a donné à l'orgue, conquérant de l'espace, des possibilités nouvelles qui préfigurent le monde symphonique qui sera désormais le sien. L'étude de l'artiste-musicien passe également par une série de conflits, d'antithèses que l'on ne saurait négliger : le pur et l'impur, l'inspiration et la virtuosité, l'être et le paraître. Balzac, dans ses romans musicaux, invite à une réflexion sérieuse et philosophique sur les fantasmes du compositeur, les problèmes de l'interprétation et de la réception de la musique par des auditeurs. C'est un large débat où l'art rejoint la vie, où l'image du musicien paraît s'estomper devant les figures symboliques de l'imaginaire : la Tinti découvrant le bonheur par son chant et son sacrifice ; le malheureux Genovèse retrouvant plus prosaïquement son rôle et sa voix après son fiasco[…] Félix Pyat déclarait : « Tout le monde veut être artiste ; l'art est un culte, une religion nouvelle. »

## B Écriture personnelle *(20 points)*

**Entre universalité et exaltation, la musique n'est-elle que bienfaits ?**

Vous répondrez à cette question d'une façon argumentée, en vous appuyant sur les documents du corpus, vos lectures de l'année et vos connaissances personnelles.

# CORRIGÉ

## A Synthèse de documents Énoncé p. 373

| | Document 1 | Document 2 | Document 3 | Document 4 |
|---|---|---|---|---|
| **Auteur** | « Portrait de Beethoven » | Les frères Grimm, « Le Joueur de flûte de Hamelin » | Guy de Maupassant, « Le Pain maudit » | Joseph-Marc Bailbé, « Être artiste, hier et aujourd'hui » |
| **Nature** | Gravure | Conte | Nouvelle réaliste | Article scientifique |
| **Vision de la musique** | Portrait de Beethoven, considéré comme un compositeur de génie dans l'imaginaire collectif | La musique envoûtante | La musique comme révélatrice de la réalité sociale | Vision stéréotypée de l'artiste musicien |
| **Lignes directrices** | • Intensité de la physionomie<br>• Acuité oculaire<br>• Mouvement dynamique des cheveux<br>• Vision énergétique | • **Conception paradoxale de la musique :**<br>**1) fascination pour la musique** qui, émotionnellement, subjugue tout ce qui est vivant, animaux et enfants ;<br>**2) aspect funeste du musicien** qui emmène les enfants.<br>→ la musique comme **instrument moral et magique**.<br>• **Conceptions contrastées de la musique :**<br>**1) vision magique du joueur** de flûte ;<br>**2)** pratique dérisoire et volage pour le maire qui **déconsidère la musique** (« pour avoir joué un petit air de rien du tout sur votre flûte ? Cela ne vous a guère demandé de travail ») ;<br>**3) enchantement** des enfants. | • La musique en tant que **composante fondamentale de la fête**, des occasions comme le mariage (convivialité des invités : « Dis donc, Philippe, chante-nous quelque chose »).<br>• La musique **révélatrice d'une réalité sociale considérée comme déshonorante** // gravité du troisième couplet (Anna, jeune femme entretenue par M. Dubois le juge vieillissant : « Anna, toute pâle, avait baissé les yeux », « la cause de ce froid subit »). | La représentation de l'artiste-musicien passe par des **images stéréotypées et codifiées** : personnalité excessive, sans compromission avec les contraintes de la réalité, contrastes avec des antithèses fondatrices (pur/impur, inspiration/virtuosité, être/paraître). |

## B Écriture personnelle Énoncé p. 376

**Entre universalité et exaltation, la musique n'est-elle que bienfaits ?**

### Analyse du sujet

Ce sujet ouvre une **brèche dans la conception parfois trop idyllique** que nous pouvons avoir de la musique. Il faut en saisir les **limites inhérentes** au concept de la musique. Dans un premier temps, la musique doit être définie, en définissant les notions d'universalité et d'exaltation évoquées dans le libellé du sujet. Puis, il faut en évoquer les failles.

Le plan proposé démarre par une **analyse de la musique**, avant d'en proposer une **vision plus restrictive** et enfin nuancée mettant en lumière ses **failles**.

Nous vous proposons une introduction et une conclusion rédigées, ainsi qu'un plan détaillé. Les titres en couleur sont placés pour vous aider à vous repérer, mais ils ne doivent pas figurer dans votre copie.

**[Introduction]** « De la musique avant toute chose », c'est donner la **priorité à la musique**, favoriser un partage universel. En effet, la musique est partout, connue de tous. Elle accompagne tout un chacun, à n'importe quel âge. On fredonne dans son quotidien, on partage sur Internet ses musiques préférées, certains en font leur métier. La musique est omniprésente. Cette **dimension universelle** révèle combien elle est fondamentale, et surtout **exaltante** (les fêtes, les célébrations se font en musique). On en apprécie l'harmonie, la beauté, la fluidité. Mais face à cette vision sublimée, la musique ne connaît-elle pas certaines **zones d'ombre**, des **déviances** venant l'altérer ? On considèrera d'abord l'**universalité** de la musique, puis son **exaltation l'assimilant à un art**, et enfin les **déviances de la musique**.

## I- La musique, un partage universel

### *a) La musique, émanation naturelle*

La musique est une émanation naturelle, non fabriquée, une modulation heureuse et bienfaisante. Le chant des arbres, de l'eau, des fontaines, de la mer, du vent ou de la forêt associent pureté et authenticité. La musique est partout.

### *b) La musique, entre pluralisme et universalité*

La musique oscille entre le pluralisme et l'universalité. La musique comporte différents styles, et peut devenir identitaire quand elle représente un groupe, une culture. Elle est universelle, car connue et partagée par tous.

### *c) La musique fédératrice*

La musique peut devenir une icône, un emblème, être un élément fédérateur. Elle peut par exemple représenter une institution. C'est le cas des hymnes nationaux, européens. etc.

## II- La musique, l'exaltation artistique

### *a) La musique, un art*

Placée sous la protection de la muse Euterpe, la musique est étymologiquement « l'art des muses ». Elle est créatrice, associée à de nombreuses divinités, fascinantes par leur ingéniosité et leur beauté. Citons à titre d'exemple Apollon, dieu grec des arts, du chant, de la musique, du chant, de la poésie et de la beauté masculine. Mais aussi Orphée, joueur de lyre capable de charmer.

La musique peut être sublimée car pensée comme un art qui implique virtuosité et adresse.

### *b) La musique, pierre angulaire de l'émotionnel*

La musique s'associe au carmen, ce chant fascinant et envoûtant. Dans *L'Odyssée*, le rusé Ulysse a failli succomber au chant mélodieux des sirènes. La musique provoque des émotions, parfois fortes (de l'enthousiasme, du rejet...). On peut même l'associer à des souvenirs.

### *c) La musique guérisseuse*

La musique adoucit les mœurs, elle apaise. Elle possèderait même des facultés thérapeutiques. Elle participerait au développement intellectuel. Elle panserait les plaies de l'âme et de l'être, notamment par le biais de la musicothérapie. La musique peut être un refuge pour certains.

## III- Musique et déviances : l'être en péril

### *a) La musique dévastatrice*

La musique peut devenir obsessionnelle, au point d'être dévastatrice. Les fameuses sirènes de *L'Odyssée* envoûtent les navigateurs qui viennent se fracasser sur les récifs. Ils sont alors dévorés par ces êtres fabuleux. La musique est aussi une discipline exigeante, qui demande beaucoup d'implication à celui qui la conçoit, au point de l'éprouver.

### *b) Les âmes tourmentées*

En tant qu'art, la musique devient élitiste et donc réductrice (car non accessible à tous). De nombreux génies lui sont associés, mais combien ont fini dans le dénuement le plus total, comme Mozart ? La musique exclut également bon nombre de musiciens qui, malgré tous leurs efforts, ne parviennent pas au sacro-saint de l'expression de l'art.

### *c) La perte de l'humanité*

La musique peut perdre son âme dans une artificialisation à outrance. Terminée la dimension humaine, l'émotion d'une sensibilité s'exprimant, elle devient le fait d'une playlist, de stratégies commerciales. La musique y perd son âme et cette quintessence qui fait d'elle un art à part.

**[Conclusion]** La musique apparaît certes comme **bénéfique, bienfaisante et favorable**. Car en tant qu'art, elle se sublime et pousse les êtres à se dépasser. À l'état naturel, elle associe harmonie et musicalité pour apaiser et peut réaliser l'osmose de l'être avec la nature. Cependant, la musique présente des **zones d'ombres néfastes et obscures**, pouvant faire d'elle un produit purement commercial en oubliant au passage l'essence de la musique, ou pousser jusqu'à la destruction de l'être.

# Anglais

Présentation de l'épreuve E2

# Anglais

**Épreuve écrite**
Durée : 2 heures
**Épreuve orale**
Durée : 20 min
Coefficient : 3

## 1 Les modalités d'évaluation

• **L'épreuve E2 comprend deux sous-épreuves :** une sous-épreuve écrite (E21) et une sous-épreuve orale (E22). Le poids de chaque sous-épreuve dans l'évaluation est équivalent.

• **Le candidat doit montrer sa capacité à communiquer par écrit...**
– comprendre un texte à caractère socioéconomique et produire un message écrit ;
– maîtriser les contraintes de la langue écrite ;
– faire la synthèse des informations (comprendre le sens des documents, les mettre en relation, dégager une problématique) ;
– répondre à une question de façon argumentée.

• **...et à communiquer et interagir à l'oral :**
– s'adapter à la situation de communication (gérer son temps, interagir avec son interlocuteur, employer des moyens d'expression pertinents) ;
– organiser son message oral (respect du sujet).

## 2 Le jour de l'examen

• **L'épreuve écrite** comporte un ou plusieurs documents, **en anglais**, en rapport avec les domaines du BTS visé. Le/la candidat(e) doit en faire un compte-rendu, **en français**, en restituant les idées essentielles, puis il/elle rédigera, **en anglais**, un écrit (lettre commerciale, de candidature…).

• **L'épreuve orale** comporte **une explication en français** d'un document audio ou vidéo suivie d'une **conversation en anglais** avec l'examinateur sur le document, sur certains points soulevés par le journaliste, ou sur votre réaction à ce document.

• Pendant le temps de préparation, prenez des notes de façon organisée comme pour un compte-rendu, repérez les axes de la problématique, préparez des pistes d'élargissement en anticipant les questions possibles sur le thème du texte.

**Astuce**
Parlez ! On évaluera autant votre aptitude à comprendre les questions et à y réagir que la qualité de votre anglais oral.

## 3 Comment se préparer

• **Tout au long de l'année, lisez en anglais et en français** dans le domaine professionnel qui est le vôtre, et le jour de l'examen, pensez à mobiliser vos connaissances et votre culture générale.

• **Écoutez la radio, regardez la télévision en anglais.** BBC Radio 4 diffuse sur les ondes longues, et vous pouvez bien sûr accéder à de nombreuses radios par Internet.

**Cinq minutes d'écoute active tous les jours** valent mieux qu'une demi-heure une fois par semaine : choisissez une émission ou un sujet qui vous intéresse et prenez des notes. Vous pouvez également enregistrer quelques minutes pour pouvoir réécouter ensuite, et répéter quelques phrases.

# 1 Les différents types de documents

Les textes et documents choisis pour les sujets sont en général extraits de la **presse britannique ou américaine** (quotidiens ou magazines, revues spécialisées dans le domaine du travail), mais ils peuvent également provenir de sites Internet (journaux en ligne), ou prendre la forme d'une transcription d'émission télévisuelle ou radiophonique.

## 1 Les sources

Connaître la source du document permet de se faire une idée du type de contenu auquel vous allez avoir affaire. Par ailleurs, vous devez indiquer cette source dans l'introduction. Voici les titres des principaux journaux et revues britanniques et américains.

### A La presse britannique

• **Les quotidiens de qualité** (broadsheets). Tous ces quotidiens ont leur édition du dimanche, qui comporte plusieurs cahiers thématiques.

The Daily Telegraph, The Sunday Telegraph : tendance conservatrice.
The Times, The Sunday Times : le grand journal de la bourgeoisie anglaise, centre droit.
The Independent, The Independent on Sunday : publie aussi une édition format tabloïd. Tendance centre gauche.
The Guardian, The Observer : orientés à gauche.

• **La presse à sensation** : les tabloïds.

The Daily Express, The Sun.
The Mirror, The Daily Mail.
The Evening Standard : le journal de Londres.

• **Les hebdomadaires d'actualité**

The Financial Times : le journal de la finance.
The Economist : malgré son titre, analyse tous les aspects de l'actualité internationale.
The New Statesman : politique, société, culture.
The New Scientist.

### B La presse américaine

• **Les quotidiens.** Les Américains préférant lire la presse locale, il y a plus de 1800 quotidiens aux États-Unis. Les plus connus sont :

The Washington Post.
The New York Times, qui publie également The International New York Times, que l'on trouve facilement à l'étranger.
The Los Angeles Times, The Wall Street Journal, USA Today.

• **Les hebdomadaires d'actualité**

Time Magazine, Newsweek, US News and World Report, Business Week, orienté vers le monde de l'entreprise.

## 2 S'entraîner

Lire la presse anglaise ou américaine pendant l'année, c'est vous familiariser avec un lexique et des tournures que vous assimilerez presque sans y penser. Tous les grands journaux ont des **éditions en ligne** qu'il est facile de consulter depuis chez vous ou en bibliothèque.

**Sur Internet**

Vous pouvez consulter le site de la **BBC** (www.bbc.co.uk) où l'on peut entendre de l'anglais sur tous les sujets.

# 2 Lire et comprendre le texte

Lire et comprendre le texte est bien sûr la première étape, et c'est la clé de la réussite. Avec un peu de méthode et de l'entraînement, vous prendrez l'habitude de l'exercice et vous saurez quoi chercher et où le trouver.

## 1 Prendre ses repères

Avant même de commencer à lire le texte, certains éléments peuvent vous renseigner sur la **nature du contenu** : la publication (anglaise ou américaine, généraliste ou spécialisée), le type de document (article de presse, transcription d'émission radio, site Internet), l'illustration éventuellement.

## 2 La syntaxe et le lexique de l'article de presse

Les titres utilisent généralement des tournures **elliptiques** (c'est-à-dire dans lesquelles il manque un ou plusieurs termes sans que cela ne nuise à la compréhension) : E mail's about to get better, An Open and Shut Case, etc. Dans ce cas, le sous-titre ou le chapeau indiquent fréquemment le sujet de l'article. Apprenez à repérer d'autres caractéristiques :

– **L'utilisation de nombreux passifs**, en particulier dans les phrases rapportant des paroles ou des attitudes : The President **is reported to** have views over… On trouvera ainsi : is expected to, is said to, is rumoured to.
Tous ces passifs correspondraient à « on » en français : « On dit que le président…, on s'attend à ce qu'il… », etc. Ils signalent un manque de précision dans l'origine de l'information.

– **Des adverbes** comme allegedly, reportedly (on dit que / on prétend que, etc.) permettent également au journaliste de masquer ses sources,ou bien de révéler un point de vue.

– **Les citations** sont souvent introduites ou suivies par l'inversion : says X.

> **Conseil**
> Après avoir lu le titre et le sous-titre, prenez le temps de vous poser les questions suivantes : que vais-je lire dans cet article ? Qu'est-ce que je connais sur le sujet ? Qu'est-ce que j'aimerais apprendre ?

## 3 Trouver le sujet

Ce qu'il faut repérer :

• **Le lieu, la (ou les) date(s).** S'agit-il d'un article lié à un événement précis, ou bien est-ce un article de réflexion plus général ?

• **Les noms propres.** Les noms sont-ils importants (personnes connues, décideurs, etc.) ou bien s'agit-il de personnes inconnues du grand public qui ont simplement été interviewées pour l'article ou juste citées ?

> **Conseil**
> N'hésitez pas à écrire sur le texte (au crayon à papier pour ne pas le rendre illisible). Entourez les mots essentiels. Ce que vous comprenez vous aide, c'est sur cela que vous devez vous appuyer !

• **Les mots qui sont répétés, ceux qui vont ensemble (champs lexicaux).** Ils vous mèneront directement au thème de l'article ;

Voir p. 397

• **Les mots transparents** qui ressemblent tant au français peuvent souvent vous aider. (Voir la liste de faux-amis à connaître.)

## 4 Repérer la structure d'un article

### A Les idées

C'est souvent le premier paragraphe qui contient l'essentiel de l'information, parfois sous forme d'anecdote pour mieux « accrocher » le lecteur. Vous aurez intérêt à le lire soigneusement.
La **première phrase** contient généralement l'idée directrice qui sera étoffée et développée dans le reste du paragraphe. Prêtez-y donc une attention toute particulière.

### B Les articulations

Ce sont les **mots de liaison** qui vous aident à repérer les articulations du texte et à comprendre sous quel angle les faits sont présentés.
Voici la liste de mots de liaison qu'il faut connaître :

| Le mot | On l'utilise pour… | Sa traduction |
|---|---|---|
| First / Firstly | introduire une idée | D'abord / Premièrement |
| And / Besides / Moreover / What's more / In addition / At the same time | ajouter ou compléter un argument ou une idée | Et / De plus / En outre / En même temps |
| For instance … say | introduire un exemple | Par exemple … disons |
| Or / Or else | présenter une autre idée, une autre interprétation | Ou / Ou bien |
| That is / That is to say / i.e. | expliciter, préciser | … c'est-à-dire |
| Above all / Over all / Mostly | insister sur un point | Surtout |
| Let alone / not least | suggérer qu'il y a encore un argument, une idée, un fait qui pourrait être pris en compte | … sans parler de |
| As it is Indeed / As a matter of fact | nuancer | Les choses étant ce qu'elles sont… En réalité,… |
| So / Therefore / Thus / Consequently / As a result | exprimer un rapport de cause à conséquence | Donc / Par conséquent |
| That's why | donner la raison, la cause | C'est pourquoi |
| On the one hand… on the other hand | opposer deux arguments, deux idées | D'une part… d'autre part |
| Finally / Lastly / To conclude | conclure | Finalement / Pour conclure |

## 5 Que faire des mots inconnus ?

Pour accéder efficacement au sens d'un mot, il faut passer par quelques étapes indispensables.

• **Tout d'abord, il faut identifier la nature du mot** (verbe transitif ou non, nom, adjectif, composé ou non, adverbe, etc.), et sa **fonction** dans la phrase : est-ce un sujet, un complément d'objet direct, un complément d'agent, un complément circonstanciel… ?

• **Cherchez le radical,** pensez aux règles de dérivation et de composition.

> **Exemple :** inconsiderately = in + considerate + ly. C'est un adverbe dérivé de l'adjectif inconsiderate, lui-même formé à partir du verbe consider (= considérer), du préfixe privatif in- et du suffixe -ate (= inconsidéré). Il se traduit par l'adverbe français « inconsidérément ».

• **Pour comprendre les mots composés** et les expressions complexes, pensez à partir de la droite pour « remonter » la chaîne des mots anglais.
The North America Free Trade Agreement = l'Accord de libre-échange nord-américain
The Common Agricultural Policy = la Politique agricole commune
Aggressive advertising techniques = des techniques publicitaires agressives

• **Pensez aux mots proches que vous connaissez** et qui peuvent vous fournir des indices : les mots transparents, bien sûr, mais aussi ceux qui ne le sont pas en apparence. Apprenez à reconnaître les parentés entre l'anglais et le français : si recognize peut vous sembler obscur, le rapprochement avec l'adjectif français « cognitif » vous mettra sur la voie de la « connaissance » et du verbe « reconnaître ».

• Au cours de l'année, relevez les correspondances entre les formes des deux langues. Elles vous aideront à anticiper le sens de mots nouveaux.

> **Exemple**
> • Les mots qui commencent par sp- en anglais correspondent souvent à des mots qui commencent par esp- ou ép- en français.
> spy = espion ; spices = épices ; spinach = épinards ; spirit = l'esprit ; sponge = l'éponge
> • Les mots qui contiennent les consonnes -st- peuvent souvent être rapprochés de mots français contenant un accent circonflexe et la consonne -t.
> coast = la côte ; forest = la forêt ; castle = le château ; beast = la bête ; feast = le festin, la fête ; mast = le mât ; paste = une pâte

• **Enfin, n'oubliez pas de confronter le mot à son contexte !** Si le sens d'un mot vous résiste, procédez par déduction. Remplacez le mot par thing et relisez en rassemblant les indices : que savez-vous sur le thing ?

## 6 Quelques sigles à connaître

EEC (European Economic Community) = CEE (Communauté économique européenne)

EU (European Union) = UE (Union européenne)

GNP (Gross National Product) = PNB (Produit National Brut)

IMF (International Monetary Fund) = FMI (Fonds monétaire international)

NATO (North Atlantic Treaty Organization) = OTAN (Organisation du traité de l'Atlantique nord)

OECD (Organisation for Economic Cooperation and Development)
= OCDE (Organisation de coopération et de développement économique)

OPEC (Organisation of Petroleum Exporting Countries)
= OPEP (Organisation des pays exportateurs de pétrole)

STD (Sexually Transmitted Disease) = MST (Maladie sexuellement transmissible)
UFO (Unidentified Flying Object) = OVNI (Objet volant non identifié)
UNO (United Nations Organization) = ONU (Organisation des Nations unies)
WHO (World Health Organization) = OMS (Organisation mondiale de la santé)

# 7 Quelques problèmes d'interprétation

## A Les particules adverbiales

Les particules adverbiales modifient le sens des verbes qu'elles accompagnent. En voici quelques-unes :

| | | |
|---|---|---|
| **about** | It's nice to walk **about** and see the sights. | → de-ci, de-là |
| | The company is **about** to go bankrupt. | → sur le point de |
| **across** | I came **across** Mr Jones in Moscow. | → rencontre |
| | The goods will be shipped **across** the ocean in air-tight containers. | → traversée |
| **along** | They rode **along** for a few minutes. | → mouvement en avant |
| | Come **along**! | → accompagnement |
| **away** | His worries are taking time **away** from his duties. | → éloignement |
| | She was typing **away**, listening to the radio. | → continuité |
| **back** | Come **back** about two o'clock. | → mouvement en arrière |
| | Don't answer **back**. | → riposte |
| **by** | Trains flashed **by** them. | → passage |
| **down** | Sit **down** and have a talk. | → mouvement vers le bas |
| | The prices have gone **down** again. | → diminution |
| **for** | I'm going to run **for** president. | → but |
| **in** | The roof started to cave **in**. | → mouvement vers l'intérieur |
| | Fill **in** the form and send it back to us. | → écriture (formulaires) |
| **off** | He's been laid **off**. | → interruption |
| | It sold **off** last fall. | → fin |
| | Maybe the bracelet fell **off** Jane's wrist. | → éloignement |
| **on** | Prices keep **on** soaring. | → mouvement continu |
| | The computer is **on**. | → en fonctionnement |
| **out** | The computer works **out** where it is. | → extraction |
| | Time is running **out**. | → épuisement |
| | The secretary handed **out** the files. | → distribution |
| | The press churns **out** one page after another. | → mouvement vers l'extérieur |
| **over** | I've said this over and **over** again. | → répétition |
| | Game **over**. | → fin |
| **through** | Let's go **through** the dossier again. | → passage, traversée |
| **up** | I need to check **up** on holiday destinations. | → mouvement vers le haut |
| | Do you know who you are **up** against? | → face-à-face |
| | What are they getting **up** to? | → préparation |

## B Les formes en -ing

Les formes en **-ing** peuvent se traduire :

- **par un nom**

The **launching** of a new advertising campaign needs to be perfectly planned.

→ Le lancement d'une nouvelle campagne de publicité doit être planifié à la perfection.

- **par un participe présent**

One day, **looking** down the ad. column of the "Evening Standard"...

→ Un jour, en parcourant la colonne des petites annonces dans l'*Evening Standard*...

- **par un infinitif**

Many people prefer **working** in an open-plan office.

→ Beaucoup de gens préfèrent travailler dans un bureau en *openspace*.

- **par une proposition**

Their **filing** a petition in bankruptcy is terrible news for all the employees.

→ Le fait qu'ils déposent le bilan est une terrible nouvelle pour tous leurs employés.

## C Les formes passives

Le passif est beaucoup plus souvent employé en anglais qu'en français. Il se traduit de différentes manières :

- **« on »**

We **were advised** to contact you. → On nous a conseillé de prendre contact avec vous.

- **une forme impersonnelle**

What **should be done**? → Que faudrait-il faire ?

- **une forme pronominale**

Her ambition **can be understood** if you consider the kind of life she's had.

→ Son ambition peut se comprendre si l'on regarde le genre de vie qu'elle a menée.

- **une forme active avec changement de verbe**

Your representative **was supposed** to contact us last week.

→ Votre représentant devait nous contacter la semaine dernière.

- **un passif**

They will have to face telling their customers that the goods **had not been cleared** through customs.

→ Ils devront se résoudre à dire à leurs clients que la marchandise n'avait pas été dédouanée.

# 3 La présentation orale

Il s'agit de proposer une présentation structurée de l'article dans laquelle vous mettrez en évidence le thème principal, avant de présenter les faits et d'expliquer les raisons et les solutions avancées par le journaliste.

## 1 La méthode

• Vous devez dans un premier temps **repérer le thème et le(s) point(s) de vue exprimé(s)** dans le texte (la **thèse** du texte), puis faire une explication qui introduise le document et restitue son contenu de manière ordonnée, en hiérarchisant les informations.

• La plus grande difficulté est de ne garder que l'essentiel, de déterminer si l'information a de l'importance ou si elle ne sert qu'à rendre l'article plus vivant. La presse anglophone utilise souvent une anecdote en début d'article pour introduire l'idée, le problème qui va être développé ensuite, ce qui permet au lecteur de bien en mesurer les applications concrètes.

**Exemple**
Pour introduire un article sur la peine de mort aux États-Unis, le journaliste commencera par décrire la situation d'un condamné dans le couloir de la mort d'une prison du Texas. Attention, dans ce cas-là, à ne pas présenter l'article comme portant sur cette personne alors qu'elle n'est que l'illustration du problème.

**Conseil**
Vous pouvez noter les idées principales au brouillon et ensuite voir comment elles s'articulent. **Faites des flèches**, mettez les idées en relation, demandez-vous quelle est la cause ou la conséquence, ce qui est positif ou négatif. Vous pouvez aussi faire un tableau pour classer les idées au fur et à mesure de la lecture.
**Notez les points importants** que vous voulez aborder, ainsi que le lexique et les structures qui vont vous permettre de parler du document. Ne perdez pas de temps à rédiger des phrases de présentation : vous n'êtes pas censé lire un discours mais participer à une conversation.

• Il est difficile de donner des règles précises dans ce domaine, tant il est vrai que cela va dépendre du texte que vous aurez sous les yeux. On peut tout de même dire que les noms de personnes sont généralement peu importants, à moins qu'il ne s'agisse de personnalités connues dans la vie publique ou dans le domaine professionnel. De même, pour les noms de lieux, essayez d'évaluer si l'endroit a de l'importance en lui-même, ou s'il représente seulement un type d'endroit lié à un type d'activité ou de problème.

## 2 La mise en œuvre

### A L'introduction

C'est l'introduction qui donne la première impression.

• Vous pouvez éveiller la curiosité de l'examinateur par une phrase d'accroche qui présente le sujet en rappelant un fait historique ou d'actualité qui permet de replacer le texte dans un contexte plus large ou bien par une anecdote personnelle ou une définition des termes du sujet.

• L'introduction doit indiquer **l'origine** du ou des documents (les sources), et la **date** (l'année peut suffire si vous avez plusieurs documents). Vous devez bien connaître les noms des principaux journaux et magazines britanniques et américains, de manière à pouvoir donner cette précision dans l'introduction.

• L'introduction doit également annoncer le **thème principal** du ou des document(s), et annoncer une **problématique**, c'est-à-dire les grands axes autour desquels s'organise votre compte-rendu.

> **Remarque**
> Ne dites pas *~~This document of the Guardian on the seventh of March 2013~~ mais *This article published in The Guardian on the seventh of March, 2013...*

## B Le développement

C'est dans le développement que vous détaillez les axes évoqués dans l'introduction. Soyez précis et concis.

Vous devez en général identifier les éléments suivants :

### 1. *The subject / the topic*

En une phrase concise, et avec la plus grande précision possible, indiquez quel est le sujet du texte, puis répondez aux questions What / Where / When. Faites comme si l'examinateur ne connaissait pas le texte : c'est à vous de l'éclairer.

N'oubliez pas qu'un article de presse est nourri de l'actualité. La question principale pour le lecteur est donc What's new?

### 2. *The subject in detail*

Why / who / causes / examples / consequences / problems / solutions

### 3. *The debate*

S'il y a débat, repérez les participants et regroupez-les selon les points de vue et les opinions exprimés : opponents / supporters, arguments in favour / arguments against.

Les éléments 1, 2 et 3 sont très factuels et constituent la colonne vertébrale de votre explication.

> **Remarque**
> Il s'agit de développer des idées logiques, adaptées au texte, et de manière organisée. Montrez que vous êtes capable de prendre du recul par rapport au document et de ne pas vous limiter à votre propre opinion. Vous pouvez donner votre avis sur la question évoquée par le texte mais de façon aussi subtile, nuancée et argumentée que possible. Ne cherchez pas à plaquer un cours ou des connaissances si ce n'est pas absolument pertinent.

### 4. *Significance of the phenomenon in the world today*

Est-ce un phénomène nouveau, qui a des échos dans le passé, des conséquences dans le futur ? Soignez ce point qui prépare et introduit l'entretien en invitant l'examinateur à vous suivre.

N'oubliez pas les mots de liaison pour hiérarchiser les idées.

## C La conclusion

• Il s'agit là de rendre compte de la conclusion explicite ou implicite du texte, ce qui revient à résumer la question centrale, ses enjeux, ou les perspectives envisagées pour l'avenir. Une phrase suffit !

• La conclusion ne doit en aucun cas répéter les éléments de votre introduction, ni se contenter de reprendre votre plan. Rien de pire qu'une introduction qui annoncerait « Je vais maintenant vous expliquer A, B et C. » suivie d'une conclusion qui dirait : « Nous avons donc vu A, B et C. » Il faut essayer de poser une question, d'ouvrir sur un autre sujet, de montrer en quoi l'article a permis à votre réflexion d'avancer.

> **Conseil**
> Ne terminez jamais par *That's all!* mais faites en sorte que votre attitude, votre intonation et vos propos signalent que vous êtes parvenu au terme de votre exposé, et que vous êtes maintenant prêt à entamer l'entretien.

# 4 Répondre aux questions

Le but de l'entretien est de permettre à l'examinateur d'**évaluer votre aptitude à échanger à l'oral en anglais**. Les instructions officielles recommandent une conversation sur l'article. Il ne s'agit pas de vous piéger, mais de vous tendre des perches qui vous permettent de prendre part à cette conversation.

## 1 Comprendre ce que l'on vous demande

Les questions que l'examinateur peut vous poser sont de plusieurs types.

### A Les questions de compréhension

- On vous demande d'expliciter un passage, une expression, ou un mot du texte :

**Exemple**

- On vous demande d'expliquer ce que Bridget Hogg veut dire dans la phrase suivante : "I would advise any secretary thinking about taking a job where hot-desking is the norm to carefully consider their suitability to this way of working."
- Vous devez montrer que vous comprenez cette phrase longue et complexe. Il faut reformuler, c'est-à-dire employer des mots différents pour dire la même chose.

- On peut vouloir vérifier si vous avez bien compris les enjeux du texte et si vous êtes capable de les expliquer :

**Exemples**

- Do you think the job-for-life culture is coming to an end?

Il vous faudra, en relisant le texte, essayer de définir l'expression job-for-life culture. Il s'agit d'en comprendre le sens par contraste avec ce qui est décrit comme étant la tendance actuelle.

- According to the text, do all the new developments expected from Poland's entry into the EU make Polish farmers happy? What are their reasons for being happy and their fears?

Dans une question de ce type, certains éléments doivent attirer votre attention et orienter votre réflexion : dans la première question le mot all suggère la possibilité d'une restriction (not all the developments, only some of them do, the others don't) confirmée dans la question suivante par l'opposition happy / fears.

**Conseil**

Ayez préparé quelques phrases au sujet des stages que vous avez effectués, de ce que vous y avez appris, du type d'entreprise et d'activité dont il s'agissait. Vous ne serez pas nécessairement interrogé à ce propos, mais vous produirez une impression désastreuse si vous n'êtes pas capable de décrire votre expérience en deux mots. Cherchez le vocabulaire utile, faites-vous une fiche. Sachez également parler de vos projets professionnels et personnels.

### B Les questions personnelles

On vous demande votre avis, on s'intéresse à votre expérience, à votre réflexion autour du thème général du texte, à vos connaissances, à votre culture dans votre domaine professionnel :

Do you think e-mailing is threatened by the rise of spam, scams and viruses?

Would you like to work as a temp?

## 2 Trouver les éléments de réponse

### A Comment procéder

• **Pour répondre aux questions de compréhension,** il suffit souvent de **reformuler** et de clarifier le sens du passage. Une paraphrase intelligente montre en général que vous avez bien compris. Si ce n'est pas le cas, vous pouvez prendre quelques précautions oratoires et dire : I'm not sure but I think that the journalist means that… / What I understand is that…

• **Pour répondre aux questions plus personnelles,** il faut rassembler rapidement quelques idées, puis les exposer de façon simple et cohérente. Ne commencez pas par donner votre opinion, même si on vous la demande : exposez brièvement le sujet, ses enjeux, les divers arguments possibles, et donnez votre avis à la fin. Il s'agit de montrer que vous êtes capable de prendre du recul.

• **Pour amorcer votre réflexion** lorsqu'on vous demande votre opinion à l'aide d'une question fermée du type : Do you think e-mailing is threatened by the rise of spam, scams and viruses?, **pensez aux axes oui/non/peut-être**, ou bien encore passé/présent/futur.

### B Vocabulaire utile

• **Opinion**

I think that… I believe that… In my opinion… It seems to me that… My opinion is that… For my part,… In my case,…

• **Doute / certitude**

I doubt that… I have great doubts about… I'd hesitate to say… I wonder whether… Obviously / Of course…

No doubt / Undoubtedly… It is true that… I feel (quite) certain that… I am (rather) convinced that…

• **Goûts**

I like / I enjoy / I am fond of / I am keen on + nom ou -ing… I don't think much of… I dislike / I hate

• **Préférences**

I much prefer sthg to sthg… I prefer to do sthg than to do sthg… I prefer doing sth than doing sth… I'd rather do this than do that…

## 3 Adopter la bonne attitude

L'examinateur s'intéresse certes au contenu de votre exposé, mais également à la manière dont vous le présentez : c'est bien d'une épreuve orale qu'il s'agit.

> **Conseil**
>
> Ne lisez pas vos notes, regardez l'examinateur, parlez clairement, et souriez.

• **Ne parlez pas français.** L'effort que vous faites pour vous exprimer correctement en anglais compte autant que ce que vous dites. Utilisez des périphrases pour dire les choses autrement. En dernier recours, vous pouvez demander « What's the English for…? », mais n'en abusez pas, car cela interrompt le rythme de votre exposé.

• **Soignez la prononciation.** On aura du mal à vous pardonner d'avoir mal prononcé **au**thor, **ar**ticle, **jour**nalist, **writ**ten (sans diphtongue!), **wri**ter (avec diphtongue), etc.

## 4 S'entraîner

### A En classe

L'entraînement à l'oral, qui se fait tout au long de l'année, est essentiel.

• **Prenez l'habitude de réagir à tous les documents proposés,** même ceux qui a priori ne vous intéressent pas. Prenez la parole, répondez à vos camarades, contredisez-les ou dites-leur que vous êtes d'accord avec eux, etc. Plus vous jouerez le jeu, moins vous serez déconcerté le jour de l'épreuve.

• **Apprenez à donner votre opinion,** à exprimer votre accord ou votre désaccord, à nuancer votre pensée.

## B Chez vous

### • Écoutez de l'anglais

Pour vous familiariser avec des accents, des débits différents, et apprendre à repérer les intonations et les rythmes naturels de la langue, il est indispensable de profiter de toutes les occasions d'écouter de l'anglais (ou de l'américain) authentique.

Vous pouvez écouter la radio en direct et regarder les chaînes de télévision anglaises et américaines. Sur Internet, vous pouvez vous abonner aux **podcasts de la BBC**, regarder **les vidéos du *New York Times***, etc. Vous aurez tout intérêt à consulter les sites suivants :

→ **BBC** www.bbc.co.uk
- BBC World service podcasts www.bbc.co.uk/podcasts/worldserviceradio
- 60 Second Idea to Improve the World (5') www.bbc.co.uk/podcasts/series/forum60sec

→ **Radio 4 podcasts** www.bbc.co.uk/podcasts/radio4
- Best of today – news & analyse (8') www.bbc.co.uk/podcasts/series/today

→ **American radio**
- VOA (Voice of America) www.voanews.com
- NPR (National Public Radio) www.npr.org
- WABC Radio www.wabcradio.com actualités et débats. Cliquez sur le bouton 'Live listening'.

→ **Sites d'actualités avec supports vidéo et audio**

PRESSE BRITANNIQUE
- *The Guardian* www.guardian.co.uk et www.guardian.co.uk/audio
- *The Independent* www.independent.co.uk
- *The Economist* www.economist.com

PRESSE AMÉRICAINE
- *The New York Times* www.nytimes.com et www.nytimes.com/pages/podcasts/index.html
- *The Washington Post* www.washingtonpost.com
- *USA Today* www.usatoday.com
- *Slate* www.slate.com

→ **Télévision**
- CNN us.cnn.com, articles et vidéos sur us.cnn.com/videos
- CBS News & CBS Evening News www.cbsnews.com, articles et vidéos
- Sky News, télévision en direct et à la demande news.sky.com

### • Intéressez-vous à l'actualité

Lisez la presse, écoutez la radio, les informations des pays anglophones.
Soyez attentifs à l'actualité et cherchez-y des illustrations aux notions que vous étudiez en classe : vous aurez ainsi davantage de choses à dire.

### • Faites des fiches thématiques de vocabulaire

Pour chacune des notions que vous aurez abordées dans l'année, notez le vocabulaire utile, les associations de mots les plus fréquentes, les expressions idiomatiques. Vous gagnerez du temps pour vos révisions et il vous sera plus facile de mobiliser le lexique utile le moment venu.

# 5 Lecture

L'examinateur peut vous demander de lire un passage du texte. Il s'agit d'un test de compréhension tout autant que d'une évaluation de votre prononciation.

## 1 Quelle stratégie ?

- Il faut avoir bien compris pour pouvoir bien lire. Il est donc logique de préparer cette partie de l'exercice en dernier, une fois que vous avez bien compris le texte. En effet, la lecture trahira immédiatement une mauvaise compréhension du passage.
- Réservez quelques minutes en fin de préparation pour relire le passage attentivement.
- Crayon en main, notez les syllabes accentuées, marquez les pauses et les endroits où vous ne devez pas en faire, interrogez-vous sur la phonétique des voyelles.

> **Conseil**
>
> Entraînez-vous à bien lire les grands nombres pour n'avoir aucune hésitation le jour de l'examen.
> 100 = one **hun**dred / a **hun**dred
> 1,000 = one **thou**sand /
> a **thou**sand
> 3,257 = **three thou**sand
> **two hun**dred and **fif**ty **se**ven
> 10,000 = **ten thou**sand
> 100,000= **one hun**dred
> **thou**sand
> 1,000,000 = 1m = **one mil**lion
> 65,879,000 = **six**ty **five mil**lion
> **eight hun**dred and **se**venty
> **ni**ne **thou**sand

## 2 Quelques principes

Voir p. 394

- Pour que la lecture soit compréhensible, il faut qu'elle réponde à plusieurs conditions :
  – les mots doivent être correctement prononcés et correctement accentués ;
  – les pauses doivent tenir compte du sens et de la grammaire du texte ;
  – le rythme et l'intonation doivent obéir aux règles de prononciation de l'anglais.
- La lecture à haute voix se fait en particulier sur le principe des groupes de sens : on ne sépare pas les éléments qui font sens ensemble. De manière générale, on lie le verbe et son complément d'objet direct. On ne sépare pas la particule adverbiale et le verbe, le déterminant et le nom, l'adjectif et le nom.
- Observez les syllabes accentuées (en gras), les pauses de respiration (/) et les pauses entre les groupes de sens (//) dans le passage suivant.

> With a **work**force of just **o**ver 491,000 in 2013, // the U**ni**ted **States Pos**tal **Ser**vice / (USPS) // is **se**cond **on**ly to **Wal**mart / a**mong** ci**vi**lian em**plo**yers in A**me**rica. // But it **still** em**plo**yed **mo**re than 200,000 **fe**wer **peo**ple last year / than it did just **ni**ne years **ear**lier // —when it **han**dled **near**ly 500m **more pie**ces of mail / and had **al**most 2,000 more **re**tail **offices**. // The **ri**se of **e**-mail has left **America**'s **mas**sive **po**stal **ser**vice / with **far** less to do, // and it has been **scram**bling to find **ways** to raise **re**venue.
>
> *The Economist*, April 19th 2014

## 3 S'entraîner

• Lire à haute voix et s'enregistrer sont les seuls moyens de progresser véritablement et de comprendre en profondeur les mécanismes de l'exercice.

**Conseil**

On trouve facilement sur Internet de petits logiciels d'enregistrement gratuits, comme Audacity. Ils conviennent parfaitement pour cet usage.

• Des sites comme celui de *The Economist* www.economist.com ou celui de la BBC (Learning English) proposent des enregistrements des articles que vous lisez à l'écran. Le site eman.free.fr/prepa-colle/, destiné aux élèves des classes préparatoires scientifiques et commerciales, propose un ensemble d'articles avec leurs scripts, enregistrés dans un anglais très clair. C'est un matériau excellent pour l'entraînement dont vous avez besoin.

• Vous pouvez procéder de deux manières :
– écoutez l'enregistrement et lisez l'article en même temps en silence. Avec un crayon, notez les pauses, les accents de mots, les intonations, les sons qui vous surprennent. Ensuite, lisez à votre tour, à haute voix. Enregistrez-vous, puis réécoutez et comparez ;
– lisez un passage du texte en silence. Notez au crayon toutes les indications utiles, puis lisez à haute voix en vous enregistrant. Comparez avec l'enregistrement du texte.

# 6 Éléments de phonétique

Quelques règles simples peuvent vous éviter les erreurs les plus courantes pour des francophones. Entraînez-vous régulièrement pour être prêt le jour J.

## 1 L'accent de mot

Parfois appelé **accent tonique**, l'accent d'un mot est un élément essentiel de la prononciation de l'anglais. On dit qu'une syllabe est « accentuée » ou « non accentuée ». La place de l'accent de mot est déterminée par plusieurs éléments : l'origine étymologique du mot (germanique, latine ou autre), la présence d'un préfixe ou d'un suffixe et la nature de celui-ci. Nous donnons ici les grandes lignes.

- **La plupart des noms et des adjectifs de deux syllabes** sont accentués sur la 1re syllabe, sauf s'il s'agit d'un préfixe.

**Exemple :** **ha**ppy, **fa**ther, **pic**ture mais sur**prise**, com**plaint**, re**act**.

- **La plupart des verbes de deux syllabes** sont accentués sur la 2e syllabe.

**Exemple :** re**peat**, re**lax**, en**joy**, for**get**, mais **can**cel, **co**py, et les verbes en **-en** ou **-er** : **lis**ten, **ha**ppen, **an**swer, **en**ter.

⚠ Quand le nom et le verbe sont identiques, la syllabe accentuée permet de les distinguer à l'oral.

**Exemple :** record (**re**cord / re**cord**), contrast (con**trast** / **con**trast), export (**ex**port / ex**port**), object (**o**bject/ **object**), present (**pre**sent / pre**sent**), produce (**pro**duce / pro**duce**), protest (**pro**test / pro**test**), rebel (**re**bel / re**bel**). Mais **pic**ture, **pro**mise, **tra**vel, **vi**sit sont toujours accentués sur la première syllabe.

- **Les mots de trois syllabes** sont également accentués sur la 1re syllabe sauf s'il s'agit d'un préfixe (ils sont alors accentués sur la 2e syllabe).

**Exemple :** **poss**ible, **hon**esty, **po**sition ... mais im**poss**ible, dis**ho**nesty, de**po**sit, ac**know**ledge, pre**cau**tion.

Entraînez-vous à lire ce dialogue en respectant l'accentuation indiquée sous chaque mot (● = syllabe accentuée ; • = syllabe non accentuée) :

**John:** When do you begin your internship?

• ●  ● • •

**Mary:** On the twentieth of September.

● • •  • ● •

**John:** Really? Next Wednesday?

● • •  ●  •

**Mary:** I'm starting in the morning.

● •  ● •

**John:** So when are you leaving?

● •

**Mary:** Tomorrow.

• ● •

**John:** And when will you be back in Paris?

**Mary:** Saturday November the thirteenth.

**John:** The thirtieth?

**Mary:** No, the thirteenth!

• **Les suffixes dits « neutres »** ne déplacent pas l'accent du mot de départ.

-able : *fashion → fashionable*
-al : *person → personal*
-dom : *martyr → martyrdom*
-ed : *recover → recovered*
-en : *light → lighten*
-er : *produce → producer*
-ful : *success → successful*
-hood : *brother → brotherhood*
-ing : *cover → covering*
-ish : *eleven → elevenish*
-ism : *terror → terrorism*
-ist : *guitar → guitarist*
-ling : *change → changeling*
-ly : *polite → politely*
-man : *police→ policeman*
-ment : *agree → agreement*
-or : *react → reactor*
-ship : *intern → internship*
-some : *trouble → troublesome*
-wise : *other → otherwise*
-y : *willow → willowy*
-ess : *duke → duchess*
-less : *penny → pennyless*
-ness : *happy → happiness*

• **Les suffixes dits « non neutres »**, modifient la place de l'accent dans le mot de départ :

– cas où l'accent tombe sur **le suffixe.**

-aire : *million → millionnaire*
-ee : *employ → employee*
-eer : *engine → engineer*
-ese : *journal → journalese*
-esque : *picture → picturesque*
-ette : *launder → launderette*
-eur : *entrepreneur*
-fy : *terrify*
-ique : *boutique*
-ise : *advise*
-oon : *cartoon*

– cas où l'accent tombe sur **la syllabe placée avant le suffixe.**

-eous : *courageous*
-ia(n) : *pneumonia*
-ial : *financial*
-ic(s) : *economics*
-ical : *historical*
-ient : *resilient*
-ion : *organization*
-ity : *nationality*
-ium : *planetarium*
-ive : *intrusive*
-logy : *ideology*

• Notez que les dérivés d'un nom en -tion sont accentués sur la même syllabe que lui : constitutional, functional, institutional, intentional, international.

**Remarque**

Exceptions à la règle du suffixe **-ic** : **ca**tholic, **lu**natic, **po**litic, **rhe**toric, a**rith**metic, **A**rabic.

## 2 L'accent de phrase

L'alternance de syllabes accentuées, légèrement accentuées, ou pas accentuées constitue la structure orale du mot, mais aussi de la phrase, et lui donne son rythme et sa musicalité.

### A Accentuation

• Les mots accentués sont ceux qui portent un contenu lexical, une information. Il s'agit des noms, des verbes principaux, des adjectifs. On accentue également les pronoms possessifs et démonstratifs, les pronoms interrogatifs, les formes négatives contractées, les adverbes, les particules adverbiales ou bien encore les mots grammaticaux de deux syllabes comme about, across, because, etc.

- Les mots non accentués sont les autres mots fonctionnels : articles, auxiliaires, pronoms personnels, adjectifs possessifs et démonstratifs, prépositions et conjonctions.
- À l'oral, ce sont les mots accentués qui vous permettent de repérer les idées-clés.

> **Exemple :** Re**la**tions bet**ween** the **com**panies that cre**a**te **me**dia **pro**ducts and **those** that dis**tri**bute them have **long been poor**.

## B Régularité du rythme

- Les syllabes accentuées sont généralement séparées par un « blanc », un léger silence, comme dans la phrase Dogs chase cats (Les chiens pourchassent les chats). On peut ajouter des syllabes non accentuées dans ces « blancs » sans que le rythme soit modifié.

**• Observez :**

| | | | | | |
|---|---|---|---|---|---|
| | ● | | ● | | ● |
| | **DOGS** | | **CHASE** | | **CATS** |
| | **DOGS** | have | **CHASED** | | **CATS** |
| The | **DOGS** | will | **CHASE** | the | **CATS** |
| The | **DOGS** | have been | **CHASing** | the | **CATS** |
| The | **DOGS** | could have been | **CHASing** | the | **CATS** |

**Conseil**

Entraînez-vous à lire ces mots, phrases et expressions en respectant le schéma accentuel.
● • = première syllabe accentuée, deuxième syllabe non accentuée.
○ • ● = première syllabe légèrement accentuée, deuxième syllabe non accentuée, troisième syllabe accentuée, dernière syllabe non accentuée.
Vous pouvez également vous enregistrer. Cela vous permet ensuite de vous réécouter d'une oreille critique.

**• Quelques schémas accentuels courants :**

| | | | |
|---|---|---|---|
| ● •<br>mother<br>Do it.<br>Tell them. | • ●<br>relax<br>She comes.<br>You did? | ● • •<br>president<br>Look at her!<br>Go away. | • • ●<br>guarantee<br>He's arrived.<br>Where's the cat? |
| • ● •<br>important<br>I've seen her.<br>I love you. | ● • ●<br>Come and see.<br>Don't forget.<br>What's your name? | ● ● •<br>No problem!<br>Don't worry!<br>Please help us. | • ○ • ●<br>a piece of cake<br>The shop was closed.<br>It's time to go. |
| ○ • ● •<br>education<br>John's a teacher.<br>See you later. | ● • • ●<br>Give me a call.<br>Where do you live?<br>How do you do? | • ○ • ● •<br>communication<br>I think I know her.<br>I want some coffee. | ○ • ● • •<br>nationality<br>Come to Mexico.<br>Where's your bicycle? |

# 7 Boîte à outils

## 1 Des mots de liaison utiles

### • Pour ajouter une idée, un argument

Then / Next : alors, ensuite
Besides / What is more : de plus, qui plus est
Moreover / Furthermore : en outre
In addition / On top of that : de plus
Similarly / Likewise : de même
Especially since / As : d'autant plus que

### • Pour indiquer la cause

Because of + nom / on account of + nom : à cause de + nom
Due to + nom : en raison de + nom
Owing to + nom : par suite de / en raison de + nom
Thanks to + nom : grâce à + nom
Since : puisque
Because : parce que

> **Exemple :** **Since / As / Because** time is money, customers with pressing requests are willing to dig a little deeper into their pockets. → **Étant donné que** le temps c'est de l'argent, les clients pressés ne voient pas d'inconvénient à mettre la main au porte-monnaie.

### • Pour expliquer les conséquences

Therefore : donc
Consequently / As a result / Accordingly : par conséquent
That's why : c'est pourquoi
That's the reason why : c'est la raison pour laquelle
… , so much so that… : à tel point que
So : alors Thus : ainsi

> **Exemple :** Companies are designing bigger offices **so that** they create more motivated staff.
> Companies are designing bigger offices. **As a result / Consequently** they create more motivated staff.
> → Les entreprises conçoivent des bureaux plus grands, **de telle sorte** que les employés sont davantage motivés.

### • Pour faire des concessions, exprimer des réserves

Although / Even though / Even if : même si…

> **Exemple :** Most companies rely on their employees' good judgement **although / even though / even if** human resource directors agree that sometimes employees can push business casual too far.
> → La plupart des entreprises font confiance au bon sens de leurs employés, **même si** certains directeurs des ressources humaines s'accordent à dire que les employés poussent parfois la décontraction un peu loin.

In spite of / Despite + nom : malgré + nom
No matter what / who / where : quoi que / qui que / où que

> **Exemple :** **No matter what** the surveys say, dress codes are still very much the norm in companies.
> → **Quoi qu'**en disent les études, les codes vestimentaires sont toujours bien présents dans les entreprises.

All the same : tout de même
Nevertheless : pourtant
Nonetheless / Still : malgré tout

### • Pour exprimer le contraste, l'opposition

On the one hand : d'une part
On the other hand : d'autre part
However / Yet : cependant
In fact / Actually : en réalité
As opposed to… / Unlike : à la différence de

> **Exemple :** **Unlike** paper ID, biometric ID is tamperproof.
> → **Contrairement aux** papiers d'identité, l'identification biométrique est infalsifiable.

On the contrary : bien au contraire
By contrast : par contraste
Conversely : inversement
Whereas : alors que

**Exemple :** Biometric ID is tamperproof, **whereas** paper ID isn't.
→ L'identification biométrique est infalsifiable, **tandis que** les papiers d'identité ne le sont pas.

Despite / in spite of : malgré

**Exemple :** **Despite / In spite of all that,** John remains convinced that a blanket ban is the best way to go.
→ **Malgré** tout cela, John demeure persuadé qu'une interdiction totale est la meilleure solution.

### • Pour faire le bilan

All in all / Finally : finalement, tout compte fait
Last (but not least) : finalement
As a matter of fact : à vrai dire, en réalité
In short / In brief : en résumé
In a nutshell : en deux mots
In conclusion : en conclusion
To conclude : pour conclure
All things considered : tout bien considéré

### • Pour exprimer une alternative

**Either** you get down to work, **or** you are fired. → **Ou** vous vous mettez au travail **ou** vous êtes renvoyé.
**Neither** our customers **nor** our suppliers have ever met the boss. → **Ni** nos clients **ni** nos fournisseurs n'ont jamais vu le patron.

## 2 Des expressions utiles

| | |
|---|---|
| avoir du mal à + inf | to find it difficult / hard to + inf / to have trouble + – ing |
| avoir le droit de | to have a right / to to be entitled to / to be allowed to |
| avoir raison (de + inf) | to be right / wrong (to + inf) |
| correspondre à | to correspond to |
| envisager | to intend / to plan |
| être conscient de | to be aware of |
| être d'accord avec | to agree with |
| être en jeu | to be at stake |
| être responsable de | to be responsible for / to be in charge of |
| être sur le point de | to be about to / to be on the verge of + nom ou – ing |
| exigeant | demanding |
| exportation | export |
| face à (cette situation) | faced with / in the face of |
| faire du sport | to play sports / to go in for sports |
| faire partie de | to belong to / to be part of |
| faire pression sur | to exert pressure on sb / to pressure sb into + – ing |
| faire preuve de | to show |
| faire ressortir | to bring out / to stress / to enhance |
| jouer un rôle | to play a part |
| mettre en danger | to endanger |
| mettre en doute | to jeopardize / to question |
| prétendre que | to doubt |
| profiter de | to claim that |
| provoquer | to take advantage of |
| rater | to cause / to miss (the train) / to fail (an exam) / to carry out (a project) |
| réaliser | to fulfil (a dream) |
| se rendre compte | to realize |
| résoudre | to solve |
| risquer de | to be in danger of + – ing / to run the risk of + – ing |
| s'adapter à | to adapt to |
| s'avérer | to turn out |
| s'opposer à | to object to |
| tenir compte de | to take into account |

## 3 Les faux-amis

Il faut distinguer deux listes : d'une part, les mots qui sont toujours des faux-amis, et d'autre part ceux dont le premier sens n'est pas le même qu'en français mais qui peuvent aussi avoir le même sens que le mot français auquel ils ressemblent.

### A Les mots qui sont toujours des faux-amis

| | |
|---|---|
| accommodation | logement |
| to achieve | atteindre, réaliser |
| actual / actually | réel / en réalité |
| (in) actuality | en réalité |
| advertisement | annonce publicitaire |
| to advocate | préconiser |
| affluence | richesse, abondance |
| affluent | riche |
| agonizing | angoissant |
| alien | étranger |
| to apologize | s'excuser |
| appointment | nomination sur un poste |
| to assist | aider |
| to assume | supposer |
| to attend | assister à |
| ballot | vote, bulletin de vote |
| to bribe | donner des pots-de-vin |
| chance | hasard |
| change | changement, monnaie |
| college | faculté |
| commodity | marchandise, denrée |
| confectioner | confiseur |
| con man | escroc |
| corporation | compagnie commerciale |
| current | actuel |
| to deceive | tromper |
| deception | tromperie, duperie |
| delay | retard |
| deputy | adjoint |
| to design | concevoir |
| directions | instructions, mode d'emploi |
| dramatically | de façon spectaculaire |
| engross | absorber |
| eventually | en fin de compte |
| evidence | preuves, témoignage |
| extra | supplémentaire |
| fabric | tissu |
| facilities | équipements |
| fastidious | exigeant |
| figure | chiffre |
| to furnish | meubler |
| furniture | meubles |
| gratuity | pourboire |
| gross | brut |
| hazard | danger, risque |
| hazardous | dangereux, risqué |
| inconvenient | malcommode, gênant |
| issue | problème, numéro |
| journey | voyage |
| labour | main-d'œuvre, travail pénible |
| large | grand |
| licence | autorisation, permis |
| lime | citron |
| location | situation, emplacement |
| luxury | luxe |
| malice | méchanceté |
| notoriety | mauvaise réputation |
| novel | roman |
| patron | client |
| petrol | essence |
| piece | morceau |
| place | endroit |
| policy | ligne politique, stratégie |
| politics | la politique |
| to prove | se révéler, s'avérer |
| rampant | effréné |
| to regard | considérer |
| to qualify | nuancer |
| rate | taux, cadence |
| to rest | se reposer |
| rude | mal élevé |
| sensible | sensé, raisonnable |
| supplier | fournisseur |
| sympathetic | compréhensif, compatissant |
| trivial | insignifiant |
| utilities | services publics : eau, gaz, etc. |
| valid | valable, etc. |

**Et tous les faux-amis qui concernent l'argent :**

| | |
|---|---|
| money | argent |
| change | monnaie |
| coin | pièce de monnaie |
| currency | monnaie légale d'un pays |
| note | billet |

## B Les faux-amis qui ont parfois le même sens que le mot français auquel ils ressemblent

| | |
|---|---|
| application | candidature |
| argument | dispute ; argument |
| benefit | allocation ; bénéfice |
| competition | concurrence, competition |
| to complete | terminer ; compléter |
| confidence | confiance ; optimisme ; confidence |
| to consider | envisager ; considérer |
| to contemplate | envisager ; contempler |
| customs | douane ; coutumes |
| degree | diplôme universitaire ; degré |
| to demand | exiger, demander |
| demonstration | manifestation ; démonstration |
| department | ministère ; rayon ; département |
| exchange | le change ; un échange |
| to expose | dénoncer ; exposer au soleil, au chaud, au froid excessifs |
| file | dossier ; lime ; file |
| habit | habitude ; tenue, habit |
| intelligence | renseignements ; espionnage ; intelligence |
| to introduce | présenter ; introduire |
| pipe | tuyau ; pipe |
| platform | quai de gare ; estrade, plate-forme |
| prejudice | préjugé ; préjudice |
| to pretend | faire semblant ; prétendre, affirmer |
| relief | soulagement, secours ; [adj.] en relief |
| to replace | remplacer, remettre en place |
| resignation | démission ; résignation |
| rest | repos ; support, appui ; reste |
| to resume | reprendre ; résumer |
| tank | réservoir ; cuve, citerne ; aquarium ; tank (char d'assaut) |